Joachim Siegerist

Leibchen und Strapse

GLAUBE, LIEBE, HOFFNUNG,
FREIHEIT, VATERLAND

HAMBURG, JAHRESWENDE 2005/06

Widmung

Dieses Buch widme ich nur einem einzigen Menschen – meiner Mutter Elfriede Siegerist, geborene Bierbrauer. Geboren am 19. Mai 1917 in Wiesbaden-Bierstadt, gestorben am 20. August 2001 in Hamburg, beigesetzt in Wiesbaden-Bierstadt.

Ich verdanke ihr ***alles.***

Joachim Siegerist

P.S. Danke an meine liebe Freundin „Snoopy" Chanderathip für die technische Hilfe bei der Erstellung dieses Buches. Die Manuskripte habe ich schon vor 10 Jahren geschrieben. Zur Veröffentlichung konnte ich mich erst jetzt entschließen.

Joachim Siegerist

Leibchen und Strapse

Herausgeber:
WPR Wirtschafts- und Politikverlag Hamburg
Dezember 2005

1. Auflage Dezember 2005

WPR Wirtschafts- und Politikverlag GmbH
Beethovenstr. 60, 22083 Hamburg
Telefon: 040/298 10 390, Fax: 040/298 222 40

Druck:
Kölle-Druck, Preußisch Oldendorf

Titelzeichnung: Dr. Jochen Fend

ISBN 3-9810430-1-4

Inhaltsverzeichnis

Wer liest schon ein Vorwort?

Von Joachim Siegerist

Es stimmt doch: Wer liest schon das Vorwort eines Buches? Also verzichte ich besser drauf – zumindest so gut wie. Ich möchte auf den folgenden Seiten mit Ihnen „sprechen", Sie unterhalten, ein ganz klein wenig „aufklären", daran erinnern, wie für uns „Trümmerkinder" das Leben in den „Fünfzigern" war .... und wenn es funktioniert, ein ganz klein wenig von der Richtung meiner konservativen Anschauungen überzeugen.

Vielleicht merken Sie am Ende dieses Buches: Auch ein „in der Wolle gefärbter" Konservativer – nennen Sie mich auch gerne „rechts" – muß kein „Reaktionär" oder stumpfsinniger und freudloser Betonkopf sein. Sollte mir das gelingen .... ich würde mich freuen.

Eines verspreche ich Ihnen in diesem „Vorwort": Das Buch ist ein Wechselbad der Gefühle. Sie werden – so hoffe ich – lachen, weinen, staunen, mit dem Kopf schütteln, mir mal böse sein und dann wieder zustimmen, die Höhen und Tiefen eines menschlichen Lebens noch einmal mit mir durchleben. Und ich glaube: Das Buch ist ehrlich.

Was immer mir meine Kritiker und Feinde vorwerfen .... eines kann niemand bestreiten: Was ich denke und wovon ich überzeugt bin – das habe ich in meinem ganzen Leben auch gesagt und geschrieben. Selbst wenn ich deswegen nicht nur Vorteile hatte. Ich bin dankbar dafür, daß ich mich noch nie „anpassen" oder „verbiegen" mußte. Dieses Naturell verdanke ich meiner Mutter.

Davon bin ich überzeugt: Jeder von uns wird am Ende seines Lebens dem Herrgott Rechenschaft ablegen müssen. Wenn es so weit ist – dann möchte ich mich immer noch

im Spiegel betrachten können, mir selber zuzwinkern und flüstern: „Siegerist – ganz so mies, wie die Linken immer behauptet haben, bist Du nicht gewesen." Daß die Linken mich nicht lieben .... kann ich es ihnen verdenken? Gräßlich habe ich sie geplagt – so, wie früher meine meisten Lehrer.
Ich spüre an mir selber, daß ich mit zunehmendem Alter „milder" und „lockerer" in manchen Urteilen werde. Eines wird bleiben – bis an mein Lebensende: Die Freiheit der Gedanken. In Wort und Schrift. Auch dann, wenn mir der „Zeitgeist" nicht zustimmt.
Kein Lied der Welt – abgesehen von der Deutschen und der Lettischen Nationalhymne – werde ich lieber singen als:

Die Gedanken sind frei!

Viel Freude beim Lesen von ***„Leibchen und Strapse"***.

1. Kapitel

Der „verrückte“ Ludwig Eckes

Wiesbaden – irgendwann im Herbst 1982. Ein Parkplatz am damals noch schmucken Europa-Park „Reisinger-Anlagen“. Gegenüber dem CENTRAL-Hotel am Hauptbahnhof. Der große, silberfarbene MERCEDES stoppt, parkt ein. Auf dem Fahrersitz: Ludwig Eckes. Genialer

Ein Patriarch, Genie, Verrückter, Idealist, Patriot, großartig – Ludwig Eckes. Geliebt und gehaßt.

Getränke-Fabrikant aus dem nahegelegenen, freundlichen „Nest“ Nieder-Olm. Präsident des Bundesverbandes der Deutschen Spirituosen-Industrie. Eine Hand am Lenkrad, die andere gestikuliert wild durch die Luft, knallt wieder und wieder gegen das mit edlem Stoff verkleidete MERCEDES-Dach. Neben Ludwig Eckes, auf dem Beifahrersitz: Ich, Joachim Siegerist, 35 Jahre alt. Ludwig Eckes Jahrgang 1913.

Geliebt wegen seiner finanziellen Großzügigkeit in Politik, Kultur, Kirche und fast überall. Wie kein anderer in Deutschland verkauft er Schnaps. Wie kein anderer in Deutschland hilft er Alkohol-Kranken.

Gefürchtet und gehaßt wegen seiner Offenheit im direkten Gespräch – egal mit wem. Er fuhr Franz Josef Strauß übers Maul – und Kohl sowieso. Den mochte er nicht, hielt nicht viel „von dem Dicke aus Meenz, der meist vor Wahle bei mir ankloppe dud, als nur quatscht und nit zuhöre und mit mei Geld alsemohl nit rischtig umgehe werd“. Kohl war damals noch Ministerpräsident in Rheinland-Pfalz, die Landeshauptstadt Mainz nicht weit von Nieder-Olm.

Als Unternehmer „nach außen“ ist Ludwig Eckes schnell vorgestellt: „hohes C“, MARIACRON, Eckes Edelkirsch, CHANTRE und, und, und. Ich: Kleiner Journalist aus dem Hause Springer. „Zeitlich befristete Leihgabe“ des Verlegers und seines Generalbevollmächtigten Peter Tamm an die CDU, CSU und die konservative Politik in Deutschland „allgemein“.

Ludwig Eckes hatte unverrückbare Standpunkte über mich, ich über ihn. Was er von mir hielt, ist schnell und unverblümt gesagt. Nur allzu oft und überall hat er davon Gebrauch gemacht. Heute war ich „a selbstlose Heilische, der nischts anneres im Kopp hott als sei Vadderland“ – und am nächsten Tag, wenn ihm eine Laus über die Leber gelaufen war, bekam ich es zentnerdick als „e Halsabschneider, der mei schwer verdiende Daler fier sei verrickte Bollidiek verbrade dud“. Weder das eine noch das andere richtig. Aber so war Ludwig Eckes. Schwarz oder

weiß – heiß oder kalt .... und ich habe ihn trotz der bei ihm üblichen „Wechselbäder“ verehrt. Ein Patriarch. Ein ausgestorbener Dino-Saurier der deutschen Wirtschaft. Gibt es heute nicht mehr. Mit diesen von den Linken verfluchten und bekämpften „Kapitalisten“ war die Arbeitswelt sozial wärmer.
Ersetzt durch Flanell-Männchen im dunkelgrauen Zweireiher oder „Manager“ – die statt Pupillen nur Dollarzeichen in den Augen haben – nicht mehr wissen, was es heißt, „Mensch“ zu sein, Rendite allein und Aktien-Gewinne (so wirkt es jedenfalls) mehr lieben als die eigenen Kinder, Mitarbeiter nur als Nummern sehen.
Von der Toiletten-Frau seines Unternehmens bis zum Direktor – Ludwig Eckes grüßte die meisten mit ihrem Namen und kannte deren Familiengeschichten. Jeder konnte anklopfen – und jeder fand Platz und Zeit in seinem kleinen Bürochen in der so herrlich nach „Weingeist“ riechenden Fabrik in Nieder-Olm.
Meine Meinung über Ludwig Eckes: Idealistisch bis auf die Knochen. Stock-konservativ – aber durch und durch sozial. Verrückt – genial. Cholerisch und liebevoll, beruhigend und zuversichtlich. Großzügig wie ein unendlich sprudelnder Brunnen – geizig bis zum Exzess. Ein Mann voller Widersprüche. Aber Mensch mit einem übergroßen Herzen, das er nicht schonte und an dem er schließlich starb. Diesen Mann vergesse ich nie. Doch zurück zum Parkplatz an den „Reisinger-Anlagen“ 1982 in Wiesbaden.
Worüber konnte ich als junger Mann damals schon mit dem fast 70jährigen Ludwig Eckes sprechen? Meist nur das eine Thema: Politik in Deutschland – und immer wieder die Frage von dem sich oft ausgenutzt fühlenden Fabrikanten: Wie läßt sich konservative Politik finanzieren, auf breitere Schultern stellen, ohne dabei in Abhängigkeit des Spenders zu geraten, was zur Verwässerung der eigenen Ideale geführt hätte? Heute leben wir im Zeitalter der „politischen Korrektheit“ – und es ist nicht anrüchig, daß zur Parteienfinanzierung auf gesetzlich **„legale“** Art und Weise dem Steuerzahler dreistellige

Millionen-Beträge aus der Tasche gezogen werden. **Politisch korrekt.**
Damals? Die deutschen Unternehmer der Nachkriegszeit waren mit der deutschen Nation doch viel mehr verbunden als die heutigen „Manager". Sie wußten: Die Zukunft des eigenen Unternehmens mit den Arbeitsplätzen ist nur dann gesichert, wenn sozialistische Weltverbesserer nicht die Axt an die Wurzel der Marktwirtschaft legen können. Und wenn die Unternehmer seinerzeit viel Geld verdienten, dann hätten sie es auch versaufen oder anderweitig „auf den Kopp hauen" können. Haben sie aber nicht. Von ihren Gewinnen gaben sie einen Teil den wirtschaftlich vernünftig denkenden Menschen in der CDU, CSU, FDP – aber auch etliche Millionen an die SPD. Dieses Geld wurde an die „Staatsbürgerliche Vereinigung" als Spende überwiesen – abgesichert durch Politiker aller Parteien und alle Finanzämter. Die „Staatsbürgerliche", die im Gegensatz zu den Parteien legal Spenden in unbegrenzter Höhe einnehmen und Spendenbescheinigungen ausstellen konnte, leitete dann das Geld an die von den Spendern bestimmten Parteien weiter.
Der letzte Präsident dieser „Staatsbürgerlichen Vereinigung" war der längst verstorbene Dr. Hans Buwert. Der alte Herr blieb mir bis zu seinem Tode freundschaftlich verbunden. Von ihm weiß ich, welche SPD-Leute bei ihm ein- und ausgingen und nicht ohne volle Taschen das Büro verließen. Ich bin nie Anhänger von Helmut Kohl gewesen. Aber die Sozis sollen schlicht und einfach das Maul halten, wenn es um die sogenannte „Spenden-Affäre Kohl" geht. Ihre Finanzmethoden waren nicht besser als die von Helmut Kohl, der nur deswegen in die Falle tappte, weil ähnliches Finanzgebaren seinerzeit „völlig normal" war.
Adenauer hatte die „Staatsbürgerliche" eingefädelt, CDU/CSU, SPD, FDP, BHE und DP inoffiziell abgesegnet. Anrüchig? Wieso? Es gab nicht ein Finanzamt in Deutschland, das jemals Spendenbescheinigungen der „Staatsbürgerlichen" reklamiert hätte. Und kein Finanz-

minister rumorte – auch keiner von der SPD. Nichts daran war illegal. Die „politisch korrekten" Politiker aus fast allen Parteien waren es, die dieses Finanzierungsmodell zu Fall brachten – ohne Rücksicht auf diejenigen, bei denen sie vorher als Bittsteller ein- und ausgegangen waren und denen sie mit oft unverschämten Geldwünschen die Ohren volljammerten. Sie rührten kaum eine Hand, als die Finanziers ihrer Parteien vor Gericht gezerrt und kriminalisiert wurden. Wer die Hintergründe der „Staatsbürgerlichen" wirklich kannte, der wußte folgendes:

1. Den wirtschaftlich hoch ausgebildeten Männern der „Staatsbürgerlichen" war bekannt, daß viele Politiker das Geld der Spender aus den Fenstern warfen – wie besoffene Seeleute ihre Heuer. Deswegen deponierten sie einen Teil davon im Ausland. Dieses „Auslands-Geld" wurde nur an solche Politiker gegeben, bei denen man sicher sein konnte, daß sie auch mit Geld umgehen können. In den Medien wurden solche Gelder fast als „gewaschene Gelder von Drogen-Baronen" dargestellt. Die deutschen Journalisten sind immer ideologischer, aber immer ungebildeter geworden. Saubere Recherche empfinden viele von ihnen als Last. Einer schreibt vom anderen ab. Das Internet läßt grüßen – journalistische Faulheit ebenfalls. Ideologischer Mist: Das ist einfacher als harte und mühevolle – aber saubere – Recherche.
2. In den Parteien stehen an vorderer Front oft Frauen und Männer, die nie wirtschaftlich denken mußten. Ein Bäckermeister, der seinen 5-Mann-Betrieb leitet, hat oft mehr wirtschaftlichen Verstand als ein Dutzend Parteifunktionäre zusammen. Viele Abgeordnete des Deutschen Bundestages haben einen Betrieb von innen bestenfalls im Wahlkampf gesehen. Sie können wunderbar mit dem Geld anderer Leute wirtschaften. An der Spitze die Sozis. Es war lästig, auf die Mahnungen zur Sparsamkeit der Geldgeber und der „Staatsbürgerlichen" zu hören. Die „politisch korrekte" Parteien-

finanzierung ist bequemer. Raus mit den Mäusen. Heidewitzka. Geld spielt keine Rolle mehr. Der Steuerzahler hat es ja. Das ist dann „politisch korrekt" – und wer anders darüber denkt – der ist natürlich „kriminell". Für mich ist die jetzige Parteienfinanzierung nichts anderes als ein modernes Raubrittertum, bei dem der Steuerzahler von nimmersatten Parteien ausgesaugt wird wie eine Jungfrau vom blutgierigen Vampir. Ein wesentlicher Grund bei der Kriminalisierung der „Staatsbürgerlichen".

Über ähnliche Themen sprach ich 1982 mit Ludwig Eckes auf dem Parkplatz an den „Reisinger-Anlagen" in Wiesbaden. Und dann machte ich ihm ein Geständnis, das selbst ihn für einen Moment sprachlos werden ließ.

Der verschwundene Geldkoffer

Ich kannte Ludwig Eckes noch nicht sehr lange. Aber schon nach kurzer Zeit war klar – politisch „funkten" wir auf einer „Wellenlänge". Der „Alte" vertraute dem „Jungen". ZDF-Moderator Gerhard Löwenthal aus Wiesbaden und der Stuttgarter Verleger Seewald hatten das erste Gespräch zwischen uns vermittelt. Nieder-Olm, Firma Eckes. In Hessen waren die Landtagswahlen gelaufen. Die CDU machte ein Plus von 7,6 Prozent, kam auf 47,3 Prozent. Zur Regierungsbildung reichte es für den CDU-Spitzenkandidaten Alfred Dregger und Generalsekretär Manfred Kanther nicht. In aller Unbescheidenheit: Mein Anteil am guten Wahlausgang der hessischen CDU war nicht klein. Ich betreute mit einer neuen Form von Kandidaten-Zeitungen Kandidaten, deren Wahlkreise „auf der Kippe" standen – und für die Zeitungen hatte ich das Geld selber zusammengebettelt. Ich war gewarnt worden: „Mit Dreggers neuem Generalsekretär, Manfred Kanther, verstehen Sie sich nie." Stimmte nicht. Wir saßen während des Wahlkampfes monatelang im selben Haus in der Biebricher Allee 29 in Wiesbaden.

Abgesehen von Kanthers Geiz bei der Bezahlung von Überstunden für meine Sekretärinnen, Frau Hildebrand und Frau Peters ..... die Zusammenarbeit funktionierte reibungslos. Das genügte Kanther. Das genügte mir. Wir wollten der CDU und Alfred Dregger helfen. An eine Heirat dachte keiner von uns beiden.

Ludwig Eckes war die Arbeit von dem jungen BILD-Mann Siegerist zu Ohren gekommen. Er schätzte Alfred Dregger und Manfred Kanther, war aber von seiner Grundeinstellung her skeptisch gegen alle Politiker und Parteien, „die vor der Wahl viel versprechen, danach nichts halten und sich keine Gedanken über die grundsätzlichen Fragen der Nation machen", ... wie er meinte. Ludwig Eckes hatte die Idee einer „konservativen Bürgerbewegung" im Kopf. Nicht ausgereift, stark verschwommen – aber klar in der Richtung: Konservative Politik, unabhängig von den Parteien. „Grundströmungen in der Bevölkerung" wollte er „entfachen, verstärken", um damit die Parteien auf den gewünschten politischen Kurs zu drücken. In den USA schon üblich und erfolgreich. In Deutschland neu. Es gab Dutzende von linken Wahlkampf-Hilfsvereinen. Die CDU hatte nicht einen.

Ludwig Eckes fragte mich nach meiner Meinung. Ich fühlte mich der CDU eng verbunden, war Mitglied seit meinem achtzehnten Lebensjahr. Kein Wunder, daß ihm meine Auffassung zu sehr „parteilich" war. Aber schon nach einer guten Stunde waren wir uns einig. „Sie brauche Geld"..............sagte Eckes trocken – so als würde er über das Wetter sprechen. „Ich werde von Springer bezahlt, nehme kein Geld an", erwiderte ich ehrlich, aber naiv. „Rede Sie ka Bledsinn", antwortete Ludwig Eckes kurz, füllte einen Scheck über 500 000 Mark auf meinen Namen aus – und gab mir „so nebenbei" mit auf den Weg: „Abzuhole in Luxemburg bei de Bank." „Abzuhole in Luxemburg." Von der Brisanz des Wortes „Luxemburg" in Zusammenhang mit Geld verstand ich zu dieser Zeit noch kein Wort, dachte auch nicht an die Einzelheiten einer solchen Aktion.

Guten Mutes stieg ich Tage später in Frankfurt in einen Flieger der LUXAIR und ging zur Bank, deren Namen ich nicht nennen möchte. Paß vorzeigen. Ludwig Eckes hatte mich „avisiert". Das genügte. 500 000 Deutsche Mark. Eigentlich nur ein kleines Häufchen Geld .... staunte ich und steckte es in meinen Koffer. Das Flugzeug nach Deutschland ging erst am nächsten Tag. Schon auf dem Weg zu meinem Hotel im Luxemburger Zentrum bekam ich langsam aber sicher ein unangenehmes Gefühl im Bauch. Ich konnte doch nicht mit einer halben Million im Koffer durch die Stadt laufen. Einen Safe im Hotelzimmer gab es nicht. Unter die Matratze stecken? Dafür war es zu viel – und meine Sorge vor einem allzu gründlichen Zimmermädchen zu groß. Was machen? Hotel-Safe in der Rezeption? Kein Vertrauen. „Die ahnen doch, was ich da einschließen lasse", ging es mir durch den Kopf. Verzwickte Situation. Es war erst früher Nachmittag und mein Flugzeug flog in den Mittagsstunden des kommenden Tages. Einzige Konsequenz: Ich verließ das Hotel bis zur Fahrt zum Flughafen nicht mehr, bestellte mir nur etwas zu essen und trinken aufs Zimmer, saß wie eine Henne auf ihren Küken auf meinem Geldkoffer mit den 500 000 Mark.
Auf der Fahrt zum Flughafen im Taxi wurden meine Hände – wie immer in brenzligen Situationen – sehr feucht und mir hämmerte es im Gehirn: Was, wenn der Zoll deinen Koffer öffnet und das Geld sieht?
Nichts war illegal an meinem Geldtransport. Ehrliches, versteuertes Geld, wie ich wußte. Nichts daran gesetzlich „anstößig". Aber inzwischen war mir klar: Sieht der Zoll das Geld, kommt sofort die Frage: „Von wem ist es?" Lieber hätte ich mir die Zunge abgebissen oder Knast. Aber niemals wären mir der Name Ludwig Eckes und der Name der Bank über die Lippen gekommen. So viel hatte ich inzwischen gelernt: Diskretion bei Spenden ganz, ganz weit oben. Wer plappert, bekommt einmal, dann nie wieder.
Ich war verliebt in die Politik, meine politischen Ziele – und ich wußte: Ohne Geld geht es nicht.

Flughafen Luxemburg. Es gab dort in den Siebzigern nicht allzu viele Maschinen. Eine viel zu große Abflughalle, in der nur Menschen waren, wenn eine Maschine ankam oder abflog. Ich reihte mich in die Paß- und Zollkontrolle ein. Die Reihe wurde kleiner und kleiner. Ich wohl auch. Nur noch ein Gedanke im Kopf: „Die öffnen den Koffer und dann wehe dir. Bleib selber treu. Halts Maul, wenn du gefragt wirst." Nur daran konnte ich noch denken. Verstehen kann man das nur, wenn klar ist, daß Mitte der Siebziger 500 000 Mark eine gigantische Summe war – allemal für einen jungen Mann, der von einem nicht allzu üppigen Journalisten-Gehalt lebte und von solch einem Betrag nur träumen konnte.
Der Zoll winkte mich durch, wollte nicht einmal meinen Paß sehen. Als ich im Flugzeug saß, hätte ich die Welt umarmen können und griff zu meinem schwarzen Geldkoffer. Aber der war weg! Verschwunden! Mit ihm die 500 000 Mark! Wie von einer Tarantel gestochen sprang ich auf, stürmte durch die noch nicht geschlossene Flugzeugtür aufs Rollfeld und raste – alle Rufe des Flugpersonals ignorierend – Richtung Abflughalle. Mir war klar: In meiner wahnsinnigen Aufregung hatte ich den schwarzen Geldkoffer dort stehen lassen. Wo sonst? Vielleicht nur 30 Sekunden bis zur Halle. Ein Satz über die Zollsperre. Was interessierten mich jetzt noch die Uniformierten? Mein Gott – nur 30 Sekunden .... aber welche Gedanken in dieser Zeit im Kopf: „Du bist erledigt. Kein Mensch glaubt dir das. Eckes hält dich für einen Dieb, wird es Axel Springer persönlich sagen: Siegerist klaut Geld. Ich werde mir mit einem Messer die Kopfhaut anritzen, damit Blut läuft – dann erfinde ich einfach einen Überfall. Niemand wird glauben, daß du das Geld vor Aufregung in der Abflughalle vergessen hast. Keiner, keiner. Niemals. Du bist für alle Zeiten erledigt, unglaubwürdig, ein Klauer."
Da stand er. Der schwarze Aktenkoffer. In der Mitte der Abflughalle. Mutterseelen-allein. Mit fliegenden Händen

öffnete ich das Zahlenschloß. Der braune Umschlag mit den „Eckes-Mäusen" unberührt. Zoll? Kontrolle? Das alles interessierte mich plötzlich einen Dreck. Das Geld war wieder da, mein Mut zurückgekehrt. „Schnell", rief mir ein Grenzbeamter zu .... „schnell, dann schaffen Sie noch die Maschine." Gegen alle Regeln der Flughafensicherung: Zurück übers Rollfeld. Ab ins Flugzeug. Richtung Frankfurt. Die Stewardeß lachte mich an. Ich sie. Ich hatte Grund zum Lachen.
Genau diese Geschichte erzählte ich Ludwig Eckes auf dem Parkplatz an den „Reisinger-Anlagen" beim CENTRAL-Hotel in der Nähe des Wiesbadener Hauptbahnhofs. Und dann die Frage: „Hätten Sie mir das abgenommen?"
Einen Moment Bedenkzeit – dann in seinem von mir so geliebten hessischen Dialekt die Antwort: „Isch hätt nit geglabt, daß Sie das versoffe oder geklaut hätte. Aber isch hätt gedacht – das hott die Kersch bekomme oder sei Verrückte in die Bollidiek." Auf hochdeutsch: „Ich hätte nicht geglaubt, daß Sie das versoffen oder geklaut hätten. Aber ich hätte gedacht, das hat die Kirche bekommen oder Ihre Verrückten aus der Politik." Dann fing Ludwig Eckes herzlich an zu lachen. Er starb am 14. Januar 1984. Ich kam zur Trauerfeier in eine seiner Werkshallen in Nieder-Olm. Viele Arbeiter hatten keinen schwarzen Anzug. Muskelbepackte Arbeiter, die zugreifen konnten und mußten. Wie Kinder weinten sie um ihren Chef. Auch mir liefen die Tränen übers Gesicht. Ludwig Eckes. Für mich war er einer der großartigsten Unternehmer und Menschen, denen ich bis heute begegnet bin. Und es sollten noch viele werden.
Ein interessantes und oft turbulentes Leben. Langweilig war es nie. Und so „lief" es .... bislang:

2. Kapitel: Kindheit der „Fünfziger"

Edith – Putzfrau im „Puff"

Nach drei Tagen wußten es alle Kinder der Steinstraße: Edith Goose ist Putzfrau im Puff und schneidet kleinen Kindern mit einem scharfen Brotmesser den Hals ab. Für das siebenjährige Rotz- und Schlüsselkind „Buba" (Joachim Siegerist) war die Geschichte ganz einfach schrecklich-scheußlich-wunderschön, und er erzählte sie mit wachsender Begeisterung – und so überzeugend, daß alle Kinder in Panik gerieten, wenn Edith sich auf der Steinstraße sehen ließ. Wer von uns wollte sich schon mit einem scharfen Brotmesser den Hals abschneiden lassen – und dann noch von einer, die „Putzfrau im Puff" war? So viel verstand selbst das dämlichste Straßenkind aus den Fünfziger Jahren: „Puff" ist gewiß kein gutes Wort. Und ausgerechnet **da** Putzfrau.

Die Geschichte ging mit einer kräftigen Tracht Prügel für mich aus. Aber fangen wir langsam an. Zunächst mit der „Putzfrau im Puff". Ich weiß nicht mehr wo – aber an irgendeiner Straßenecke hatte ich dieses interessante Wort mit vier Buchstaben gehört. Leise geflüstert. Von älteren Straßenjungs. Mit dem allwissenden Gesichtsausdruck erfahrener Alter – die die Kleineren auf gar keinen Fall in solch brisante Geheimnisse einweihen durften und auch gar nicht wollten. Ich wurde dadurch nur neugieriger. Was – um alles in der Welt – bedeutet das Wort „Puff"? Trotz meiner bunten Phantasie – ich konnte es mir nicht vorstellen und malte mir die abenteuerlichsten Dinge aus. Nur so viel konnte ich rauskitzeln: Irgendwo am Hafen in Kiel – nicht weit vom Fischmarkt entfernt – da ist der „Puff".

Es war im Sommer 1954. Ich schlich Edith Goose heimlich nach. Gemeinsam mit meinem aller-aller-aller-besten Freund „Manni" (Manfred Guse), Steinstraße 6 – obere Etage, unser Nachbarhaus. Da wohnte er, ärgerte sich aber

Joachim Siegerist (rechts) mit „aller-aller-bestem" Freund „Manni" Guse, Steinstraße 6 in Kiel. Unzertrennliche Freunde als Kinder.

täglich mehrmals darüber, daß ich sechs Monate älter war als er. Edith – klein, dick, schmuddelig – immer gekleidet mit einem zottelig-schlampigen Rock und ausgelatschten Schuhen, die mit etlichen Löchern einen guten Durchzug garantierten. Zerzauste Strohhaare – und selbst wenn die Sonne mit aller Kraft vom Himmel knallte .... ein giftig-grüner Regenschirm war immer dabei. Steinstraße, Holtenauer Straße, Bergstraße, vorbei am Stadtgraben „Kleiner Kiel" .... irgendwann kannten wir die Straßennamen nicht mehr. Das lag außerhalb unseres „Reviers". Schließlich waren wir da, wo ich Edith seit langem in meiner bösen Phantasie vermutet hatte: Am Hafen – nicht weit vom Fischmarkt entfernt. Nette, junge Mädchen standen da. Eine drückte mir 50 Pfennig in die Hand. Sie fand mich „so süß". Die Ahnungslose .... Aber genau in dem Moment entdeckte Edith uns, und wir rasten davon. Ich war ein rotes Tuch für Edith. Sie fand mich überhaupt nicht „süß". Von meinen boshaften Flüsterparolen hatte sie zwar noch nichts gehört, aber sie haßte mich schon allein deswegen, weil ich die anderen Gör'n der Steinstraße regelmäßig anstiftete, sich vor dem Nachbarhaus von Bäcker Asmussen zu versammeln. Da brüllten dann alle gemeinsam auf mein Kommando „Eeeeeeeedith, E, E. E. Ediiiiiiiiiiith .... Edith Goose scheißt in die Hose." Peng – ging in der ersten Etage, Steinstraße 13, ein Fenster auf und Eeeeeeedith Goose erschien. Sie wohnte da und fluchte mit gräßlichen Schimpfworten, die sich viel schlimmer anhörten als das Wort „Puff". Uns brachte das zum Jubeln. Edith hatte die Stimme einer rostigen Gießkanne und einer ungeölten Kreissäge. Kippte sie uns dann einen „Pütz Wasser" auf die Birne, waren wir die glücklichsten Kinder der Welt – und Edith in absoluter Hochform ihrer nur allzu berechtigten Wutausbrüche, knallte das Fenster zu – und wir hörten nach einer Weile ihre eiligen Schritte im Treppenhaus. Ab ging der Fuchs. Mit dem wohligen Gruseln, dem sicheren Tod durch das Brotmesser „so grade eben" noch zu entkommen, rasten wir dann die Steinstraße runter zum Tennisplatz am

Wasserturm an der Niebuhrstraße/Esmarchstraße, wo wir uns vor der dicken Edith und ihrem Brotmesser sicher fühlten. Spindeldürr waren wir allesamt. Keine Kunst, die dicke Edith abzuhängen. Damit wußte ich zwar immer noch nicht, was das Wort „Puff" bedeutet – in einem war ich aber mit allen Kindern der Steinstraße sicher: Kleinen Kindern den Hals abschneiden – das konnte ganz und gar nicht nur allein in meiner Phantasie entstanden sein. Es mußte ganz einfach stimmen.
Nun möchte ich Sie als Leser nicht länger im Unklaren lassen – und um der guten Edith Goose, die längst nicht mehr lebt, die verdiente Ehre zurückzugeben: Edith war nie „Putzfrau im Puff". Sie war Fischfrau auf dem Wochenmarkt am Blücherplatz – nicht weit von der Steinstraße entfernt. Und zum Fischmarkt am Hafen ging Edith nur, um Ware für ihren Wochenmarkt-Stand zu kaufen. Auf dem Wochenmarkt hatte ich Edith gesehen. Mit einem großen, scharfen Messer in der Hand, eine blutverschmierte Schürze vor dem fetten Bauch. Direkt hinter einem riesigen Stück Thunfisch auf Eisblöcken. Da stand sie und säbelte. Beweis genug für mich: Edith schneidet mit diesem Messer auch kleinen Kindern den Hals ab. Es konnte nicht anders sein. Zum Glück entdeckte sie mich nicht. Hätte sie mich gesehen – vielleicht wäre die arme, von mir gepeinigte Frau tatsächlich in Versuchung gekommen, zumindest **mir** den Hals abzuschneiden.
Edith mit Messer und blutverschmierter Schürze. Damit waren meine Behauptungen bombensicher – und auch so viel war mit klar: Ihr nächstes Opfer kann nur „Nati" sein, unser 5 Jahre altes Nachbarkind Renate Crusius aus der vierten Etage in der Steinstraße 4, wo Holz, Briketts und Kohlen aus dem düsteren Keller bis nach oben geschleppt werden mußten und die Miete in unserer 3-Zimmer-Wohnung 57 Mark im Monat kostete. Natürlich gab es keine Zentralheizung, sondern Kachelöfen. Die Kohlen im Keller und den doofen Hauswirt Adolph Schlegel – wie haßte ich diese Kombination. Aber zunächst zu „Nati". Nati war blond, blauäugig, pummelig, kindlich-naiv,

erzählte bei Bäcker Asmussen, daß ihre Mutter zu Hause nur die „allerbeste Butter von Sanella" auf den Tisch bringt – und vor allem: „Nati" glaubte alles, was man ihr vorplapperte. Besonders mir – was nicht unbedingt zu ihrem Vorteil war.
Wenn ich von „Nati" rede, denke ich sofort an Edith Goose, unseren dunklen Dachboden über der vierten Etage – und vor allem daran, daß es damals „unschicklich" war, die Toilette in der Wohnung zu haben. In vielen 4-Etagen-Häusern Kiels war die Toilette „eine halbe Treppe" tiefer und die Beleuchtung ging immer nur für Bruchteile von Minuten an, weil der alte Geizkragen Schlegel den Strom auf kürzeste Intervalle eingestellt hatte. Wer nicht schnell genug auf den rot-leuchtenden Lichtknopf drückte, stand im Dustern. Das dunkle Treppenhaus, der unheimliche Dachboden über der Wohnung und das Klosett „eine halbe Treppe" tiefer. Genau mit dieser Mischung konnte ich gräßlicher Junge „Nati" packen. Jedenfalls kam eines Tages ihre Mutter bei uns zu Besuch und klagte: „Ich weiß nicht, woran es liegt. Aber Nati ist nun schon 5 – und seit einigen Wochen macht sie nachts wieder ins Bett. Frau Siegerist, ich habe keine Erklärung, warum das so ist." Ich hatte die Erklärung und konzentrierte mich plötzlich – was ungewöhnlich bei mir war – mit aller Kraft auf meine Schularbeiten. Ich hatte „Nati" nämlich tagelang eingetrichtert: „Vorsicht, wenn du vor dem Schlafen noch auf die Toilette mußt. Edith Goose hockt auf dem Dachboden – und willst du pinkeln geh'n .... ratz-fatz schneidet sie dir den Hals mit dem Brotmesser ab." Aus Angst vor Edith und dem scharfen Brotmesser pinkelte „Nati" dann doch lieber ins Bett. Warum sie mich nicht verriet – ich weiß es bis heute nicht.

Spinat und Wackelpudding

Einigermaßen normale Kinder ekeln sich vor Spinat, aber lieben Wackelpudding. Grün mit Waldmeister – oder rot als Erdbeer- oder Himbeer-Geschmack. Kinder, die im Fleischwolf durchgeleierten Spinat nicht als Kuhscheiße

ansehen, sind kranke Kinder. Und Kinder, die noch nie mit der flachen Hand in eine Schüssel mit glibberigem Wackelpudding (Götterspeise) geklatscht haben, sind auch nicht besser dran. Um gleich wieder auf Nati zurückzukommen. Zu Hause haßte sie Spinat natürlich. Ganz anders, wenn sie bei uns war. Nati hatte immer Hunger, obwohl alles andere als unterernährt. Nach dem Mittagessen besuchte sie mich oft. Sie mußte ja nur über den Treppenflur laufen, an der Wohnungstür klingeln, und schon war sie drin. Bei uns gab es oft Spinat. „Ist gesund" hieß es nur. Zwei Spiegeleier („Knick-Eier – angeknackste Eier, die billiger waren) auf dem Spinat ließen es mich glauben. Was blieb mir auch anderes übrig? Mit großen Augen beobachtete Nati, wie ich mit Todesverachtung den Spinat runterwürgte. „Was ist das?" .... fragte sie. „Spinat, dumme Gans. Siehst das nicht?" Nati ließ nicht locker. „Schmeckt das?" Meine Antwort: „Toll." „Oh", verdrehte Nati verzückt die Augen, „von Spinat könnt' ich 100 Teller essen." Genau dahin wollte ich sie haben, weil ich dann mit ganzer kindlicher Bosheit antworten konnte: „Kriegst aber nichts. Bist fett genug."
Ganz anders bei Nati zu Hause. Ich hatte erfahren, daß es dort auch Spinat gab. „Rein zufällig" kam ich zu Besuch. Nati saß mit ihrem zweijährigen Bruder „Beppo" am Tisch. Als ihre Mutter in die Küche ging, flüsterte ich ihr leise zu: „Nicht essen. Das ist Kuhscheiße"......und zur Demonstration nahm ich einen Löffel voll Spinat in den Mund und spuckte ihn – durch die Zähne quietschend – auf ihren Teller zurück, klatschte drei Mal in die Hände und sagte: „Siehst du wohl. So macht die Kuh." Nati wurde blaß im Gesicht. Ich hatte nur noch einen Wunsch: Hoffentlich muß sie kotzen.
Der böse Wunsch erfüllte sich nicht. Denn ihre Mama kam aus der Küche zurück. Verlegen wischte ich mir die Spinatreste vom Mund. An diesem Tag wurde Nati nicht satt.

Die kleine „Nati“ mit meiner „großen“ Schwester Karin. „Spinat ist Kuhscheiße“ – verekelte ich Nati das Essen.

Ekika und die annewatzene Zunne

Nur ein Kind in der Steinstraße hatte keine Angst vor Edith Goose. Das war Ekika. Ekika war 15, hieß eigentlich Erika und war bei sämtlichen Jungs der Straße gefürchtet. Einmal in Rage, verprügelte sie jeden. Ich, klein und schmächtig, nicht viel älter als 7, hatte nicht den Hauch einer Chance gegen Ekika. Trotzdem – ich mußte sie ganz einfach ärgern und nahm es deswegen hin und wieder in Kauf, von Ekika „eine inne Fresse gebatscht“ zu kriegen.

Ekika hatte einen leichten Dachschaden, war nicht ganz klar im Kopf. Dazu noch Zöpfe mit Spangen und die blödesten Röcke, die sich ein siebenjähriger Straßenjunge nur vorstellen kann: Weiß-geblümt. Darunter „Petticoat“, rosa, den sie jedem stolz und ungefragt zeigte. Das einzig brauchbare Kleidungsstück erschien mir eine Lederhose – möglichst abgeschabt. Da konnte man machen, was man wollte, und mußte nicht ständig vorsichtig sein.

Ekika wohnte uns gegenüber – Steinstraße 3. Irgendwann hatte ich doch den Bogen raus, wie ich sie ärgern konnte, ohne gleich von ihr verprügelt zu werden. Wir bildeten ein Anti-Ekika-Trio: Die kleine Nati, mein Freund Manni und ich. Nati sprang vor unserer Haustür – Steinstraße 4 – von einem Bein aufs andere und sang laut und falsch immer wieder „Ekika die Doofe, Ekika die Doofe – macht noch in die Hose“. Ekika ging das alles nichts an. So tat sie jedenfalls. Sie pfiff vor sich hin, sah sich 100 000 Mal die Klingelschilder an ihrer Haustür Steinstraße 3 an .... aber dann plötzlich: Mit einem Wutgeheul stürzte sie aus dem Hauseingang, raste im Affentempo über die Straße, wo außer dem „dicken Ellermann“ noch kein Mensch ein Auto geparkt hatte (ein himmelblauer OPEL-Kapitän. „Wie Ellermann den nur bezahlen kann“ .... rätselte die ganze Steinstraße mißgünstig .... und dann krachte Ekika aufs Straßenpflaster. Blut an den Knien. Starr vor Schreck konnte Nati sich nicht mehr bewegen. Bevor Ekika sich aufrappelte und mit Wutgeheul erneut losbrauste, riß ich Nati ins Treppenhaus, wo ich gemeinsam mit Manni wartete. Wir beiden Dreikäsehochs hatten die dicke Kokos-Fußabtreter-Matte in unseren Händen, die wir Ekika entgegenschleuderten. Wir trafen immer. Und immer wiederholte sich dieses Drehbuch: Ekika fiel im glatten Treppenhaus noch einmal auf die Fresse. Manni, Nati und ich sausten zu dritt eine halbe Etage nach oben und schlossen uns im Lokus von Hauswirt Schlegel ein. Durch ihr Gehämmer an der Tür und das laute Wutgebrüll holte Ekika natürlich ausgerechnet ihn auf den Plan. Sie hatte zwar vor Edith keine Angst, weil sie nicht an die Schauergeschichte vom Brotmesser glaubte, aber vor Schlegel hatte sie kräftige Maleschen. Wir saßen regelmäßig wie die Maus in der Falle und sagten keinen Piep. Denn natürlich sollte Schlegel nicht wissen, wer sich in seinem Lokus verbarrikadiert hatte. Der alte Kinderschreck konnte nicht lange stehen. Das wußten wir.

Hauseingang Steinstraße 4 – ich als Dreikäsehoch in der Mitte, rechts hinter mir meine Schwester Karin. Von hier aus leitete ich die Attacken gegen „Ekika“. Nati als Lockvogel.

Wenn er dann nach fünf Minuten oder weniger zurück in seine Wohnung schlurfte, öffneten wir leise die Klosett-Tür und verdrückten uns ungesehen. Ich bin sicher: Schlegel hat es gewußt, wer sich auf dem Lokus verschanzt hatte. Beweisen konnte er es nicht – und eines war klar: Gegenüber Schlegel hätte ich alles bestritten.
Aber dann packte mich eines Tages der große Bruder von Ekika auf der Steinstraße. Er hielt mich fest am Arm, aber nicht um mich zu verprügeln. „Jetzt will ich mit dir reden", sagte er nur – und er lud mich in die METRO-Eisdiele auf der angrenzenden Holtenauer Straße 162 ein, wo eine Eiskugel damals nur 10 Pfennig kostete, eine Eintrittskarte fürs angrenzende Kino 60 Pfennig. Und der erwachsene junge Mann erzählte dem siebenjährigen Rotzjungen „Buba" dann die ganze Geschichte von Ekika. Er mußte geahnt haben, daß in mir kleinem Satansbraten – tief verborgen – wohl doch schon so etwas wie ein Gewissen und ein nicht ganz so schlechtes Herz – beheimatet war. Ich kapierte sofort. Ekikas Bruder liebte seine Schwester – und es muß ihm furchtbar weh getan haben, sie dem Gespött der Straßenkinder ausgesetzt zu sehen.

Heute – die Steinstraße 4 in Kiel – obere Etage mit dem hellen Balkon. Für mich als Kind das „Haupt-Quartier" allerlei Unfugs.

Statt den Anführer der Anti-Ekika-Bande zu verdreschen, machte er ihn sich zu seinem Freund .... und damit seine Schwester zu meiner Vertrauten. Was ich von ihm erfuhr: Ekika, die Erika Rogall hieß, war als geistig behindertes – und außergewöhnlich aggressives – Kind zur Welt gekommen. Ihre Zunge war am Gaumen angewachsen, was Ekika uns ständig so erklären wollte: „Heiß' Ekika. Meine Zunne is annewatzen."
Verflixt – gegen Mitleid konnte ich nicht ankämpfen – und tatsächlich: Auch mit sieben kann einem das Gewissen schon pochen.
Jedenfalls schloß ich von diesem Tag an – nach Erdbeereis in der „Milchbar" vom METRO – Frieden mit Ekika. **Vorteil:** Jetzt war ich vor allen größeren Jungs sicher. Keiner wagte mich zu verprügeln, weil er dann die Rache von Ekika zu spüren bekommen hätte. Und die hatte es in sich. **Nachteil:** Ekika betrachtete mich jetzt so sehr als ihren Vertrauten, daß ich mir jeden Tag ihr dämliches – und von mir nie verstandenes selbst erdachtes Lied anhören mußte, das den kaum verständlichen Text hat: „Hast'n Fozz elasse. Fiecht vor'n Dackel. Picht sich Nitt. Unnern Tüsch da schieffe Kegel, und die Fauen .... wimmen natte Beine in die Höh." In ein wenig verständlicherem Deutsch – ohne Ekika-„Dialekt" – hört sich das so an: „Hast'nen Furz gelassen. Der fliegt vorn Dackel. Bricht sich das Genick. Unterm Tisch da schieben sie Kegel und die Frauen schwimmen mit nackten Beinen in die Höh." Was immer man darunter verstehen mag. Ekika liebte dieses Lied und sang es mir wer weiß wie oft vor .... und ich den Kindern der ganzen Steinstraße, bis auch die aus vollem Hals die neue Straßenhymne jubelten „Hast'n Fozz elasse. Fiecht vor'n Dackel ...."
Der Bruder von Ekika dankte es mir damit, daß er mir eines Tages das Geheimnis des Wortes „Puff" enthüllte. „Da gehen Männer hin, die mit ihrer Frau allein nicht zufrieden sind oder zu Hause keine haben." Dann legte er den Finger auf seinen Mund. Verstanden hatte ich nichts. Kein Wort. Ich tat aber so als ob. Und während die ande-

ren Freunde immer noch an dem geheimnis-umhüllten Wort „Puff" rätselten und nicht die Courage hatten, ihre Eltern zu befragen .... ich war ihnen überlegen und in das tiefe Geheimnis der vier Buchstaben eingeweiht. Dank Ekika.

Zumindest ein Totenkopf soll es sein ....

Jeder moderne Spielplatz, jedes Phantasia-Land, selbst die Walt-Disney-Parks in Paris und in den USA sind ein Dreck gegen die Spielplätze, die wir als Straßenkinder Kiels in den Fünfziger Jahren hatten. Kiel während der Nazizeit „Kriegshafen" .... und dementsprechend hatte es Bomben auf die Stadt gehagelt. Am Ende des Krieges war Kiel ein einziges Trümmerfeld. Und Trümmerhäuser .... kein Kind der Welt hätte sich schönere Spielplätze vorstellen können. Ganze Straßenzüge lagen in Schutt und Asche – vor allem die Gegend an der Gneisenauer Straße .... nur wenige Schritte von der Steinstraße entfernt. Balancieren in den toten Fensterhöhlen der wackeligen Mauern. Suchen nach verborgenen „Goldschätzen" im Schutt, das Bauen von Höhlen mit stinkenden Matratzen und Trümmerbrocken .... könnte es schönere Spiele geben? Tausende von kleinen Schutzengeln müssen uns auf diesen „Spielplätzen" begleitet haben.
Einen „echten Schatz" fanden wir natürlich nie. Aber das bremste unsere Such-Wut in keiner Weise. Noch heute ist das Stöbern in alten, verlassenen Häusern für mich eine großartige Sache. Vor einigen Jahren brachte sie mich in Madeira sogar für 24 Stunden ins Gefängnis. Polizisten waren davon überzeugt, den lang gesuchten Einbrecher gefunden zu haben, der auf der Atlantik-Insel schon Dutzende von Villen ausgeraubt hatte. Ein mit mir befreundeter portugiesischer Theologie-Professor aus Fatima konnte den unberechtigten Verdacht zum Glück zerstreuen.

Schrecklicher Anblick? Für uns Kinder nicht. Die Trümmerhäuser waren ja „die schönsten Spielplätze der Welt" – und nie langweilig.

Aber die Kieler Trümmerhäuser waren natürlich schöner als alle alten, verfallenen Villen der Welt. Wichtiger als der ersehnte Goldschatz war für uns Schmuddel-Kinder eigentlich ein Skelett, zumindest aber ein Totenkopf. Wie sehr hofften wir darauf. Aber nichts. Oder besser – fast nichts: Denn **einen** Schatz gab es doch da – und den reichlich. Alte, in die Wand eingelassene Wasch- und Spülbecken aus Kupfer. Mit aller Kraft rissen wir sie aus den Wänden und schleppten sie zum Schrotthändler im Knooperweg, Höhe Schauenburger Straße. 5 Mark für ein Waschbecken aus Kupfer. Eine Riesensumme Geld für uns Kinder. Was konnte davon alles gekauft werden. Bei Minna Lexius, „Kolonialwarengeschäft", Steinstraße 10. Die herrlich klebrigen „Nappos" – 5 Pfennig das Stück. Negerküsse – 10 Pfennig, Salmiak-Pastillen – 3 Pfennig „auf die Hand". Nicht zu vergessen für 2 Pfennig kleine rote Himbeerlutscher am Holzstil. Und dann die Brausetüten und Brausewürfel mit dem kleinen blau-weiß-gekleideten Matrosen auf der Packung. Das Pulver mußte auf die Handfläche gestreut und dann abgeleckt werden. Das prickelte so schön und gab knisternde, kleine Blasen auf der Zunge. Für 5 Mark konnten wir uns den Bauch mit Süßigkeiten vollfressen .... und hatten dann immer noch Geld übrig. Unser Problem war nur der Schrott- und Plünnhändler. Immer ging das Spiel so ab: „Wir wollen ein Kupfer-Waschbecken verkaufen." **Frage:** „Wo habt ihr das her?" **Antwort:** „Aus dem Keller von unserem Opa." Ich weiß nicht mehr genau, wie oft das gut ging. Vielleicht zehn Mal. Wir schickten ja immer wieder ein anderes Kind vor – das dann natürlich am „Gewinn" beteiligt werden mußte: Salmis, Nappos, Eis und Brausepulver. Schließlich wurde der Plünnhändler aber skeptisch: „Wo habt ihr das her?" fragte er wie immer. Und prompt die Antwort: „Aus dem Keller von unserem Opa. Was kriegen wir dafür?" Böse fauchte er uns an: „Den Arsch voll kriegt ihr dafür. So viel Opas wie ihr habt, gibt es in ganz Kiel nicht." Dann riß er uns das Waschbecken aus der Hand und murmelte etwas von „Polizei". Im Nu waren wir verschwunden. Am Abend kamen wir wieder. Ich bebte vor Wut, fühlte mich zutiefst ungerecht behandelt. Die Trümmerhäuser gehörten uns Kindern ganz allein und deswegen auch logischerweise die Waschbecken darin. Welcher Erwachsene konnte dieser kindlichen Logik schon etwas entgegensetzen? Das Firmengelände des Plünn-Onkels war von einem Bretterzaun umgeben. Eine große Lattentür am Zaun wurde abends verschlossen. Der Holzzaun war für uns natürlich kein Hindernis – und schon krachten Schrott-Teile in die vier Fensterscheiben seiner kleinen „Geschäfts-Bude". Die „Rache der Steinstraßen-Bande".

Wilhelm II. im Keller und Kieler „Straßenbanden"

Und dann gab es da noch die Ruinen des Kieler Schlosses mit Turm – und vor allem mit den großen Kellergewölben – schwarz wie die Nacht. Wie alle Straßenkinder hatten wir in den Fünfziger Jahren kleine Straßenbanden gebildet .... und es war schon eine hohe Ehre, dort aufgenommen zu werden. Wahre Straßenschlachten wurden geschlagen. Meist Steinstraße gegen Gneisenaustraße. Aber in die Steinstraßenbande aufgenommen zu werden .... das war nicht so einfach. Mutproben mußten abgelegt werden. Die erste: Einmal allein mit Taschenlampe durch den Keller der Kieler Schloßruine laufen. Als Beweis für den vollständigen Keller-Rundgang hatten wir an verschiedenen Stellen kleine, bunte Glasmurmeln hinterlegt, die in Kiel „Picker" hießen und uns wertvoller waren als bares Geld. Sie mußten als Beweis für die vollständige Durchquerung des Kellers vorgelegt werden. Der Rundgang im Keller war unheimlich. Mitten in einem großen Raum stand eine Gipsbüste von Wilhelm II. Zwei Meter hoch. Vielleicht hatte unsere kindliche Phantasie sie größer gemacht als sie wirklich war. Für uns war sie jedenfalls riesig. Und wer da mit seiner kleinen Funzel durch die Gewölbe strich – der bekam schon einen großen Schreck, wenn im Lichtkegel das weiße Gesicht des letzten deutschen Kaisers auftauchte. Wer bei dieser Mutprobe durchfiel, war für uns erledigt. Keine Zulassung zur zweiten Mutprobe. Bei der mußte der „Kandidat" bei Einbruch der Dunkelheit aufs METRO-Kino an der Holtenauer Straße/Ecke Steinstraße steigen und einmal auf dem Eternit-Dach hin- und herlaufen. Dritte Probe: Neben dem METRO gab es einen Schuster. Holtenauer Straße 160. Zu seinem Laden führte eine steinerne Treppe mit fünf Stufen. Neben der Treppe eine in der Mitte aufklappbare Eisentür, durch die Kohlen in den Keller geschüttet werden konnten. Mit ohrenbetäubendem Lärm sprangen wir Jungs von der Treppe auf diese Luke. Herrlich und spannend. Denn der alte Schuster im Laden kam nach einigen Sprüngen auf die Eisenklappe nach draußen – einen Schusterhammer in der Hand – und brüllte uns in seiner Mundart zu: „Die Kniepel sollte ich euch ins Kreiz schlagen, ihr Bälger." Zu Deutsch: „Den Knüppel sollte ich euch ins Kreuz schlagen, ihr Bälger." Aber genau das machte die Sache ja so aufregend. Schnell springen, schnell die Treppe rauf und wieder springen.

Fünf Mal insgesamt. Das war nicht so einfach. Denn der alte Schuster – ich glaube ein Ostpreuße – war noch ziemlich gut zu Fuß. Wer diese drei Mutproben bestanden hatte, wurde mit „allen Ehren" in die Steinstraßenbande aufgenommen.
Aber auch harmlosere Spiele gab es da. Zum Beispiel: Wer zuerst lacht, hat verloren. Am liebsten spielte ich das mit Manni allein. Wir setzten uns auf irgendeine Parkbank und sagten kein Wort, verzogen keine Miene. Lachen verboten. Wer lacht, verliert. Das länger als eine Minute durchzuhalten, war schier unmöglich für uns beide .... und wir verloren fast immer gleichzeitig. Um das Lachen zu unterdrücken, wurde der Atem angehalten, bis der Kopf rot wie eine Tomate war. Schließlich der vorsichtige Versuch – ohne zu lachen – nach Luft zu schnappen. Es mißlang **immer**. Die Fünfziger Jahre waren nicht nur so golden, wie sie heute geschildert werden. Eigentlich gab es nicht allzuviel zu lachen. Aber wir lachten so viel, daß es ein Wunder war, daß wir uns nicht totgelacht haben. Bei allem, was mir das Leben gebracht hat – aber noch heute kann ich so lange und herzlich lachen, daß ich fast Bauchschmerzen bekomme .... oft über den kleinsten Blödsinn, bei dem andere kaum das Gesicht verziehen – oder nur mitlachen, um mir gegenüber nicht als „unhöflich" dazustehen. Ein ganz klein wenig „Kind in mir" wird niemals „aussterben".
Regelrechte Lachkrämpfe konnten wir durch einen bösen – mir heute peinlichen – Scherz bekommen, der für Erwachsene kaum nachvollziehbar ist. Am Blücherplatz gab es ein rot-geklinkertes Haus. Teils für die Markt-Besteller als Verschlag für ihre Geräte, teils als öffentliche Toilette. Eine kleine, rundliche Lokusfrau saß da immer hinter gehäkelten, weißen Gardinen und strickte. Wie so viele unserer „Opfer" – ich bin sicher, daß sie uns Kinder aus ganzer Seele haßte. Wir klopften von außen an ihr Fenster. Keine Reaktion. Sie strickte, beachtete uns nicht. Wieder Klopfen. Sie strickte weiter. Vielleicht nach dem fünften Klopfen riß ihr der Geduldsfaden, und schlurfend

kam sie auf die Straße. Bevor sie ihre Schimpf-Kanonade loswerden konnte, brüllten wir sie an: „Du dickes, undankbares Geschöpf" und rasten lachend davon. Wir lachten dabei aber so, daß wir nur mühsam einen Schritt vor den anderen bekamen. „Du dickes, undankbares Geschöpf" .... für uns der großartigste Witz der Welt, bei dem vor Lachen fast die Därme im Leib rissen. Seltsam, der „Humor" von Straßenkindern der „Fünfziger".

Haß auf den Kindergarten

Irgendwann hielt meine Mutter es wohl doch für besser, mich in den Kindergarten zu schicken. Ein Kindergarten an der Holtenauer Straße 257/61. Wie haßte ich den. Spielen mit Bauklötzen statt mit Trümmersteinen, Mittagsschlaf nach der Schule und Beaufsichtigung der Hausaufgaben. Sittsam am Tisch sitzen und pünktlich essen. Ein Horror. Dazu noch diesen Teddymantel, mit dem ich bei kalter Witterung zum Kindergarten stiefeln mußte. Meine Mutter war stolz auf ihn, andere Kinder beneideten mich darum. Ich hätte ihn am liebsten mit einer Geflügel-Schere aus dem Wohnzimmer-Büfett zerschnitten. Der Grund: Auf dem Weg zum Kindergarten hatte mich eine ältere Frau gestoppt und mir verzückt über den Kopf gestreichelt: „Nein, was bist du doch für ein schönes Mädchen." „Dumme Kuh", dachte ich im Stillen, schauderte mich bei dem Gedanken, ein Mädchen zu sein, schob aber alle Schuld auf den Kindergarten allein .... und fortan wurde ich dort nicht mehr gesehen. Zu Hause kein Wort davon. Sechs Monate spielte ich das brave Kind, das regelmäßig nach der Schule in den Kindergarten ging. Das Kindergarten-Geld haute ich mit Freunden „auf den Kopf" und spielte lieber weiter in den Trümmern. Erst später gestand ich meiner Mutter, daß ich nicht mehr in den Kindergarten möchte – und sie willigte ein. Wie herrlich war die Welt wieder für mich.

Der verhaßte Kindergarten nach mehr als 50 Jahren. Die trutzige Mauer schon damals. Heute sitze ich drauf. Wehe, wenn wir als Kind da „balancieren" wollten.

Aber ein anderer Kummer braute sich zusammen. Die Trümmerhäuser wichen mehr und mehr den Baustellen für moderne Neubauwohnungen. „Kiel wird immer doofer", klagten wir Jungs, „bald wissen wir überhaupt nicht mehr, wo wir spielen sollen."

Haben Sie als Kind nie Albträume gehabt? Ich oft. So oft, daß ich am Abend manchmal nicht einschlafen mochte. Im Traum schlug die Phantasie in meinem Kopf Purzelbäume. Da kehrte alles wieder: Die dunklen Keller der Trümmerhäuser und das düstere Gewölbe des Kieler Schlosses. Die nie gefundenen Skelette spazierten durch mein Zimmer – und am meisten fürchtete ich mich vor den boshaften, kleinen Giftzwergen aus dem dicken Märchenbuch von Bechsteins. Sie krabbelten durch Schlüssellöcher, stiegen in die Betten der Kinder und drehten ihnen im Schlaf das Genick um. Es gab kein Kinder-Phantasien zerstörendes Fernsehen.

Am Abend war ich oft allein zu Haus. Meine Geschwister – Karin, Hans Günter und Manfred – waren sechs, sieben und neun Jahre älter als ich. Sie waren in der Schwimm-

abteilung des KIELER TURNERBUNDES (KTB), gingen am Abend oft in die Schwimmhalle am Lessingplatz, Ecke Knooperweg an der Post. Meine Mutter, die vier Kinder allein durchs Leben bringen mußte, arbeitete oft bis zu 16 Stunden pro Tag und mehr. Als Verkäuferin bei Karstadt und nach Feierabend noch als Kellnerin im „Siechen-Bräu" in der Nähe der KIELER NACHRICHTEN und des damaligen Bankhauses Ahlmann. Im Keller des Kieler Schlosses hatte ich keine Angst -- oder zumindest: Ich zeigte sie nicht. **Allein** in der großen Wohnung in der Steinstraße 4 .... da spürte ich sie vor dem Einschlafen in mir hochkrabbeln.
Vor allem wollte ich vor den Schlüsselloch-kriechenden Giftzwergen aus den Bechsteins-Märchen sicher sein. Eine einfache Lösung: Ich verstopfte alle Schlüssellöcher mit Watte und schlief zufrieden und sicher ein. Aber so fest, daß ich in der Nacht das Klopfen der Familie nicht hörte, die vor der Tür stand und mit allen Tricks keinen Schlüssel ins Schlüsselloch bekam. Schlüssel-Notdienste gab es in den Fünfziger Jahren wohl noch nicht. Aber ein Nachbar war Schlosser. Und er wurde aus dem Bett geklingelt. Natürlich sagte ich keinem, weswegen die Watte im Schlüsselloch steckte. Nur so viel behauptete ich: „Es hat gezogen."
Meine älteren Geschwister waren nicht ganz so verrückt wie ich – oder meistens nicht. Abgesehen von einer Geschichte, die mir jetzt einfällt. Jedenfalls kamen sie – irgendwann im beginnenden Herbst – (und es war schon ziemlich dunkel) auf die Idee, eine Art Parade oder Aufmarsch auf den Dächern der Steinstraße zu veranstalten. Manfred mit der „alten Kriegsfahne", einem zerrissenen Bettlaken, vorweg – gefolgt von meinem Bruder Hans Günter mit Säbel in der Hand. Karin und ein gutes Dutzend Gör'n der Steinstraße im Gänsemarsch hinterher.
Die Gör'n der Steinstraße marschierten in schwindelnder Höhe über die Dächer der Steinstraße und imitierten einen der damals üblichen „Spielmannszüge". In einer dieser Gruppen spielte Manfred, mein ältester Bruder,

Fanfare. Karin tanzte ein wenig aus der Reihe und spielte in der Dachgosse mit Tonmurmeln „Picker" und war zu Tode betrübt, wenn einzelne für immer in der Regengosse verschwanden. Ein kräftiger Junge hielt sie an beiden Beinen fest, und sie krabbelte mit ihrem Arm – so tief sie konnte – in das Regengossen-Rohr. Vergeblich.
Der Abstieg durch eine Dachluke in einem anderen Haus beendete den Mondschein-Spaziergang auf dem Dach. Wieviel Kummer bleibt allen Eltern der Welt doch verborgen, weil sie nicht wissen, was ihre Kinder so alles treiben ....
Um auf meine Schwester Karin zu kommen, die mich ständig als ihr „Geburtstagsgeschenk" betrachtete, weil ich genau 6 Jahre später als sie – am 29. Januar – geboren wurde. Karin war – ähnlich wie ich bei den Straßenjungs – die „Kommando-Trägerin" bei den Mädchen der Steinstraße. Ihre treueste Gefährtin war Ingrid Jansen, die ich regelmäßig als „doofes Trampeltier" bezeichnete und mit dem Satz neckte: „Ingrid Sansen – dicke, fette Kuh. Hat zwei Busen, macht muh-muh." Ingrid „Sansen" himmelte meine Schwester geradezu an. Außer Atem kam sie eines Tages bei Karin angelaufen, um ihr ungeheuer wichtig zu sagen: „Karin, Karin. Komm unbedingt mit mir ins Tivoli." Das Tivoli war ein kleines Kino in der Holtenauer Straße 103, heute „Schauspielhaus". Die trampelige „Ingrid Sansen" vorweg – Karin hinterher – und auch ich wollte die erhoffte Sensation mitbekommen und raste, was das Zeug hielt, zum Tivoli.
Zumindest ein Großfeuer hatte ich mir erhofft, ein eingestürztes Kinoportal – wenigstens aber eine Freikarte – und wenn nichts davon, dann vielleicht einen schweren Verkehrsunfall mit vielen, vielen Toten und Schwerverletzten, eventuell sogar kostenlose Bonbons. Jedenfalls deutete die Wichtigkeit von Ingrid Sansens Aufforderung „sofort zum Tivoli rasen" auf Ereignisse ähnlicher Art hin.
Dann kam das „Ereignis". Ingrid „Sansen" stellte sich im Foyer des Tivoli vor die riesige Spiegelwand und drehte sich, so elegant sie konnte, langsam im Kreis, betrachtete

Mein ältester Bruder – Manfred, Bankkaufmann.

Hans Günter – zweitältester Bruder, Schiffs-Ingenieur.

Karin, die auf den Tag genau 6 Jahre ältere Schwester, Kauffrau, Chorleiterin.

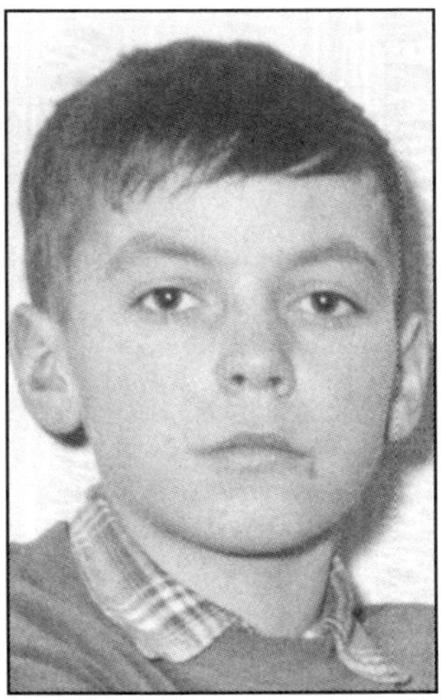

Ich selbst – Nachzügler, der Jüngste des Kleeblatts. Schon damals: Karierte Hemden.

sich dabei wohlgefällig. Sie war 13 oder 14 Jahre alt und hatte damals diese uns Jungs gräßlich erscheinende Haarfrisur mit einer Tolle. Wie oft liefen wir hinter solchen Mädchen her, um ununterbrochen zu singen: „Hast ne Tolle auf'm Kopp. Hast ne Tolle auf'm Kopp."

Ingrid Sansens Tolle wurde von zwei bunten Spangen gehalten, die es pro Stück für 25 Pfennig im KLOPPENBURG-Papierwarengeschäft, Ecke Steinstraße, in allen Farben zu kaufen gab. Ingrid „Sansen", die sich vor dem Spiegel für eine Primaballerina hielt, aber mich mehr an eine „Plansch-Kuh" erinnerte, zog die Spangen aus ihrer Tolle, ließ die Haare locker ins Gesicht und in den Nacken fallen, steckte die Spangen wieder in die Tolle – die sich – schwupps – genau in diese dusselige Wurstform zurückrollte. Das Schauspiel wiederholte sich so drei, vier Mal – und als meine Schwester und ich immer ungeduldiger wurden, blinzelte Ingrid Sansen – verzückt von ihrer eigenen Schönheit – mit den Augen und fragte mit zwinkerndem Aufschlag: „Also Karin – sag ehrlich. Wie find'st de mich schöner? Mit Spange oder ohne?" Ich weiß heute nicht mehr, was meine fassungslose Schwester geantwortet hat. Ein Glück, daß Ingrid „Sansen" nicht mich gefragt hatte.

Auch vom Versteck-Spielen habe ich Ingrid Sansen noch in böser Erinnerung. Welches Kind in Kiel kannte das nicht? Mit dem Gesicht zur Wand – ja nicht umdrehen und dann – so laut es geht – gebrüllt: „1, 2, 3, 4, 5, 6, 7, 8, 9, zeeeehn! Ele, mele Eckstein, alles muß verschteck sein – hünner mich und vorder müch .... das giiiib das nich, eins, zwei, drei ich komme." „Noch nich, noch nich" .... kam es meist zurück – und weiter gingen die Reime: „Hinter einer Bude sitzt ein kleiner Jude, hat den Kopp voll Läuse, mi ma Mäuse – mi ma Dreck und Du bist weg." Alte Sprüche aus der Nazizeit? Ich weiß es nicht, war uns als Kindern auch egal. Es gab noch keine „politische Korrektheit". Und Schlimmes dabei haben wir uns nicht gedacht.

„Nein, nein – immer noch nich" .... brüllten die Görn dann. Das passende Versteck war noch nicht gefun-

Ein Teil der Steinstraßen-„Görn" mit Ingrid Jansen (ganz rechts) – drittes Mädchen von links Renate Crusius, die Edith Gooses Brotmesser fürchtete und deswegen ins Bett pinkelte.

den. Dann der allerletzte Reim, bevor die Suche losging: „Ele mele Mopel, wer frißt Popel? Süß und saftig, eine Mark und achtzig, eine Mark und zehn – und du kannst gehn. Eiiiiiins, zweiiiiiiiiiiiiiiiiii, drei .... zeeeehn, ich kooooooooomme." Dem „allerletzten" Spruch folgte dann der „aller-aller-letzte", „Hinter einer Lokusmauer sitzt der Doktoooor Adenauer – und schreit nach Papiiiier".

Während der Sprüche mußte das Gesicht fest an die Wand gepreßt bleiben, Augen zu. Ja nicht „schielen" – streng verboten. Wer dann als erster gefunden wurde, mußte danach die anderen suchen. Ich weiß nicht mehr warum – aber ich versteckte mich ausgerechnet mit meiner Schwester, der Ingrid Sansen natürlich gefolgt war, in einem dunklen Hauskeller in der Steinstraße. Ingrid Sansen protestierte zwar, weil sie vor der Dunkelheit Angst hatte .... aber vor Karin und mir wollte sie das nicht zugeben. Wie Sardinen in der engen Büchse steckten wir zu dritt in einem schmutzigen und düsteren Kellerloch. Es gab kein besseres Versteck .... wäre Ingrid Sansen nicht dabei gewesen. Plötzlich ging die Kellertür auf und der „Bis-10-Zähler“ kam die Treppe runter. Ich spürte Ingrid Sanses Zittern am ganzen Leib. Angst und Aufregung. Dabei schnaufte sie so laut, daß ich sicher war: Die ganze Steinstraße muß das hören. Ich kniff ihr in den Arm und flüsterte leise „Halt's Maul, dumme Kuh“. Und es kam, wie es kommen mußte: Ingrid Sansen brüllte laut „aua“ und ließ laut vernehmlich „einen fahren“, der so grauenvoll stank, daß wir aus unserem Versteck türmten und ich sie anschrie: „Du Sau – jetzt hast du uns verraten. Nur durch deinen Furz.“ Ingrid Sansen fing an zu heulen – und ich bin sicher: Sie haßte mich von diesem Tag an noch mehr. Ich kann es ihr nicht krumm nehmen.

Die überflüssigsten „Geschöpfe“ der Welt

In einem waren sich alle Jungs der Steinstraße einig: Große Mädchen sind die nutzlosesten und überflüssigsten Geschöpfe auf der Welt – abgesehen vielleicht von Bärbel Nitz in der Steinstraße 5 und Mause Polle aus der Steinstraße 13. Bärbel Nitz fanden wir „klasse“, weil sie wie ein Junge mit uns herumtobte und keine Angst hatte – und Mause Polle fand ich eigentlich nur deswegen gut, weil sie mich ununterbrochen anhimmelte – was immer ich auch an ausgemachtem Mist im Schädel hatte.
Eine bestimmte Sorte von Mädchen fanden wir Straßenjungs ganz besonders gräßlich. Das waren die etwa 15jährigen Schülerinnen vom „Gymnasium am Ravensberg“. Wir „Trümmergören“ und „Schlüsselkinder“ .... die schon kleine Damen. Wie konnte das auch gut gehen?
Weite Röcke trugen sie. Besonders schick: Hellbrauner Cord. Ein Teppichklopfer aus Draht war schnell besorgt. Hinterm Gartenzaun versteckt – und kamen sie in Sichtweite – mit Gebrüll den Teppichklopfer auf den Hintern geknallt und weg. Aber diese Attacken ließen urplötzlich nach. Pech gehabt. Mein Teppichklopfer ver-

hakte sich im Cordrock eines Mädchens und „zack" .... ein Dreiangel als Andenken. Ein Glück, daß Ursula Crusius half, die Nachbarin und Natis Mutter. Sie nähte den Rock des „überfallenen" Mädchens und bat eindringlich: „Sagen Sie nichts Frau Siegerist davon. Die arme Frau hat schon genug Kummer mit dem Jungen." Mich verdonnerte sie: „Wenn du das noch einmal machst, verrate ich dich." Das wirkte, und ich gab Ruhe. So tat ich jedenfalls. Die Wahrheit: Die Mädchen aus dem Gymnasium blieben in unserem Visier, lediglich der Schlachtplan wurde geändert.
Eines hatten wir schnell raus. In einigen Kellerräumen des Gymnasiums am Ravensberg hatten die Mädchen einmal in der Woche Koch-Unterricht. Kurz vor der Pause wurden die Nachspeisen zum Abkühlen auf die Fensterbänke gestellt, die durch dicke Gitter gesichert waren. Aber was nutzen dicke Gitter bei dünnen Straßengörn? Langsam schlichen wir uns an. Schwupp – Finger in den Pudding. „Zum Kotzen", meinte Manni Guse nur. „Zitronen-Pudding. Den mag ich nicht." „Ich auch nicht" – log ich aus Solidarität. Und zwei schmutzige Jungs aus der Steinstraße öffneten die Klappe ihrer Lederhose und pinkelten vor Freude lachend – hin- und herlaufend – in den zum Kühlen abgestellten Zitronenpudding.
In dem Moment ging von innen die Tür des Kochraums auf. Pause vorbei. Die Mädchen kamen und entdeckten zwei wie Derwische hin- und herspringende „Mänecken Piss". Hose zu – und nun liefen wir wieder einmal um unser Leben. Erwischt wurden wir nicht. Ein Jammer. Denn um so sicherer fühlte ich mich – und eine neue Front gegen die Ravensberg-Mädchen war schnell eröffnet. Unsere Wohnung in der Steinstraße 4, vierte Etage, hatte zwei Balkone – einen nach vorne raus zur Steinstraße. Gemauerte Balkonwand, hinter der wir uns herrlich und ungesehen verstecken konnten, wenn ahnungslose Passanten vorbeigingen und aus luftiger Höhe beschimpft oder mit Wasser begossen wurden. Eine „Speisekammer" gab es in unserer Wohnung. Ein winzi-

ges Kämmerchen, nicht viel größer als ein kleiner Kleiderschrank, aber kühler als die anderen Räume. „Kühlschrank“ der Nachkriegszeit. Eier lagen da – und auf der Straße nahten die Mädchen vom „Ravi“, also von der Ravensberger Schule. Drei Eier warf ich in Richtung Köpfe der Mädchen. Eines traf. Volltreffer. Genau auf die „Birne“. Es kam anders als ich dachte. Die Mädchen liefen nicht schreiend davon, sondern berechneten die „Fluglinie“ des „Geschosses“ und landeten zielstrebig am rechten Ort – Steinstraße 4. Unten links im Erdgeschoß: Familie Mertens. Vater Fotograf bei den KIELER NACHRICHTEN. Drei Kinder: Heiko, Jens, Ulla. Mutter Mertens öffnete, sah das Unglück des Mädchens und bevor die ihre Frage los werden konnte – kläffte „Mary“ Mertens, wie wir sie nannten: „Das kann nur der Kleine von Siegerist gewesen sein.“

Um es kurz zu machen. Leugnen war zwecklos. Und die für mich denkbar schlimmste Strafe war fällig: Ich mußte zu dem „Opfer“-Mädchen nach Hause und mich bei ihr und ihren Eltern entschuldigen. Auf dem Weg dorthin – nur einige Straßenzüge weiter – machte Mause Polle mir Mut. „Ist nicht so schlimm. Das geht vorbei. Bei nächster Gelegenheit bekommt die blöde Kuh von mir eins in die Fresse.“

Das tröstete mich wenig – außerdem war mir klar: Mause Polle, eher lammfromm und (im Gegensatz zu mir) völlig friedfertig, wollte mir mit ihren flotten Sprüchen nur den Rücken stärken.

Klingeln an der Haustür. Ein freundlicher, weißhaariger Herr öffnete. Mause Polle mußte draußen warten. „Ich bin Professor so und so“, streckte mir die Hand entgegen und sah vor – oder wohl eher unter sich – nur ein kleines Häuflein Elend stehen. Dann kam die Tochter, mein Opfer ...., das mit dem Ei auf der „Birne“. Auch sie war freundlich. Um ehrlich zu sein: Ich war so aufgeregt und beschämt, daß ich heute nicht mehr weiß, was ich zur Entschuldigung vorbrachte. Nur so viel. „Ich war als Junge auch kein Engel“, sagte der Vater und stellte mir

einen Teller mit Schokoladen-Pudding auf den Tisch. Erst Jahre später erfuhr ich, daß der freundliche Weißhaarige ein bekannter Mathematik-Professor an der Kieler Christian-Albrechts-Universität war, der Kinder über alles liebte und selber erst sehr spät Vater geworden war. Mann – o Mann .... hatte ich wieder einmal Schwein.
Aber dieser Entschuldigungs-Besuch brachte ein Ergebnis: Die Mädchen vom „Ravi“ hatten fortan Ruhe vor meinen Attacken und denen meiner Freunde aus der Steinstraßenbande.
Aber bleiben wir bei Mertens – bei denen aus dem Erdgeschoß in der Steinstraße 4 – dort, wo „Mary“ Mertens mich mit dem Satz überführt hatte: „Das kann nur der Kleine von Siegerist gewesen sein.“
Familie Mertens war für uns Steinstraßen-Kinder faszinierend. Zunächst „Mudder“ Mertens – also „Mary“. Ihre beiden Jungs – Heiko und Jens – waren nicht viel besser als ich. Jens im gleichen Alter. So etwa 8, Heiko drei oder vier Jahre älter, Ulla mit 14 die Älteste. Jens klaute „Mary“ regelmäßig Geld aus dem Senfpott, in dem die Haushaltskasse aufbewahrt wurde – und kaufte sich davon „Schmöker“ im Straßenkiosk „Grüne Bude“, Ecke Holtenauer Straße/Gneisenaustraße – miese, kleine Heftchen über „Sigurd“ oder „Prinz Eisenherz“, die wir Kinder aber liebten.
Manchmal schlichen wir uns am Abend auf den Hof der Steinstraße 4 – und konnten von dort in die beleuchtete Wohnung von Mertens gaffen. „Mary“ zählte die Kasse – und Jens wollte sich verdrücken. Aber „Mary“ verriegelte die Küchentür von innen und fing dann immer wieder das gleiche Lied an zu singen: „Wer hat denn 50 Pfennig gestohlen – Heiko oder Jens?“ – Platsch auf die Backe – „das war ja wohl der Jens“ – Platsch, noch einen auf die Backe. „Das mach ich auch nie wieder“, heulte Jens ...., aber Tage später beobachteten wir aus sicherem Versteck vom dunklen Hof aus das gleiche Küchen-Schauspiel bei Mertens – und war es ein Wunder, daß die Steinstraße bald darauf das von „Mudder Mertens“ intonierte

Lied grölte „Wer hat denn 50 Pfennig gestohlen, Heiko oder Jens – platsch – das war doch wohl der Jens. Platsch.“

Ulla Mertens, seine ältere Schwester, war beim Geldbeschaffen findiger. „Bei Mertens auf dem Hof ist wieder Kasper-Theater“, ging dann die Parole durch die Steinstraße. Eintritt 2 Pfennig. Aber Schlegel darf nichts hören – Hauswirt und Kinderschreck Adolph Schlegel. Ullas „Kasper-Theater“ waren bestens besucht. Aber immer nur Jungs als Zuschauer. Bis zu 15 oder so. Keiner durfte klatschen oder das Maul aufmachen. Ullas „Kasper-Theater“ war eine Art „Stummfilm der Fünfziger“. Auch sie mußte ja ruhig bleiben. Einige Vorführungen mit alten Kasperpuppen, die uns eigentlich völlig schnuppe waren. Wir warteten immer nur auf das Ende der Vorstellung. Denn zum „rauschenden Finale“ zog Ulla Mertens drei Mal ganz schnell ihren Rock hoch und ein rosa-seidener Spitzen-Slip von „Mary“ wurde sichtbar. Das laute Lachen und Klatschen der Straßenjungs lockte regelmäßig Schlegel auf den Plan und die Vorstellung wurde abrupt abgebrochen. „Mary“ erfuhr davon zum Glück nie.

Schlüsselkinder – was für ein Wort

Stichwort Schlüsselkinder. Wer kann damit heute noch was anfangen? Ganz einfach. Es gab viele Familien, bei denen der Vater gefallen, noch in Kriegsgefangenschaft oder vermißt war. Um die Kinder allein durchzubekommen, arbeiteten die Mütter oft so hart wie die „Kesselflicker“. 12, 14, 16 Stunden waren keine Seltenheit. Auch bei meiner Mutter nicht

Wir Kinder waren am Tage auf uns allein gestellt. Hilfe beim Sozialamt hätte meine Mutter nie erbeten. Das verbot ihr Stolz: „Ich habe meine Kinder auf die Welt gebracht. Ich bekomme sie auch allein groß“ .... war ihr Spruch, an den sie sich hielt. Für mich als Kind war sie die schönste, mutigste und tollste Frau der Welt, auch

wenn nicht selten der Kochlöffel „rotierte“ – was mir am wenigsten geschadet hat.
Am Tag **allein** mußten wir auch alles **allein** machen: Immer den Schlüssel an einem Band oder einer kleinen Kette um den Hals. Es gab keine Mutter, die auf ein Klingelzeichen die Tür öffnete und das Essen auf den Tisch stellen konnte. Sie war „zur Arbeit“ – immer. Wir konnten selber kochen, wir putzten die Wohnung, schleppten Kohlen aus dem Keller und machten unsere Hausaufgaben ohne Aufsicht. So war es eben. Und das Band mit dem Schlüssel hatte nur einen Sinn: Auf keinen Fall den Hausschlüssel verlieren, weil es einem sonst passieren konnte, daß man stundenlang vor der Tür stand und nicht reinkam. Oft genug verlor ich den Schlüssel und stand dann auf der Straße. Noch heute hasse ich deswegen verschlossene Türen wie die Pest und könnte sie eintreten – wenn nicht schnell genug geöffnet wird. Nicht so schöne „Nachbeben“ aus den Fünfzigern.
Und auch das darf nicht verschwiegen werden: „Schlüsselkind“ – das war alles andere als ein Kosewort. Ein Schimpfwort ist es gewesen – ein stark abwertendes obendrein – an Schäbigkeit kaum zu überbieten. Die Väter waren „für Führer und Vaterland“ im Krieg geblieben oder verschollen, und die Mütter, die auf ihre Männer warteten oder nicht mehr heiraten wollten, wurden schräg angesehen, weil sie ja nur „Schlüsselkinder“ hatten. Keinen Mann.
Die positive Seite an diesen Schlüsselkindern – ich weiß es von mir selbst: Wir mußten viele Kämpfe allein ausfechten und uns ohne elterliche Hilfe durchschlagen. Im Beruf – oder wo auch immer: Schlüsselkinder sind später meist sehr viel leichter durchs Leben gegangen und konnten besser kämpfen als früher gut behütete Kinder. Ich sage das nicht aus Neid, Mißgunst oder Trotz. Es ist so.
Was waren das nur für verrückte Jahre – diese Fünfziger. Für uns als Kinder der Steinstraße verliefen die Grenzen zwischen Abenteuer und ersten Schritten in wirklich „krumme Dinge“ oft fließend. Wie sollten wir das unterscheiden?

Ich denke nur an die ersten Supermärkte. Da lag alles offen in Regalen. Schokolade, Wurst, Ananas, die herrlichsten Bonbons – wer weiß was .... und natürlich haben wir geklaut. Am liebsten Süßigkeiten. Wieso wir nie erwischt wurden? Ich weiß es nicht. Aber viel Kummer ist damit meiner guten Mutter erspart geblieben. Auch nicht „so saubere Dinge" lassen sich lustig schildern – und nur so haben wir sie als Kinder gesehen. Bergstraße in Kiel. Eine leicht abschüssige Straße, die auf den „Kleinen Kiel" zuführte, einen Stadtgraben in der Nähe des Theaters und der heutigen Landesbank.
Bergstraße, Ecke Muliusstraße – dort wo heute ein „Irish Pub" ist – war damals ein kleiner Gemüseladen. Wie auf einem bunten Obstmarkt in Italien: Fein säuberlich waren dort Dinge auf einem an den Laden gelehnten Holzgerüst aufgetürmt, von denen wir nur träumten: Apfelsinen, Pfirsiche, Äpfel, Bananen – und vor allem eines .... Ananas. Nie zuvor in unserem Leben hatten wir echte Ananas gesehen. So viel war klar: Wir mußten sie haben und in uns reinfressen.
Noch heute könnte ich die Szene filmreif nachstellen. „Manni" Guse – immer noch der „aller-aller-aller-beste Freund" und ich duckten uns hinter einem runden Pavillon der roten Kieler Volkszeitung. „SPD-Blatt", sagte meine Adenauer-verehrende Mutter immer und rümpfte verächtlich die Nase. Aber von diesem Pavillon bis zu „unserer" Ananas waren es nur wenige Schritte. Eins, zwei, drei .... auf stilles Kommando rasten wir beiden Knirpse los wie Raketen, im Vorbeilaufen packte sich jeder eine Ananas – und runter die Bergstraße. So ist es gewesen. Fast jedenfalls. Denn meine Hosenträger verhedderten sich beim Klau-Griff in einer Obstkiste – ich zerrte wie verrückt daran .... und das Unglück nahm seinen Lauf .... Die ganze Stellage krachte in sich zusammen. Äpfel, Birnen, Tomaten, Pfirsiche und Ananas .... alles kullerte die Bergstraße runter .... und der kleine, dicke Ladeninhaber versuchte mit einem Besen all seine entfleuchenden Schätze zu stoppen. „Meine" Ananas hatte ich vor Schreck

fallen gelassen. Ein Glück, daß der Ladenbesitzer mehr an seinem Obst als an uns interessiert war. Nur so konnten wir wieder einmal entkommen.
Stolz hielt „Manni“ seine „Kriegsbeute“ hoch, die geklaute Ananas. Wie essen Trümmergören aus den Fünfzigern eine Ananas? Ganz einfach reingebissen haben wir. In die harte Schale – und haben gleich alles wieder ausgespuckt. Keine Ahnung, daß das Gute der Frucht innen saß und die stoppelig-harte Schale entfernt werden muß. Unsere erste Ananas landete im Stadtgraben „Kleiner Kiel“. Schlicht und einfach „zum Kotzen“ fanden wir Ananas. Und dafür hatten wir so viel „durchgemacht“ ....
Da waren uns die „Freß-Automaten“ schon lieber. Das waren Schrank-große Automaten mit vielen gläsernen Fächern, die nach Ladenschluß meist mit Ketten als Sicherung vor die Ladentüren gestellt wurden. 50 Pfennig mußten reingesteckt werden – oder eine Mark. Herrliche Sachen. Frikadellen für 50 Pfennig. Bananen. Wurst für eine Mark. Äpfel und Birnen: 50 Pfennig. 50 Pfennig oder eine Mark .... oder einen dieser Z-förmigen Eisenhaken von den vielen Neubaustellen, mit denen Balken zusammengehalten wurden. Ein eisernes „Z“ – lang .... vielleicht 25 Zentimeter.
Steckte man Geld in den Automaten, konnte an einer der Klappen gezogen werden – und sie öffnete sich. Dann wurde sie wieder zugeklappt, und (für uns ein Wunderwerk der „modernen“ Technik) automatisch kam Nachschub durch ein Hinterfach. So ging es jedenfalls für die, die Geld in der Tasche hatten. Trotz der geklauten und dann verkauften Kupferwaschbecken aus den Trümmerhäusern .... manchmal hatten wir aber keins, wollten aber an die „Innereien“ des Automaten. Ein gezielter Schlag mit dem eisernen „Z“ auf einen bestimmten Punkt der Klappe – und schon sprang sie von allein auf.
Es ging gut. Geschnappt wurden wir nie. Aber irgendwann verschwanden diese Automaten aus dem Stadtbild. Supermärkte machten sie überflüssig. Schade für uns.

Spezielle Erfrischungs-Stäbchen von SPRENGEL

Wie weit darf man beim Erzählen solcher Kindergeschichten gehen, ohne schon vorher berichtet zu haben, daß später alles besser lief und der Kern eigentlich doch nicht so verdorben war? Egal. Lügner und Schönfärber gibt es in der Politik und anderswo zuhauf. Sie war wie sie war – und unsere Kinderzeit war nicht anders. Auch nicht die von Millionen deutscher Kinder meines Alters in den „Fünfzigern". Deswegen auch noch die Geschichte mit den „Erfrischungs-Stäbchen von Sprengel". Die gab es auch in den eben beschriebenen Automaten. Ob sie damals 50 Pfennig kosteten oder eine Mark – das weiß ich nicht mehr – aber diese schreckliche Geschichte ist mir noch in lebhafter Erinnerung geblieben:

Am Stadttheater in Kiel stand auch so ein Automat. Das Stadttheater liebte ich. Vor allem zu Weihnachten. Gab es einen schöneren Kindertraum als „Peterchens Mondfahrt?" Was litten wir mit dem Maikäfer „Sumsemann", der eines seiner Beinchen an den bösen „Mann im Mond" verloren hatte und es wieder zurück haben wollte.

Und fast ebenso toll war es, wenn das Licht kurz vor Beginn der Vorstellung ausging und leise raschelnd Schokolade oder „Erfrischungsstäbchen von Sprengel" ausgepackt werden durften. Aber wollen wir es nicht zu brav machen. Denn das war es wahrhaftig nicht. Bei diesem Licht-Ausmachen und dem Papier-Geraschel in der Dunkelheit kam uns ein schlimmer Gedanke, den wir auch in die Tat umsetzten. Wer das Paket im Dunkeln öffnet, sieht auf die Bühne, nicht auf „Sprengels Erfrischungsstäbchen" ...... und was wäre, wenn dann statt der Erfrischungsstäbchen .... ?

Mit unserem „Z" hatten wir uns vor dem Stadttheater aus dem Automaten die Erfrischungsstäbchen schnell besorgt. Aber die Klappe des Automaten blieb offen. Vorsichtig das durchsichtige Papier über den kleinen Pappkarton gestreift, Kasten aufgemacht, Erfrischungsstäbchen aufgefressen. Dann harte Hunde-Kacke und

Straßendreck in das Kästchen und das durchsichtige Folien-Papier wieder rübergezogen. Sah aus wie neu. Ungebraucht. Zurück in den Automaten. Klappe zu.
Übrigens: Sprengel Erfrischungsstäbchen gibt es mit Zitronen- und mit Orangenfüllung. Vorhang im Theater auf – bei dieser **leider wahren** Geschichte besser zu.

Er steckt noch im Spielalter

Einschulung. Kurz nach Ostern 1953. „Oster-Küken“ hießen wir deswegen. Knaben-Volksschule Hardenberg. Hardenberger Straße in Kiel. Ausgestattet mit einer riesigen, bunten „Ostertüte“. Sah aus wie die spitzen Hüte von Zauberern in Kinderfilmen. Bunt-glänzendes Aluminium-Papier und aufgeklebte Oster-Küken-Bilder. Vollgestopft mit herrlichen Süßigkeiten. Die Ostertüten waren oft fast so groß wie die Kinder, die sie stolz trugen und sie mit denen der anderen Kinder verglichen. 5 Mark hatte dieses blau-glänzende Prunkstück gekostet. Ausgestellt im KAISERS-Kaffee-Geschäft.
An den ersten Schultag erinnere ich mich nicht. An die Ostertüte ja. Sie war mir wichtiger.
Klassen-Lehrerin – ein Fräulein Schlieff. Die ersten Monate konnte sie mich noch gut leiden. Aber wohl nur, weil ich niedlich aussah, im Musik-Unterricht die schönste Stimme hatte und mich bei Weihnachts-Krippenspielen der Hardenberg-Schule als verkleidete Jungfrau Maria mit Kopftuch, verklärtem Blick und bodenlangem bunt-geblümten Kleid so gut machte – wie Schulrektor Pleikis Fräulein Schlieff lobte. Viel mehr bot ich ihr nicht – und ihre anfängliche Zuneigung kühlte zunehmend und merklich ab. „Er steckt noch im Spielalter“ stand im ersten Zeugnis. Oder „...... hat den Ernst des Unterrichts noch nicht begriffen“. „Religion, Musik, Deutsch gut – Rechnen und Zeichnen mangelhaft“ .... hieß es dann später. Am dicksten kam es im Herbst-Zeugnis 1955. Es gab ja immer zwei Zeugnisse pro Jahr. Eines vor den Osterferien, das

andere vor den Herbst-Ferien. Ein schlimmer Zeugnis-Eintrag „Joachim ist unehrlich und faul".
Die Eintragung hatte eine Vorgeschichte. „Heute geh ich nicht zur Schule. Die blöde Schlieff will bei mir Rechenfragen abhören", ... erzählte ich meinem Freund Manni, der die gleiche Schule besuchte, aber in einer anderen Klasse war.
Manni war vom Schuleschwänzen – wie es hieß – begeistert. Die Schule haßte er noch mehr als ich. Grund: Er war Linkshänder, und immer wenn er mit der linken Hand schreiben wollte, schlug ihm sein Lehrer mit dem Zeigestock kräftig auf die Finger. Oft fragte Manni weinend, „Warum kann ich nur nicht mit rechts schreiben – so wie du?" Pädagogik der Fünfziger .... Ein Rindvieh von Lehrer, der das Klassenzimmer mit einem schlecht geführten Kasernenhof verwechselte.
Schuleschwänzen. Was machen wir den ganzen Tag? „Wir fressen Eis, bis wir kotzen", ... meine knappe Antwort, die ihn jubeln ließ. 10 Pfennig die Kugel Eis. Eine Eisbude an der Kieler Förde. Nicht weit von der Badeanstalt „Bellevue", die bei uns Kindern nur „Bellewuppdich" hieß. Geld hatten wir ja in der Tasche. 5 Mark für ein geklautes kupfernes Waschbecken .... „Wir fressen Eis, bis wir kotzen." Wir hätten wohl tonnenweise Eis in uns reinfressen können. Aber Kotzen? Fehlanzeige. Manni liebte Vanille, ich Erdbeer. Da lagen wir mit Vanille- und Erdbeereis vollgefressen unter unserem Lieblingsbaum, der mit einem grauen Feldstein bezeichneten „Königsbuche" am Düsternbrooker Gehölz an der Kieler Förde .... und so ganz langsam krabbelte bei mir die Frage hoch .... welche Entschuldigung habe ich morgen für die Schlieff, meine mich hassende Lehrerin?
Die „Kieler Spar- und Leihkasse" schien mir als Rettungsanker ideal. Oder besser gesagt – ein altes Sparbuch dieses Geldinstituts – ausgestellt auf den Namen meiner Mutter auf über etwas mehr als 3000 Deutsche Reichsmark. Einziger Haken an dieser schönen Summe: Das Geld hatte meine Mutter vor 1948 angespart, also vor der

Das erste Klassenfoto mit der „blöden Schlieff“ in der Hardenberg-Schule. Ich – von unten, zweite Reihe, dritter von rechts. Hände am Knie, Zeugnis nicht schmeichelhaft. Damalige Pädagogik...... oh, oh!

Weihnachtliches Krippenspiel. Trotz Protest: Ich mußte die Rolle der Maria übernehmen – was mir aber die Sympathie von Schul-Rektor Pleikis sicherte.

Währungsreform. Danach war es nichts mehr wert. Aber sie konnte sich vom Sparbuch nicht trennen – und trauerte der durch schwere Arbeit verdienten Summe lange nach. Währungs-„Reform". Auch damals gebrauchte die Politik das Wort „Reform" – und hätte es eigentlich durch „Diebstahl" ersetzen müssen. Ich fürchte, die Währungs-„Reform" 1948 wird nicht die letzte gewesen sein, die meine Generation erlebt. Trotz EURO – oder gerade deswegen. Was für eine Dummheit von Helmut Kohl, die gute und bewährte D-Mark durch die Kunstwährung „EURO" zu „ersetzen".
Von solch wirtschaftspolitischen Dingen hatte ich als Rotzgör keinen blassen Schimmer. Aber das Buch bei der „Kieler Spar- und Leihkasse" interessierte mich plötzlich brennend. Darin war eine Unterschrift meiner Mutter: „Elfriede Siegerist, geborene Bierbrauer." Mit kaum nachzumachender, gestochener Schönschrift.
Elfriede Siegerist, geborene Bierbrauer. Das war „die Idee". Dazu ein Blatt Paus-Papier mit blauer Farbe. Wir hatten zu Hause eine Olympia-Schreibmaschine. Papier eingespannt und dann die Zeilen:

Entschuldigung

Joachim hatte Bauchschmerzen. Er mußte kotzen. Darum konnte er nicht zur Schule kommen.

Pauspapier auf die „Entschuldigung", Sparkassenbuch mit der Unterschrift draufgepackt und dann die Unterschrift nachgezeichnet: **Elfriede Siegerist, geborene Bierbrauer.**
Waren es nun am nächsten Tag das für eine Unterschrift absolut unübliche „geborene Bierbrauer", meine erbärmlichen Nachmal-Versuche oder die mit blauer Pauspapier-Farbe verschmierte „Entschuldigung"? Was auch immer es gewesen sein mag. Ein Blinder sah die „Fälschung" – Fräulein Schlieff natürlich sofort. Meine arme Mutter mußte anmarschieren. Fräulein Schlieff machte einen entscheidenden Fehler. „Sie erziehen den Jungen nicht rich-

tig" .... sagte sie. Gift für meine Mutter, die uns vier Kinder allein durch die schwere Zeit bringen mußte. Ihr erster Mann, ein Berufssoldat der Marine, war 1943 von französischen Partisanen während eines Truppentransports per Zug in Südfrankreich in die Luft gesprengt worden. Sie blieb zurück mit drei Kindern: Manfred, Hans Günter, Karin. Witwe, 26 Jahre alt. Ich war noch nicht auf der Welt. Mein Vater, Flüchtling, Landwirt und Soldat aus Lettland .... in den Wirren der Nachkriegszeit vermißt. Doch dazu später mehr.
Meine Mutter haßte nichts mehr als den Vorwurf, ihre Kinder nicht allein und ohne Vater richtig erziehen zu können. „Haben Sie erst mal eigene Kinder und fragen Sie sich, was Sie als Lehrerin falsch machen", ... war die knappe Antwort, drehte Fräulein Schlieff den Rücken zu und ließ sie stehen. Ungewöhnlich milde sagte sie mir nur: „Hast Mist gemacht. Mach das nie wieder. Aber du bist mein Junge – und ich laß mir von anderen nicht sagen, wie meine Kinder erzogen werden müssen." Fräulein Schlieff haßte mich noch mehr.
Die Quittung kam im Herbstzeugnis. „Joachim ist unehrlich und faul." Unehrlich, weil ich zur Verteidigung der Unterschrift auf der „Entschuldigung" natürlich gesagt hatte: „Ist von meiner Mutter", und faul wegen der Schulschwänzerei. „Eis bis zum Kotzen".
Es gab gute Lehrer damals. Streng, aber gut. Viele von ihnen waren während der Nazizeit ausgebildet worden. Trotzdem waren sie gut – sehr viele jedenfalls. Meine Mutter war strikt gegen „Nazi-Lehrer". „Deutsch-national" waren ihre Eltern aus Wiesbaden-Bierstadt, obwohl Handwerker und Kleinbauern zugleich. „Nazis" gab es in unserer Familie nicht. Noch Jahrzehnte später ärgerte sie sich darüber, daß sie dem BDM (Bund Deutscher Mädel) beigetreten war und diesem „Verbrecher Hitler" bei einem Besuch in Wiesbaden als schmuckes Mädchen die Hand schütteln durfte .... was nichts daran änderte, daß eines Tages die Gestapo vor der Haustür der Eltern stand. Ihre Mutter – Karoline Bierbrauer aus der Brühl-

straße – hatte eine jüdische Nachbarin heimlich mit Lebensmitteln versorgt. Nur knapp entkam die Familie der braunen Justiz.
Fräulein Schlieff heiratete einen Zahnarzt und hieß nun „Frau Diercks". Das machte sie mir nicht sympathischer. Und ich war alles andere als ihr Lieblingsschüler. „Wie kann ein so schöner Junge nur so faul und frech sein ......?" Ihren dutzendfach vorgebrachten Vorwurf konnte ich nicht mehr hören. Nach heutigen Erkenntnissen der Pädagogik war ihr Umgang mit den Schülern schlicht und einfach ein Desaster – und mein Desinteresse an der Schule ein versteckter Protest gegen sie. Nur das fand ich an der Schule toll: Einmal in der Woche wurden uns von Frau Diercks Geschichten vorgelesen. Meist Astrid Lindgren. Ich bekam dann vor Freude und Aufregung knallrote Ohren. 5 Mark kostete ein Astrid-Lindgren-Buch über Pipi Langstrumpf. Ich hatte jedes. Mein Lieblingstitel „Pipi in Taka-Tuka-Land" und ein Kapitel von Pipi in der Schule, die sie – wie ich – für überflüssig hielt. Erst spät räumte Pipi Langstrumpf den Platz 1 meiner Buch-Hit-Liste und wurde durch Robinson Crusoe ersetzt – von Daniel Defoe. Aber noch heute kram' ich mir manchmal ein Pipi-Langstrumpf-Buch vor – besonders das mit einer Original-Unterschrift von Astrid Lindgren, die ich schon als Kind geliebt hab'. Was für eine großartige Schriftstellerin und Frau.
Die respekt- und sorglose Kinderwelt von Pipi Langstrumpf und ihren gut erzogenen Freunden Thomas und Anika .... das war die Kinderwelt, von der ich träumte. Dazu Pipis Affe „Herrn Nilson" und das Pferd auf dem Balkon. Keine Angst vor Erwachsenen – und Schule nur dann, wenn man Lust hat. Pipi Langstrumpf regte meine kindliche Phantasie an – wie kaum etwas anderes. Wie gut für uns Kinder, daß es damals keine Computer-Spiele und anderen technischen Kinder-Klimbim gab. Trotz aller Probleme: Die Kinderzeit in den Fünfzigern war aufregend, spannend und einmalig. Und für die kindliche Phantasie: Großartig!

Ganz links bin ich auf dem Foto mit Klassenlehrerin Schlieff. Sie konnte mich nicht leiden – ich sie noch weniger.

Die Steinstraße 4 in Kiel

Der größte Teil meiner Kinderzeit spielte sich in der Steinstraße 4 in Kiel ab. Interessante Leute. Unten rechts – neben Familie Mertens, über die ich eingangs schon geschrieben hatte, wohnte Familie Schwert. Ein Sohn. 4 Jahre alt. Sein Lieblingsschlager „Annelisse, ach Annelisse, warum bis du böse auf mich?“ Holger hieß er. „Heiße Heia“, sagte er den anderen Kindern beim Einzug. War es 1955? Wir konnten „Heia“ nicht leiden. Vor allem deswegen nicht, weil ihm nie etwas Besseres einfiel, als auf die Treppenstufen zu pinkeln und dabei sich im Kreise drehend zu singen „Annesisse, ach Annesisse, warum bid du böse auf mih?“ Trotzdem waren wir freundlich zu „Heia“. Seine Eltern hatten nämlich das erste Fernsehgerät in der Straße. Ein Monster von Apparat – mit winzigem Bildschirm. Als wir aber erfuhren, daß es im Fernsehen „Kalle Blomquist – der Meisterdetektiv“ gab .... da wurde „Heia Pferd“, wie wir ihn nannten, unser bester Freund. Der erste Film im Fernsehen. Kalle Blomquist. Aber ich erinnere mich nur daran, daß kaum

etwas zu erkennen war. „Kalle Blomquist bei Nacht“ wäre treffender gewesen als der „Meister-Detektiv“.
Das Fernsehgerät der Familie, der erste Film, „Heias“ Pinkeln auf die Treppenstufe und sein „Annesisse“ .... das ist alles, was mir von Familie Schwert in Erinnerung geblieben ist.
Viel interessanter war Familie Mertens. Erdgeschoß. Ulla, Heiko und Jens. Papa, wie schon erwähnt, vielbeschäftigter und bekannter Fotograf bei den KIELER NACHRICHTEN – KN, wie die Zeitung noch heute heißt. Ulla war mit 14 das umworbenste Mädchen der Straße unter den großen Jungs. Ich vermute, daß die rosa Seidenschlüpfer ihrer Mama, die sie heimlich aus dem Wäscheschrank klaute, anzog und auf dem Balkon einem staunenden Kinder-Publikum präsentierte, dazu beitrugen. Heiko – obwohl er schielte – genoß unseren Respekt. Keiner konnte weiter spucken als er. Und Jens? Na ja – den nahmen wir halt so hin. Zur „Steinstraßenbande“ gehörte er nicht. Er war selbst uns zu frech, und wir haßten es, daß er Kleinere verprügelte, was unser „Ehren-Kodex“ nicht zuließ. Außerdem lief ständig Rotz aus seiner Nase. Und den wischte er mit der blanken Hand übers ganze Gesicht. Heute ist Jens übrigens Koch.
Papa Mertens war dick. Vielleicht hab ich ihn auch nur so in Erinnerung, weil die meisten anderen viel zu dünn waren. Aber Papa Mertens gefiel mir. Er hatte mich für eine Abonnenten-Werbung der KIELER NACHRICHTEN fotografiert. Kind mit Lederhose und Hosenträgern am Telefon – strahlender Blick in die Kamera. Wie stolz präsentierte ich die KIELER NACHRICHTEN meiner „blöden Lehrerin Diercks“ in der Schule, die aber nur verächtlich mit der Nase rümpfte und bissig meinte: „Aus Dir wird sowieso nie was ....“ „Dusselige Kuh“, war meine stumme Antwort im Kopf.
Interessant war Mutter Mertens, „Mary“. Wir Kinder wußten nur so viel: „Mary hat einen Balken auf den Kopp bekommen.“ Wir lachten darüber. War aber nicht zum Lachen. Verschüttet im Bombenhagel auf Kiel ....

Wie stolz war ich darauf, als dieses Foto von mir in den KIELER NACHRICHTEN erschien. Abonnenten-Werbung für das Lokalblatt. Meine Lehrerin meinte nur verächtlich: „Aus dem Jungen wird sowieso nichts."

erzählten die Erwachsenen, was wir Nachkriegskinder aber nicht so ganz kapierten, obwohl die Keller der Trümmerhäuser unsere schönsten Spielplätze waren. In einem dieser Keller muß es die arme Frau getroffen haben. Seitdem war sie ein wenig „sonderlich" .... um es freundlich zu formulieren. Wir Kinder hatten aber nichts gegen sie – und sie nichts gegen uns. Ganz anders Hauswirt Schlegel, linke Wohnung in der ersten Etage – neben dem alten und sehr freundlichen „Alt-Nazi-Ehepaar" Schöttke, die mich mit Süßigkeiten überhäuften und mir das vor meiner Mutter verschwiegene „Kompliment" machten, daß der „Führer solche Kinder wie dich sicher gern gehabt hätte". Wie auch immer: Es schmeichelte mir – aber ob der „Führer" an mir seine Freude gehabt hätte – da kommen so leise Zweifel in mir hoch. Meiner Mutter durfte ich davon nichts sagen. Sonst hätten die Schöttkes bei ihr „verschissen" gehabt. Und von wem wäre dann Nachschub an Süßigkeiten gekommen? Also schwieg ich „weise" und ließ sie weiter an die Liebe des „Führers" zu mir glauben, obwohl weder blond noch blauäugig.

Hauswirt Schlegel liebte mich jedenfalls nicht. Er liebte kein einziges Kind auf der Welt. Vielleicht nur seinen Sohn. Aber der war als Mörder aus Deutschland nach Südafrika geflüchtet. Dort überwältigte ihn das Heimweh nach Deutschland – und er kehrte heimlich zurück. Die Polizei bekam einen Tipp. Als sie klingelte, flüchtete Schlegel-Junior über den hinteren Balkon der Wohnung auf den Hof – und ward nie wieder gesehen. Nach der nächtlichen Flucht brachte Schlegel ein Schild im Hausflur an: „Das Lärmen und Spielen von Kindern im Treppenhaus und auf dem Hof ist **strengstens** verboten. Der Hauswirt". Unser Kommentar: „So ein Arschloch" – und das heimliche Spielen auf dem Hof wurde interessanter und spannender. „Schlegel ärgern" hieß nun die Parole. Die Besitzer von Mietshäusern hatten in den Fünfzigern eine unglaubliche „Macht". Es herrschte akute Wohnungsnot. Ganze Straßenzüge lagen in Schutt und

Asche. Kiel ein Trümmerfeld. Dazu Tausende von Flüchtlingen aus dem Osten, die keinesfalls mit offenen Armen aufgenommen wurden. „Bin Fliechtling aus Astpreißen" spotteten die von der Flucht Verschonten: „Frieher hatten wir ein janzes Gietel, heut nur noch a Taschentichel."
Im Klartext: „Bin Flüchtling aus Ostpreußen. Früher hatten wir ein ganzes Gut, heute nur noch ein Taschentuch."
Vertrieben aus der Heimat ihrer Väter, oft unter grauenvollen Bedingungen, widerwillig aufgenommen im Westen. Es war furchtbar schwer für diese armen Menschen. Ich verstand als Kind noch nicht die Hintergründe der Tragödie, fühlte mich aber zu ihnen hingezogen.
Die meisten „Westler" im verbliebenen Rest-Deutschland waren selber arm wie Kirchenmäuse, konnten „so grad eben überleben" .... oder auch nicht. Die Glücklichen, die noch eine Wohnung hatten .... sie wollten nicht noch enger zusammenrücken, um sie mit Flüchtlingen zu teilen – auch wenn es Deutsche waren. Die simpelste Wohnung war begehrter als heute die teuerste Hotel-Suite im ADLON am Brandenburger Tor. Deutschland ein Trümmerfeld. In Kellern, Baracken-Lagern, primitivsten Notunterkünften, ausgebrannten und stark von Bomben beschädigten „Wohnungen" hausten die Menschen. Selbst in Viehställen waren Strohlager auf dem Boden „normal". Wem eine heile Wohnung geblieben war .... ein regelrechtes Himmelsgeschenk. Nur mit staatlich verordneten Zwangs-Einquartierungen wurden die Flüchtlinge aus dem Osten in bereits „belegten" Wohnungen untergebracht. Beliebter wurden sie dadurch nicht.
In ihrer Not gründeten die Flüchtlinge im Januar 1950 in Schleswig-Holstein mit Waldemar Kraft den „Bund der Heimatvertriebenen und Entrechteten – BHE" – und nur sechs Monate später bei den Landtagswahlen erreichte der BHE im nördlichsten Bundesland schon 23,4 Prozent der Stimmen. Bundestagswahl 1953: 5,3 Prozent für die „Flüchtlingspartei". Adenauer erkannte das konservative Wählerpotential, nahm den BHE in seine Regierung, machte Waldemar Kraft zum „Bundesminister für beson-

dere Aufgaben“ und den von den Kommunisten verleumdeten und gehaßten Theodor Oberländer zum „Bundesminister für Vertriebene, Flüchtlinge und Kriegsgeschädigte“. Oberländer und Kraft schlossen sich 1956 der CDU an. Aber ihre „Flüchtlingspartei“, wie sie meist genannt wurde, war unglaublich erfolgreich gewesen, erreichte ihre Ziele schnell, machte sich dadurch aber selber überflüssig. Bundesvertriebenengesetz, Lastenausgleichsgesetz .... alles ging auf den BHE zurück. Hunderte von lokalen Mandatsträgern sorgten dafür, daß in ländlichen Kommunen Neubaugebiete ausgewiesen und die Bauplätze zu günstigen Konditionen vorrangig an Heimatvertriebene vergeben wurden. Noch heute erinnern ganze Wohnviertel mit Straßennamen ostpreußischer, pommerscher oder schlesischer Herkunft daran. Aber kaum „integriert“, war diese Klientel-Politik nicht mehr notwendig. Man „gehörte endlich dazu“, wurde Mitglied im Schützenverein, Kirchenvorstand – und die Kinder heirateten die Kinder von Alteingesessenen. Die politische Bedeutung der Heimatvertriebenen schrumpfte im Laufe der Jahre und Jahrzehnte so stark, daß aus der umworbenen Wählerschaft schließlich nur noch „Freiwild“ für die Linken wurde, die sie jetzt ungeniert als „Neo-Nazis“ und „Ewig-Gestrige“ beschimpfen können – und die Forderung nach einem Denkmal oder Zentrum für Vertriebene ist natürlich „faschistisch“ oder zumindest „reaktionär“.
Die Integration der Flüchtlinge aus dem Osten war ein Meisterwerk der deutschen Nachkriegspolitik und ein Segen für das ganze Land. Was heute von unserer Politik als „Integration“ praktiziert wird – mit völlig anderen Menschen – ist noch nicht einmal ein erbärmlich mieser Abklatsch dessen, was besonders Konrad Adenauer und Theodor Oberländer in der Nachkriegszeit vormachten. Der Vergleich allein ist schon eine politische Sünde.
Doch zurück zu Hauswirt Schlegel, dem ungekrönten König und Diktator des 4-Etagen-Hauses Steinstraße 4 in Kiel. Wie er Besitzer dieses um 1900 gebauten Gebäudes

wurde, wußte keiner von uns. Ein alter, gebückter Mann mit einem ständig griesgrämigen Gesichtsausdruck. „Eulalia", seine Frau, stand (deutlich sichtbar) hinter der weißen Rüschen-Gardine in der ersten Etage und achtete darauf, daß keine Kinder vor dem Haus – oder gar im von verzierten, spitzen Eisenstangen umgebenen Vorgarten spielten. Übertraten Kinder dieses „Gebot", klopfte sie wütend an die Fensterscheibe – oder die hagere, „Gouvernanten"-ähnlich gekleidete Frau um die 75 kreischte mit hell-unangenehmer „Hexen-Stimme" vom Balkon „Verschwindet. Spielen ist hier verboten". Eines beruhigte uns Kinder: Die beiden gebrechlichen Alten hätten nie hinter uns herlaufen und dann „schnappen" können. Doch mit dem Bannwort „Räumungsklage" versetzten sie meine arme Mutter in Angst und Schrecken, und sie ermahnte uns immer wieder „Seid nicht laut, wenn ihr spielt. Ich will nicht mit euch ins Barackenlager". „Barackenlager" und „Räumungsklage" .... meine sonst so unerschrockene Mutter hatte Panik vor diesen beiden Wörtern.

Das alte „Nazi"-Ehepaar Schöttke – direkte Nachbarn von Schlegel. Sie konnten die Schlegels zwar auch nicht leiden. Aber das kinderlose Ehepaar lebte in Frieden mit dem König des Hauses. Nazi hin, Nazi her – ich mochte die beiden Schöttkes. Nicht nur, weil ich Süßigkeiten von ihnen bekam und wegen der ständigen Wiederholung des Spruches „Der Führer hätte dich sicher gern gehabt" .... den ich vor meiner Mutter nie erwähnen durfte. Ich mochte die Schöttkes ganz einfach. Für mich waren sie wie nette Großeltern – und ich fand ihre Wohnung spannend und unglaublich gemütlich. Überall Plüsch. Am Fenster, auf den Stühlen, auf der alten Couch. „Vielleicht auch im Schlafzimmer auch ein Hitler-Bild?" .... ging es mir durch den Kopf.

Aber da durfte ich nicht rein. Einmal im Monat war für mich „Schöttke-Besuch" angesagt. Die Schöttkes handelten nämlich „nebenbei" mit EDUSCHO-Kaffee. Handel im Wohnzimmer. Und einmal im Monat kaufte meine

Mutter 500 Gramm EDUSCHO-Kaffee bei Schöttkes. An den Preis kann ich mich nicht mehr erinnern. Aber es muß viel gewesen sein. „Anschreiben“ war für meine Mutter ein absolutes Tabu. Sie zahlte bar – immer und sofort.

Bei den Schöttkes zeigte ich mich natürlich von meiner besten Seite – was die auch immer wieder zu der Frage veranlaßte: „Was haben die nur gegen diesen netten Jungen?“ Kakao mit „einem Häubchen Sahne drauf“ bekam ich bei Schöttkes, wenn ich den Kaffee abholte. Dazu Schokoladen-Kekse und in Papier eingewickelte Bonbons, die viel schöner aussahen als die klebrigen 2-Pfennig-Bonbons am Holzstil im „Ko-lo-ni-al-wa-ren-Geschäft Minna Lexius“ in der Steinstraße 8, einige Häuser weiter.

Auch der Wohnzimmerschrank in der „guten Stube“ von Schöttkes hatte es mir angetan. Kristallgläser mit bunten Farben standen da. In Reih und Glied. Licht gab es in diesem Schrank. Ich durfte es anknipsen – und dann funkelten die Gläser für mich wie Sterne. Trotzdem hatte ich nur den einen Wunsch: Die Schöttkes müssen für eine gute Stunde aus der Wohnung und bitten mich: „Paß auf die Wohnung auf.“ Als erstes hätte ich jede Schublade des für mich geheimnisvollen Wohnzimmer-Buffets durchstöbert und ganz sicher jeden Winkel des Schlafzimmers. Mein Wunsch erfüllte sich nicht.

Hauswirt Schlegel beschäftigte sich mehr mit der Frage: Wo hat die Siegerist das Geld her? Die Kinder zwar Schlüsselkinder, aber gut gekleidet und gut ernährt – und (wenn sie wollten) konnten sie sich gut benehmen. Sehr gut sogar. Unsere Mutter hatte uns erstklassige Tischmanieren beigebracht. „Wenn man die hat, kann man selbst an der Tafel eines Königs sitzen und fällt nicht auf.“ Ich erinnerte mich später an diesen Spruch, als ich im königlichen Palast in Bangkok – gemeinsam mit dem von mir so verehrten Bundespräsidenten Karl Carstens – tatsächlich im Frack am Tisch des thailändischen Königs Bhumibol zu Gast war, aber trotzdem die böse Idee im Kopf: „Ich würde mir gern einen dieser goldenen Löffel einstecken – nur als Erinnerung.“ Gab es am Hof des

Königs Gedankenleser? Kaum hatte ich gegessen, wurde das goldene Besteck abgeräumt. Schade. Nur ein kleines Löffelchen als Andenken ....
„Die Siegerist muß Liebhaber haben und von denen Geld kassieren“ .... die feste Überzeugung der Schlegels. Auf frischer Tat sollte sie dabei ertappt werden. Und wenn meine Mutter – wie so oft – spät in der Nacht von der Arbeit zurückkam, dann stand die alte „Eulalia“ Schlegel – kaum getarnt – hinter dem Guckloch-Spion der Wohnungstür, um die junge, attraktive Siegerist endlich „der Schande“ zu überführen. Daß meine Mutter am Tage als Verkäuferin bei KARSTADT-Kiel arbeitete, im SCHUH-Eck, oder im Schnellrestaurant QUICK in der Holstenstraße oder im eher „gutbürgerlichen“ Restaurant SIECHEN-Bräu .... und das, bis zu 16 Stunden täglich, meist sieben Tage in der Woche .... in diese verbiesterten und von Boshaftigkeit zerfressenen Schlegel-Schädel konnte so etwas nicht reingehen. Der einzige Mann, der einmal in der Woche bei uns ein- und ausging, war der CDU-Landtagsabgeordnete Wilhelm Clausen aus Niebüll, der sich während der Landtagssitzungen bei uns einquartierte und meiner Mutter dafür Miete zahlte. Das Leben von Abgeordneten war damals noch bescheiden – und teure Hotel-Übernachtung „lag nicht drin“. Das Geld für die Untermiete – ich weiß nicht mehr wieviel – war für meine Mutter jedenfalls ein willkommenes „Beibrot“.
Was das Ehepaar Schlegel so böse und verbittert gemacht hat .... ich weiß es nicht. Blieb uns auch allen egal. Dazu waren sie ganz einfach zu mies. Heute vermute ich, daß das eigene Schicksal die beiden Alten verbittert hat. Lachende und spielende Kinder – und das eigene Kind ein untergetauchter Mörder – bei Nacht über den Balkon vor der Polizei geflüchtet – über den Hof, auf dem Schlegel ausdrücklich „Das Spielen von Kindern untersagt“ hatte. Lag es daran?
Manchmal war es 1 Uhr in der Nacht, wenn meine Mutter nach etwa 45 Minuten Fußmarsch vom SIECHEN-Bräu zu Hause ankam, weil sie die wenigen Groschen für die

Straßenbahn einsparen wollte. Zwischen ihr und mir gab es eine geheime Abmachung, von der die anderen Geschwister angeblich nichts wußten: Wenn es im SIECHEN viel Trinkgeld für sie gegeben hatte, dann mußte sie mich wecken und ich durfte die Trinkgeld-Münzen stapeln und zählen. Fein säuberlich getrennt nach Pfennigen, Fünfern, „Groschen", Fünfzigern, Markstücken – und manchmal sogar mehreren 5-Mark-Stücken .... was mich spät in der Nacht zum Jubeln brachte. So viel wußte ich von meinen geklauten beim „Plünnhändler" verscherbelten – und vor meiner Mutter verheimlichten – Kupfer-Waschbecken aus den Kieler Trümmerhäusern: 5 Mark ist eine „ganze Stange Geld". Meine Geschwister klauten und verkauften keine Kupfer-Waschbecken aus Trümmerhäusern. Die waren ehrlicher, „gesitteter" als ich, verdienten sich ihr Taschengeld durch Tennisball-Sammeln auf dem Tennisplatz am Kieler Ravensberg, am Ende der Steinstraße. 50 Pfennig pro Stunde. Die beiden älteren Brüder, Manfred und Hans Günter, holten für alte Leute Brennmaterial aus dem

Die Gebrüder „dicke Pinz" – mit mir in der Mitte – am Kieler Landeshaus – und ein Gruß von Uwe Barschel an einen der beiden.

Keller und kauften für sie ein. Manfred gab Nachhilfe-Unterricht für die beiden Söhne vom Landtags-Hausmeister Hinz, die bei mir nur „die doofen, dicken Pinz" hießen. Als ich später für CDU-Ministerpräsident Uwe Barschel in Kiel Wahlkampf machte, erzählte ich ihm lachend von den „beiden Pinzen", und er wußte, daß einer der Söhne immer noch im Landeshaus als Bote arbeitete, und bestellte ihm auch prompt „herzliche Grüße von dem kleinen Buba". Grüße an den „doofen, dicken Pinz" – überbracht direkt vom Ministerpräsidenten. Wie stolz muß der „dicke Pinz" gewesen sein.

Aber vorerst gab es noch keinen Grund zum Stolz. Schon gar nicht auf mich. Der über mich von Lehrerin Diercks informierte Rektor Pleikis von der Hardenberg-Schule fragte bei Klagen häufiger: „Warum kann der Junge nicht so sein .... wie seine Geschwister? Er ist doch nicht dumm."

5 Mark – was für eine Summe! 57 Mark Monatsmiete zahlten wir für unsere 3-Zimmer-Wohnung in der Steinstraße 4. Ein Straßenbahnschaffner verdiente 280 Mark im Monat. Ein „Besserverdienender" kam auf über 300 Mark Monatslohn. Meine Mutter lag „locker" über 500 Mark, wie sie uns stolz – aber oft so erschöpft und todmüde von der schweren Arbeit – erzählte .... und ich baute die kleinen Geldtürmchen des SIECHEN-Trinkgeldes begeistert zu kleinen Mini-Hochhäusern, ohne mir klar darüber zu sein, wie hart sie dieses Geld erarbeitet hatte. Meine Mutter war über dieses kindliche Spiel von mir glücklich. Das konnte ich ihr ansehen. Sie hatte bestimmt die Idee fast aller Eltern im Kopf: Meine Kinder sollen es später einmal besser haben als ich.

Geld bedeutete meiner Mutter viel. Nicht aus Gier. Geiz verachtete sie. Sehr sparsam war sie. Geld hieß für sie wirtschaftliche Unabhängigkeit, frei die Meinung äußern zu können, sorgenfreies Leben für die Kinder. Tage bevor sie mit 84 Jahren starb, sah sie mich plötzlich mit traurigen Augen an und sagte mir entsetzt: „Jetzt haben wir unser ganzes Geld verloren."

Ich brauchte lange, um sie zu beruhigen und ihr zu erklären, daß das wohl ein böser Traum gewesen sein muß. Und ich beruhigte ihre alte – nur mich betreffende Sorge: „Ich werde nicht mein ganzes Geld an andere verschenken. Versprochen." Ich hoffe nur, daß ich dieses Versprechen wirklich halte. Das allzu großzügige Verschenken und Fremden Helfen habe ich von meinem Vater geerbt.
Weil ich selber nie bewußt Not gespürt habe – dank meiner Mutter – ist es mir ein tief-sitzendes Bedürfnis, armen und in Not geratenen Menschen zu helfen. Als ich später in die lettische Politik ging, schlug mein Herz nicht wegen der Propaganda und der mich ständig verfolgenden Journaille in erster Linie für die Armen und für die kleinen Leute.
Ich empfinde Freude beim Schenken. Nicht nur deswegen, weil ich im Laufe meines Lebens überzeugter Christ wurde .... es ist ganz einfach meine Natur und vielleicht auch Aufgabe, anderen Menschen zu helfen. Nie in meinem Leben habe ich politische Karriere angestrebt. Das Gegenteil: Sie war ein Horror für mich. Aufgabe der persönlichen Freiheit. Das ist alles, was sich mit politischer Karriere für mich verband. Präsident des Roten Kreuzes in einem Entwicklungsland ... das wäre der Traumjob in meinen Vorstellungen gewesen. Erst spät fand ich den Mittelweg zwischen Politik, Journalismus, Glauben und sozialem Kampf für diejenigen, die nicht auf der Sonnenseite des Lebens stehen.
Aber noch sind wir gemeinsam in der Steinstraße 4 in Kiel und bei den interessanten Bewohnern.
Eine Etage über Schlegel und Schöttke gab es die Familie Neve. Großeltern, die mit ihrem Enkel Michael zusammenlebten. Mitglieder der Methodisten-Gemeinde. Natürlich schleppten sie jeden mit in die Methodisten-Kirche – nicht weit von der Steinstraße entfernt. Auch mich. War mir aber nicht interessant genug. Schön fand ich die schönen, bunten Engel- und Christus-Bildchen, die uns geschenkt wurden. Lakritz oder Schokolade wäre mir

Links Michael Neve. Offiziell Heiligenbildchen der Methodisten, heimlich Fotos nackter Mädchen. Rechts hinter mir Heiko Mertens, ältester Sohn vom KIELER-NACHRICHTEN-Fotograf Mertens.

aber lieber gewesen. War Michaels Großmutter in seiner Nähe .... was für ein frommes und gutes Kind. War die Oma außer Sichtweite, kramte er aus den tiefsten Tiefen seiner Hosentasche kleine Bilder mit nackten Mädchen, die wir mit staunenden Augen angafften. Wo gab es in den „Fünfzigern" schon etwas „Nacktes" zu sehen? Die arme Hildegard Knef wurde ja fast gesteinigt, als sie für Bruchteile von Sekunden im für die Zeit treffend betitelten Film „Die Sünderin" ein ganz klein wenig nacktes Fleisch zeigte.
Oswalt Kolle war noch nicht in Sicht.
Neben der Methodisten-Familie Neve wohnte das Ehepaar Hermann. Liebe Leute. Er war der 1955 von Theodor Blank aufgestellten Bundeswehr beigetreten. Offizier. Ich hab ihn als besonders feinen Mann in Erinnerung. Er starb bei einem Manöver. Ich glaube, der erste Todesfall in der Bundeswehr.
Die Steinstraße 4 ging fast geschlossen zur Beisetzung. Meine Mutter nicht. Sie fürchtete sich vor dem Lied „Ich hatt' einen Kameraden". Ihre erste Wohnung in der Kriegszeit in Kiel (Niebuhrstraße 43) war in der Nähe des Friedhofs, auf dem täglich mehr und mehr deutsche Soldaten beigesetzt wurden. Bombenopfer sowieso. Und

immer „Ich hatt' einen Kameraden". Zum Schluß haßte sie dieses Lied – und die Nazis und Hitler noch viel mehr. Schon 1942 war ihr klar, „der Krieg kann nur verloren gehen. Dieser Hitler ist doch ein Wahnsinniger." Ihr in Frankreich gefallener erster Mann bestätigte sie darin, gelernter Bootsbauer, der dem „100 000-Mann-Heer" der Weimarer Republik beigetreten und Berufssoldat geworden war.

Es tat ihr weh, nicht zur Beisetzung des gefallenen Bundeswehr-Soldaten Hermann zu gehen. Sie konnte nicht. Ich kann es verstehen.

Im Frühjahr 2004 zog es mich von Hamburg nach Kiel. Ich wollte die Steinstraße 4 wieder einmal sehen. Eine ältere Dame ging auf das Haus zu, gut gekleidet, freundliches Gesicht. 50 Jahre waren vergangen. Blond, immer gut gekleidet und sehr schön. So war Frau Hermann in meiner Erinnerung. 50 lange Jahre. Trotzdem. Ich erkannte sie sofort wieder – und ich war überrascht und froh, daß sie sich noch an Einzelheiten mit dem „kleinen Buba" erinnern konnte – und nicht auf schlechteste Art und Weise. Wir wollen uns „zusammen-telefonieren". Frau Hermann überstand Schlegel und all dessen auch gegen sie angestrengten „Räumungsklagen" in der Steinstraße 4.

Dritte Etage, ein Flur unter unserer Wohnung. In der linken Wohnung – auf jeder Etage gab es zwei – wohnte die von uns so betitelte „verrückte Grevenstein". Ähnlich wie „Mary" im Erdgeschoß: Sie mußte wohl auch einen Balken auf „den Kopp" bekommen haben. Die Bombenangriffe der Engländer auf Kiel. Die Grevenstein suchte Freundschaft mit meiner Mutter, die von der „Alschen mit dem Dachschaden" aber nicht begeistert war. Um ihre Kinderfreundlichkeit zu demonstrieren, besuchte sie uns häufig unangemeldet, erzählte völlig unverständliche Witze – und verband das dann am Schluß mit der Aufforderung: „Nun lacht mal alle, Kinder." Und machte uns das erwünschte Lachen mit einem durchdringenden „Hi, hi, hi" vor. „Ha, ha, ha" – antwortete mein Bruder Hans Günter. Und „Platsch" hatte er von meiner Mutter

eine weg. Grevenstein war trotz dieser Ohrfeige fortan unversöhnlich. Ein Glück für uns. Denn zu Besuch kam sie nie wieder.
Was mich betrifft: Ich interessierte mich nicht für die verrückte Grevenstein. Sehr wohl aber für ihren Speicher auf dem gemeinsamen Dachboden des Hauses. Nach Robinson Crusoe und etlichen Abenteuer- und Piratenbüchern war ich mir sicher: Auf dem Dachboden von der alten Grevenstein ist ein Schatz versteckt – und in dieses „sichere" Geheimnis weihte ich nur einen ein: Meinen aller-aller-besten Freund Manni, der, mit dem ich „Eis-bis-zum-Kotzen-fressen" wollte.
Mannis Vater war Postbeamter und Hobby-Handwerker. Im Klartext: Er hatte auch alles notwendige Handwerkszeug, um an den „Schatz" der alten Grevenstein zu kommen. Ein solider, eiserner Kuhfuß, mit dem jede Stahltür zu sprengen gewesen wäre, erschien Manni das geeignete Werkzeug für das wackelige Holzgatterchen vor der Grevensteinschen Schatzkammer auf dem Dachboden der Steinstraße 4.
Manni war handwerklich begabter als ich mit meinen „zwei linken Händen". Trotz eisernem Kuhfuß brauchte er keine rohe Gewalt, die mich in Erwartung des Schatzes übrigens nicht gestört hätte. Vorsichtig bog der mit dem Mords-Instrument das Gatter beiseite – und wir zwei kleinen Gestalten schlüpften in das Grevensteinsche Schatzversteck. Ein mieser, alter Kronleuchter mit goldbronzener Farbe überzeugte mich noch mehr: Gold und Edelsteine. Wo die alte Grevenstein das nur her hat? Ihr Versteck erschien mir genial. Wer außer mir – und Manni – wäre wohl auf die „großartige" Idee gekommen, ausgerechnet auf dem Dachboden der Steinstraße 4 in Kiel einen unermeßlich wertvollen Schatz zu vermuten? „Vielleicht spielt die alte Grevenstein nur verrückt – und ist es gar nicht", überzeugte ich Manni schließlich.
Was förderten wir da alles zutage .... Bunte Wollschlüpfer. „Aus der Mode", wie wir „fachmännisch" feststellten. Alte Gardinen. „Die könnte Karin bestimmt gut

für die Modenschau gebrauchen", erklärte ich Manni. Meine Schwester Karin verwandelte hin und wieder – unbemerkt vom Hauswirt Schlegel – den Dachboden der Steinstraße 4 in einen Laufsteg, trommelte alle erreichbaren Kinder der gesamten Steinstraße zusammen – die Mädchen wurden dann mit „Plünn" und alten Gardinen in „Top-Modelle" verwandelt und stolzierten über einen aus alten Kisten zusammengelegten Laufsteg, hielten sich „grazil" wie echte „Models" aus Frankreich – und wir als „Zaungäste" eingeladenen Jungs hofften nur darauf, daß sie „stolpern und auf die Schnauze fallen" würden. Laut lachen durfte keiner. Schlegel! Manchmal waren es an die 50 Görn, die sich dort drängten. Wie Karin die alle an der Schlegelschen Wohnung in der ersten Etage vorbeischleusen konnte .... ich weiß es bis heute nicht. Die „Modenschau" war jedenfalls „der Renner" aller Steinstraßen-Kinder und flog nie auf.
Irgendwann wurden wir Jungs von der Modenschau verbannt. „Was versteht ihr schon davon?" ...... hieß es herablassend von den Mädchen. „Warte", dachte ich nur, schlich mich bei der nächsten Modenschau heimlich die Treppe bis zum Dachboden hoch und brüllte laut „Schlegel kommt, Schlegel kommt". Aus der Modenschau wurde ein aufgescheuchtes Wespennest .... und ich rannte nach Aufdecken der Lüge um mein Leben, gefolgt von rachedurstigen „Schönheiten" der Steinstraße.
Verstaubte Flaschen, „Mein Kampf" von Adolf Hitler, Fotoalben mit gelben Bildern und Dutzende von Mausefallen .... „weil die Verrückte ständig weiße Mäuse sieht", meinte Manni. „Stimmt", nickte ich zustimmend. Mindestens 20 alte Büstenhalter förderten wir ans Tageslicht – und der handwerklich so geniale Manni: „Sind die toll. Daraus können wir Steinschleudern basteln". „Der Führer hatte auch Wunderwaffen", pflichtete ich bei .... „das haben mir die alten Schöttkes erzählt. Die wissen alles über Hitler." Begeistert suchten wir weiter. Socken mit Löchern, Weckgläser ohne Gummiringe, leere Dosen – einst gefüllt mit „Kieler Sprotten". Sogar ein alter

Badeanzug. Rosa und blau gestreift. Ich zog ihn über die Lederhose – und wir lachten .... aber nur ganz leise. Schlegel – und zusätzlich vielleicht sogar die alte Grevenstein! „Wie die wohl in diesem Ding aussehen würde“, ... interessierte mich. Alles sehr spannend und abenteuerlich für uns. Die Sache hatte nur einen „Haken“: Wir fanden keinen Schatz. „Die verdammte Grevenstein, das alte Miststück. Die Scheiben sollten wir ihr einschmeißen“, ... fluchte ich enttäuscht. Schatzsuche beendet. Manni bog die Gattertür wieder einigermaßen zurecht. Trotzdem. Wochen später – die Grevenstein war auf den Dachboden gegangen – hatte die Spuren des „Einbruchs“ entdeckt. „Eine Schande für das Haus. Eine Schande für das Haus“, ... lamentierte sie bei allen Bewohnern und im Ko-lo-ni-al-wa-ren-Geschäft von Minna Lexius. Manni hielt dagegen, ich sowieso: „Die alte Grevenstein ist doch plemplem. Balken auf'm Kopp. Wie Mary Mertens.“
Keiner glaubte der alten Grevenstein. „Balken auf'm Kopp“, hieß es nur. Wer bricht schon deren Rumpelkammer auf dem Dachboden auf? Manni und ich .... wir schwiegen. Wie so häufig.
Auch wenn sie seit Jahrzehnten längst unter der Erde liegt: Entschuldigung, „verrückte“ Grevenstein. Diesmal hattest du Recht. Es war nicht der Balken „auf'm Kopp“.
Neben der Grevenstein in der dritten Etage Steinstraße 4 wohnte die Familie „ohne Namen“. Jedenfalls hatten sie für meine Mutter keinen Namen, und deswegen kann ich mich heute auch tatsächlich nicht mehr an den Familiennamen erinnern. Kann sein: „Schulz“. Der Familie ohne Namen gingen alle aus dem Weg. „Stecken mit Schlegel unter einer Decke.“ Schlimmer als „Kinderschänder“ oder „Schwerst-Verbrecher“ wog dieser Vorwurf. Nur gräßlich dick war die Frau der Ohne-Namen-Familie. Dick in den Fünfzigern. Das war verdächtig, anrüchig, fast unanständig. Wer war schon dick damals – außer Ludwig Erhard, dem es verziehen wurde, weil er so gemütlich aussah „und unser Leben besser macht“, wie meine Mutter meinte.

Die dicke Schulz – nenn' ich sie einfach so – bekam natürlich auch einen Namen: Qualle. Das waren diese fettigen, weiß-bläulich glibbrigen runden Dinger, die es zu Tausenden in der Förde und an den Kieler Badestränden von Laboe, Falkenstein, Schilksee und Möltenort gab .... wenn der Wind ungünstig wehte. Trockneten sie ein, stank es. Wer eine rote Feuerqualle beim Schwimmen ans Bein oder sonst wo an den Körper bekam ...... es brannte gräßlich. Eben wie Feuer. Darum hießen sie bei uns ja auch so. Und so hieß auch die dicke Schulz. Qualle. Wer mit Hauswirt Schlegel unter einer Decke steckt und außerdem noch dick ist .... der konnte gar nicht anders heißen. Nur ..... Qualle. Ich will mich nicht rühmen, glaube aber, daß diese Namensschöpfung auf mich zurückging. Ganz einfach deswegen, weil ich – angefangen von der Kindheit – bis heute allen möglichen Leuten meine Spezialnamen gebe. Je nach Sympathie oder Antipathie. Also Qualle. „Aus dem Weg gehen. Nicht mit sprechen." Parole meiner Mutter im Umgang mit der gesamten Familie der Qualle. Wir hielten uns daran. „Qualle" blieb tabu für uns. Familie Qualle bewohnte beide Wohnungen der dritten Etage. Qualle-Mama, Qualle-Papa – und ich weiß nicht mehr wie viele Qualle-Kinder. Aber die waren schon erwachsen. Und dick.
Nur der Neck-Name „Buba", den ich nach der Geburt von meinem Vater bekam .... ansonsten blieb ich verschont von besonderer Namensgebung durch diejenigen, die mich ertragen mußten. Abgesehen von einem „dunklen Flecken" in meiner Namens-Geschichte. Ich heiße eigentlich nicht nur „Joachim Siegerist", sondern „Werner-Joachim Siegerist". Wie gern würde ich den **„Werner"** unterschlagen, kann den Namen nicht leiden. Wenn die Görn der Steinstraße mich und Schlegel ärgern wollten, weil sie mir etwas „heimzuzahlen" hatten, dann versammelte sich eine Art Idioten-Kinder-Chor vor der Steinstraße 4 und brüllte auf Kommando eines mir bis heute unbekannt Gebliebenen laut und unüberhörbar „Wäääääärner komm runnnnter. Die Soooonne geht

uuuuuuuunter". Vor allem dieses „Wäääääärner" hatte es mir angetan. So lange Schlegel und seine Eulalia nicht auf den Balkon kamen, goß ich den Steinstraßen-Görn Eimer voller Wasser auf die „Köppe". Aber die nahmen das wohl eher als willkommene Belustigung denn als „Strafgericht". Das „Wäääääärner" klingt noch heute in meinen Ohren. Auf den meisten amtlichen Dokumenten konnte „Werner" erfolgreich abgewehrt werden – sogar auf dem Führerschein. „Werner" .... wer von meinen Eltern konnte diesen Namen nur schön finden? Schade, daß ich sie nie danach gefragt habe.

Dann bleibt nur noch die letzte Etage in der Steinstraße 4. Vierte Etage. Steinstraße 4. Da wohnten wir – und da wohnten unsere Nachbarn. Die Crusius. Sie wissen schon. Die kleine Nati „mit dem Spinat und der Kuhscheiße". In die Hände klatschend auf den Teller den Spinat spucken Quietschend durch die Zähne. In der Hoffnung: „Nati muß kotzen."

Stop. Da gab es noch ein winziges Kämmerchen. „Da wohnt der Dienst-Bolzen" von Schlegel – wußten wir. Ein liebes Mädchen vom Lande. Sie versorgte den Haushalt der beiden Schlegels, durfte aber nicht in der selben Wohnung leben, wurde in das „Dienst-Bolzen-Kämmerlein" verbannt. Über sie läßt sich wenig sagen. Im Gegensatz zu ihrem Dienstherrn: Sie liebte Kinder und wir sie. Nur ein Jahr blieb sie bei den Schlegels. Dann hielt sie es nicht mehr aus und verschwand. „Soll'n die doch ihre stinkende Bude selber putzen ....", meinten wir schadenfroh. Nach ihr gab es nie wieder einen „Dienstbolzen" .... und Schätze vermuteten wir in dem Kämmerlein auch nicht. Es blieb verschont.

Familie Crusius war uns im ganzen Haus am liebsten. Papa Crusius fuhr „für die Margarine-Firma Sanella die Lieferungen aus. Drei Kinder: Renate (Nati), Bernd-Wolfgang (Beppo) und ein dritter Junge (Ullrich), der aber früh starb und der mir deswegen auch nur schemenhaft in Erinnerung geblieben ist.

„Nati" war meine Favoritin. Nicht nur wegen des Kuhscheißen-Spinats. Man mußte sie einfach gern haben. Pummelig, blauäugig, ehrlich und naiv – vor allem ideal zum Erschrecken geeignet. Das halsabschneidende Brotmesser von der schon erwähnten Fischfrau Edith Goose bis zur gruseligen Gespenster-Geschichte auf dem Dachboden oder im Keller .... Nati glaubte mir blind. Wie schamlos nutzte ich das aus. Für kleine Jungs gibt es doch kaum etwas Schöneres, als noch kleinere Mädchen in Angst und Schrecken zu versetzen und ihnen so gruselige Sachen aufzutischen, bei denen fast jedes Kind vor Angst in die Hose pinkeln mußte. Ich war ein wahrer „Meister" dieser Kunst – und Nati mein willkommenes Opfer. Hatte ich sie damals nur deswegen so gern?

Nati wohnt immer noch in Kiel. Wir waren beide über 40, als wir uns zuletzt sahen. Wie ich – sie ist unverheiratet geblieben. Bei dem Treffen – ich glaube in Bremen – lachten wir herzlich über Edith Goose und das Brotmesser. Es war wie in alten Zeiten. Aber aus dem pummelig-naiven Mädchen war eine schöne und selbstbewußte Frau geworden.

Die „Steinstraße 4" war für mich das Zentrum der Welt. Die „Welt" – das war die gesamte Steinstraße. Von Nummer 1 an der Ecke Holtenauer Straße bis hin zur Nr. 29 – kurz vor dem Tennisplatz am Ravensberg. Eine etwa 200 Meter lange „Welt". Alles – rund um die Steinstraße – das war „große weite Welt". Darüber hinaus: Andere Planeten. Fangen wir an mit der Steinstraße – außerhalb von Steinstraße 4. Am interessantesten Steinstraße 10 mit dem Ko-lo-ni-al-wa-ren-Geschäft von Minna Lexius und dem Trümmergrundstück – auf der anderen Straßenseite, direkt gegenüber dem Ko-lo-ni-al-wa-ren-Geschäft.

Eigentlich ein Wunder: Der englische Bombenhagel hatte alle Häuser der Steinstraße verschont – bis auf eins. „Das Trümmergrundstück bei Höhlein". Steinstraße 7. Trümmer waren da eigentlich so gut wie keine mehr – von Mauerresten abgesehen. Längst abgeräumt. Der Name Höhlein kam von einem „Obst- und Gemüsefritzen

Höhlein", der dort tagsüber von einer aufgebauten Bude frische Ware verkaufte. Interessant waren für uns Höhleins alte Holzkisten. Häuser bauten wir daraus – drei und vier Etagen hoch. Die „Wohnungen" vermieteten wir an andere Kinder. Karnickel-Ställe, in die man nur mühsam reinkriechen konnte ...... wenn man sich ganz ganz klein machte. Die Bauwut der Kieler Stadtväter hatte wohl auch uns Kinder angesteckt. Natürlich wollten wir Mieteinnahmen haben. Die bestanden aus „Pickern", Ton- und Glasmurmeln, die uns wertvoller erschienen als das Geld der Erwachsenen. Eine „vergoldete" Tonpicker zählte so viel wie 20 Mark oder 20 Punkte. Die bunten aus Glas begannen – je nach Schönheit und Größe – erst bei 100. Aufbewahrt wurden sie in einem kleinen Picker-Beutel, den es entweder bei KLOPPENBURG „an der Ecke" zu kaufen gab – oder von der Mutter zu Hause selbst genäht worden war. Notfalls erfüllte auch ein alter Socken seine Aufgabe als Pickerbeutel. Der Hausbau mit den Höhlein-Kisten wurde uns schließlich verboten, und Höhlein durfte seine Kisten nicht mehr auf dem Trümmergrundstück liegen lassen. Aus unseren „Neubauten" waren „gigantische Hochhäuser" geworden, von den größeren Jungs mit geklauten Nägeln zusammengeschustert – und nicht selten brach so eine vielleicht 3 Meter hohe Neubau-Pyramide zusammen. Es gab mehr als nur ein paar Schrammen „auf'm Kopp". Schade. Vor allem ich war der Meinung, daß mit diesen großartigen Wohnungen dem blöden Schlegel Konkurrenz als Hausbesitzer zu machen war.
Und dann erst das Ko-lo-ni-al-wa-ren-Geschäft Minna Lexius, Steinstraße 10. Minna Lexius – wieso hatte auch sie nur eine so schrille und helle Stimme? – das war ein wahres Paradies für uns. Glitschige, klebrige Himbeerbonbons. In der Hosentasche aufbewahrt, schmolzen sie noch mehr und lösten dort ein wahres Matsch-Klebe-Bad aus, vermischt mit Sand, aufbewahrten Vogelfedern, Pickern, bunten Glasscherben („Diamanten" – versteht sich), selbstgebauten Steinkatapulten, mit denen

Scheiben eingeschossen und Kinderköpfe aus der angefeindeten Gneisenauerstraße blutig. „Das geht gut, bis ein Auge ausgeschossen wird", ... warnten uns Erwachsene, die unseren Straßenbanden-Krieg nicht mit Wohlwollen betrachteten. Es wurde kein Auge ausgeschossen.

Fertige Tüten gab es nicht bei Minna Lexius. Die Tüten drehte sie selber. In Windeseile. Aus den „KIELER NACHRICHTEN von gestern". Wer konnte besser Tüten drehen als Minna Lexius, die hinter einer Katheder-ähnlichen Verkaufs-Barriere auf einer Fußbank stand, weil sie so klein war – aber von dort aus ihren kleinen Saftladen gut überblicken konnte. Saure Gurken, losen Zucker, frische Landeier, stinkenden Käse, Maggi-Würfel neben der PALMOLIVE-Seife, ganze und geschnittene Wurst neben ERDAL-Schuhcreme. Die mit dem Frosch auf der Dose. Es gab alles. Viele ließen bei Minna Lexius „anschreiben", was sie nicht störte. Beim „Anschreiben" schickten die Eltern meist die Kinder vor, weil es ihnen selber peinlich war, wenn Nachbarn sie als „Anschreiber" ertappten. Manni Guses Mama ließ anschreiben. Bezahlt werden mußte dann am Monatsende – nach der Lohnzahlung. Es fiel Mama Guse nicht auf, daß Manni hin und wieder auch „Negerküsse" – Stück 10 Pfennig – anschreiben ließ, die wir dann in uns reinstopften, bis der Mund weiß und braun verklebt war.

Meine Mutter kaufte nicht bei Minna Lexius. „Hat keine frische Ware." Stimmte wohl auch. Trotzdem war das Ko-lo-ni-al-wa-ren-Geschäft von Minna Lexius für mich ein Paradies auf Erden, aus dem ich aber jäh vertrieben wurde. Ich hatte spitz bekommen: Nach Feierabend bewahrt Minna Lexius die Bier-Pfandflaschen offen in einem kleinen Bretterverschlag vor dem Laden auf. Eine Bierflasche 10 Pfennig Pfand. 10 Pfennig – ein Negerkuß. Muß ich mehr erzählen? Minna Lexius war klein und fett. Augen hatte sie wie ein Luchs. Mehrmals ging es gut mit den Pfand-Bier-Flaschen. Irgendwann wurde sie aber mißtrauisch, ertappte mich auf frischer Tat. Meiner

Mutter verriet sie nichts. Aber ich bekam Ladenverbot. Eine schwere Strafe für mich. Nie wieder konnte ich das Ko-lo-ni-al-wa-ren-Geschäft von Minna Lexius betreten. Manni ermahnte mich erst nachträglich mit den Worten: „Überall kannst du klauen, aber nicht bei Minna Lexius. Die schnappt jeden."
Wehmütig betrachtete ich vom Birnbaum auf Höhleins Trümmergrundstück Minnas Geschäft auf der anderen Seite. Der Birnbaum war als Aussichts-Plattform ideal. Aber dann erzählte mir eines Tages meine Schwester Karin, deren Phantasie nicht weniger bunt war als meine, von einem ihrer schrecklichen Träume. „Ich bin auf den Birnbaum von Höhlein gekrabbelt. Und da kam der Tod auf den Baum gestiegen, ein laufendes Gerippe – und hat mir einen Angelhaken in den Hals gesteckt." Ich wollte mir vom Tod keinen Angelhaken in den Hals stecken lassen und suchte mir andere Bäume zum Klettern aus. Schade nur, daß von keinem anderen Baum aus mehr das Ko-lo-ni-al-wa-ren-Geschäft von Minna Lexius zu sehen war.
Bäume – wie sehr liebten wir Jungs Bäume. „Ich kenne jeden Baum in Kiel, auf den man gut klettern kann", erzählte ich stolz, aber stark übertrieben, überall. Bei meiner letzten „Kiel-Visite" habe ich all „meine" Bäume wieder besucht. Die alte Kastanie an der Schule am Ravensberg. Die hatte einen waagerecht verlaufenden Seitenstamm in etwa drei Meter Höhe, auf dem es sich großartig balancieren ließ – fast so, wie ich es im Zirkus gesehen hatte. Nach meinem ersten Zirkus-Besuch auf dem Kieler Wilhelmsplatz – nahe der Ostsee-Halle – fragte mich meine Mutter: „War der Zirkus schön?" „Hat mir nicht gefallen", meinte ich in kindlicher Ehrlichkeit, „alles nur alte Weiber auf dem Trapez – so in deinem Alter."

Wir stürzten „Wilhelm Zwei“

Außer Bäumen, Trümmerhäusern und zusammengebrochenen Bunkern .... am spannendsten blieb der dunkle Keller des Kieler Schlosses. Die Kellerfenster waren vergittert. Aber was hieß das schon für uns spindeldürre Gestalten? Wir hatten schnell rausbekommen: Geht der „Kopp“ durch, paßt auch alles andere. Der „Kopp“ ging durch – und zack waren wir im Keller. „Da sind uralte Weine versteckt“, raunten ältere Jungs der Steinstraße. Und wieder einmal ging ich mit meinem aller-aller-besten Freund Manni auf Schatzsuche. Alte Weinflaschen. Nicht schlecht. Vielleicht mehr Erfolg als auf dem Dachboden der Grevenstein. „Und wenn es keine Weinflaschen sind, finden wir vielleicht eine englische Fliegerbombe.“ Eine englische Fliegerbombe wäre uns mindest ebenso wertvoll gewesen wie die alten Weinflaschen, ein Schatz aus Gold und Silber oder ein „echtes“ Skelett oder „mindestens ein Totenkopf“. Aber außer Glasscherben und einem Kack-Haufen, in den ich in der Dunkelheit reintrampelte, war da nichts. „Da waren andere vor uns“, vermutete ich, „Schweine, die. Immer schnappen sie uns den Schatz vor der Nase weg. Denen zeigen wir's.“ Wir mußten uns rächen. An wem auch immer. Und wer war da passender als der gute alte Wilhelm Zwei? Er war ja da – im dunklen Keller – der letzte deutsche Kaiser. Zumindest als überlebensgroße Gips-Büste, innen hohl. Ein im Keller gefundener Strick kam uns grad recht. „Wir wollen unser'n alten Kaiser Wilhelm wieder hahm“, ... sangen wir leise, Strick um den Hals des gipsernen Gekrönten und ziehen. War nicht allzu schwer, den Kaiser zu stürzen.
Die Folgen des Regenten-Sturzes konnten wir nicht ahnen. Die zwei Meter hohe Gips-Büste zersprang in 100 000 Stücke. Es krachte wie bei einer Explosion und eine undurchdringliche Gipswolke hüllte den ganzen Keller ein. Uns auch. Der Gips-Staub brannte in den Augen, im Hals – wir husteten wie Kettenraucher nach dem Aufstehen am frühen Morgen. Eine weiße Dunkel-

heit. Wir sahen nichts. Trotzdem liefen wir vor Schreck durch das Gewölbe und blieben erst stehen, als wir mehrmals mit dem Schädel an die Wand geknallt waren. Erst da dämmerte es uns: Warten, bis sich der Pulverdampf des Regentensturzes verzogen hat. Waren es 5 Minuten? 10? Für uns eine nicht enden wollende Ewigkeit. Als wir uns dann sahen, war es vorbei mit lustig. Zwei kleine, weiße Gespenster im Keller des Kieler Schlosses – neben den Überresten des letzten deutschen Kaisers. Alles weiß: Die Klamotten, die Haare, Schuhe, Beine, Gesicht, Hände. Alles. Aber dicht neben dem Kellerausgang eine Filiale des „Landeskriminalamtes" von Schleswig-Holstein. „Wenn die uns schnappen, gibt's Knast", sagte ich .... und Manni fing an zu heulen. „Aber erst mal müssen die uns kriegen", tröstete ich Manni und fühlte mich plötzlich wahnsinnig stark, weil ich nicht heulen mußte, obwohl mir selber so zumute war.

Gut 50 Jahre nach einem seltsamen „Regentensturz" am neu renovierten Kieler Schloß, damals Ruine. Im verfallenen Keller suchten wir „Gold" und „Skelette".

Den Kalk bekamen wir nicht ab von uns. Je mehr wir rieben, desto tiefer drang er in Hemd, Hose, Haare und Haut ein. Was blieb uns über: Auf Kommando schlüpften wir durch die Fenstergitter und zwei kleine, weiße Gespenster rasten vorbei am Landeskriminalamt .... Richtung Kieler Förde, wo wir uns an einer unbeobachteten Ecke splitternackt auszogen, in die Ostsee sprangen und dort auch anschließend unser „Klamotten“ mehr schlecht als recht „ausspülten“.
„Wäsche waschen“ .... das hatte ich bei meiner Mutter gesehen. Du lieber Himmel .... was war das für eine schrecklich schwere Arbeit für die Frauen in dieser Zeit. Im Haus Steinstraße 4 gab es die auf dem Hof gelegene „Waschküche“. Eine „Haus- und Waschküchen-Ordnung“ schrieb den Waschtag jeder einzelnen „Miet-Partei“ vor, der „tunlichst“ einzuhalten sei, wie die strenge Ordnung mahnte.
So ein Waschtag war wirklich ein voller Tag für die Frauen. In der Mitte der Waschküche das Ungetüm des aufgemauerten Ofens. Darin eingelassen ein großer Metallbottich: Kupfer. Wasseranschluß ein Stück weiter. Eimer für Eimer mußte im Wasserkran gefüllt, zwei Stufen auf den Waschofen geschleppt und da in den Bottich gegossen werden. Viele. Sehr viele, bis der Bottich so einigermaßen voll war. Er mußte voll sein. Die Schmutzwäsche wurde vier Wochen bis zum Waschtag aufbewahrt. Wie heute: Frische „Klamotten“ jeden Tag? Undenkbar. Ich glaube, daß der Hygiene und Sauberkeit in den Fünfzigern „natürliche“ Grenzen gesetzt waren. Vielleicht hörte man deswegen auch kaum etwas von Allergien. Schließlich mußte unter dem Bottich der Ofen angeheizt werden. Papier, Kleinholz, etwas größeres Holz, Briketts. War das Wasser nach langer Wartezeit heiß, kam erst die Weißwäsche an die Reihe, die manchmal auch schon am Vorabend mit Soda in kaltem Wasser „eingeweicht“ worden war. Dann – Wäschestampfer in der Hand – rauf auf den dampfenden Kessel. Der Wäschestampfer war ein Metall-Monstrum an einem

Besenstil. Er mußte immer wieder in die blubbernde PERSIL-Brühe gedrückt werden. Die Wäsche wird „gestampft“ hieß es. Nach dem Stampfen das Rubbelbrett mit der Wurzelbürste. Dazu Kernseife. Meist für die schwarzen „Trauerränder“ am Kragen und an den Manschetten, die selbst beim Stampfen nicht sauber zu kriegen waren. Beim „Stampfen“ stellte sich meine Mutter mit gegrätschten Beinen über den Kessel, versank im Wäschedampf und mußte aufpassen, nicht abzurutschen. Das Rubbelbrett war ein mittelalterliches Folterinstrument für die Frauen. Ein wellenförmiges Zinkblech mit hölzernem Rahmen. Hände und Wurzelbürste wurden zum Rubbeln benutzt. Die „gute Kernseife“ weichte die Haut der Hände auf. Erst wurde sie rosa, dann weiß, und schließlich waren die Fingerknöchel blutig-wund gescheuert. In die Brühe der weißen Wäsche dann „die bunte“. Und wieder die gleiche Prozedur. Danach wurde „gespült“. Im Klartext: Wasser ablaufen lassen, sauberes Wasser in den Bottich kippen. „Mindestens drei Mal“, sagte meine Mutter. Danach „wringen“ mit der Hand oder einer hölzernen „Wäsche-Quetsche“, durch eine Handkurbel zu bewegen. Die feuchte Wäsche wurde in einer Zinkwanne zum Trocknen auf den Dachboden geschleppt. Dort hingen Wäscheleinen, wenn wir sie nicht zum Bäumeklettern geklaut hatten. „Normale“ Hausfrauen hatten tags darauf „Bügeltag“. Meine Mutter war keine „normale“ Hausfrau. Sie war alles. Mutter und Vater in einer Person, Geldverdiener, Kindererzieherin, Streitschlichterin, „Abwehr-Geschütz“ und „so nebenbei“ auch ein wenig „Hausfrau“. Zwei Tage frei wegen der Wäsche? Undenkbar. Nur die Bettwäsche bügelte sie. Unsere Sachen bügelten wir Kinder selbst. Auch die Wohnung mußten wir Kinder „in Schuß“ halten. Ich finde es noch heute richtig. Alles war nicht zu haben. Ich habe schon als Kind kochen, bügeln und „Haushalt-in-Schußhalten“ gelernt. Kein Schaden für mich.
Dann die Sensation – und die Parole lief in Windeseile durch die Stadt. In Amerika gibt es Maschinen – da steckt

man schmutzige Wäsche rein und nach einer Zeit kommt sie sauber wieder raus. „Lüge", sagte ich, hielt das für unmöglich und war auch dagegen, daß damit „Waschtag ade" ist. Ich war Anhänger des Waschtags. Dann war meine Mutter mehrere Stunden über zu Hause, ich mit ihr in der Waschküche, wo sie mir dann „ganz allein" gehörte. Diese Gedanken können vermutlich nur „Schlüsselkinder" nachvollziehen.

Ein Elektrogeschäft gegenüber KARSTADT-Kiel hatte im Schaufenster zur Demonstration Waschmaschinen aufgebaut. Aber nicht aus Amerika. MIELE aus Deutschland. Hunderte von Frauen drückten sich an der Scheibe die Nase platt – und auch ich wurde Zeuge des „Wunders". Weiß gekleidete Mädchen mit ständig grinsendem BLENDAX-Gesicht steckten in einige Maschinen Schmutz-Wäsche, holten aus anderen gewaschene und saubere Wäsche raus. Die Frauen klatschten begeistert Beifall. Ich zog nachdenklich von dannen, war total gegen die „moderne Technik". Erst rund 10 Jahre später gab es auch bei uns eine Waschmaschine.

Doch zurück zu unseren geliebten Bäumen im Düsternbrooker Gehölz in Kiel. Meist Buchen. Wie Eichhörnchen kletterten wir bis in die hohen Kronen. Abgestürzt sind wir nie. Gingen unter uns Erwachsene vorbei, schmissen wir ihnen aus sicherem Laubversteck in der Höhe Äste auf die „Köppe" oder Buch-Eckern, die wir kiloweise in uns reinfraßen.

Unser Favoriten-Baum aber war eine vielleicht 300 Jahre alte Eiche auf der Krusenkoppel – nicht weit vom Kieler Landtag entfernt. Was für ein Baum. Wie viele Generationen von kleinen Jungs und mutigen Mädchen haben sich an diesem Baum Beine, Hosen und Röcke abgeschrabbt .... Mein Traum: Ein „echtes" Baumhaus in luftiger Höhe, die sich in meiner Phantasie „bis weit über den Wolken" hochschaukelte. Wir waren aber zu klein zum Bau eines Baumhauses. Der Traum blieb. Vor einigen Jahren habe ich ihn mir verwirklicht. In einer 250 Jahre alten Eiche im einstigen Kurland am Flüßchen

Svitene – auf dem Grundstück meiner väterlichen Vorfahren, die aus Lettland stammen. Platz für gut 10 Personen. Es hängt in den Ästen. Nägel in den Baum zu schlagen, war nicht erlaubt. Natürlich habe ich in diesem Baumhaus auch schon geschlafen.
Kinder und Bäume. Ich glaube ...... da gibt es eine tiefe Verbindung. Sie bleibt ein Leben.
„Wir werden zu Hause ungerecht behandelt", behauptete ich eines Tages. Stimmte nicht. Aber der Spruch gefiel mir – und schließlich war ich selbst davon überzeugt. Manni auch. „Also hauen wir ab", ... schlug ich vor. Manni wagte nicht zu widersprechen, nickte stumm mit dem Kopf. „Wir schlafen im Wald, unter den Blättern", versuchte ich ihn zu begeistern. „Das wird kalt", erwiderte er zaghaft. Dann die Frage „Wieso werden wir eigentlich ungerecht behandelt?" Knappe Antwort „Ist doch egal. Alle Erwachsenen sind doof und ungerecht. Ich möchte nie erwachsen werden." Manni auch nicht. Was war also dieser Logik entgegenzusetzen? Vielleicht die Tatsache, daß es im ausgespähten „Flucht-Quartier" im Düsternbrooker Gehölz, zwei Kilometer von der Steinstraße entfernt, bei langsam einbrechender Dunkelheit doch nicht so gemütlich war, im als Decke gewählten Laub viele Käfer krabbelten und wir langsam Hunger bekamen. Ich wartete nur auf eines: Hoffentlich fängt Manni an zu heulen und sagt „Ich will nach Hause". Ich wollte es auch, fühlte mich auch nicht mehr ungerecht behandelt und zog ein kuscheliges Federbett dem faulig-riechenden und feuchten Laub nach einem Regentag vor. Manni tat mir den Gefallen. Tränen kullerten – und ich war erleichtert, konnte aber trotzdem noch anbringen: „Spielverderber." Es war spät geworden. Auf dem Heimweg pflückten wir Gänseblümchen, mit denen Manni seinen strengen Vater milde stimmen wollte, weil er „über die Zeit" auf der Straße geblieben war. Als „Schlüsselkind" mit einer ständig arbeitenden Mutter ging es bei mir „lockerer" zu. Aber fortan durfte Manni nicht mehr mit „dem verrückten Kleinen von Siegerist" spielen .... sagte der Vater. Als ob wir uns daran hielten ....

Ende der vierten Volksschul-Klasse. Große Ferien. Warum wollte ich mich nur von der „blöden Diercks" per Handschlag verabschieden? Ich war doch froh, daß sie nach den Ferien nicht mehr in die Schule zurückkam. „Ich bekomme ein Baby", sagte sie zum Abschied der ganzen Klasse. „Armes Kind", antwortete ich leise, aber hörbar. Ich war der einzige, dem sie zum Abschied nicht die Hand gab. Das wollte ich nachholen. Ich stand am Zebrastreifen Holtenauer Straße, Ecke Hardenbergstraße. Die Diercks auf der anderen Seite. Autos waren noch selten auf den Straßen. Sehen konnte ich jedenfalls keines. Vor dem Zebrastreifen eine dicke, alte Eiche. Ich raste los. Das einzig kommende Auto erfaßte mich. Ich flog durch die Luft, knallte mit dem Kopf zuerst aufs Straßenpflaster. Die Autofahrerin trat vor Schreck – statt auf die Bremse – aufs Gaspedal, riß das Auto links rum. Ein alter Mann auf dem Fahrrad. Gemeinsam mit seinem Enkel. Der alte Herr starb noch am Unfallort. Der Enkel Knochenbrüche. Auto Schrott, knallte gegen eisernen Gitterzaun. Ein VW fuhr mich zu einem Krankenhaus – nicht weit entfernt. Die nahmen Kinder nicht auf. Ich auf dem Rücksitz, bekam verschwommen alles mit. Schmerzen keine. Nach unendlich langen Minuten Aufnahme in die Lubinis-Klinik, in der Nähe des Kieler Schlosses. Keine Kinderstation. Egal. „Es wird Zeit", hörte ich einen Arzt noch sagen .... dann war ich weg. Offener und doppelter Schädelbasisbruch, Bruch des rechten Schlüsselbeins. „Du hast einen Schutzengel gehabt", sagte mir eine freundliche, ältere Krankenschwester, als ich nach einer damals noch üblichen Äther-Narkose wach wurde, mich tod-ster-be-elend fühlte, erbärmlichen Durst hatte und ständig auf ein Waschbecken im Krankenzimmer gierte, wo es tropfte. Angeschnallt war ich. „Der Junge wird bestimmt nicht still liegen", ahnte der Arzt. Vielleicht rettete er damit mein Leben. Sonst wäre ich aufgestanden, zum Waschbecken gegangen, hätte heimlich getrunken. Nach 6 Wochen wurde ich entlassen, war stolz auf die Narben an der linken Seite des Schädels. Frau Diercks war nicht mehr da. Aber der dicke Becker. Mit einer riesigen Warze auf der Nase. „Becker mit der Warze auf der Nase", nannte ich ihn. Er sagte vor der ganzen Klasse: „Der Junge hat ein Menschenleben auf dem Gewissen." Ein Gericht sah es anders. Zum Glück. Meine Mutter wäre zeitlebens nicht mehr glücklich geworden.

Noch heute denke ich manchmal darüber nach: Lag es allein an mir oder hatte ich nur Pech mit den Lehrern? Der „dicke Becker" konnte mich genausowenig leiden wie die „blöde Diercks". Dazu noch eine Zweitlehrerin Petersen aus Ostpreußen. „Eine miese Handschrift hat der Junge", „klebte" mir eine. Die Fronten waren klar. 5. Klasse Knaben-Volksschule Hardenberg. Ich haßte sie nicht weniger als vorher unter der Diercks.

„Ich hab' immer Kopfschmerzen", schwindelte ich meiner Mutter vor. Die Ärzte glaubten es – beurlaubten mich für vier Wochen aus der Schule. Mein Ziel: Tante Lina in Wiesbaden, die ältere Schwester meiner Mutter. Tante Lina liebte mich über alles, „mehr als meine eigenen Kinder", flüsterte sie mir vor dem Schlafengehen einmal zu .... und ich liebte Tante Lina mit ihrer winzigen Dachwohnung in einem Hinterhaus der Bertramstraße 20. Was für herrliche Wochen hatte ich bei ihr. Ich liebte Tomaten. Kistenweise schleppte Tante Lina Tomaten ins Haus. „Was willst du heute essen?" .... war ihre tägliche Frage. Bevor ich antworten konnte, meinte sie wie selbstverständlich: „Viel muß de Bub esse. Er ist jo so dinn." Tante Lina liebte Torten. Mir – und sich selbst – zu Gefallen buk sie jeden zweiten Tag eine. Bis zum „Umkippen" stopfte Tante Lina Sahnetorte „in den Bub". Meine Antipathie gegen Sahnetorten wuchs, blieb bis heute, meine Liebe zur 1992 verstorbenen Tante Lina auch. Am Wiesbadener Kurhaus war ein Mini-Golfplatz. Auch ihn liebte ich. Ich durfte Mini-Golf spielen „solange ich wollte". In der Langgasse gab es ein „Aki"-Kino. 60 Pfennig Eintritt. „So lange man wollte", war Filme-Sehen im „Aki" erlaubt. Meine Favoriten Micky Maus, Tom und Jerry und Pharaonen-Filme. Tante Lina erlaubte es. Für mich als Kind war Kiel schön – was es aber nicht war. Abgesehen von der Ostsee. Wiesbaden in der Nachkriegszeit war wunderschön. Kaum zerstörte Häuser, Europa-Hauptquartier der amerikanischen Besatzung, die in der Realität ja nach wie vor existierte, uns aber nicht störte, weil wir Amis mochten – und in den Mülleimern der Ami-Siedlung auf der „Bierstadter Höhe" in Wiesbaden die herrlichsten Spielsachen zu finden waren. „Die Amis leben wie Gott in Frankreich", sagte Lina – aber ohne Neid. „Die bekomme fier ihrn Dollar ja alles, aach die scheenste Mädscher", meinte weniger freundlich „Onkel Otto", Linas Mann, den ich vor allem deswegen so interessant fand, weil er einen LLOYD-Alexander hatte, der mir prächtiger erschien als Nobel-Karossen, die ich auf aus der Mülltonne gefischten USA-Autoprospekten gesehen hatte. In Onkel Ottos LLOYD konnte ich jedenfalls sitzen und mitfahren. Von den „Ami-Schlitten" nur träumen. Auch Onkel Otto war stolz auf seinen LLOYD Alexander, Nachfolgemodell eines einfachen LLOYD – und nach einer „Isetta" und dem „Goggo-Mobil" sein viertes Auto, das er fast so liebte wie den grünen, sprechenden Wellensittich im Käfig auf dem Dachfensterchen, von dem aus ich die Ringkirche sehen konnte .... wenn ich mich zum Schrecken von Lina „ganz weit rauslehnte". Den größten Eindruck auf mich als Kind machten die in der Dunkelheit beleuchteten Springbrunnen in den „Reisinger-Anlagen" am Hauptbahnhof, dort, wo dieses Buch mit Ludwig Eckes auf den ersten Seiten begann.

Was mir nicht gefiel, war der „Donner-Balken" auf dem Hof meiner Großeltern in der Brühlstraße 4 in Wiesbaden-Bierstadt. Den haßte ich – und wenn es ging – verdrückte ich mich zu „anderweitigen Zwecken" lieber in den Feldern. Auf dem „Donner-Balken" in Bierstadt erschien mir das Klosett in der Kieler Steinstraße 4 geradezu paradiesisch .... auch wenn es eine „halbe Treppe" unter der Wohnung lag und Edith Goose mit dem Brotmesser auf dem dunklen Dachboden lauerte, um damit Kinderhälse abzusäbeln. Ich hatte diese Geschichte wer weiß wie

Als Kind bei Tante Lina in den Reisinger-Anlagen in Wiesbaden, dort, wo dieses Buch mit Ludwig Eckes beginnt. Gegen das zerstörte Kiel kam mir Wiesbaden vor wie ein Paradies – beleuchtete Springbrunnen bei Nacht!

oft verbreitet – und es gab Momente, da konnte ich schon selber nicht mehr zwischen Dichtung und Wahrheit unterscheiden. Wer weiß. Vielleicht doch? Edith Goose? Brotmesser?

Der „Donner-Balken" auf dem Hof von Oma und Opa war der Hauptgrund, weswegen ich dort nicht gern war – was Lina traurig machte, weil meine Abneigung natürlich nicht verborgen blieb. „Das Kind kimmt aus de Stadt", entschuldigte sich Lina für mich leise. Ich hörte es aber trotzdem und schämte mich ein wenig für mich selbst, weil ich meinen Großeltern nicht weh tun wollte.

Aber für Kinder aus der Stadt war in den „Fünfzigern" ein „Donner-Balken" ganz einfach grauenvoll. Anfang der Neunziger mußte ich einen „Steh-Donner-Balken" im moslemischen Turkmenistan benutzen. Dort suchte ich mit lettischen Freunden Überreste des von Stalin depor-

Meine Großeltern Wilhelm und Karoline Bierbrauer, Kleinbauern aus Wiesbaden-Bierstadt. Was ich haßte – das war der „Donner-Balken" auf dem Bauernhof. Verliebt war ich in „Rex", den Hofhund.

tierten lettischen Staatspräsidenten Karlis Ulmanis. Dieser „Donner-Balken" war schlimmer, viel schlimmer. Verzichten wir auf die Einzelheiten.

Ich war schon älter als 40. Da bat mich Tante Lina: „Wenn es so weit ist, komm' zu meiner Beerdigung, Bub. Aber lege nur **eine** rote Rose auf mein Grab und geh'. Sprich mit keinem." „Sprich mit keinem und geh' ..." Ich bin mir nicht ganz sicher, warum sie das so wollte. Als sie 1992 für immer die Augen schloß, hielt ich mich an ihren Wunsch. Fast. Nicht eine Rose legte ich auf's Grab, sondern die schönsten 100 Baccara-Rosen, die ich in ganz Wiesbaden auftreiben konnte. Und die kleine Friedhofs-Kapelle zierte ich mit prächtigen, bunten Blumenkränzen „für meine Tante Lina". Keine 10 Trauergäste kamen zu ihrer Beisetzung, nicht einmal die eigene Tochter. Außer meinen Kränzen und Blumen nur ein mickriger Stiefmütterchen-Topf am Sarg. Das machte mich fast noch trauriger als ihr Tod, den sie erwartet und schließlich ersehnt hatte.

Meinen Freunden erzähle ich oft: „Wenn ich eines Tages beerdigt werde – dann möchte ich in einem Blumenmeer ersticken“ .... und sie lachen.
Neigte sich die Zeit bei Tante Lina dem Ende zu, war ich traurig. So schön es in der Steinstraße 4 war .... in der Schule erwartete mich nur der „dicke Becker mit der Warze auf der Nase“. Die Petersen wagte es nicht mehr, mir Ohrfeigen zu geben, die ich meiner Mutter verschwieg .... Ich hatte die Petersen gewarnt. „Schwere Kopfverletzung. Dann kipp ich dod um“ .... und fand diese schamlose und völlig unbegründete Übertreibung einfach „genial“.
Im Dritten Reich gab es die sogenannte „Kinderland-Verschickung“. In der Nachkriegszeit auch. Hatte nur einen anderen Namen, damit es nicht so nach „Nazis roch“. Im Prinzip kein Unterschied. Andere Kinder haßten diese „Verschickung“. Ich liebte sie. Landtagsabgeordneter Clausen, der bei Landtagssitzungen in unserem Wohnzimmer auf der Couch nächtigte, brachte mich in seinem hellblauen DKW „aufs Land“ nach Schleswig-Holstein. Irgendwo ein kleines Kaff im hohen Norden bei Bauer Peter Petersen. „Das Land“ liebte ich. Auch „Tecke“, weil ich sie ärgern konnte. Tecke war die „Magd“ auf dem Hof, wie es in den Fünfzigern noch ungeniert hieß. Tecke war nicht nur die Magd. Sie war auch „bekloppt“. Fast jedes Dorf hatte einen Dorftrottel. Der Dorftrottel wurde nicht versteckt. Viele Bauern hatten ihre geistesschwachen „Dorftrottel“ vor der Euthanasie der NSDAP gerettet. „Unentbehrliche Arbeitskraft“. Es gibt viele kleine, ungenannte Schindlers. Den Nazis war Tecke entkommen, mir nicht.
Tecke war vielleicht 30. „Uralt“, wie ich meinte. Tecke fürchtete Gespenster und „De Blos von de Koh“ .... die „Blase der Kuh“, womit die Nachgeburt der Kuh nach dem Kalben gemeint war. Scham- und herzlos nutzte ich das aus. Ich lauerte Tecke im Stall beim Melken auf. Da kam sie angelatscht. In Holzklotten. „Tecke. Du läufst ja über den großen Zeh“, ärgerte ich sie. „Hol dien Mul“

(Halt's Maul), raunzte sie nur, strich ihren eng-gebundenen Haarknoten zurecht, zupfte am blauen Kittel, den sie – glaube ich jedenfalls – auch im Bett trug und setzte sich auf den Melkschemel „Tecke", rief ich – und hielt einen silbernen Blech-Milcheimer hoch, „Tecke, hier is de Blos von de Koh in", und schlug dabei mit einem Holzknüppel – zur drohenden Untermalung – auf den leeren Eimer. „Iiiiii", kreischte Tecke, schoß wie eine Rakete vom Melkschemel hoch und ab ins Dorf – ich hinterher. Immer den Knüppel an den Eimer scheppernd .... „Tecke-lecke, Tecke-lecke, olle Trecke." Hatte keinen Sinn dieser Satz, klang aber schön. „Tecke-lecke, olle Trecke."
„Klatsch", kam die verdiente Ohrfeige eines großen Bauernjungen. „Dusselige Stadtgörn", schnaubte er – zu Recht – verächtlich. Das rettete „Tecke" aber nicht vor meinen Verfolgungen. Beim Mittagessen stand in der Mitte des blankgescheuerten Holztischs in der Küche eine Riesen-Bratpfanne, aus der sich alle mit ihren Löffeln bedienen mußten. Ganz mein Fall war das nicht. Tisch-

Mit gepackten Koffern und Tornister zur Nachkriegs-Kinderlandverschickung – gemeinsam mit Schwester Karin. Landleben fand ich großartig – aber die Bauern mich nicht.

manieren waren bei meiner Mutter groß geschrieben. Aber aus einem ganz bestimmten Grund gefiel mir die Bratpfanne in der Tischmitte. Tecke ahnte etwas, starrte mich dann heimlich an – und lautlos formte ich mit den Lippen „Tecke, dor is de Blos von de Koh in" und zeigte – wie ich hoffte unentdeckt vom Bauern – auf die Bratpfanne. Fehlanzeige. Tecke brüllte wieder ihr schrilles „Iiiiiiii", sprang wie besessen vom Tisch auf und raste auf den Hof – immer hinter sich glotzend, ob der schreckliche Bengel aus Kiel mit Blecheimer und dem daran scheppernden Knüppel hinterher läuft. „Platsch" .... hatte ich wieder einen weg – und Tecke meinte sich selbst beruhigend und zufrieden: „Dat hätt he ok verdent." Das hat er auch verdient. Wieso sollte ich widersprechen? Kinder können grausam sein. Ich habe mich später oft für böse Dinge aus meiner Kindheit geschämt. Immer nur zum Lachen waren sie nicht. Aber dieses Gefühl ist bei Kindern noch nicht ausgeprägt.

Wenn's nicht „de Blos von de Koh" war .... dann mußte ein Gespenst herhalten. Weißes Bettlaken über den Kopf, zu Teckes „Kammer" auf der Gartenseite des Hofes – „dumpf" in einen Eimer sprechen: „Tecke, nu geiht di dat an Krogen." Tecke brüllte in Todesangst. Ich vor Schreck, weil es ganz unvermutet und schmerzlich wieder „Klatsch" in meinem Gesicht machte. Bauer Peter Petersen hatte mich beobachtet. Bald danach ging es mir dann selber an den Kragen. Diesmal aber „unverdient", ... wie ich meinte. Mehrmals war ich dabei, als Bauer Petersen mit einer großen Schippe Viehsalz im Heu für die Kühe verteilte. Rosa Viehsalz im hohen Bogen. „Toll", staunte ich, ließ es aber nicht beim Staunen. Allein im Stall schnappte ich mir die Schaufel selber. Rein in den Sack mit den so bunt aussehenden, rosa Salzkristallen. Im hohen Bogen ab ins Heu. Ich war sicher: Besser hätte auch Bauer Petersen das nicht gekonnt. Vermutlich hatte ich es aber zu gut gemeint. Einen ganzen Zentner mit Viehsalz ins Heu gedonnert – da kam Bauer Peter Petersen in den Stall. „De Jung muß no Hus", ... meinte er nur ..... ohne

„Klatsch". Und der Junge mußte nach Hause. Landtagsabgeordneter Wilhelm Clausen holte mich früher ab als geplant. In seinem hellblauen DKW. Das fand ich „toll", und es war ein Ausgleich dafür, daß ich den Hofhund, die Katzen und Kühe nicht mehr streicheln konnte. „Schafft der 80?", fragte ich den biederen CDU-Mann und zeigte auf seinen Tacho. „Wenn ich will", antwortete Wilhelm Clausen, gab Gas – und ab ging's wieder nach Kiel. Kinderland-Verschickung nicht erfolgreich beendet. Schade. Ich liebte das Landleben. Im Bauernhaus gab es ein Lokus mit Wasserspülung und vor allem .... Tecke.
Diese Nachkriegs-Kinderlandverschickung war übrigens eine großartige Sache. Viele erinnern sich nur daran, daß Berliner Kinder aus der Millionenstadt auf's Land geschickt wurden. Stimmt nur zum Teil. Auch Kinder aus anderen deutschen Städten hatten dieses Glück und wurden bei gutmütigen Bauern aufgepäppelt. Der Wert einer solchen Erholung wurde an **nichts anderem** gemessen als an der Frage „Hat das Kind zugenommen?" Viele Stadtkinder sahen das erste Mal in ihrem Leben Kühe, Schweine, Hühner, Gänse. Pferde kannten die meisten von uns. Sie waren ja noch nicht ganz aus dem Stadtbild vertrieben. Pferde zogen Bierwagen durch die Straßen und auch ständig tropfende Wackel-Gefährte mit schweren Eisblock-Stangen, die an die Hausfrauen verkauft wurden und in den „Speisekammern" als Kühlschränke der Fünfziger dienten. Eine knappe Woche hielten die Eisblöcke. Dann hatten sie sich in der am Boden stehenden Auffangschüssel in Wasser verwandelt, das zum Geschirrspülen und Blumengießen benutzt wurde. Der „Eis-Fritze" kam per Pferdewagen mit Nachschub.
Das Leben in der Steinstraße 4 nahm ein jähes Ende. Meine Mutter, die sonst so stark war, konnte die ständigen Drohungen von Hauswirt Schlegel mit „Räumungsklage" nervlich nicht mehr verkraften. Das Elend der Flüchtlinge in den Baracken und sogenannten „Nissen-Hütten" saß noch fest in ihrem Kopf .... und sie sah sich dort

schon selber mit ihren vier Kindern. Überarbeitet, nervlich angeknackst und tägliche Sorge um die Zukunft der Kinder. Sie wurde krank. „Gelbsucht“ diagnostizierte ein Hausarzt und verschrieb „Pepsin-Wein“. Gift für eine schwere Leberentzündung, die es war. Die Ärzte gaben sie auf. Ins Krankenhaus ging sie nicht, wollte bei uns bleiben. Fürsorgerin Stüben, die ich fürchtete, kam täglich ...... aber nicht um zu helfen. Sie wollte nur sehen, ob unsere Mutter noch lebt. Diese herrschsüchtige, abstoßende Frau mit ihrer altertümlichen Kleidung war in meinen Augen ein herzloses Weib. „Wir werden die Kinder ins Waisenhaus bringen müssen“, ... hörte ich sie einer Nachbarin zuflüstern. „Waisenhaus“ .... das klang mir schlimmer als die Worte „Zuchthaus“ oder „Erziehungsanstalt“. Gern hätte ich der Stüben ans Schienbein getreten.
Meine Mutter rappelte sich wieder auf. „Eine zähe Natur“, staunte das Kamel von Arzt. „Aber sie muß sich schonen. Weniger arbeiten? Das konnte sie nicht, wollte es auch nicht. Wegen der Kinder, die es doch besser haben sollten als sie. „Dann weniger nervliche Belastung“ .... hieß es. Zumindest in der Theorie.
„Räumungsklage“ .... nichts belastete meine Mutter mehr als dieses Wort. Die zerstörten Wohnungen in Kiel, Nächte in den Kellern bei Bombenangriffen, als Witwe mit drei Kindern aus Kiel in die Nähe von Niebüll evakuiert – dort, wo ich im eisigen Jahrhundert-Januar 1947 zur Welt kam .... alles tobte durch ihren Kopf. „Barackenlager“ .... ich glaube, daß sie nichts auf der Welt mehr fürchtete als das. Verstehen konnte ich sie nicht. In einer „Baracke“ zu wohnen – mir kam das als „Trümmerjunge“ eher reizvoll vor. „Da muß man nicht vier Etagen nach oben laufen – und ist gleich auf der Straße“ .... meinte ich – sie wenig beruhigend.
„Jetzt ist Schluß“, ... sagte sie eines Tages, nachdem Schlegel wieder einmal mit „Räumungsklage“ schimpfend durch das Treppenhaus geschlurft war. „Ich suche uns eine andere Wohnung.“ Eine neue Wohnung!

Das letzte Sylvester-Fest in der geliebten Steinstraße 4 in Kiel auf dem Balkon unserer Wohnung – für mich damals „schönster Platz der Welt". Gemeinsam mit Schwester Karin.

Steinstraße 4 in den „Fünfzigern" – Lokus halbe Treppe tiefer.

Wunderkerzen – die Tüte 10 Pfennig – Sylvester-Feuerwerk der „Fünfziger". Im Hintergrund die Radio-Antenne. Fernsehen hatte noch kaum einer.

Oben: Emmi Wandmaker mit Mann Peter (Lotse auf dem Feuerschiff ELBE 1) – sie war die erste Taxifahrerin Kiels, damals ungewöhnlich. Hier mit meiner Mutter in der Steinstraße – letzte Sylvesterfeier dort.

Links: Meine Mutter, Weihnachten 1956 in der Steinstraße. Der Baum wurde immer erst am 24. Dezember gekauft – möglichst spät. Dann waren die Bäume billiger. Viel Lametta ersetzte fehlende Schönheit.

Unten: Nach 50 Jahren in meiner „alten Welt“ – der Steinstraße. Pflastersteine wie damals. Aber in den „Fünfzigern“ stand nur ein Auto dort.

Selbstverständlich so ein Satz heute. In den Fünfzigern? Die wenigen verbliebenen Altbauwohnungen waren gestopft voll mit Menschen. Jugendstil-Häuser, heute bewundert. Damals: „Da wohnen arme Leute." Keine Zentralheizung, alte Küchen, oft kein Bad. Jeder träumte von einer dieser Neubauwohnungen mit Heizung, Bad und fließend warmem Wasser – im besten Fall sogar mit Fahrstuhl. Was die Bomben der Amis und Engländer nicht geschafft hatten, besorgte der „Zeitgeist". Die Fassaden herrlicher Jugendstil-Häuser wurden „begradigt" – die traumhaften Verzierungen abgeschlagen, mit den häßlichen und begehrten Eternit-Platten abgedeckt. „Wärmedämmend" hieß es. 50 Jahre alte Stuck-Decken in den Wohnungen fielen dem Hammer zum Opfer oder wurden durch „tiefergezogene" Decken aus „Rigips"-Platten verdeckt. „Das spart Heizkosten" hieß es. Wohnungsnot. Viele Stadtväter drückten beide Augen zu. Fragten nicht lange nach Baugenehmigungen – schwiegen, wenn sich die Menschen aus eigener Kraft „Behelfsheime" in Garten- und Randgebieten der Städte errichteten. Hauptsache „ein Dach über dem Kopf". Alles andere findet sich später.

„Wohnung zu vermieten" oder „Büro in bester Lage". Schilder, die heute überall zu sehen sind. In den Fünfzigern träumten die Menschen noch von ausreichendem Wohnraum. Zu bekommen war er oft nur mit „Vitamin B", wie Beziehungen zu Wohnungs-Maklern, Wohnungsbaugesellschaften oder Stadtvätern genannt wurden. Und meine Mutter, alleinstehend und vier Kinder, sagte, so mir nichts dir nichts locker den Satz: „Ich suche uns eine andere Wohnung." Vitamin B hatte sie nicht, wohl aber angespartes Geld auf dem Konto. Mit 3000 Mark „unter dem Tisch" fand meine Mutter eine Wohnung. Düppelstraße 91, Altbau. Ein prächtiger Jugendstilbau. Zweite Etage. Kaum 300 Meter von der Steinstraße entfernt. Fünf große Zimmer, Parkett-Fußböden, traumhafte Kachelöfen „mit aufgemauerter Krone obendrauf" in jedem Zimmer, Bad mit kupfernem

Bollerofen zum Anheizen des Badewassers und ein riesiger Balkon – mit Blick auf die Rückfront der „Kieler Spar- und Leihkasse“ und den Rathaus-Turm im Zentrum der Stadt. Titelbild dieses Buches. 137 Mark Miete. Viel für uns. Aber kein Schlegel, keine Kinderfeinde, liebe Nachbarn – wenn auch nicht so „spannend“ wie in der Steinstraße 4. Wir zogen um!

Mein letzter Abend in der Steinstraße 4

Die Freude meiner Mutter konnte ich nicht teilen. Düppelstraße – „nur 300 Meter von der Steinstraße“. Für mich kein Trost. 300 Meter von der Steinstraße entfernt. Mir kam das vor wie „Australien, Afrika oder ganz, ganz weit weg hinter dem Mühlenweg am Schietplatz“, wie wir den aufgetürmten Müllplatz hinter dem Mühlenweg nannten, zu dem wir wegen der Ratten nicht gehen durften .... und es grad deswegen taten. Düppelstraße – so viel stand fest: Das ist am Ende der Welt.
Den letzten Abend in der Steinstraße vergesse ich nie. Ich stand am mit kleinen Haken zu verriegelnden Wohnzimmerfenster und blickte nach unten. Straßenlaternen beleuchteten die gelb-geklinkerten Fußwege, auf denen wir mit den Schuhspitzen unsere „Picker-Löcher“ gegraben hatten. Inzwischen gab es mehr als nur das eine Auto vom „dicken Ellermann“, das auf der Straße parkte. 10 waren es nicht. Nur selten störte die Kinder beim Spielen auf dem Kopfstein-Pflaster der Straße ein vorbeifahrendes Fahrzeug. Kam doch eines, rätselten wir nur „Wie schnell der wohl fahren kann?“ Wie liebte ich diese kleine, so unscheinbar wirkende Steinstraße. Sie war doch „mein Leben“. Das METRO-Kino auf der anderen Seite, mein Freund Manni im Nachbarhaus, Steinstraße 6 in der oberen Etage, das „Trümmergrundstück“ von Höhlein mit dem Birnbaum, das Ko-lo-ni-al-wa-ren-Geschäft von Minna Lexius – das immer noch existierende „Ladenverbot“ für mich. Nati, die ich mit dem durch die Zähne

quietschend auf den Teller gespuckten Spinat fast „zum Kotzen“ bringen konnte – und die schließlich Spinat wirklich für durch den Fleischwolf „geleierte Kuhscheiße“ hielt. Der dunkle Dachboden mit Edith Goose. Selbst der düstere Keller, vor dem ich mich fürchtete .... ohne es zuzugeben. Wie gern hätte ich dort weiter – mit mir selber sprechend – Holz und Kohlen in der „Kohlen-Schippe“ die Treppen bis „zur Vierten“ raufgeschleppt. Einige Hausbewohner dachten vermutlich, daß ich spinne, wenn sie mich im Keller mit mir selber sprechen hörten. Stimmte nicht. Sprach ich mit mir selber – mußten die dort versteckten Mörder, Skelette und Geister glauben, daß ich nicht allein bin und trauten sich deswegen nicht aus ihren Verstecken, um mir den Hals umzudrehen. Sogar diesen Keller hätte ich „mein ganzes Leben“ in Kauf genommen, wenn wir nur da geblieben wären. In der Steinstraße 4, vierte Etage, ganz oben, rechte Wohnung.

Das alles ging mir an diesem Abend durch den Kopf, als ich die Nase an die mit Tapeziernägeln und nur mit Krümeln vertrockneten Fensterkitts gehaltene Scheibe drückte. Eisblumen hatte sie im Winter. Herrliche Eisblumen, die meine kindliche Phantasie anregten. Schien die Sonne oder der Mond durch diese Eisblumen, funkelten sie wie die Sterne im „Niemandsland“, die ich im Buch „Peter Pan“ entdeckt hatte oder bei „Peterchens Mondfahrt“ in der Kinder-Weihnachtsvorstellung im Stadttheater.

Was interessierten mich die schöneren Kachelöfen in der neuen Wohnung Düppelstraße? Wir hatten doch selber den „schönsten Kachelofen der Welt“ – grüne Fliesen und ein eingebautes Fach mit Eisenklappe davor. Bratäpfel packten wir da rein – oder Ziegelsteine und eine leere tönerne STEINHÄGER-Flasche wurden in ein Handtuch gewickelt, dann in die Betten gelegt. „Heizkissen“ der Fünfziger. Es war doch ausgeschlossen, daß jedes Zimmer beheizt wurde. Nur das Wohnzimmer – und morgens die Küche. Um die Glut im Kachelofen des Wohnzimmers über Nacht zu halten, wurden vor dem Schlafengehen noch zwei, drei Briketts in nasses Zeitungspapier der KIELER NACHRICHTEN gewickelt und in den Ofen gesteckt. Am nächsten Morgen war es im Wohnzimmer dann immer noch „kuschelig warm". Später kamen die ersehnten Heizungen. Das Kohle-Schleppen war vorbei. Und ganze Kunstwerke von traumhaft-schönen alten Kachelöfen wurden mit Freude und großen Hämmern zerschlagen. „Weg mit der alten Zeit, Verdrängen, keine Erinnerungen mehr daran." War das der Geist? Davon hatte ich damals noch nichts im Sinn. Ich trauerte um unsere 3-Zimmer-Wohnung. Schlafzimmer, Küche, Speisekammer, großes Kinderzimmer, Wohnzimmer und Balkon nach hinten, den wir „wegen Bombenschaden" aber nicht betreten durften. Zum Glück kamen jedenfalls die Möbel mit, wußte ich. Auch das Wohnzimmer-„Buffet", in dem – wie ein Schatz – eine Flasche ASBACH URALT aufbewahrt wurde. Nur sehr, sehr selten – wenn „hoher" Besuch kam – dann wurde die Flasche aus dem Schrank geholt und dem Gast einige Tröpfchen in einem kleinen Kristallglas serviert. „Mehr ist bestimmt besser als weniger", dachte ich mir, war allein und schüttete mir ein ganzes Bierglas ASBACH URALT ein, schluckte es eins, zwei, drei runter. Nur kräftiges Würgen und sofortiges Ausspucken rettete mich vermutlich vor einer Alkoholvergiftung. Entschuldigung, liebe Firma ASBACH – aber noch heute muß ich würgen, wenn ich an dieser Marke rieche. Erst mit 20 trank ich beim Militär mein erstes Bier.

Wie viele Wassereimer hatte ich von hier aus den Kindern auf „die Köppe" gegossen, wenn sie unten brüllten „Wääääääärner komm runter, die Soooooohne geht unnnnnnter". Raus aus der Steinstraße 4. Keine Eier mehr, mit denen ich – hinter der Balkonbrüstung versteckt – größere Mädchen unter Beschuß nehmen konnte. Keine „Ekika mit annewatzener Zunne". Die Düppelstraße war schön, aber langweilig, kaum Passanten. Welchem Passanten konnte ich dort von meinem Balkonversteck aus nachbrüllen „Arschloch, Arschloch" oder zumindest „Dicke fette Kuh – das bis du". Eins war klar: Wer raus ist

aus der Steinstraße, gehört auch „nicht mehr dazu". Neue Freunde wollte ich auf keinen Fall. Ich hing doch an jedem – vor allem an dem aller-aller-besten Freund Manni. Mause Polle, die mich anhimmelte, und Bärbel Nitz, Steinstraße schräg gegenüber, die als eines der wenigen Mädchen von uns Jungs akzeptiert wurde, weil sie sich prügelte und mit auf die Bäume kletterte. Brennende Zeitungsseiten warfen wir heimlich von ihrem Wohnungs-Balkon und spielten „es hagelt Brand-Bomben" .... bis eines Tages die Feuerwehr alarmiert wurde.
Um das Leben meiner Mutter hatten wir in dieser Wohnung gebangt. Angst vor der Fürsorgerin Stüben und dem Waisenhaus. Ostern 1957. Ich war 10. „Mein Leben ist zu Ende." Ich war sicher. Gern wäre ich allein gewesen. Mir liefen Tränen übers Gesicht. Das sollte keiner sehen.
Der größte Trost in der neuen Wohnung war in den ersten Tagen mein Teddy, mit dem ich – obwohl „schon" 10 – selbstverständlich sprach wie mit einem Freund. Eine Schönheit war er nicht – dieser heute noch von mir gehütete Zottelbär mit den braunen Knopfaugen und der bayerischen Seppelhose. Aber er war fast ein „Heiligtum" der Familie, mußte „sehr vorsichtig" behandelt werden. Das hatte einen simplen Grund, der mir gefiel. Auf dem Kopf des Teddy waren mehrere dunkle Flecken. „Das ist Blut", glaubten alle. „Blut von seinem Verkehrsunfall. Der Teddy war doch mit ihm im Krankenhaus." Aber das „Blut" war in Wirklichkeit UHU-Klebe. Ich hielt meinen Teddy für etwas Besonderes, wollte ihn krönen. Mit einer Schere hatte ich ihm aus Goldpapier eine Krone gebastelt. Aber die wackelte und wurde auch durch seine abstehenden Ohren nicht gehalten. UHU half. Was sonst? Die Geschichte mit dem Blut gefiel mir besser. Und ich erwähnte UHU und die damit aufgeklebte Krone aus Goldpapier nie.
Die Düppelstraße – so schön die Wohnung war – von mir wurde sie nicht akzeptiert. Deswegen weiß ich auch nicht mehr viel von ihr. Nur so viel: Ich war 10, ohne Vater auf-

Mit meinem Teddy-Familien-„Heiligtum". Die Flecke auf seinem Kopf hielten alle für Blut von meinem schweren Unfall. Ich ließ die Familie im Glauben. Stimmte aber nicht – war nur UHU-Klebe. Ich hatte mit Goldpapier und UHU meinen Teddy gekrönt.

gewachsen. Der erste Mann meiner Mutter und Vater meiner drei Halb-Geschwister Manfred, Hans Günter und Karin, 1943 als Berufssoldat gefallen. Sie hatten Fotos von ihrem Vater, Urkunden, trugen seinen Namen. Ich hatte so gut wie nichts, kein Foto vom Vater, aber einige wenige Briefe an mich und meine Mutter, wunderschön und liebevoll geschrieben. Wie ein Schatz wurden sie in einer schwarz-weißen Schmuck-Schatulle meiner Mutter gehütet. Unehelich war ich, trug den Geburtsnamen meiner Mutter: Bierbrauer. Werner-Joachim Bierbrauer. Der „dicke Becker" mit der Warze auf der Nase" und Zweit-Lehrerin Petersen fragten mich höhnisch vor der Klasse: „Wie heißt du denn eigentlich wirklich?", als ich einmal – des Hänselns leid – auf die Vorderseite eines meiner Schulhefte den Namen geschrieben hatte „Joachim Siegerist", weil ich so heißen wollte wie meine Mutter und meine Geschwister. Wir fühlten uns nicht als „Halbgeschwister", waren „wie eins".

Wenn meine Mutter mich trösten wollte, weil es kein Foto vom Vater gab, sagte sie: „Du brauchst keins. Geh zum Spiegel. Du siehst aus wie er. Wie aus dem Gesicht geschnitten." Und immer wieder hörte ich die gleiche Geschichte vom Vater, der als Flüchtling Ende 1944 von Lettland nach Schleswig-Holstein geflüchtet war. Zu Fuß. Neukirchen bei Niebüll. Dahin war meine Mutter mit den drei Kindern evakuiert worden. Wegen der vielen Bombenangriffe auf Kiel. Dort lernte sie meinen Vater kennen. Sie: Witwe mit drei Kindern. Er: Landwirt und als lettischer Soldat in der Waffen-SS. Untergebracht in einer Flüchtlings-Baracke. Er war in Lettland verheiratet, hatte drei Kinder. Kampf gegen die Sowjets. Kein Nazi. Aber Hitler hatte es so befohlen: Letten dürfen nur Mitglied der Waffen-SS werden. Vorher hatte mein Vater von der „schwarzen SS" gejagte Juden in Landarbeiter-Kleidung gesteckt und sie auf seinem Hof sicher untergebracht. Meine Mutter hatte Butter, keine Glühbirnen, ging ins lettische Flüchtlingslager. Die hatten Glühbirnen, keine Butter. Tauschen. Jãnis Lûvigs Šmits, der lettische Land-

wirt und einstige Soldat der Waffen-SS, öffnete. Winter 1945. An diesem Abend war er auf's Eis der Ostsee gegangen, in der Hoffnung, daß es einbricht und die Wellen ihn verschlucken. Das Eis brach nicht. Mit kalten Füßen ging er ins Lager zurück, dachte an seine Frau in Lettland und an Rita, Aija und Janis, seine drei Kinder. „Erschossen an einer Friedhofsmauer. Faschisten-Kinder, Vater ‚Großgrundbesitzer', außerdem hat er eine Brücke gesprengt. Im Fluß sind Panzer der Roten Armee versunken. Frau und Kinder erschossen." Solche Geschichten wurden damals oft und bewußt unter den lettischen Flüchtlingen verbreitet, sollten sie demoralisieren, ihnen die Gedanken von der „Befreiung der Heimat" aus dem Kopf treiben.
Da klopfte meine Mutter an die Barackentür. Eine schöne, junge Frau, mein Vater sehr gut aussehend, gebildet und fein von der Art. Es wurde Liebe. Ein eigenes Kind sollte für ihn und meine Mutter den Beginn eines „neuen Lebens" symbolisieren. Heirat unmöglich. Ihm fehlten die Papiere. Mit nichts geflüchtet. Nur der lettische Paß war ihm geblieben. Damit ließ sich im Nachkriegs-Deutschland keine Heirat arrangieren. Papiere aus Lettland anfordern, Urkunden über den Tod seiner Frau? Unmöglich 1946/47 im besetzten und zerstörten Deutschland. Und in Lettland regierte Stalin.
Also kam ich unehelich zur Welt. „Ich habe deinen Vater geliebt wie keinen anderen", sagte mir Mutter, wollte mich damit trösten, wenn ich nach ihm fragte und nicht mehr „unehelich" sein wollte und schon gar nicht „Bierbrauer" heißen.
Von Schleswig-Holstein war er nach England geflüchtet: Arbeit, Geld verdienen. Im Kohlebergwerk, hoffte, daß die Engländer eine neue Armee mit lettischen Soldaten aufstellten, um das sowjetisch besetzte Baltikum zu befreien. Pakete nach Deutschland. Der letzte Brief kam zu meinem ersten Geburtstag. Dann blieben die Pakete aus. Auch die Post. „Vermißt" hieß es. Ich erinnere mich noch genau, daß ich als Vierjähriger mit meiner Mutter zur Suchstelle des Roten Kreuzes nach Niebüll fuhr.

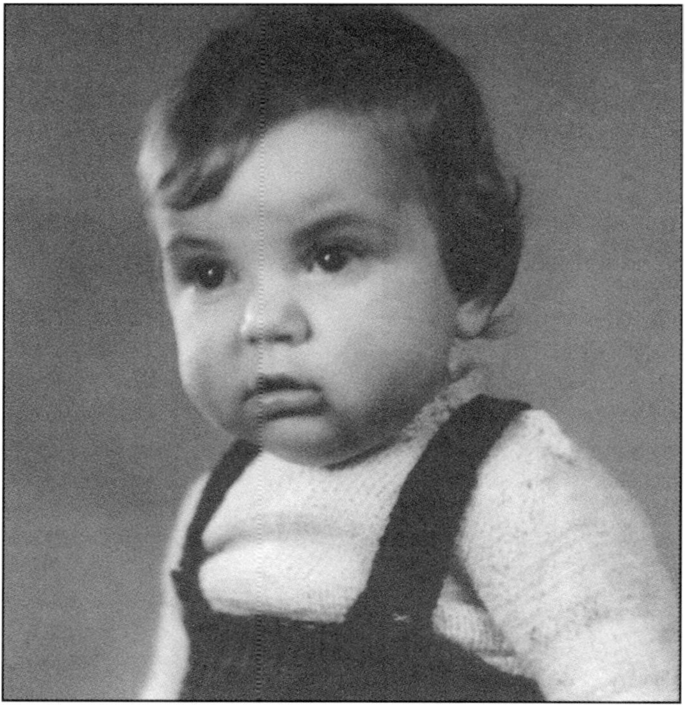

Oben: Geboren am 29. Januar 1947 im Jahrhundertwinter. Aber – im Gegensatz zu später – war ich so dick, daß auf diesem Foto nichts auf die erbärmlich schlechte Zeit hindeutet.

Links: Das ganze Dorf staunte, wenn ich als 4jähriger mit dem alten „Ule Deide" – so sagten die Nordfriesen – durchs Dorf „schipperte" – und jeder kannte diesen lautstark geführten Dialog mit dem 96 Jahre alten, stark schwerhörigen Mann, der unser Hauswirt in meinem Geburtshaus war: „Ule Deide. Du stehst auf meinem Schnürsenkel." „Ich kann dich nicht verstehen, mein Junge." „Du stehst auf meinem Schnürsenkel." „Ich kann dich nicht verstehen, mein Junge." .... „Ja, seist du denn blöde?"

Wie stolz war meine Mutter darauf, ihre Kinder ohne fremde Hilfe durchbringen zu können. Hosen und Pullover strickte sie selber. Links mein Bruder Hans Günter, rechts Manfred, ich in der Mitte.

Emil Nolde skizzierte meine Taufe in dieser kleinen Dorfkirche in Neukirchen bei Seebüll, seinem Maler-Sitz. Wie lange suche ich schon nach dieser Skizze, die in irgendeinem Nolde-Archiv schlummern muß. Bei den Nazis war der geniale Maler verfemt.

„Vermißt“ .... es war nur ein Teil der Wahrheit, wie sich später rausstellen sollte.
Tatsache war, daß sich in der Düppelstraße die Sehnsucht nach dem „vermißten“ Vater bei mir verstärkte. Bislang fand ich es „toll“ – „frei“ und ohne strengen Vater aufgewachsen zu sein. Ich beneidete andere Freunde nicht um deren Vater, der kommandierte und manchmal auch schlug. „Ich hab ja alles“, ... sagte ich mir. Dann las ich in einem Heft von „Tom und Jerry“, daß der Tom- und Jerry-Klub Kinderwünsche erfüllt. Ich schrieb meinen Wunsch auf eine Postkarte, die meine Mutter las: „Zu Weihnachten oder zu meinem Geburtstag wünsche ich mir meinen Vater.“ Mutter war traurig – ich auch. Es sollte noch 20 Jahre dauern, bis ich meinem Vater gegenüberstand – nach langer und abenteuerlicher Suche, auf die ich noch komme.
Die schönen Kachelöfen in der Düppelstraße habe ich bis heute im Kopf. Aber auch hier galt die Regel: Nur einer wird beheizt. Das muß genügen. Warum eigentlich? fragte ich Karin, meine sechs Jahre ältere Schwester. „Wir beheizen einfach einen anderen, den in unserem Zimmer.“ Aber das sollte unbemerkt bleiben. Kurz bevor unsere Mutter nach Hause kam, schüttete ich einen Eimer Wasser in die Glut. „Pfffffff.“ Schwarze Wolken und Ruß verschönerten das Zimmer. Das Strafgericht verschweige ich besser.
Und dann noch diese „doofen“ und von mir gehaßten Sissi-Filme, die meine Schwester liebte. „Komm mit“, sagte sie mir, mehr als Befehl gemeint. Ich hatte mich aber gerüstet, mir vorher für 10 Pfennig die damals üblichen Filmprospekte an der Kino-Kasse gekauft, in denen der jeweilige Film kurz vorgestellt wurde. Also konnte ich behaupten „Hab' schon gesehen. Da ist das und das drin. Zweimal ansehen ist mir zu langweilig.“ Meine Schwester kannte mich besser als andere. Der Trick klappte nur manchmal. Viermal sah ich mit ihr „Sissi“. Ich haßte Romy Schneider und den „österreichischen Kaiser“ Karl-Heinz Böhm.

Meine Geschwister waren erwachsen geworden. Karin lernte Spielwarenverkäuferin, Manfred hatte nach der Handelsschule eine Lehrstelle im Bankhaus Ahlmann bekommen, weil „Vater Marine-Soldat war", sagte der Bank-Chef, ein einstiger Admiral. Die Soldaten, die den Krieg überlebt hatten und jetzt in bestimmte Positionen gerückt waren, hielten immer noch zusammen, bezeugten sich gegenseitige Solidarität, auch gegenüber den Hinterbliebenen.
Eine gute Lehrstelle 1957/58 war so schwer zu bekommen wie eine Wohnung. Das änderte sich erst in den Sechzigern – dann aber rapide. Es sollte mehr Lehrstellen als Lehrstellen-Suchende geben.

Das war sie – das ist sie, heute nach 50 Jahren: Die Wohnung Düppelstraße 92 in Kiel, 1. Etage. Wunderschön. Nicht für mich, war 300 Meter weit von der Steinstraße. Für mich so weit wie Australien von meiner „Lebensmitte" Steinstraße 4 in Kiel.

3. Kapitel

Ein neues Leben in Bremen

Da die Nachricht: „Der alte Siegerist – Vater des gefallenen ersten Mannes meiner Mutter – in Bremen ist gestorben, und die Kinder sollen das Haus bekommen. Außerdem eine Lehrstelle für Hans Günter, den zweitältesten Bruder.“ Eine Maschinenbauer-Lehre, wovon er träumte. AG Weser Bremen. Dort war sein Onkel – Adolph Siegerist – Bruder des gefallenen Mannes meiner Mutter Ober-Ingenieur. „Ein eigenes Haus“ .... was für ein Traum für meine Mutter. „Für jedes Kind ein eigenes Zimmer. Das versprech ich“, ... sagte sie stolz. Mit 15 000 Mark mußte sie andere Miterben „auszahlen“. Sie konnte es. Das Geld lag auf der Bank. 15 000 Mark bar auf der Bank. 1958! Eine Frau ohne Mann, mit vier Kindern! Und Geld für die Hausrenovierung war auch da oder wurde verdient. Nicht einen Pfennig Schulden hätte meine Mutter gemacht.
Bremen-Oslebshausen, An der Finkenau 111. Kein „feines“ Viertel, Arbeiter-Siedlung aus den „Zwanzigern“. Für uns ein Paradies – für meine Mutter wohl noch mehr. Für mich begann hier ein völlig neues Leben. Aus dem rotzfrechen „Trümmerkind Buba“ wurde fast über Nacht ein anderer Junge – oder ehrlicher gesagt: Ein fast anderer Junge.
Schule „An der Oslebshauser Heerstraße“ in Bremen-Oslebshausen. Die neue Lehrerin hieß Biermann, Anneliese Biermann. 6. Klasse Volksschule. Und das Unglaubliche geschah: Anneliese Biermann liebt den „Neuen“ aus Kiel und ich „die Biermannsche“. Bei den anderen Kindern war „Anneliese“, wie sie nur genannt wurde, weniger beliebt. „Biermann“, ich immer noch den Nachnamen „Bierbrauer“? Es muß wohl doch ein wenig mehr gewesen sein. Ich bin sicher, daß sie sich meine alten Zeugnisse aus Kiel angesehen hatte, die ja alles andere als schmeichelhaft waren. Sie liebte mich trotzdem – und meine Leistungen wurden besser und besser. In nur einem Jahr gehörte ich zu den besten Schülern der Klasse,

und ich verdrängte aus meinen Gedanken die „Diercks", den dicken Becker mit der Warze auf der Nase und die Zweitlehrerin Petersen aus Ostpreußen.
Dann erfüllte sich für mich ein großer Wunsch. Ich bekam einen Hund. Suchen mußte ich ihn selber, fand ihn bei einer asozialen – aber tierliebenden Familie – in der Nähe der AG Weser in Bremen-Gröpelingen. Unserem Nachbarn, Opa Witte, erzählte ich stolz: „Der ist reinrassig. Nicht gelogen: Nur 5 Mark hat er gekostet." Die 5 Mark stimmten. Das „reinrassig" war gelogen. Schäferhund-Mischling – vermutlich zur Hälfte Collie-Hund, aber schön. „Flirt" hieß er – und ich liebte ihn. Nachteil: Flirt war ein Streuner, liebte es, allein in das Wasser des nahegelegenen Industriehafens zu springen, um dort seine Runden zu drehen – um mehr als einmal von der Wasserschutzpolizei rausgefischt zu werden. Schlappohren – aber ein hübsches Gesicht und schönes Fell hatte dieser

„Flirt" – mein erster Hund. Natürlich liebte ich ihn, erklärte die Promenaden-Mischung als „reinrassig" – und hatte den tollsten Spielkameraden.

„echte“ und überaus „reinrassige Schäferhund“. Abgesehen von meinem neuen Freund Peter Bartels – Flirt wurde mein bester Kumpel und Spielkamerad. Ich verkleidete ihn, band ihm Kopftücher um, was er mir nicht krumm nahm. Im Gegenteil. Mein ständiges Loben „Fein siehst du aus“, machte ihn stolz – und gern ging er mit dem Kopftuch und Schleifen im hochgestellten Kringelschwanz auf die Straße, um sich so anderen Hunden zu präsentieren. In mancher Pause stand er plötzlich auf dem Schulhof, um mich zu besuchen. Ein fast zwei Meter hoher Zaun war ihm kein Hindernis. Dann kam „Schappi“ auf den Markt. Bessere Zeiten. Um die Reinheit von Schappi zu demonstrieren, fraß ein Vertreter der Firma bei Emma Schröder im winzigen Laden in der Finkenau Schappi in sich rein. Ich probierte auch, spuckte es aus und entschied „Mein Hund bekommt das nicht. Pansen ist besser, mag der lieber.“
Holte mich Peter Bartels im Winter zur Schule ab, sprang mein Flirt an ihm hoch, wollte ihm die schwarz-weiße Pudelmütze klauen. Peter hatte keine Angst vor Flirt, kann-

Mein „Flirt“. Schönster Hund der Welt – natürlich. Ohren für's Foto hochgehalten, damit er „reinrassig“ aussieht. Er hatte ja Schlappohren.

te ihn ja. Andere Kinder nicht. Denen machte ich Angst: „Der ist bissig", behauptete ich, obwohl er vor Freude überschnappte, wenn er andere Kinder sah. Aber mit dem „der ist bissig" hatte ich natürlich einen gefürchteten Schutzhund und konnte größeren Kindern gegenüber als „Kleiner" frecher auftreten, was mir gefiel. Keinen Gefallen hatten wir – evangelisch-lutherisch getauft – an den Kindern auf dem Schulhof der Katholischen Schule am Nonnenberg. „Katholiken" in Bremen oder zuvor in Kiel? Gab es kaum. Vom anderen Stern.

Der Gegensatz zwischen „katholisch" und „evangelisch" war in dieser Zeit noch enorm, heute kaum nachvollziehbar – war aber so.

Der Schulhof der Katholiken-Schule war hoch umzäunt. Die Kinder wurden in der Pause von Ordensschwestern beaufsichtigt. Über den Zaun durfte keiner. Hatten wir natürlich schnell rausbekommen. Also stellte ich mich mit Peter Bartels vor den Zaun, und gemeinsam brüllten wir Dreikäsehochs: „Katholiken, Katholiken – stecken den Finger in Arsch und quieken." Kulturkampf in Kleinformat. Wütend mußten die armen Katholiken-Kinder, die uns nichts getan hatten, unsere Tiraden über sich ergehen lassen. Übern Zaun durften sie ja nicht. Pech für mich: Die Katholiken-Kinder wußten, wann ich aus der Schule kam – ohne Hund – und paßten mich ab. Ich brüllte nie wieder an ihrem Zaun „Katholiken stecken den Finger in Arsch und quieken". Mit der Warnung „Dann beißt euch morgen mein Hund" hatte ich das Prügelkommando noch im letzten Moment abwehren wollen. Funktionierte nicht. Ich hatte es nicht besser verdient. Beschwerte mich auch nicht – und erklärte die blauen Flecken: „Bin am Hafen bei BREHOLA von den Baumstämmen gefallen." Jeder glaubte es, weil bekannt war, daß wir Kinder am Industriehafen in Bremen-Oslebshausen bei der Holzfirma BREHOLA über die dort gelagerten und hoch aufgestapelten Teakholz-Stämme tobten, was lebensgefährlich war .... uns aber nicht störte. Je schneller und wilder .... desto besser.

Irgendwann wurde die wilde Jagd über die Baumstämme zu langweilig. Ich vermißte die sehr viel abenteuerlicheren Spiele aus Kiel. Ersatz mußte her. U-Boots-Bunker hieß die Parole. In der Nähe der Werft „AG Weser" war ein herrlicher U-Boots-Bunker, der im „Dritten Reich" (trotz Bomben) zur weiteren Produktion der U-Boote gebaut worden war – so massiv, daß er durch noch so viele Fliegerbomben nicht zu „knacken" war. Der U-Boots-Bunker war ein akzeptabler Ersatz für die Keller-Ruine meines geliebten Kieler Schlosses. Stahlhelme wollten wir finden oder ein MG – „damit heizen wir den Katholiken-Kindern ein", spornte ich Peter Bartels an. Peter war – wie ich – unehelich geboren. Mama Deutsche, Papa ein Ami philippinischen Ursprungs. Peters etwas dunklere Haut und seine vollen, schwarzen Haare fand ich toll. Weiterer Unterschied zu mir bzw. meiner Familie: Peters Mutter hatte geheiratet. Einen Steward auf der „Bremen". Route: Bremerhaven – New York und zurück. Mann – beneideten wir Peter um diesen Vater. Was nichts daran änderte, daß Peter ihm Zigarren klaute, die wir dann heimlich bei uns im Haus rauchten. Aber nur drei, vier Züge. Dann wurden wir grün im Gesicht und rasten zum Lokus. Die teuren Zigarren von der „Bremen" landeten im Ofen. Um wieviel schöner wäre für uns die Welt noch gewesen, wenn wir mit einem eigenen Floß durch das Wasser im U-Boot-Bunker paddeln könnten .... kam es mir eines Tages in den Sinn. „Stimmt", nickte Peter, und wir machten uns an die Arbeit. Holz gab es in unserem Lagerschuppen durch den Umbau des Hauses genug. Nägel auch. Einige Balken klauten wir uns am Holzhafen, schleppten sie mühsam auf unseren Hof, wo wir mit Eifer alles zusammenzimmerten. Ein Monstrum von Floß – genau so, wie ich es mir aus meinem Robinson Crusoe-Buch vorgestellt hatte. Aber wie Robinson: Ich scheiterte mit dem ersten Floß. Es war so schwer, daß wir zwei Knirpse es nicht einmal einen Millimeter anheben – geschweige rund 5 Kilometer zum U-Boot-Bunker schleppen konnten.

1958. Immer noch galt ich als „unterernährt“, wurde in der Reihen-Untersuchung der Schule festgestellt. „Quatsch“, sagte meine Mutter, „Quatsch“, sagte ich. Ich fraß Unmengen, wurde aber nicht dicker. Schade, daß ich heute diese Zeit nicht zurückholen kann. „Fressen“ .... für mein Leben gern. Schwerer ist es nur mit dem Schlank-bleiben geworden.
„Der Junge muß zur Kur“, meinte der Schularzt. „Kur“ hieß es jetzt – nicht mehr „Kinderland-Verschickung“. Fräulein Biermann war dafür. „Schwarzwald. Bad Dürrheim“ kam als Vermerk auf den Untersuchungsbogen. „Toll“, staunte ich, andere Kinder heulten, wenn sie zur „Kur mußten“.
Rot-Kreuz-Erholungsheim in Bad Dürrheim, nicht weit von Donaueschingen. Winter 1958/59. „Super“: Ich sah die ersten tief-verschneiten Tannen, knipste alles mit meiner „kostbaren Agfa-Klack“. Agfa-Kack, Agfa-Kack ...... lachten die anderen Kinder. „Halts Maul“, erwiderte ich als „weit überlegener Meister-Fotograf“ und präsentierte später die meist verwackelten Schwarz-Weiß-Kunstwerke den Staunenden, die nun mehr Respekt vor meiner Agfa-Klack und mir bekamen.
Geblieben war diese Erholungs-Philosophie: „Die Kinder müssen zunehmen.“ Alles andere war nicht der Rede wert. Einmal in der Woche wiegen. Die Rot-Kreuz-Schwestern strahlten, wenn der Zeiger der Waage wieder einige Gramm oder gar mehr anzeigte als in der Vorwoche. „Gesundheits-Bäder“ gab es dann noch. „Riechen nach Fichtennadeln oder Heublumen“, sagten die Bade-Schwestern mit dem weißen Häubchen und dem roten Kreuz. „Doof und langweilig“ fand ich diese Bäder. Still in einer Wanne liegen, nicht sprechen, entspannen .... hieß es. „Wozu entspannen“? .... dachte ich mir. Und UV-Strahlen gab es da noch. Ein großer, runder Raum – in der Mitte eine riesige blau-leuchtende Birne. Wir dunkle Brillen mit Gummibändern auf der Nase. „Nicht ins Licht sehen“, wurden wir gewarnt – und sahen uns „extra“ die spannende „Glühlampe“ an.

„Oberin“ Herminchen (rechts) hielt die Rasselbande mit energischer Hand zusammen. Ich – fünfter von links in der ersten Reihe – imitierte sie, „Klatsch“ – folgte die Strafe.

Rot-Kreuz-Schwestern-Heim in Karlsruhe. Da lebte Herminchen als alte Schwester. Ich telefonierte oft mit ihr, besuchte sie. Von ihrer Rot-Kreuz-Tracht trennte sie sich nie, sprach frühere Vorgesetzte auch mit über 80 mit „Frau Oberin“ oder Frau „General-Oberin“ an. Eine vergangene Welt. Mir gefiel es.

Stolz lief „Herminchen“ mit mir durch das Rot-Kreuz-Schwesternheim in der Karlsruher Kochstraße – wenn ich sie dort besuchte, präsentierte mich strahlend etlichen „Frau Oberinnen“, gab mir Lebensweisheiten mit auf den Weg. Ich begleitete die liebe Frau bis zu ihrem Tod mit meiner Zuneigung und Freundschaft.

Dominierend war „Herminchen“. Was für eine Frau. Was für eine Rot-Kreuz-Schwester. Schwester Hermine Sütterlin hieß sie. Ein Feldwebel von Weib. Aber Herz, ein übergroßes Herz. Noch geboren vor 1900 – und so war sie auch in ihren Gedanken. Als deutsch-hassende Franzosen nach 1945 die Klinik für sich beschlagnahmten, maßregelte Herminchen die Franzosen mit ihrer hohen – aber einfluß-heischenden – Stimme und sagte lediglich diesen einen simplen Satz: „In jedem Volk gibt es solche und solche.“ Und die Franzosen schluckten es. „In jedem Volk gibt es solche und solche.“ Die Franzosen zogen bald wieder aus dem Haus und die „Frau Oberin“, wie Herminchen ihre Vorgesetzte ehrfurchtsvoll nannte, machte nun Herminchen zur Heimleiterin. „Kinder-Kur und Solbad“ hieß das Haus nun.
Herminchen – welch ein Glück – konnte mich gut leiden. Als ich einen winzigen Schnupfen bekam, steckte sie mich ängstlich sofort auf die „Kranken-Station“, die natürlich tod-sterbe-langweilig für mich war – bis ich hörte, daß im nur durch eine dünne Wand getrennten Nebenraum Mädchen kicherten. „Immerhin“ war ich schon 11. Und mir kam es ein wenig merkwürdig vor, daß ich – abgesehen von meiner Klassenkameradin Sonja Hannemann – noch keine „feste Freundin“ hatte, womit sich andere und gleichaltrige Jungs in unverschämter Lüge brüsteten und mich fragten: „Hast du auch schon mal ein Mädchen geküßt?“ Hatte ich noch nicht – und der Gedanke allein ließ mich schaudern. Keine Freundin? Das kann sich ändern .... dachte ich mir, schrieb auf Lokuspapier einen unendlich langen Liebesbrief an die kichernden Gänse im Nachbar-Krankenzimmer und schob ihn durch eine Fußleistenritze rüber. Was ich schrieb – ich weiß es nicht mehr. Nur das ist geblieben: Als das Lokuspapier mit dem Gekritzel im anderen Zimmer unter der Fußleiste – angemeldet durch mein Bollern an der Wand – auftauchte, stand Herminchen dort. „Schön hast du das geschrieben“, ... meinte sie Tage später zu mir. „.... aber noch ein wenig zu früh für dich, mein Junge.“

Als die Mädchen, für die der Kollektiv-Liebesbrief gedacht war, mich nach der Entlassung sahen, waren sie ziemlich enttäuscht. „Niedlich – aber der ist doch noch viel zu klein", ... hieß es eher herablassend. „Spät-Entwickler" nannte mich Hausarzt Dr. Schulz von der Oslebshauser Heerstraße – gegenüber der Schule.
Bei Herminchen lernte ich beten. „Komm Herr Jesus sei unser Gast – und segne, was du uns bescheret hast" ...... mußten wir vor dem Mittagessen gemeinsam aufsagen und die Hände falten. Aber viele Kinder liebten nicht alles, „was der Herr Jesus uns bescheret hatte". Ich war da unkomplizierter, mochte sogar Grießbrei mit Zucker und Zimt, den andere verachteten, ihn aber unter den strengen Blicken Herminchens runterwürgen mußten und dem mahnenden Ausruf: „Mir habe nix gehobt im Kriesch." Eigentlich war „de Kriesch" ja schon lange vorbei – aber Herminchen stammte aus einem anderen Jahrhundert und änderte sich in ihrer von mir geliebten Art auch nicht. Ich blieb ihr treu bis zum Tod – und nahm noch als Redaktionsleiter von BILD-Bremen und Chefreporter der HÖRZU telefonisch ihre Mahnungen und Anweisungen schmunzelnd, aber gern und mit Liebe zu der alt gewordenen Frau entgegen. „In jedem Volk gibt es solche und solche."
Wenn ich mich richtig entsinne, war „Zu-Bett-gehen" um 19 Uhr. Lange, weiße Nachthemden mußte jeder von uns anziehen. Jungs und Mädchen. Dann ging Herminchen hoheitsvoll über den langen Gang der „Station 8", klatschte in die Hände und rief mit lauter, ein wenig schriller Stimme, nachdem das Nachtgebet gesprochen war: „Jetzt ist Ruh."
Was für ein Wunsch bei etwa 50 Jungs aus Bremen im Schwarzwald. Natürlich war „noch längst kei Ruh". Kaum war Herminchen außer Sichtweite, „ging der Fuchs ab". Kissenschlachten, Zahnputzbecher mit Wasser „auf'n Kopp gegossen" und dann lachend und laut brüllend: „Hat ins Bett gepißt, hat ins Bett gepißt." Stimmen und Menschen imitieren – ein verlorenes Talent – das ich als

Kind hatte. Ich nutzte es auf meine Weise. Leise hatte ich mich mit dem langen, weißen Nachthemd aus dem Zimmer geschlichen, band im Lokus eine Wäscheleine um einen Blecheimer, zog ihn scheppernd über die steinernden Treppen des Flurs rauf und runter, klatschte laut in die Hände und imitierte mit sehr, sehr ähnlicher Stimme Herminchen und ihren Ruf „Jetzt ist Ruh" – und „peppte" ihn auf mit der Erweiterung: „Ruh ist jetzt – ihr verflixte Bälger ihr. Grießbrei mißt ihr sonst fressen. 6 Wochen lang nur Grießbrei." Ein kleines, dürres Nachtgespenst mit Blecheimer in der Hand.

Da ein anderer weißer Schatten im Flur. Herminchen. Nicht mehr freundlich, böse auf mich, und „klatsch" hatte ich „eine sitzen". „Stubenarrest für zwei Tage", ordnete sie an. Ich durfte nicht mit zum Spaziergang, was mir eher gefiel. In Reih und Glied gehen, nicht aus der Reihe tanzen – streng auf die „Ordnung achten" – das war mein Naturell schon als Kind nicht. Ein anderer Junge aus Bremen hatte auch „Stubenarrest" bekommen – und was war schöner, als gemeinsam die langen und breiten Treppengeländer des Heimes herunterzurutschen oder am Fenster zu hängen, auf die Motoren-Geräusche eines nahenden Autos zu hören und im voraus zu sagen: „Das ist ein VW. Das ist ein Mercedes – oder das ist ein DKW." Deutscher Kinder-Wagen, wie er bei uns hieß. Wenn die anderen vom Spaziergang naß und fröstelnd zurückkamen, konnten wir nur schmunzeln. Wie konnte ich Herminchen für diese Strafe böse sein? Sie lachte herzlich, als ich ihr das 35 Jahre später „beichtete".

Nach drei Wochen bekam ich Post von Fräulein Biermann. „Wir wünschen Dir gute Erholung", hatte sie auf einen Brief geschrieben – und alle Klassenkameraden hatten unterzeichnet. So sehr ich die Kieler Lehrer gehaßt hatte – jetzt liebte ich Fräulein Biermann noch mehr und konnte andere Schüler nicht verstehen, die leise raunzten: „Alte Zicke, die Biermann."

Als die „Kur" beendet war, freute ich mich wieder auf die Schule.

1960, siebente Klasse. „Ihr bekommt eine neue Lehrerin", sagte Schulleiter Karl Rekort, den alle Kinder liebten. „Neue Lehrerin." Fast alle fanden das toll. Ich nicht, wäre gern bei Fräulein Biermann geblieben. Wahrscheinlich hatte ich die versteckte Sorge im Kopf „Hoffentlich nicht wieder solche wie in Kiel".
Fräulein Hauswald kam – und mit ihr langsam, aber sehr schnell und massiv meine politische Grundeinstellung. Fräulein Hauswald, aus der „Zone" geflüchtet, war gegen die Kommunisten. „Zone" hieß es, nicht DDR – oder „DDR" mit Gänsefüßchen oder „sogenannte DDR" – ganz einfach „Zone". Mir gefielen das Wort und Fräulein Hauswald so sehr, daß ich mich mit 13 in sie verliebte. Unter Fräulein Hauswald wurde ich Klassensprecher. Eine „gemischte Klasse" – halb Jungs, halb Mädchen. „Wer Fräulein Hauswald nicht nett findet, muß doof sein", rüffelte ich diejenigen, die sie nicht mochten. Ende der Diskussion. Und wenn sie erst von ihrer Flucht erzählte .... Bis zu vier Kleider hatte sie übereinandergezogen, in der S-Bahn von Ost- nach West-Berlin .... um auf diese Weise langsam aber sicher zumindest einen Teil ihres Hausstandes vor den Kommunisten zu retten.
Fräulein Hauswald war schön. Jung, dunkelbraune Haare, die gleiche Augenfarbe. „Schön" wiederholte ich verdächtig oft. Ich war zwar der Kleinste und Jüngste der Klasse, aber keiner wagte bei so viel Überzeugungskraft dem „schön ist sie" zu widersprechen. Nur einige Mädchen rümpften die Nase, signalisierten damit eine andere Meinung über Fräulein Hauswald.
Meine Noten bei Fräulein Hauswald wurden noch besser – abgesehen von den Fächern „Rechnen" und „Zeichenunterricht". Beim Zeichnen versuchte ich mich immer neben „die dicke Ohrmann" zu setzen. Ich konnte sie gut leiden, sie mich – und was ich nicht konnte, konnte sie: Zeichnen. Bevor sie ihr eigenes Bild tuschte oder mit Buntstift malte, machte sie eines für mich. „Von wem ist das?" fragte Fräulein Hauswald mißtrauisch – und ohne rot zu werden, antworteten Renate Ohrmann und ich

gemeinsam im Chor: „Von mir.“ Fräulein Hauswald verzieh es.
Erst viel später habe ich begriffen, wie entscheidend das Leben eines Menschen durch gute oder schlechte Lehrer verlaufen kann. Welch ein Segen, daß ich von Kiel nach Bremen kam und andere Lehrer hatte.
Da war noch die harmlose Biologie-Lehrerin „Fräulein Schröder“. Mein Gott – war mir der Biologie-Unterricht bei ihr langweilig .... und so beschloß ich ganz einfach: „Wir streiken. Wir streiken und gehen nach der Pause gar nicht in die Klasse.“ Ich glaube, es war der erste Nachkriegs-Schulstreik Bremens. Angezettelt ausgerechnet von mir. Die Streik-Zustimmung der Klasse würde den DGB vor Neid blaß werden lassen, stellte jede gewerkschaftliche „Ur-Abstimmung“ in den Schatten. Mein Streikaufruf wurde von allen Mitschülern befolgt. Geduckt hinter dem Fahrradschuppen. Wer „von der Notwendigkeit“ des Streiks nicht überzeugt war und daran zweifelte oder nur ganz einfach Angst vor den denkbaren Folgen hatte, der schwieg, hielt die Klappe, wollte später nicht als „Streikbrecher“ oder zumindest als „Angsthase“ tituliert werden. „Kiiiieeeender – die Pause ist beeeendet.“ Fräulein Schröder vor dem Eingang zum Schulgebäude klatschte zur Untermalung dieses Hinweises in die Hände – und noch einmal: „Kiiiieeeender – die Pause ist beendet.“ „Wir streiken, Fräulein Schröder“, brüllte ich zurück und wagte mich einige Meter aus der uns sicher vorkommenden Deckung des Fahrradschuppens. Die Streikfront wankte nicht. Aber dann holte Fräulein Schröder in ihrer Verzweiflung Karl Rekort, den Rektor. Ein unglaublich gutmütiger und von allen Kindern verehrter, kleiner, dicker Mann. „Antreten“, gab er nur kurz das Kommando – und „zack“ brach die eigentlich durch nichts begründete Streikfront zusammen. Eine Streikfront, die nur dadurch entstanden war, weil mir Fräulein Schröders Bio-Unterricht nicht paßte. Antreten in einer Reihe. Egal ob Junge oder Mädchen. Jeder mußte vorbei an „Kalle“, und jeder bekam von ihm

„eine geklatscht" .... was wir als uneingeschränkt gerecht und verdient betrachteten. Ich auch.
Bei Fräulein Schröder rächte ich mich Tage später mit einer abgenutzten Klosettbürste, die ich aus den Zink-Mülltonnen auf dem Schulhof gefischt hatte, auf denen wir so gern saßen, weil sie warm waren.
Die Lokusbürste packte ich auf ihr Pult und wartete rotzfrech auf ihre Frage: „Von wem ist diese To-i-let-ten-Büüüüürrrste?" Nicht weniger hoheitsvoll meine Antwort: „Von miiieeeer, Fräuuuuulein Schrö-der". Antwort: „Jetzt gehe ich zu Herrn Rekort." „Ungerecht", antwortete ich. „Die Lokusbürste wollen wir Ihnen doch zum Geburtstag schenken." Ich fand es lustig, die Klasse brüllte. Aber es war eine Schweinerei von mir. Ich hatte instinktiv die Schwäche dieser Frau herausgefunden, die nicht noch einmal zum Rektor gehen wollte, weil sie dann als Lehrerin gegolten hätte, die nicht allein mit den Kindern zurechtkommt.
Demonstrativ ging sie vor die Tür. Nach zwei Minuten ich hinterher. Da stand sie und weinte. Durch Zufall kam Fräulein Hauswald dazu. Sie nahm mich in die Mangel. Erst jetzt fing ich an, mich bodenlos zu schämen .... und auch wenn ich Fräulein Schröders Bi-o-lo-gie-Unterricht nicht liebte .... sie blieb verschont vor meinen bösartigen Attacken. Schon allein Fräulein Hauswald zuliebe.
Werk-Unterricht. Gehaßt hab ich den. Werklehrer Arfmann nicht minder. Besser gefiel mir dann Herr Schinkmann. Zeuge Jehova. Aber darüber sprach er nicht. Herrn Schinkmann liebten alle Kinder. Ihm verdanke ich eine 3 im Werkunterricht, obwohl es eine 5 hätte sein müssen. „Wir machen ein Geschäft auf Gegenseitigkeit", hatte mir Lehrer Schinkmann vorgeschlagen, „du fegst nach dem Unterricht den Werkraum aus und bekommst keine 5 im Werkunterricht, sondern eine 3." Ich fegte.
Meine technische und handwerkliche Begabung war und ist mehr als nur bescheiden. Trotzdem reizte mich die Schulglocke. „Verstellen müssen wir die, damit es zu fal-

schen Zeiten klingelt“, ... schlug ich vor. Klaus Guckel saß neben mir. Keine Leuchte der Schule. Aber ein anständiger Kerl – und wir mochten uns. Außerdem: Er hatte – im Gegensatz zu mir – keine zwei linken Hände. Papa war Milchmann und verwöhnte den Sohn mit überreichlich Taschengeld, wovon die halbe Klasse profitierte. Wie kann man so einen Jungen nicht mögen?

Gemeinsam schlichen wir uns auf den Dachboden. Ich, der Anstifter – er der „mutige Handwerker“. Wäre Feldhusen da nicht gewesen. Feldhusen – der gefürchtete Hausmeister. Er hatte die Bodentreppe knarren gehört und kam uns nachgeeilt. Hinter alten Schulbänken versteckt, fand er uns nicht, schloß aber die Bodentür ab – und wir als Mäuse in der Falle. Aber ich hatte Klaus Guckel unterschätzt und die Solidarität der Klasse. Die Klasse klaute den Bodenschlüssel vom Schlüsselbrett und schloß die Tür in dem Moment auf, als Klaus Guckel sagte: „Gleich hab ich sie auf“ .... und hantierte mit einem Schraubenzieher herum, den er eigentlich zum Verstellen der Schuluhr in die Tasche gesteckt hatte. Wir verstellten die Schuluhr. Sie klingelte zu falschen Zeiten und wie verrückt. Aber nur einen Tag. Hausmeister Feldhusen war in der Schule alles. Auch Uhrmacher. Er hatte sie repariert und sagte nur mißtrauisch: „Von allein ist das bestimmt nicht gekommen.“ Beweisen konnte er nichts.

Aber da gab es andere Glocken, die für mich klingelten. Alarmglocken. Fräulein Hauswald hatte mich als Klassensprecher davon informiert, daß sie die Klasse wechseln muß und wir einen neuen Lehrer bekommen. „Rolbitzki heißt der und ist SPD-Mitglied“, flüsterte sie mir leise zu.

Unsere Klasse ohne „mein“ Fräulein Hauswald .... Undenkbar. Fräulein Biermann, Fräulein Hauswald. Ich war mir sicher, mit Lehrerinnen besser auskommen zu können als mit Lehrern. Und in den Knochen steckte immer noch die Schule in Kiel. Ich wollte weiter Fräulein Hauswald, konnte den Lauf der Dinge aber nicht stoppen. „Ein Lehrer, dann noch SPD“, schimpfte ich. Die

Mitschüler verstanden mich nicht. Dann kam Rolbitzki. „Rolli“ genannt. Was immer er mit uns veranstaltete .... ich war gegen ihn, widersprach, provozierte, war aufsässig, naseweis, altklug, schlicht und einfach gegen ihn. Er sollte es wissen und alle anderen auch. Die meisten anderen Lehrer waren eher „konservativ“, „Rolli“ nicht. Ganz anderer Unterricht, Rechtschreibung an der Tafel. Immer zwei „Gegner“. „6-Tage-Rennen“ sagte er dazu. Diktate liebte keiner. Aber wer konnte gegen ein spannendes „6-Tage-Rennen“ sein? Trotzdem: Ich war gegen ihn. Der Unterricht machte Spaß, wir lernten viel und mehr. Ich war gegen ihn. Und nur allzu schnell hatte ich herausbekommen, daß auch die meisten Lehrer „gegen ihn“ waren. Er war ihnen zu modern, „revolutionär“ .... oder einfach besser.

Mit aller kindlichen Raffinesse organisierte ich den „Widerstand“, ohne zu merken, daß ich nur willkommenes Werkzeug der Lehrer wurde, die (wie ich) **gegen ihn** waren. „Der macht ja nur SPD-Unterricht“, ... streute ich ...... aber immer so, daß andere Lehrer es hörten. „Alle anderen Lehrer macht er schlecht, sich selber findet er toll“.... Stimmte nicht, war erfunden von mir. Aber wirkte. 13 war ich und inzwischen angesehener Schüler der ganzen Schule und schlau genug, meinen ersten „politischen Kampf“ aufzunehmen, wenn auch an der falschen Front und gegen den falschen Mann. „Rolli“ fühlte, daß von mir Gefahr ausging, wurde unfreundlich gegen mich. Ich provozierte weiter, stichelte, machte schlecht. Und schließlich hatte ich mein Ziel erreicht: Ihm brannte die Sicherung durch – und er „scheuerte“ mir eine. „Den hab' ich“, dachte ich nur, und rieb mir erfreut nicht einmal die schmerzende „Backe“. „Angeblich modern und dann noch SPD. Aber kleine Kinder prügeln“, ... streute ich in Windeseile.

Ich bauschte die simple Ohrfeige zu einem halben Totschlag auf. Meine Mutter, die von all dieser Ränke nichts ahnte, ging zu Rektor Rekort: „Mein Sohn möchte auf eine andere Schule, kommt mit Lehrer Rolbitzki nicht zurecht.“ Willkommenes Stichwort für Karl Rekort. Das

Bis heute geblieben – Liebe zu dieser großartigen Schulklasse aus Bremen-Oslebshausen. Links Lehrer Kurt Rolbitzki, vorne in der Mitte am Boden sitzend ich. Der Jüngste und Kleinste. Aber mit Verspätung schaffte ich es schließlich auch auf 1,80 Meter. Als wir uns nach mehr als 25 Jahren in Bremen fast alle wieder trafen, war es für mich einer der schönsten Abende meines Lebens. Ich war traurig, als die Schulzeit zu Ende ging, wollte auch nicht erwachsen werden.

Lehrer-Kollegium stellte sich auf meine Seite und machte mich plötzlich „zum besten Schüler der ganzen Schule, der wegen der fragwürdigen Unterrichts-Methoden der neuen Lehrkraft die Schule verlassen will". Besser, wenn der Lehrer geht. „Der beste Schüler der Schule." Stark übertrieben. War ich nie. Nicht schlecht – bestimmt nicht der beste „der Schule".
Rolli blieb. Aber fortan verstanden wir uns besser. Mir dämmerte wohl „Da hast Mist gebaut", und ihm mußte eingefallen sein „Gewinn den Jungen für dich, dann ist er auf deiner Seite" .... oder ähnlich. Egal.
Einen besseren Lehrer hätte es nicht geben können. Volksschüler waren wir, einfache Volksschüler. Aber auf dem Unterrichtsplan Goethe. „Rolli" erklärte uns „Faust". Wir lasen Schillers Glocke. Vor Begeisterung lernte ich sie auswendig – von der ersten bis zur letzten Zeile. Gedichte deutscher Klassiker – nichts liebte ich mehr. Vor allem „Des Sängers Fluch" ..... „es stand in alten Zeiten ein Schloß so hoch und hehr, weit glänzte es über die Lande – bis an das blaue Meer ....." Mit bebender Stimme durfte ich die auswendig gelernten Gedichte vortragen. Deutsche Geschichte. Natürlich die 12 Jahre NS-Zeit, aber nicht nur die, was heute nicht selbstverständlich ist. Die Sechziger, in denen wir jetzt lebten, waren immer noch die Jahre des „Verdrängens". Das „Schicksal einer jüdischen Familie im Hitler-Staat" auf dem Stundenplan. „Aber Deutschland hat auch großartige Seiten in seiner langen Geschichte", belehrte uns der wohl doch eher konservative „Sozi-Lehrer". Und wir simplen Volksschüler erfuhren Dinge über Karl den Großen, Bismarck und das Kaiserreich ...... und ich dachte an den von mir „gestürzten Wilhelm Zwei" im Ruinen-Keller des Kieler Schlosses. „Goslar – die Kaiserpfalz, die müßt ihr sehen, nicht nur auf dem Papier." Das hieß: Klassenfahrt nach Goslar.
Volksschule in den Sechzigern .... ich weiß nicht, ob ich damit übertreibe: Aber ich glaube, daß wir damals nicht viel weniger in der Schule lernten als Gymnasiasten heute an einigen deutschen Experimentier-Schulen.

Jugend-Herberge in Goslar. Da waren wir untergebracht. Eine herrliche Zeit. Unsere Klassengemeinschaft war grandios – und wir waren stolz auf „unseren“ Lehrer, wunderten uns nur manchmal, daß er ein schmerzverzerrtes Gesicht machte und sich den Rücken rieb, sagte aber nichts, war auch Sportlehrer ..... und machte sogar den sonst für mich nicht sehr geliebten Sportunterricht interessant.

„Andere Klassen ärgern“ war unser liebstes Spiel in Goslar. Ich, der Lockvogel. Immer noch klein, schmächtig, erschien den „Großen“ meiner Klasse ideal. Angst hatte ich keine – und mir gefiel die Rolle. Kamen andere Schulklassen mit größeren Jungs an der Jugendherberge vorbei, sprang ich von einem Bein aufs andere und brüllte lauthals: „Arschloch, Arschloch – krieg mich doch.“ „Dem Kleinen zeigen wir's“, kam das Echo. Hinter mir her. Laufen konnte ich schnell. Rein in die Jugendherberge. Da standen unsere „Großen“ aus der Klasse mit Knoten in den weißen Handtüchern und die Mädchen mit Wasser. „Auf die Köppe“, hieß es auf Kommando. Wir jubelten vor Freude über diese gelungene „Kriegslist“ und fühlten uns als „Feldherren“. „Rolli“ schmunzelte, tadelte mich lediglich wegen „Arschloch, Arschloch“.

Dann wurde „Hochzeit“ gespielt. Wir liebten dieses Spiel. Wie im Standesamt. Ein Junge und ein Mädchen auf zwei Stühle gesetzt. Ich zusammen mit Sonja Hannemann. „Die passen am besten zusammen“, meinte Rolli. Wie Recht er behielt. Noch heute verbindet Sonja und mich eine mehr als „einfach gute Freundschaft“. Trotzdem die zwei einzigen der ganzen Schulklasse, die unverheiratet bleiben sollten.

Die nächste Klassenfahrt ging im Winter nach St. Andreasberg. „Rolli“ brachte uns Skifahren bei .... bei mir vergeblich. Sonja war eine „Super-Sportlerin“, fast so gut wie Ingrid Wode, wie alle fanden, und konnte „toll tanzen“. Ich weder das eine noch andere. Verzweifelt, aber geduldig versuchte Sonja, mir die wichtigsten Tanzschritte beizubringen – vor allem Twist. Ich fand Tanzen

„blöde". Völlig unbegabt. Ihr zu Gefallen hielt ich ungefähr 30 Minuten durch. Sie ertrug meine Ungeschicklichkeit, ich ihre Mahnungen: „Joachim, tret' mir nicht immer auf die Füße." „Schluß jetzt", befand ich nach exakt 30 Minuten ...., „wir spielen lieber Pfaumen-Kerne-Spucken". Ein Weckglas mit eingemachten Pflaumen aus dem Keller geholt, aufgefressen und die Kerne in den Garten gespuckt. „Wer spuckt am weitesten?" Auch in dieser Disziplin hängte Sonja mich meist ab. Unser „Pflaumen-Kerne-Rotzen" hatte andere Kinder angelockt, die uns staunend zusahen, bis sie mir zu viel wurden. „Bei Heidemann brennt's", brüllte ich – und die Kinder rasten los. Heidemann war „Plünn- und Schrotthändler" in der Finkenau. Papa dünn und drahtig, Mama dick und rund wie ein Pfannkuchen. „1000 Kinder"......... stimmte nicht ganz, hieß es aber. Heidemann hatten Schafe, die auf dem Bahndamm grasten, wo wir noch von Zügen runtergefallenen Koks aufsammelten und ins Haus schleppten – und vor allem: Heidemann hatten in einem Schuppen auf dem Hof Schweine, was auch in den Sechzigern bei vielen Familien noch häufig vorkam. Billiges und frisches Fleisch. Die Wolle der Schafe verkaufte Heidemann. Wolle. Selbstgestricktes.

Und da war sie wieder – die Kinderzeit aus Kiel und aus Neukirchen bei Niebüll – nicht weit von der dänischen Grenze entfernt – dort, wohin meine Mutter im Krieg mit den Kindern wegen der Bomben evakuiert worden war. Wolle. Die Schafe „schubberten" sich am Stacheldraht der eingezäunten „Schafskoppeln". Wolle blieb dort hängen. Meine Mutter „pflückte" sie ab, wusch und sponn sie selber. Schwarz-weiße Pullover mit Hirschen waren ihr Lieblingsmuster. Sie strickte für uns, strickte für die Kinder der Bauern. Lebensmittel waren die Bezahlung. Wichtiger als Geld, von dem es vor der Währungs-„Reform" 1948 sowieso kaum etwas zu kaufen gab.

„Die Frau aus der Stadt strickt wie eine Maschine", staunten die Bauersfrauen – und es stimmte. „Komisch diese

Stadtmenschen", dachten die Bauersfrauen und betrachteten die Federkern-Matratzen im Schlafzimmer. Sie selber schliefen nach dem Krieg meist noch auf Stroh. Jahre später kamen wirklich erste Strickmaschinen auf. „Knittax" hießen die. Meine Mutter kaufte eine, stellte sie wieder weg, meinte nur naserümpfend: „Taugt nichts. Kann ich besser." Sie konnte es besser. Vor allem eines – und das haßten wohl alle Kinder in Deutschland: Leibchen. Aus Wolle gestrickte Leibchen. Nur für den Winter. „Damit ihr schön warm bleibt", hieß es. Leibchen aus Schafswolle am Körper waren schlimm, kratzten. Eine Art Unterhemd – oder (vorn offen) Weste. Mußten mit kleinen Häkchen aus Draht an der Vorderseite – ähnlich wie mit Knöpfen – zugehakt werden. An den Leibchen hingen – egal ob bei Jungen oder Mädchen – Gummistrapse mit unten angebrachten „Klammern". Diese Klammern hielten die ebenfalls aus Wolle gestrickten Kniestrümpfe fest, die sonst bis in die Schuhe abrutschten und unter permanenten Kinderflüchen wieder hochgezogen werden mußten. Leibchen und Strapse – dazu die selbstgestrickten Kniestrümpfe. Der Schrecken aller Kinder aus den Fünfzigern. Die Eltern verstanden die Kinder nicht. „Halten doch schön warm" .... wußten die nur. „Erwachsene sind eben doof" – dachten die Kinder.
Dann kam die „Revolution der Strümpfe" schlechthin. GOLDZACK hieß sie. Weit dehnbare Gummibänder, die oben in die Kniestrümpfe eingezogen wurden und die Strapse der Leibchen überflüssig machten. Wir erkannten die „Revolution der Strumpfindustrie" durch GOLDZACK nicht an. Entweder war GOLDZACK in den Kniestrümpfen zu lasch eingelegt .... dann rutschten sie weiter. Oder: GOLDZACK war so stramm, daß es feuerrote, kleine Streifen am Bein gab, die juckten. Die Strümpfe saßen zu eng. Nach mehrmaligem Waschen war GOLDZACK ausgeleiert, und die wollenen Kniestrümpfe rutschten erneut. Was haben wir diese Monster nur verflucht. Leibchen und Strapse, dazu die wollenen Kniestrümpfe mit oder ohne GOLDZACK.

Rund 40 Jahre nach der Schulentlassung traf sich unsere Klasse in der „Ständigen Vertretung“, einer wunderbaren Kneipe in der Bremer Böttcherstraße. „Am schlimmsten waren die Leibchen und Strapse“, lachte Klaus Guckel. „Wer sich beim Spiel vergessen und in die Hose gepinkelt hatte, war schlecht dran. Das juckte am Bein wie von Brennesseln geschlagen.“ Wir lachten – und keiner von den jungen Kellnern verstand warum. Es wurde 3 Uhr morgens, als wir uns trennten .... mit der gegenseitigen Zusage „jetzt regelmäßig“.
„Bei Heidemann brennt's“ .... hatte ich gebrüllt. Ab zu Heidemann. Die Vorstellung, daß es bei Heidemann brennt, war zu verlockend für jedes Kind in der Finkenau in Bremen-Oslebshausen. Das Gerümpel auf dem Hof, dazu Schafe, Schweine, die dicke und schielende Heidemann-Mama, die rotznäsigen und frechen Heidemann-Kinder, die wir fürchteten .... dazu ein loderndes Großfeuer. Was hätte interessanter sein können? Es brannte nie bei Heidemann. „Schade“, fand ich. „Das wär' mal was.“
Dann eine große Überraschung in der Schule. Es war Herbst 1961. Am 13. August hatten die Kommunisten die Berliner Mauer errichtet. „Warum fährt Adenauer nicht sofort nach Berlin?“ rätselten alle, auch meine Mutter. „Schweine-Kommunisten“ fluchte ich und beschimpfte meinen 9 Jahre älteren Bruder Manfred, den ich „für einen Linken“ hielt. „Wir fahren nach Berlin“, verkündete Rolli vor der Klasse, „vielleicht sehen wir auch den Regierenden Bürgermeister, Willy Brandt.“ „Berlin toll – Brandt weniger“, fand ich und sagte es laut, aber „Rolli“ schwieg.
Busfahrt Bremen – Berlin. „Nehmt keine Zeitungen mit in den Bus“ – „impfte“ uns Rolli, „das gibt Ärger mit der Volkspolizei“. „Scheiß-Typen, die“, grollte ich verächtlich. Kontrolle am Grenzübergang. Ich glaube Helmstedt, weiß es aber nicht mehr genau. Die „Ost-Grenzer“ zur Kontrolle im Bus. Ich hielt mich an „Rollis“ Rat: „Halt den Mund, Joachim, wenn sie kommen. Du machst uns sonst allen nur Ärger.“ Es fiel schwer – ich hielt den Mund.

„Niemand hat die Absicht, eine Mauer zu errichten" .... Plakate mit diesem Ulbricht-Zitat auf der westlichen Seite vor dem Brandenburger Tor. Dazu über gewaltige Lautsprecher, die gen Osten gerichtet waren, Ulbrichts piepsige Eunuchen-Stimme im Originalton: „Niemand hat die Absicht, eine Mauer zu errichten." Die Mauer war noch nicht ganz errichtet. Halb Mauer, halb Stacheldraht. „Warum reißen wir den ganzen Dreck nicht runter?" fragte ich verständnislos unseren Lehrer. „Du bist noch zu jung, Joachim", antwortete „Rolli", wollte wohl nicht sagen, daß ich das noch nicht verstehe, was ich natürlich überhaupt nicht fand.
„Niemand hat die Absicht, eine Mauer zu errichten", brüllten die West-Lautsprecher. Etwas vom „Antifaschistischen Schutzwall gegen die revanchistischen Politiker Adenauer/Globke in Bonn", brüllten die Ost-Lautsprecher zurück. Es war laut an der Berliner Mauer. „Schade, daß die amerikanischen Panzer die Mauer nicht einreißen", fand ich betrübt.
Wie konnte ich ahnen, daß ich viele Jahre später – gemeinsam mit der Konservativen Jugend Deutschlands – das erste Loch in die Berliner Mauer schlagen würde? „So etwas kann nicht ewig bleiben" ...... war mir bereits mit 14 Jahren klar, konnte als Kind dieses zum Himmel schreiende Unrecht nicht begreifen, war mir nur sicher: Schuld sind die Kommunisten.
Kurfürstendamm bei Nacht. „Rolli" hatte Vertrauen in uns. Auch am späten Abend durften wir allein von unserem Jugendgästehaus in Berlin-Wilmersdorf ins Zentrum fahren. Ich wollte den „Kudamm" sehen und die Gedächtniskirche, nicht Willy Brandt. Der steinerne und segnende Christus im noch offenen Nebengebäude der Gedächtniskirche, dort, wo heute ein Museum ist, hatte es mir besonders angetan. Ich steckte meinen Kopf durch die Gitter und bat ihn leise: „Reiß du sie ab, die Berliner Mauer." Es war sein „Stellvertreter" aus Polen, dessen Politik den Kommunismus stürzen ließ und auch die Berliner Mauer. Der im April 2005 verstorbene Papst und

der amerikanische Präsident Ronald Reagan. Wer hat größere Verdienste am Zusammenbruch des kommunistischen Weltreichs – der auch vor Rot-China, Nord-Korea und Kuba nicht stoppen wird.
Ich bin evangelisch – den Polen-Papst verehrte ich, trotz seines von mir nicht nachvollziehbaren Kusses auf den Koran. Und Ronald Reagan? Ich war ein „Fan" von ihm, ließ bei seinem Deutschland-Besuch große Zeitungsanzeigen mit der Schlagzeile schalten: „Welcome – Mr. President". Die Verächtlichmachungen dieses großen Präsidenten und die Anfeindungen der deutschen Linken gegen ihn empfand ich als „Schande" von „geschichtslosen Idioten". Noch heute sehe ich das so.
Berlin 1961 – wenige Wochen nach dem Mauerbau. Ich habe sie gesehen – die Menschen auf der anderen Seite. Sie winkten uns zu, wurden von Volkspolizisten verjagt, winkten trotzdem. Aus den Häusern, deren Fenster mehr und mehr zugemauert oder – zu dicht an der Grenze – ganz abgerissen wurden. Von den Straßen, auf denen sie standen und traurig in den Westen sahen. Du lieber Himmel – was haßte ich die Kommunisten. Diese Berlin-Fahrt mit einem eher konservativ ausgerichteten SPD-Lehrer hat meine Abneigung gegen totalitäre Regime mehr verfestigt als jedes politische Lehrbuch, mehr als jeder Zeitungsartikel, jede Dokumentation über kommunistische Verbrechen. Die Gesichter der Menschen auf der anderen Seite blieben eingebrannt in meinem Schädel – und nach dem Mauerfall verstand ich nicht, wie die Ossis „ihre" PDS oder die grünen Vereinigungs-Gegner Ströbele oder Lafontaine und Schröder wählen konnten .... bis heute nicht.
Meine Schulzeit näherte sich dem Ende zu. „Traurig" fand ich das, hatte aber trotz aller Ermunterungen von Lehrer Rolbitzki keine Lust, eine weiterführende Schule zu besuchen, wollte einen Beruf lernen. Meine Klassenkameraden wurden langsam erwachsen, ich nicht. „Du bist noch so kindisch", ... tadelte mich Christel Stegemann. „Halt die Fresse, dumme Kuh", antwortete ich böse. „Ich will auch

nicht erwachsen werden. Wenn es geht, niemals." Es ging nicht. Aber noch war ich in meiner geliebten Schule, und es war mir gelungen, Rektor Karl Rekort davon zu überzeugen, daß „meine" Klasse ein Anrecht darauf habe, in das inzwischen neu errichtete Nebenhaus unserer Schule umzuziehen .... was die Klasse mit Jubel begrüßte. Inzwischen hieß ich offiziell Siegerist, trug als uneheliches Kind nicht mehr den Geburtsnamen „Bierbrauer" meiner Mutter. „Vormundschaftsgericht" entschied. Alle Mitglieder der Siegerist-Familie mußten zustimmen.
Um gegen die anstehende Schulentlassung auf meine Weise zu protestieren, ließ ich mir eine neue Dummheit einfallen. „Wir kommen morgen einfach nicht zur Schule, sind alle krank", ... befand ich. Überzeugt wirkten die anderen nicht. Trotzdem berieten wir gemeinsam nach einer „ansteckenden Krankheit, die uns für die Dauer eines Tages alle befallen" sollte. Zu einem weiteren Schul-„Streik" hatte ich wohl nicht mehr die Courage, weil es dafür bei „Rolli" auch nicht ein Fünkchen an Begründung gab. Aber passieren muß trotzdem was ..... fand ich. Also Krankheit. Was steckt am besten an? .... rätselten wir. „Cholera", ... wußte Harald Gottmann. „Grippe", meinte Rita Behrmann. „Ich weiß nicht so recht", sagte leise Bärbel Grebe, das einzige katholische Mädchen der Klasse, die eigentlich alle mochten. „Der mit seinen verrückten Ideen", befand Annelotte Kinder, mit der ich mich bei der Berlin-Reise zerstritten hatte. „Ich bin für Mumps", wußte Ralf Schwarz, der beste Fußballer der Klasse – und Ralf Schmerberg, noch kleiner als ich, stimmte ihm zu. Alle gaben ihren Kommentar. Wolfgang Schmidt, Wolfgang Schumacher, Werner Vogt, selbst der immer so stille Uwe Ritter, den ich seit St. Andreasberg beneidete, „weil er beim Skifahren so toll über Hügel springen konnte". Die sonst so ruhige Ursula Holle war für „Krätze" ...... was wir unappetitlich fanden. „Alles Scheiße", erklärte ich schließlich. „Pest – wir haben morgen alle die Pest. Das ist richtig schlimm."

Renate Ohrmann hatte die schönste Handschrift „Schule geschlossen – wegen Pest“ malte sie mit Tuschpinsel auf ein weißes Blatt. „Schule geschlossen – wegen Pest“. Toll fand ich das. „Pest“ – die Idee. Anfang 1962 an einer deutschen Volksschule in Bremen-Oslebshausen. Wenn das nicht zog ....
Vor dem Nachhause-Gehen der gemeinsame Schwur: „Keiner kommt morgen zum Unterricht. Wir haben alle die Pest.“ Als es dunkel war, schlich ich mit Renate Ohrmanns Pest-Warnung zum Schultor, wickelte sie mit Draht um die Eisengitter. Dazu eine Fahrradschloß-Kette, um klar zu machen: Vorsicht Pest – Hier darf keiner rein! Beim Streikaufruf gegen Fräulein Schröder hatte ich Erfolg. Die Pest befiel nur mich allein. **Alle** waren zum Unterricht gekommen – ich nicht. Und Hausmeister Feldhusen hatte die Pestwarnung von Renate Ohrmann und das gammelige Fahrradschloß von mir kurzentschlossen abgerissen und in die Mülltonne gestopft.
Ich fühlte mich verraten, im Stich gelassen von meinen Klassenkameraden, war verliebt in „wir haben alle die Pest“. Rolli hatte von dem Pestschild von Feldhusen gehört. „Wo warst du gestern, Joachim?“ – die erste Frage

Klassenlehrer Kurt Rolbitzki. Ich bekämpfte ihn mit aller kindlicher List, war „total“ gegen ihn, weil er SPD-Mann war und „mein“ Fräulein Hauswald verdrängte.
Später merkte ich: „Rolli“ war ein Super-Lehrer. Warum nur entschuldigte ich mich nie bei ihm? Noch heute bedaure ich das.

vor Unterrichtsbeginn zwei Tage später. „War krank“, antwortete ich kleinlaut ..... „Bauchschmerzen“. „Ich dachte Pest“, sagte er .... und sah mich ernst an. Es blieb beim ernsten Blick. Keine weiteren Folgen. So schnell wurde die „Pest“ in der Geschichte der Menschheit noch nie besiegt.
Ostern 1962 war es dann so weit. Schluß mit der Schule. „Rolli“ gab mir ein Super-Abschlußzeugnis. „Du bist dumm, daß du mit der Schule nicht weitermachst, Joachim.“ Vermutlich hatte ich im Kopf: „Es kann nur schlechter werden mit anderen Lehrern als mit Rolli“, den ich jetzt verehrte. Außerdem hatte ich schon neue Schienen verlegt. Ich wollte Schriftsetzer werden, hatte dafür mit meinem guten Abschluß-Zeugnis die einzige Lehrstelle beim WESER-KURIER bekommen. Am letzten Schultag war ich traurig und krabbelte allein in den großen Birnbaum am alten Schulgebäude – was verboten war. „Scheißegal“, dachte ich, „was kann jetzt noch passieren?“
Warum bin ich eigentlich nach der Schulentlassung nie zu „Rolli“ gegangen? Ganz einfach nur ein Wort – „Danke“. Und vielleicht auch „Tut mir leid, daß ich so ein gräßlicher Junge war. Ich habe Ihnen viel zu verdanken.“ Als ich mich aufraffte, war es zu spät. Die Kriegsverletzung. Und immer nur Schmerzen. Es hieß: Er hat sich das Leben genommen.
Anfang 1962. Lehrstellen im Überfluß. In den Zeitungen erschienen Witzbilder „Der Lehrling ist König“ .... und zeigten rote Teppiche, die der Chef ihnen gebückt vor den Füßen ausrollte. „Auszubildender“? Ein unbekanntes Wort. „Lehrling“ oder ganz einfach „Stift“. Die Nachkriegs-Konjunktur überschlug sich förmlich vor Tempo. Arbeitslose? So gut wie keine. Zeitweise mehr offene Stellen als Arbeitssuchende. 5, 6, 7 Prozent Lohnerhöhung waren für die Gewerkschaften „normal“. Die Arbeitgeber akzeptieren. „Maßhalten“, warnte Ludwig Erhard und wurde ausgelacht, verspottet. Unübersichtlich die Berufswahl für mich. Den Kinder-Wunsch „Sänger“ hatte ich aufgegeben. Diese Karriere ging über den „Kinderchor

Wilhelm Steinhoff" nicht hinaus. Stolz ließ Wilhelm Steinhoff mich eines Tages bei RADIO BREMEN vorsingen. Das Studio beeindruckte mich tief. Das Mikrophon noch mehr. Als ich davor dirigiert wurde, blieb ich stumm. Wie versteinert. Aus. „Sänger-Karriere" war vorbei. „Schade", sagte Wilhelm Steinhoff. „Koch" war im Kopf geblieben – „Gärtner oder Tierarzt". Neun Jahre Volksschule und dann Tierarzt! „Berufsberatung" des Arbeitsamtes Bremen. „Der Junge hat ja Supernoten in Deutsch." Klar hatte ich das, war stolz darauf.

„Schriftsetzer mußt du werden", meinte der Berufsberater wie selbstverständlich. „Schriftsetzer, was sonst? Da ist Deutsch wichtig, paßt zu dir." Falsch beraten war er, der Berufsberater. Ich auch. Bei der ersten Aufnahmeprüfung fiel ich durch. „Carl Schünemann, Bremer Nachrichten". Ein traditionsreiches Bremer Unternehmen. Bürgerlich-konservativ. Nach dem Krieg abgehängt durch den eher roten WESER KURIER. Der hatte von den amerikanischen Besatzern zuerst eine Druck-Lizenz bekommen. BREMER NACHRICHTEN? „Zu Nazi-freundlich gewesen", befanden die Amis. Die BREMER NACHRICHTEN holten den Vorsprung der neuen Konkurrenz nie auf, wurden später geschluckt. Der große Name „Carl Schünemann" blieb. Dort mußte ich bei der Aufnahmeprüfung Schrift zeichnen, Rechenaufgaben lösen, eine Bierflasche zeichnen. Sah aus wie eine verbeulte Blechbüchse – meine Bierflasche. Zum Lachen. Mir war zum Weinen. Zeichnen und Rechnen .... ausgerechnet meine schwächsten Seiten. Kein Diktat, mit dem ich glänzen konnte. Das „Sehr gut" in „Allgemeinkunde" brachte keine Rettung. Bierflaschen-Zeichnen und Rechnen. Pech.

Personalchef Großkopf beim bekannten und wesentlich interessanteren WESER KURIER wollte keine Aufnahmeprüfung. Eigentlich auch keinen Lehrling mehr. Ich gefiel ihm aber, meine 1 in Deutsch noch besser. „Deutsch ist wichtig, Deutsch ist wichtig" – und der kleine Mann, der einen seinem Namen entsprechenden Kopf hatte, wackelte bedeutungsvoll mit selbigem und sagte: „Wir nehmen dich, Junge, wir nehmen dich, kannst anfangen." April 1962 – und der „Ernst des Lebens" – wie Lehrmeister Wilhelm Bosse meinte – begann. Lehrvertrag. Drei Jahre Ausbildung. 79 Mark im ersten Lehrjahr, 132 im dritten. Der übliche Stundenlohn eines Schriftsetzers lag bei rund 3,60 Mark. „Lehrjahre sind keine Herrenjahre, Junge", ermahnte mich Meister Bosse. Waren sie wirklich nicht. Ich quälte mich durch sie durch. Kein Aas fragte nach meinen Deutsch-Kenntnissen – nur die ausrangierten, alten Korrektoren, bei denen ich manchmal aushelfen durfte. „Sternstunden" für mich.

„Osse-Bosse" – wie ich ihn nannte – hatte nur eine Sorge im Kopf „Hoffentlich bekomme ich den Jungen durch die Prüfung". Der „Junge" kam durch die Prüfung. Nicht glanzvoll, aber auch nicht schlecht. Bevor es so weit war, lagen da noch drei lange Jahre vor mir. Und was für Jahre. Lehrmeister Bosse erspar' ich mir. Konnte mich nicht leiden, ich ihn nicht. „Der Junge hat alles mögliche im Kopf", schimpfte er, „nur nicht den Beruf." Stimmt. Wie konnte ich widersprechen? Besser gefiel mir Berufsschullehrer Geyer. Ein Sozi, der fast zusammenbrach, als ich einmal im Unterricht sagte, daß diese „roten Verzichtspolitiker von der SPD besser zum Zylinder greifen" sollten. Auf Ostpreußen verzichten, auf Schlesien, Pommern und alle anderen Ostgebiete? Schlichter „Verrat" war das für mich mit 16. Stand Fachrechnen oder Zeichnen auf dem Stundenplan, gab ich ein politisches Stichwort – und Geyer sprang an. Kein Zeichnen, kein Rechnen. Politik. Gefiel mir. Geyer auch, Sozi. Eigentlich da schon ein rotes Tuch für mich. Geyer mochte mich – und ich ihn auch. Ging ich am Montag in die Firma, war schon die Idee im Kopf „bald ist Mittwoch, wenn Mittwoch ist, kommt bald Freitag. Wochenende". Ich bedaure Menschen, die Zeit ihres Lebens nur aus finanziellen Gründen einem Beruf nachgehen müssen, den sie nicht lieben und nur auf Wochenende, Urlaub und die Pension warten. So wird die Arbeit zur Qual. Das Leben mühsam.

Die Lehrlinge des „WESER KURIER“ bei einem Betriebsausflug 1963 nach Bad Zwischenahn – ich ganz links auf dem Foto. Schriftsetzer lernte ich. Den Beruf liebte ich nicht, profitierte aber später davon in der Journalisten-Ausbildung sehr.

„Junge“, brummte er, baute sich vor mir auf: „DGB-Otto“, wie ich ihn nannte. Otto Felske, ein kurz vor der Pensionierung stehender Schriftsetzer, der im Betrieb für die damals fast rein kommunistische DGB-Gewerkschaft IG Druck und Papier Mitglieds-Beiträge einkassierte. Gegenleistung: Beitragsmarken und die „Solidarität der Roten“. „1 Prozent vom Monatsgehalt schreibt die Satzung vor“, ... ermahnte er jeden. „Junge“ – und schob die obligatorische Zigarre mit schäbig-stinkendem Kraut von einem Mundwinkel in den anderen, „Junge, du mußt Gewerkschaftsmitglied werden.“ Die Antwort kam wie eine Abwehrrakete: „Nie – und schon gar nicht bei der IG Druck. Kommunisten seid ihr.“ War Otto Felske nicht. Eher linker Sozi. Für mich mit 16 kein Unterschied.
„So jung – und schon Arbeiterverräter“, raunzte DGB-Otto, paffte tief an seiner Zigarre, schlurfte, unheilvoll mit dem Kopf schüttelnd weiter „Abkassieren“. **Jeder** war doch Mitglied. Wehe nicht!

„Junge – das gibt Ärger“, sagte der katholische Schriftsetzer-Geselle Ewald Wessels aus Twistringen bei Bremen, der nach langem Drängen schließlich auch „IG-Druck-Mitglied“ geworden war, diese Gewerkschaft aber als „IG Druck und roten Dreck“ bezeichnete.
Es dauerte nicht lange – da stand er vor mir. Georg Stockmann, Betriebsratsvorsitzender, örtlicher Chef der IG Druck, Kommunist, ebenfalls Zigarre paffend und ein steifes Bein. „Aus dem KZ“, wie die älteren Sozis im Betrieb verbreiteten. War mir schnuppe. Ich war 16 – und eines hatte ich gewiß nicht: Angst. Wer hat schon Angst mit 16 vor „Respektspersonen“? Georg Stockmann versuchte es auf die freundliche Tour, erzählte mir von schweren Kämpfen der „Arbeiterklasse“ und der notwendigen „Solidarität der Werktätigen“. „Und was ist mit der Berliner Mauer?“, fragte ich zurück. „Ich werde kein Gewerkschaftsmitglied“, blieb ich stur, „bei den Kommunisten schon gar nicht.“
Der freundliche Stockmann wurde weniger freundlich und mit ihm die knall-rote „Zeitungssetzerei“, eine Etage höher, in die ich aber häufig genug mußte, um dort Kästen mit der noch üblichen Bleischrift nach unten zu holen, eine Etage tiefer – zu uns in die „Akzidenz“-Setzerei, die mit der Produktion der Tageszeitung WESER KURIER nichts zu tun hatte. „Der ist Arbeiterverräter“, pöbelten sie, wenn ich etwas fragen wollte, drehten sich um ... wenn ich Glück hatte. Oft genug warfen die Roten mir Blei nach. „So sind sie – die roten Demokraten“, dachte ich mir, wurde Mitglied der JUNGEN UNION. Immer noch 16. JUNGE UNION gefiel mir besser als IG Druck und Papier und ich träumte 18 zu werden – dann CDU-Mitglied. Das Mitgliedsbuch der CDU im roten Bremen stand bei mir auf einer Stufe mit einer Papst-Audienz. Adenauer, Erhard, Heinrich von Brentano, Kai Uwe von Hassel, Strauß, Stoltenberg, auch die weniger bekannten: Familienminister Würmeling, Gesundheitsministerin Elisabeth Schwarzkopf – und die Bremer Lokalgrößen Müller-Hermann, der mir wahnsinnig vornehm vorkom-

mende CDU-Landeschef Dr. Jules Eberhard Noltenius, der bekennende Katholik Karl Krammig. „Halbgötter" .... zumindest in meinen jungen Augen.
Und dann lernte ich Otto Jahn kennen. Weniger beeindruckend. Ein alter Mann – streng katholisch, schlechter Redner, pensionierter Tischler .... aber er zog mich an wie ein Magnet, war Vorsitzender der Christlichen Gewerkschaften (CGD) Bremens, Nachfolger seines verstorbenen Bruders Philipp Jahn, der bis zur Nazizeit Chef der Christlichen Gewerkschaften in Bremen gewesen und deswegen von den Nazis verfolgt worden war. Otto Jahn war kein politischer Taktiker. Grundsätze waren ihm wichtiger. Wichtiger als alles andere in der Politik. Das gefiel mir – und seine Christlichen Gewerkschaften noch mehr. „Du mußt mehr lernen, um gegen die Roten zu kämpfen", riet mir Otto. Ich lernte. Wochenende für Wochenende fuhr ich ins Dominikaner-Kloster nach Walberberg bei Köln, Schulungsheim Bad Godesberg oder Akademie Eichholz. Eine interessante und tolle Gruppe damals – diese Christlichen Gewerkschaften. Die Arbeit dort sollte mich mehr prägen als alles andere in der Politik. Von den DGB-Gewerkschaften als „Spalter" verfolgt und in den Schmutz gezogen, von den Arbeitgebern nicht grad geliebt, die bei Betriebsratswahlen mehr der Parole anhingen: „Ein Betrieb, eine Gewerkschaft, eine Liste." Worauf wir erwiderten: „Ein Volk, ein Reich, ein Führer." Mitglieder Christlicher Gewerkschaften standen zwischen zwei Fronten. Auf der einen Seite die roten DGB-Gewerkschaften, auf der anderen Seite die Arbeitgeber. Aber „Kampf" gefiel mir – und Auseinandersetzung mit dem politischen Gegner noch mehr. Ich hatte gelernt bei den Wochenendschulungen und späteren Wochen-Kursen, mußte die Diskussion nicht fürchten, suchte sie mit den Roten – möglichst viele Zuhörer, weil mir klar war, daß ich als junger Idealist gegen die alten Roten nur punkten konnte.
Kleiner und unbedeutender neben den Betriebsratswahlen: Jugendvertreterwahlen. Die Jugendlichen einer

Firma wählten sich ihren eigenen „Chef“, der sie dann im Betriebsrat zu vertreten hatte. Im knallroten WESER KURIER eine Liste der Christlichen Gewerkschaften zur Wahl des Jugendvertreters. Nicht mehr als 11 Jugendliche im Betrieb. Meine Liste unterschrieben sie alle. Nur: Die Liste blieb nicht von langer Dauer. Dieser kommunistische Betriebsrats-Chef knöpfte sich die Jugendlichen vor, drohte mit „Konsequenzen“ bei der Lehrausbildung. Natürlich kippte meine Liste. Was konnte ich – außer meinem Idealismus – entgegensetzen? Eine weitere Lehre zur Demokratie mit den Linken. Anderen Mitgliedern der Christlichen Gewerkschaften ging es schlechter. Gestandene Familienväter mit Kindern. Die hatten ihr Häuschen abzuzahlen, die Ausbildung der Kinder zu finanzieren. Da gab es nur „entweder vor den Roten kuschen“ oder „Flagge zeigen“. Bei den Schulungen im Walberberger Dominikanerkloster lernte ich sie kennen. Zwangsmitgliedschaften, erfuhr ich dort – und wenn der DGB es noch heute bestreitet – waren absolut normal. In fast allen Großbetrieben stimmte der gesetzlich zur „Neutralität“ verpflichtete Betriebsrat einer Einstellung erst dann zu, wenn vorher der Aufnahmeschein für die entsprechende DGB-Gewerkschaft unterzeichnet worden war. Immer die gleichen Sprüche: „Bei uns sind alle in der Gewerkschaft. Dann kannst du doch nicht ....“ Ähnlich bei Beförderungen im Betrieb, bei denen der Betriebsrat zuzustimmen hatte. Die Linken, die damals und heute marktschreierisch nach größerem „Schutz für Minderheiten“ brüllen, waren fanatische Gegner eines gewerkschaftlichen Minderheitenschutzes in der Arbeitswelt. Den DGB und seine Gewerkschaften habe ich als zutiefst intolerante und fanatische Organisation erlebt. „Toleranz und Demokratie“ der Linken – ich bedanke mich dafür.

Jahre später leitete ich die DEUTSCHE GEWERKSCHAFTS ZEITUNG (DGZ) der Christlichen Gewerkschaften Deutschlands (CGD). Ich verhehle nicht: Es war mir eine Genugtuung, als ich bei eigenen Recherchen für dieses Blatt lückenlos die Nazi-Vergangenheit des damali-

gen DGB-Chefs Heinz-Oskar Vetter aufdecken konnte, nachdem seine Organisation den Rücktritt von Hans Filbinger gefordert hatte, der damals Ministerpräsident von Baden-Württemberg war .... und als Marinerichter angeblich NS-Todesurteile gefällt haben sollte .... was glatt erlogen war. Vetter bat den CSU-Generalsekretär Gerold Tandler: „Stoppen Sie Siegerist“, Tandler dachte nicht daran. Und gehört hätte ich sowieso nicht auf ihn. Vetter prozessierte, verlor. Ich durfte weiter behaupten: „Ein besonders fanatischer Nazi-Aktivist.“
Der Alleinvertretungsanspruch des DGB für die Gesamtheit der Arbeitnehmerschaft ist ein Krebsübel in unserer Demokratie. In den Sechzigern war der DGB mächtig, verfügte über ein gewaltiges Firmen-Imperium. Seine Macht bröckelt. Gewerkschaften – so sehen es viele Arbeitnehmer – werden überflüssig. Hinzu kommt, daß heute viele Gewerkschaftsführer sich der Basis entfremdet haben, die Arbeitswelt aus eigenem Erleben nicht kennen – und (ähnlich wie unternehmerisch tätige „Manager“) schamlose Abzocker geworden sind .... was ihre Gehälter betrifft. Ein Paradebeispiel dafür ist verdi-Chef Bsirske, der andere Gewerkschaftssekretäre entließ, sein eigenes Gehalt flott verdoppelte. „Interessen-Vertretung“ der Arbeitnehmer .... „sozialistisch-modern“.
Front-Machen gegen den DGB schadet keiner Partei. Im Gegenteil. Es bringt Stimmen bei den Wahlen. Die Unionsparteien konnten das nie begreifen – bis heute nicht. Friedrich Merz von der CDU ist eine Ausnahme.
In die Politik verliebte ich mich mehr und mehr. Lehrmeister Bosse war gekränkt, und ich vergrößerte die Kluft zwischen uns, als ich sagte: „Furchtbar die Vorstellung, ein ganzes Leben als Schriftsetzer arbeiten zu müssen.“ Aber es kam mir aus dem Herzen. Nach der Lehre kündigte ich beim WESER KURIER, ging wenig später zu AXEL SPRINGER nach Hamburg. 19 Jahre alt. Dort schulte ich auf ein neues System um: Durch Lochbänder gesteuerte Setzmaschinen, die als „revolutio-

när" galten, heute im Museum zu besichtigen sind. Rund 500 Jahre war die „schwarze Kunst" Gutenbergs im Prinzip gleich geblieben. In nur wenigen Jahren wurde in dieser Branche alles auf den Kopf gestellt.

Abenteuer der Kindheit, „ernste Politik" .... das wirbelte während der Lehrzeit noch ziemlich bunt durch meinen Kopf. Erste Aktionen, erste Schreibversuche. „Toll", als die NORDDEUTSCHE VOLKSZEITUNG in Bremen-Nord Leserbriefe von mir abdruckte, in denen ich die Christlichen Gewerkschaften verteidigte. Dann ein Leserbrief im großen WESER KURIER. Der für mich hoch-bedeutende Inhalt: „Um den Bremer Roland muß ein Gitter gezogen werden, damit er nicht beschädigt wird – und der Turmbläserbrunnen am Bremer Dom darf nicht als Fahrradständer herhalten, nur weil es keine andere Abstellmöglichkeit gibt." Wie stolz war ich auf diesen Leserbrief mit meinem Namen. Ein Wunder, daß ich ihn nicht einrahmen ließ.

Irgendwann wurden mir Roland und Turmbläserbrunnen zu langweilig, zu wenig „dramatisch". Jetzt hatte es mir der Wilhardi-Kirchturm im Bremer Westen angetan. Überrest einer Kirche, die im englischen Bombenhagel verbrannte – mit ihr mehr als 20 000 Menschen. Tabu – kaum einer sprach darüber. Warum eigentlich nicht? „Ein Mahnmal gegen den Krieg" befand ich „weise". Die Kosten der Erhaltung waren mir schnuppe. Flugblätter. Gedruckt in der CDU-Geschäftsstelle am Herdentorsteinweg. Theatralische Formulierung – und natürlich „grandios" .... wie zumindest ich fand: „.... und wenn unter dem Detonieren der Preßlufthämmer das Mahnmal des Krieges in sich zusammenbricht, dann wird es sich bewahrheiten: Die SPD ist eine Partei der Gottlosen". Das gefiel mir. Anderen weniger. Rolf Surhoff, Chef der Jungen Union im Bremer Westen ...... dorther, wo auch der Bremer Politiker Karl Carstens stammte, wie er zur Untermalung der eigenen Bedeutung hervorhob – lachte nur: „Jetzt läßt er auch die Preßlufthämmer in die Luft gehen. Die explodieren ganz einfach."

Stilistische „Kleinigkeiten“, über die ich großzügig hinwegsah und weiter Unterschriften sammelte mit „Gefolgsmann“ Manfred Reuß, ebenfalls Schriftsetzer-Lehrling: „Gröpelinger Wochenblatt – MORITZ DETER“. Es waren an die 800, die wir schließlich in einer SPD-Ortsversammlung in Bremen-Findorff Bausenator Blase in die Hand drückten. Viel Wirkung machte meine „Gottlosen-Kampagne“ gegen die Sozis nicht. „Muß stärker werden“, dämmerte es mir, und ich klaute aus dem Wäscheschrank meiner Mutter ein großes, weißes Bettlaken. „Bremer rettet den Wilhardi-Kirchturm“, pinselte ich mit meiner unnachahmlichen „Schönschrift“ und schwarzer Ölfarbe auf dem Dach unseres Hauses auf das gute Laken.

Dann nächtliche Fahrrad-Tour zum alten Ruinen-Kirchturm in Bremen-Walle, direkt an einer verkehrsreichen Straße gelegen. Abgesperrt durch eine hohe Bretterwand. Am Turm bereits das Baugerüst zum Abriß. Bretterzaun kein Hindernis. Baugerüst willkommen. Bettlaken um den Bauch gewickelt, in der linken Hand Blecheimer mit fünf gefüllten Flaschen aus Brenn-Spiritus. In etwa 50 Meter Höhe montierte ich das Bettlaken mit Bindfäden ans Gerüst. Davor auf ein Brett den alten Gurkeneimer vom Kramladen Emma Schröder aus der Finkenau in Oslebshausen. 5 Liter Spiritus rein. Angezündet. Gerüst wieder runtergekrabbelt. Was hatte ich mir von dieser Aktion im jugendlichen Hitzkopf alles versprochen, war sicher, daß eine **eindrucksvolle** Flamme in 50 Metern Höhe mein **„grandioses“** Plakat **Bremer rettet den Wilhardi-Kirchturm** dramatisch beleuchten und für halb Bremen sichtbar machen würde.

Wieder unten und auf dem Boden der Tatsachen angekommen, war es eher enttäuschend. In luftiger Höhe wehte ein weißer, aber kaum sichtbarer Lappen, vor dem ein kleines Flämmchen züngelte – empört von schreienden Raben umflogen, die sich in ihrer Nachtruhe gestört fühlten.

Aus sicherer Entfernung beobachtete ich mit dem als „Wachposten“ abgestellten Manfred Reuß das wenig eindrucksvolle Schauspiel. „Schade“, meinte ich traurig ...... „das hatte ich mir besser vorgestellt.“ Und bevor ich neue Pläne schmieden konnte, verjagte uns das „Tatü-Tata“ einer heranrauschenden Feuerwehr. Ein Passant hatte das Flämmchen entdeckt und im Telefonhäuschen die Nummer **112** gewählt .... „am Wilhardi-Kirchturm brennt es“. Ein Lappen der Feuerwehr genügte wohl, um meine nicht sehr beeindruckende „Flamme, die Bremen aufrütteln sollte“, zu löschen.
Aber glücklich war ich, am Montag im Lokalblatt WESER-KURIER zu lesen: „Unbekannte Lokal-Patrioten demonstrierten am späten Freitagabend für die Erhaltung des Wilhardi-Kirchturms. In luftiger Höhe beleuchtete ein Feuer das primitive Bettlaken-Plakat „Bremer rettet den Wilhardi-Kirchturm“. Das „primitiv“ empörte mich natürlich, weil ich mein Plakat ganz einfach für sensationell hielt .... aber das Wort „Patriot“ versöhnte mich schließlich, wenn auch nur mit dem Zusatz **Lokal**-Patriot. Ich war noch keine 17 und stolz auf meine „Aktion“. Natürlich wurde der Turm abgerissen. Ein kleiner Gedenkstein an seiner Stelle erinnert aber noch heute an seine einstige Existenz.
Eigentlich eine Geschichte zum Schmunzeln. Aber man muß sich in junge Menschen hineinversetzen können. Mir war es bitterernst damit. Ich hatte gelesen, wie in einer schrecklichen Bombennacht im Bremer Westen mehr als 20 000 Menschen verbrannten. Aber niemand wollte sich in den Sechziger Jahren daran erinnern, niemand daran erinnert werden. Und **das** war es, was mich als junger Knabe empörte – und was bis heute geblieben ist. Es mußte einem Linken wie Günther Grass vorbehalten bleiben, daß über die Opfer des alliierten Bombenterrors erst rund 50 Jahre nach Kriegsende unvoreingenommen diskutiert werden darf. Also – so ganz daneben lag ich mit meiner – wenn auch erbärmlich gescheiterten – Aktion damals gar nicht.

Wichtiger waren mir die CDU-Sozialausschüsse, CDA genannt: CHRISTLICH-DEMOKRATISCHE ARBEITNEHMERSCHAFT. Arbeitnehmerflügel der CDU. Bundesvorsitzender Arbeitsminister Hans Katzer aus Köln, Generalsekretär Norbert Blüm. Ich organisierte „Widerstand gegen die Rosenkranz-Marxisten", wie sie in den Christlichen Gewerkschaften verächtlich genannt wurden. Ich hatte gelernt. Die Christlichen Gewerkschaften dominierten bald, wählten einen eigenen Mann zum Landesvorsitzenden in Bremen. Ich konnte mich mit 19 „Landessozialsekretär der CDU-Sozialausschüsse" nennen, war für mich aber nur interessant, weil ich so auf den „Landessozial-Sekretärs-Konferenzen" in der Zentrale in Königswinter gegen Norbert Blüm stänkern konnte. Sonst waren mir damals politische Ämter schnuppe, fast schon suspekt. „An einem Mandat sind Sie wohl nicht interessiert", meinte später CDU-Landeschef Bernd Neumann, nachdem wir uns ein wenig näher gekommen waren. Seine Einschätzung war richtig.
Die „68iger Jahre" dämmerten langsam. Einberufungsbescheid der Bundeswehr. Eine Gewissensfrage für mich. Mein älterer Bruder hatte den Wehrdienst verweigert. Ausgeschlossen für mich. Aber „auf Menschen schießen? Nie".... hatte ich im Kopf. Trotzdem: Soldat wollte ich werden, war für die Bundeswehr, schloß mit mir selber den Kompromiß: „Sanitäts-Soldat. Dann bist du Soldat, mußt aber nicht schießen." Für mich mit knapp 20 eine enorm wichtige Grundsatzentscheidung, die mir noch heute gefällt.
„Luftwaffen-Kaserne Eggerstedt" in Pinneberg bei Hamburg. Grundausbildung. Drei Monate. Was für ein bunt zusammengewürfelter Haufen junger Leute. „Schule der Nation?" Sicherlich nicht. Aber menschliche und gute Schule für jeden von uns. Acht Mann auf einer Bude. Vom Abiturienten bis hin zum „Bretter-Gymnasium", wie Hilfsschüler hießen .... alles zusammen auf engem Raum. Das Riesen-Baby Engelbert aus Nordfriesland. „Käsefüße" – wir alle schimpften und konnten den gut-

mütigen Friseur nur hin und wieder bewegen, sich zu waschen. Amateur-Trompeter. Und so klang es auch, wenn er Abend für Abend den Zapfenstreich blies. Der kleine „Fips". Auch Friseur. Aus Bremerhaven. Frisch verlobt – und krank vor Sehnsucht, wenn er am Wochenende nicht frei bekam. Am besten gefiel mir Oskar. Knallrote, volle Haare. Gelernter Maurer. Sozi. Still, bedächtig, wie ich politisch interessiert – aber an der SPD und am DGB. Politisch ganz anders als ich, charakterlich ähnlich. Aber wir wurden „dickste Freunde", sind es bis heute.
Und dann Volker Schink. Muskelpaket. Ein Klotz von Kerl. Dumm wie Suppe. Wieso ich ihn so nannte .... weiß ich nicht mehr, gefiel mir aber: „Pettenpaul-Zappy das Blesshuhn". Nach dem Zapfenstreich schlief er als erster laut schnarchend ein, was mich zu neuer Schandtat trieb. Er schlief so fest, daß ich ihm, ohne daß er wach wurde – blecherne Kehrschaufeln, Besen, Eimer und allerlei Putzgeräte an Beine und Arme binden konnte – zusätzlich sein Kopfkissen mit den himbeer-farbenen Geruchssteinen der Klosettbecken dekorierte. Wie auf Kommando brüllte dann die „ganze Bude". „Reise, Reise. Aufstehen!" Laut krachend und scheppernd fuhr er hoch, glotzte dämlich in die Runde, begriff langsam die Situation, befreite sich von Kehrschaufeln, Eimern und Besen und brüllte nur ein Wort „Sie-ge-rist", jagte mich durch das nächtliche Kasernengelände. Vorteil für mich: Ich war schneller, seine Wut auf mich hielt nur kurzfristig an. Immer wieder drückte er mich fest an sich, wenn ich ihm als „Gegenleistung" für meine Sauereien Liebesbriefe an seine Freundin geschrieben hatte, die er dann mit seinem Namen unterzeichnete und stolz verkündete. „Solche schönen Briefe bekommen eure Freundinnen nicht."
Jahre später ging ich in Bremen auf eine Tier-Ausstellung im Zirkus Sarrasani und sah ein bekanntes Gesicht. Ein junger Mann, der Elefanten-Mist aufkehrte – wieder fielen Besen und Schaufel, und durchs Tiergehege der Ruf: „Sie-ge-rist." Ich rang nach Luft, als er mich in der mir bekannten eisernen Umklammerung an sich drückte und sagte –

„Bin jetzt verheiratet. Aber sie hat gemerkt, daß die Briefe nicht von mir waren. Komisch – aber die ist schlau."
„Brikett-Soffi" gab es noch. Abiturient, dick, intelligent. Ein feiner Kerl, nur ein wenig „feige", wie der solide Oskar und ich meinten. Lange Orientierungsmärsche mit Sturmgepäck und Gewehr auf dem Rücken .... eine Qual für den armen Jungen. Schwarzes Wasser lief durchs mit Ruß „getarnte" Gesicht. Daher „Brikett-Soffi". Wir machten Pausen. Er lief langsam weiter. Immer im Kreis. Wie ein Zirkuspferd. Mußte er. Hinsetzen? Die blutigwunden Füße wären dick angeschwollen. Wer hätte diesen Klotz hochheben sollen und dann schleppen. „Soffi, halt's Maul, lauf weiter" – so unsere wenig aufbauende Ermunterung. Trotzdem: Er hielt durch bis zum Schluß, war stolz und eigentlich auch wir auf ihn.
Oskar und ich .... wir hingen zusammen wie Pech und Schwefel. Eigentlich ungleiche Freunde. Er: Bedächtig, Sozi, ernst, überlegend, zurückhaltend im Urteil. Ganz anders ich: Sofort raus mit der Meinung, Sozi-Feind, alles andere als zurückhaltend. Was uns verband: Das tief sitzende Gerechtigkeitsgefühl junger Menschen, die sich für Politik interessieren, egal ob „Rot" oder „Schwarz". Meine erste „Große Koalition", an der sich manch einer den Schädel einrannte, auch von den Vorgesetzten. Zuerst „Gockel". Fahnenjunker. Wichtigtuer, stolzierte wie ein „Gockel" über den Hühnerhof, befand ich, taufte ihn auch so. Er ließ mich bewußt durch den Schlamm kriechen, schikanierte – immer in der Hoffnung, mir würde der Kragen platzen. „Befehls-Verweigerung" – das war seine Waffe, die zum Streichen von Wochenend-Urlaub eingesetzt wurde. „Den packen wir uns zusammen, Joachim", meinte mein guter Oskar nur – und in der Dunkelheit schlichen wir uns an einem Freitag zum Parkplatz seines Autos. „Du kannst auch alles", staunte ich – als Oskar fachmännisch die Motorhaube von „Gockels" VW hochzauberte und nur einige Kabel verlegte, einzelne – mir unbedeutend erscheinende – Ersatzteile in die Heide ballerte. „Gockel" liebte das dienstfreie Wochenende nicht

minder, wollte am Sonnabend nach Hause. 200 Kilometer Fahrtweg. Fiel aus diesmal. Wagen sprang nicht an. Ich hatte Ruhe vor „Gockel“, wurde nicht mehr durch Schlammpfützen gejagt. Er hatte wohl etwas geahnt. Auto springt nicht an – Siegerist. Oskar Schwab.
Vor der Entlassung ermunterten mich „Spieß“ Hauptfeldwebel Danowski und Kompaniechef Hauptmann Bubke: „Siegerist – schreib du eine Abschieds-Zeitung. Keiner wird zensieren.“ Gern schrieb und rächte ich mich nun auf meine Weise an „Gockel“, über den am Abschiedsabend die ganze Kompanie lachte. Auch Spieß und Kompaniechef, die den ehrgeizigen eitlen Fatzke nicht ausstehen konnten, wie ich dann erfuhr.
Ein schlechter Abschiedsabend für „Gockel“. In der Nacht kam der „Heilige Geist“ über ihn. Ein kleiner

Nicht sehr militärisch – aber das einzige Soldatenfoto, das ich habe. Schießen wollte ich nicht, zur Bundeswehr ja – also wurde ich Sanitäter, bald abkommandiert für eine eigene Soldatenzeitung.

Trupp von fünf bis sechs kräftigen Rekruten, die ihn packten, die Schlafanzughose runterrissen und – Entschuldigung – den Arsch mit schwarzer Schuhcreme voll schmierten und dann verschwanden. „Übergriffe“ dieser Art am Abschiedsabend wurden geduldet – und nicht ein Opfer des „Heiligen Geistes“ hätte deswegen Briefe an einen Wehrbeauftragten geschrieben. Gab es den überhaupt schon?
Pinneberg folgte Lauda. Ein sympathisches 6000-Seelen-Kaff zwischen fränkischen Weinbergen bei Tauberbischofsheim. D-Zug-Haltepunkt zwischen Würzburg und Stuttgart. Sanitätsausbildung. Baden-Württemberg. Ich verliebte mich in das abgeschiedene Nest, in das nur durch die neu gebauten Kasernen ein wenig mehr Leben eingezogen war. Bald hatte ich Kontakt zu den „FRÄNKISCHEN NACHRICHTEN“. Ein überaus unpolitisches Provinzblatt – für mich „die bedeutendste Zeitung schlechthin“. Über das Leben in der Kaserne durfte ich berichten. 7 Pfennig Honorar pro gedruckter Zeile. „Sie sind zu langatmig in Ihren Berichten“, rüffelte mich der Lokalchef. Stimmt. Aber 7 Pfennig pro Zeile .... wußte ich und zählte bei jedem meiner Artikel die Zeilen – konnte plötzlich gut rechnen.
Warum kurz fassen? Schrieb ich viel, kam ich auf gut 130 Mark im Monat. Fotohonorar extra. Mehr als mein Wehrsold. Gut ging's mir. Ende der Sanitäts-Ausbildung nach drei Monaten. Wer in die Nähe seines Heimatorts versetzt wurde, jubelte. Ich nicht, kam nach Delmenhorst bei Bremen.
Ein Versetzungs-Versuch nach dem anderen. Der Personal-Offizier „S 1“ in Lauda befürwortete: Hauptmann Mohr. Der Bataillons-Kommandeur, alter Nazi, auch. Es gefiel ihm, daß er – geistig nicht der brillanteste, der von einem „neuen Panzerfeldzug gegen die Russen“ schwärmte – durch meine Berichte in den „FRÄNKISCHEN NACHRICHTEN“ über Nacht zur Lichtgestalt der für Lauda wichtigen Kaserne geworden war. Sein Dank: 1-Mann-Bude für mich und „unbeschränkter

Ausgang". Dienstgrad: Gefreiter. Mir dämmerte etwas von der „Macht der Presse".
Im Verteidigungsausschuß des Deutschen Bundestages saß ein guter Bekannter von mir: CDU-Abgeordneter Leo Ernesti. Nach sechs Wochen war ich wieder in meinem geliebten Lauda ...... was richtungsweisende Folgen für mich haben sollte.
„Wir brauchen eine eigene Kasernenzeitung", schlug ich nach meiner Versetzung „dem Alten" vor. Der nickte mit dem Kopf. „UNSER BLATT" taufte ich das auf Hochglanz gedruckte DIN-A-4-Blättchen und klapperte mit zu mir abgestellten Soldaten zur Anzeigen-Werbung ein Laudaer Geschäft nach dem anderen ab. Gasthaus „Stern", den „Hirschen", Friseur Umminger, die Brauerei „DISTEL" und das Meßgerätewerk Dr. Wobser, Lauda. Alles in der schönen blauen Luftwaffen-Uniform. „Meine" erste Zeitung entstand, machte sogar Gewinne. Nach Finanzamt und Steuern fragte keiner. 50 Pfennig pro Ausgabe. „Antreten – kaufen" ..... hieß es in der Kaserne. Der „Außen-Verkauf" von Haus zu Haus. Natürlich auch das mit mir. Ich schrieb, besorgte die Anzeigen, profitierte in der Druckerei jetzt davon, gelernter Schriftsetzer zu sein und brauchte schließlich Verstärkung. Bekam ich.
„Wir müssen sowieso Nachfolger für Siegerist einarbeiten", erkannte der Bataillons-Kommandeur, denn meine 18 Monate Grundwehrdienst neigten sich dem Ende zu. Ich hatte „Nachfolger" parat. Bernhard Turowski aus Bremen, Freund aus der Jungen Union und den Christlichen Gewerkschaften. War wie ich 18-Monate-Soldat. Versetzung nach Lauda. Dann Gerhard Hofmann, der in Lauda seinen Dienst abzuleisten hatte und aus Bayern kam, damals noch CSU-Anhänger. Mit seinem „Eintritt" in die Redaktion verblaßte meine Gunst beim Bataillons-Kommandeur. Grund: Gerhard Hofmann und ich .... gemeinsam hatten wir unsere Freude daran, in örtliche SPD-Veranstaltungen zu gehen, um dort mit aggressiven Fragen SPD-Bürgermeister Boxberger aus dem Konzept zu bringen. Der bayerische Abiturient, der Bremer

Volksschüler. Ein seltsames Gespann. Hielt aber, war wirkungsvoll. Was wir im feuerköpfigen Überschwang nicht bedachten: Auf der einen Seite vertieften wir mit unserer Zeitung das Zusammenleben zwischen Soldaten und Alt-Eingesessenen .... was dem „Alten“ und allen anderen gefiel. Auf der anderen Seite traten wir durch unsere Provokationen gegen den SPD-Bürgermeister den örtlichen Honoratioren auf die Füße .... was dem „Alten“ nicht gefiel .... und eigentlich nur der örtlichen, ein wenig verschlafenen CDU.

Gerhard Hofmann und ich – später gingen unsere Wege politisch auseinander. Heute berichtet Dr. Gerhard Hofmann – ich glaube – als Chefreporter für einen privaten Fernsehsender. Es paßte politisch nicht mehr zwischen uns. Meine Erinnerungen an die gemeinsame Bundeswehrzeit sind gut geblieben.

Vor allem die katholische Kapelle in Marbach, einem noch kleineren Nest, zwei oder drei Kilometer von Lauda in den Weinbergen. Ich evangelisch, „Gerdchen“ katholisch. Ein gemeinsamer Ärger: In der Kapelle gab es eine Sitzordnung. Klar ausgewiesen durch Kissen. Prächtig. Weniger prächtig. Die „mehr prächtigen“ in den ersten Reihen, je weniger „prächtig“, desto weiter hinten. „Sauerei“ befanden wir beide, waren uns einig „Vor Gott sind alle gleich“. Vertauschten die Kissen. Die weniger „prächtigen“ nach vorn, die „prächtigen mit Brokat“ nach hinten. „Gut gemacht“, befanden wir beide.

Das „Judenbild“ in der „Blutskapelle“ entdeckten wir als neues Thema für unsere Zeitung. Ein Seitenstraßen-Kapellchen, in dem eine alte kirchliche Antisemiten-Geschichte in Öl an der Wand prangte, eine vom Juden zerstochene Hostie, die daraufhin „Blut weinte“. „Unerhört“, erklärten Gerdchen und ich in unserem Blatt. „Dumme Jungs“, befand der katholische Dorfpfarrer Mohr. „Hochwürden“ und „Geistlicher Rat“ ...... die ehrfurchtsvolle Bezeichnung im Ort ..... was bei mir als Protestant Eindruck machte, beim katholischen Gerdchen, der sich mit solchen Titeln besser auskannte, weniger.

„Laßt den Scheiß mit den Juden“, warnte mich der „Alte“, der weiter in Ruhe von seinem „Panzer-Feldzug gegen Moskau“ träumen wollte, den „die Bundeswehr in wenigen Wochen gewinnen kann“ .... wie er meinte.
Ich wich auf „weichere“ Themen aus. Eine alte Kapelle gab es da an einem Hügel zwischen Lauda und Königshofen, dem Nachbarort. Sie hatte bessere Zeiten gesehen. Paßte mir ins Konzept. Dachdecker, Maler, Maurer – unter den Soldaten war alles zu finden. Das Geld für Materialien bettelte ich über unsere Zeitung zusammen. Die kleine Familien-Kapelle strahlte in neuem Glanz. Die FRÄNKISCHEN NACHRICHEN jubelten, unsere eigene Zeitung noch mehr, ich freute mich.
Tieferen Eindruck auf mich machte eine Fahrt unserer Einheit ins bayerische Ursberg. Katholisches Pflegeheim für geistig Behinderte. Geleitet von Ordensschwestern.
Weihnachtsgeschenke hatten wir gesammelt, Geld und selber gebasteltes Kinder-Spielzeug. Uniformen im Ursberger Pflegeheim. Nicht immer so stürmisch begrüßt wie bei unserem Besuch .... Unsere Luftwaffen-Uniformen blau, freundlich blau. Dazu fröhliche gelbe Streifen, nicht schwarz mit Totenkopf an der Mütze.
20, 21 Jahre waren wir alt. Viele von uns hatten nie ein geistig behindertes Kind gesehen. Jetzt plötzlich solche Kinder im Arm, auf dem Schoß. Soldaten in Ursberg ...... eine Sensation für die Kinder, „super“ .... wie sie uns anerkennend sagten. Dann im Kreis einiger Ordensschwestern ein offenes Gespräch zum Thema „Euthanasie“. Das „Dritte Reich“ lag ja kaum 25 Jahre zurück. Lange hatten die Ordensschwestern um ihre Schützlinge gekämpft, selbst an Hitler Briefe geschrieben. Statt einer Antwort kam die SS. Grauenvolle Szenen, als die ängstlichen Kinder den Ordensschwestern aus den Armen gerissen, strampelnd und weinend in Transportwagen geschleppt wurden. Nur mit Schlägen und Gewalt verhinderte die SS, daß einzelne Ordensschwestern mit in die Transport-Fahrzeuge stiegen. Zurück kam kein Kind. Nach dem Gespräch zeigten die

Ordensschwestern uns die Station mit den schwerstkranken Kindern. „Wasserköpfe". Ein schockierendes Bild. Nie vergesse ich den kleinen Körper eines 16 Jahre alten Mädchens mit einem riesigen Kopf, der nur mit fremder Hilfe zu bewegen war. Eine Schwester streichelte dem Kind über den Kopf. Ein Lächeln auf dem Gesicht. „Alt werden diese Kinder nicht", erklärte uns die Schwester. „Aber sie empfinden mehr, als wir glauben. Immer wenn ich meinen kleinen Schützling streichle, strahlt er. Ihr seht ja. Wir verteidigen hier das von Gott gegebene Leben, nicht den Tod."

„Für das Leben – gegen den Tod." Ein wunderbarer Satz. Was ist nur los in Deutschland? Erinnern Sie sich noch an die angebliche „Mutter der Nation?" Inge Meisel hieß sie. Ein gräßliches Weib. Von der „Todespille" schwadronierte sie. „Wenn mein Leben nicht mehr lebenswert ist, werde ich diese Pille selbstverständlich schlucken. Ich trage sie immer bei mir." In den letzten Monaten ihres Lebens war Inge Meisels Zustand erbärmlich. Sie starb eines natürlichen Todes. Die Pille nahm sie nicht.

Im deutsch-niederländischen Grenzgebiet leben Holländer, die nicht unbedingt aus Liebe zu Deutschland in deutsche Altenheime gehen. Angst jagt sie nach Deutschland. In den Niederlanden ist es „normal" geworden, über die „Erlösung" alter Menschen von den „Qualen des Alters" zu sprechen. „Mein Bauch gehört mir" – eine andere Parole. Auf dem Titelbild einer deutschen Illustrierten viele Frauengesichter. „Stolze" Überschrift „Ich habe abgetrieben". Nur vorsichtiges Kratzen an diesen Parolen ..... und schon bröckelt der billige Putz. „Mein Bauch gehört mir." Wirklich? Gibt es da nicht auch noch andere „Besitzer?" Das Kind zum Beispiel, den Mann – und vielleicht doch „den da oben", ohne den das Leben auf unserem schönen Planeten gar nicht möglich wäre .... „Abtreibung" heißt es abwertend. Das hört sich an wie „faulen Zahn rausreißen, entzündeten Blinddarm entfernen". Muß es nicht ehrlicherweise heißen „Babymord im Mutterleib" .....?

Einig ist sich die „zivilisierte“ Welt über die Euthanasie-Verbrechen der NSDAP. Aber die lautesten „Anti-Nazi-Schreier“ sind heute zugleich die lautesten Befürworter der „Todespille“ des „Gnadentodes“ und der verniedlicht ausgedrückten „Abtreibung“. Wie paßt das zusammen? Alles andere bin ich als ein verstaubter Spießbürger, liebe und genieße mit Freuden das Leben mit all seinen Facetten. „Für das Leben – gegen den Tod.“ Der Satz gefällt mir gut.
Ich bin davon überzeugt: Auch das ungeborene Menschlein hat bereits eine Seele, will leben. „Der stumme Schrei“ ..... Titel eines aufrüttelnden Filmes, den deutsche Medien nie zeigten: 40 000 Kinder, die Einwohnerzahl einer Kleinstadt ...... „abgetrieben“ von einem jüdischen Frauenarzt. Dann schlug ihm das Gewissen, machte den Film. Mit Spezialkameras im Mutterleib einer Schwangeren. Geschockt war er, als die zum Zerstechen der Fruchtblase eingeführte Nadel sich dem Kind näherte. Das ungeborene Baby weicht zurück, „windet“ sich. Als die Nadel zusticht, der aufgerissene Mund – „der stumme Schrei“. „Liberale, Linke und Grüne“ sehen im ungeborenen Baby „Zellmasse“ .... mehr nicht.
Vor Jahren ging mein Freund, der katholische Pfarrer Winfried Pietrek, ins Gefängnis, weil er sich bei einem „Abtreibungsarzt“ nicht für das Wort „Todes-Klinik“ entschuldigen wollte. Großartig.
Übrigens: Der jüdische Abtreibungsarzt hat nach den Filmaufnahmen nie wieder „abgetrieben“, wurde Christ.
Dezember 1968. Bundeswehr-Entlassung. Fiel mir schwer wie der Schulabschied. Eine schöne Zeit. Eigene Zeitung. Sogar den politischen Unterricht durfte ich machen – hin und wieder, wenn der zuständige Offizier verpennt hatte oder ganz einfach zu faul war. Auf den Straßen tobten die 68er. „Unter den Talaren der Muff von 1000 Jahren“. SDS-Parole an den Universitäten. „Politisch korrekt“ .... nein, das war die Bundeswehr damals noch nicht. Aber menschlicher und ehrlicher als heute. Wir waren stolz, mit unserer Uniform auf die Straße zu gehen, versteckten sie

nicht. Heute urteilen andere über die Bundeswehr, ändern traditionsreiche Kasernennamen, schweigen, wenn es heißt „Soldaten sind Mörder", verteidigen so angeblich die Ehre des Militärs. Gleichzeitig schicken sie junge deutsche Soldaten in weit entfernte Länder, nehmen deren Tod in Kauf und lassen sie am „Hindukusch deutsche Interessen" verteidigen, die angeblich dort beginnen. Eigenartige Logik. Für mich nicht nachvollziehbar.
Nach meiner Bundeswehr-Entlassung wurde bald die Kasernenzeitung „UNSER BLATT" auf Befehl der übergeordneten Division eingestellt. Zu große Konkurrenz für das Divisions-Blatt. Die heimische Wirtschaft gab lieber der „volksnahen" Kasernenzeitung die Anzeigenaufträge – statt an die weit entfernt sitzende Division. Vielleicht waren wir auch ein ganz klein wenig interessanter und besser.

Mein Traumberuf: Journalist

Eines war mir bei der Bundeswehr klar geworden: Nie wieder Schriftsetzer. „Auch Friedrich Ebert war Schriftsetzer", erinnerte mich Berufsschullehrer Geyer oft, „und im Mittelalter war es eine Ehre, der schwarzen Zunft anzugehören." Nichts gegen den großartigen Friedrich Ebert und die schwarze Zunft im Mittelalter. Ich pfiff auf beide. Journalist wollte ich werden – nichts und auch gar nicht anderes. Ein neuer Lebensabschnitt.
21 war ich. 9 Jahre Volksschule in Bremen. O.k.: Berufsabschluß, Weiterbildung, Militär. Aber um Journalist zu werden, eines der so heiß begehrten Redaktions-Volontariate zu bekommen .... „25 sollte man sein", möglichst „Abitur haben", „erwünscht sind einige Semester Studium" .... sagten die Ausbildungs-Richtlinien von Verleger- und Journalistenverbänden. Störte mich nicht. „Natürlich bekomme ich eine Ausbildung als Journalist" .... sonnenklar war mir das. Woher ich diese jugendliche Unbekümmertheit oder Dämlichkeit nahm –

ich weiß es heute nicht mehr. Erste Bewerbung bei der NORDDEUTSCHEN VOLKSZEITUNG in Bremen-Blumenthal. Friedrich Pörtner, konservativer Verleger. Sein Chefredakteur: Hans-Joachim Groß, ebenfalls konservativ. Vor mir im „Gästezimmer" des Chefredakteurs 10 Mitbewerber, eigentlich war ich chancenlos. Dauerte mir auch zu lange das Warten. Es wird sich was anderes finden. Ganze Legionen von Schutzengeln muß ich gehabt haben .... die meine Leichtfertigkeit und Unbekümmertheit verteidigten, verdeckten und vertuschten. Ich stand auf, wollte gehen. Ein kleiner Mann mit wenig Haaren und wachen, freundlichen Augen stoppte mich: „Wohin? Wer sind Sie?" Dumm, dumm, dumm meine Antwort: „Dauert mir zu lange, will nicht mehr warten. Ich hab doch schon Leserbriefe für Sie geschrieben, heiße Joachim Siegerist."
Der kleine Mann mit den wenigen Haaren war Hans-Joachim Groß. Chefredakteur. „Dann kommen Sie mal rein bei mir" .... wies auf sein Dienstzimmer und die anderen Wartenden schauten böse. In Bremen tobten die 68er. Ich war gegen sie. Groß wußte: Siegerist hatte als Vorsitzender der Christlichen Gewerkschaftsjugend in Bremen „Demos" organisiert, gegen den Sozialistischen Deutschen Studentenbund (SDS) von Rudi Dutschke, aber auch gegen die NPD, war gegen links- und rechtsextrem gleichermaßen. Verrückte Flugblätter verteilt: „Ja zum Staat – Ja zu Springer" und der WESER KURIER staunte, daß die Jugend 1968/69 nicht nur von „Linken" repräsentiert wird. Paßte nicht ins politische Bild. Der „Marsch durch die Institutionen" hatte begonnen – voran bei den Medien.
Die NORDDEUTSCHE VOLKSZEITUNG wollte keinen Linken. Monate zuvor hatten die 68er in der alten Hansestadt die Straßenbahn-Krawalle. Vordergründig: Fahrpreis-Erhöhung. Die Wahrheit: Willkommener Anlaß zur Randale gegen die „Etablierten". Linke Demonstranten und Polizei standen sich gegenüber. Steine warfen die einen, Knüppel schwangen die anderen. Die Linke wollte

ein anderes Deutschland. „Draufhau'n, draufhau'n – nachsetzen", brüllte Polizeipräsident Erich von Bock und Polach (SPD). Die NORDDEUTSCHE VOLKSZEITUNG wollte kein „anderes Deutschland", ich auch nicht. Chefredakteur Hans-Joachim Groß: „Ich glaube, Sie haben Talent. Wir versuchen es. Sie bekommen einen zweijährigen Volontariats-Vertrag, werden bei uns zum Redakteur ausgebildet." Antwort: „Ich brauch' nur ein Jahr." Die Decke hätte mir auf den Schädel knallen müssen – bei so viel Selbstüberschätzung und jugendlichem Hochmut. Hans-Joachim Groß ließ sich nichts anmerken, meinte nur beiläufig „Wir werden sehen ...."

Journalisten – und solche, die sich so nennen

Jeder Beruf muß gelernt sein. Keiner käme auf die Idee, sich Schlosser oder Arzt, Gärtner oder Ingenieur, Mathematiker oder Klempner zu nennen ......, ohne den jeweiligen Beruf erlernt zu haben. Anders beim Journalisten. Hört sich gut an, Ausbildungs-Nachweis nicht nötig. Natürlich können viele Menschen gut schreiben, auch ohne den Beruf erlernt zu haben. Reicht aber nicht. Wirklicher Journalismus muß erlernt, erarbeitet werden. Mindestens 10 Jahre Lehrzeit sind nötig, damit sich ein Journalist auch fachlich wirklich Journalist nennen kann. Meine maßlose, jugendliche Selbstüberschätzung im Beruf stieß schnell auf „natürliche" Grenzen. Journalisten-Mischung: Begabung, Erlerntes. Mag sein, daß Begabung überwiegt. Reicht aber nicht bei folgenden Fragen: Welche Schlagzeile wird auf der Politik-Seite wie formuliert, welche im Lokal-, Sport-, Wirtschafts- und Feuilleton-Teil? Wie wird die Mischung des Blattes? Welche Überschrift paßt zu welcher? Länge des Artikels, wie beginnt und wie endet er? .... eine fast unendliche Geschichte. Leicht fiel mir natürlich der „Umbruch" – die grafisch-optische Zusammenstellung der einzelnen Zeitungsseiten. Hier half mir mein Schriftsetzer-Beruf sehr – und er kam mir

nun nicht mehr so scheußlich vor. Das Glück stand beruflich auf meiner Seite. Ein junger Polizeireporter der Zeitung erwies sich als Mißgriff für das Blatt. Ihn zierte ein großer Name. Deswegen war er eingestellt worden. Sein Talent war eher dürftig. Menschlich ein guter Kerl – und es tat mir leid, daß er „gefeuert" wurde. Für mich eine Chance, 6 Monate Volontariat – und der Chef entschied: „Siegerist wird Polizeireporter". „Ein toller Job", ... wie ich als jugendlicher Feuerkopf fand.
Jeden Morgen um 9 Uhr Pressekonferenz bei Hartwig Gaus, Pressereferent des Polizeipräsidiums, stellvertretender Polizeipräsident, „rechter" Sozi. Wir verstanden uns von der ersten Minute. Bei der Pressekonferenz mit dabei: Jürgen Bettmann – Polizeireporter des WESER KURIER, Manfred Ebel – Polizeireporter der BREMER NACHRICHTEN, häufig auch Manfred Hocke, der für die BREMER NACHRICHTEN „nebenbei" noch Gericht „machte", ein besonders feiner Kollege, Flüchtling aus der Sowjetzone. Und vor allem Ernst Pichnow. Über 70. Polizei- und Gerichtsreporter für RADIO BREMEN. Kam immer zu spät. 1000 Nachfragen wegen seiner Schwerhörigkeit, nur in Eile. Mit seinem gebückten Gang sauste er durch die Flure des Bremer Polizeipräsidiums, Schreibblock in der Hand. Wir hatten es besser als er, konnten in Ruhe für den nächsten Tag schreiben. Seine „Rundschau" von Radio Bremen lief am gleichen Tag, mittags, 12 Uhr. Der alte Ernst Pichnow war das Klischee-Bild des „rasenden Reporters". Der Älteste unter Bremens Journalisten und der Jüngste – wir mochten uns sehr. Er gab mir fachliche Tipps, ich schrieb ihm auf, was er in den Pressekonferenzen wegen seiner Schwerhörigkeit nicht verstanden hatte, obwohl er ununterbrochen an seinem altertümlichen Hörapparat im rechten Ohr am Fummeln und Schimpfen war.
Sein abgewetzter brauner Anzug blieb in meinem Kopf. Er trug ihn täglich. Jahre.
Bei Hartwig Gaus, dem Polizei-Pressereferenten, landeten die Meldungen der einzelnen Kommissariate. Reichten

uns aber nicht. Verkehrsunfall mit einem Toten und zwei Verletzten. Schlimm. Aber heute gelesen, morgen vergessen. Ein Journalist mußte mehr wissen als der Polizist. Welche Farbe die Unfall-Fahrzeuge? Modelle? Alkohol im Spiel? Vielleicht eine fröhliche Feier zur Beförderung – danach Unfall? Besser noch: Kam von Trauerfeier, beim Fahren Tränen aus den Augen gewischt, sah Verkehr nur verschwommen. Jung – erst eine Woche Führerschein? Oder: 98jähriger Unfallfahrer, ganzes Leben unfallfrei, eine Woche vor freiwilliger Abgabe des Führerscheins schwerer Unfall mit Verletzten und Toten ....
Journalisten sehen die Dinge anders als Polizisten .... lernte ich. Müssen sie anders sehen. Der Leser will **alles** wissen, hat ein Recht darauf, **alles** zu wissen. Auch in Politik und Wirtschaft. Der Journalist allein – und kein anderer – muß die Grenzen einer Berichterstattung selber einschätzen können. Gehört zum Beruf, muß erlernt werden. Auch für die politische Berichterstattung gilt dieser Grundsatz. Ich jedenfalls sehe das so. Besser über allzu „indiskrete" Berichte der Journalisten die Nase zu rümpfen .... als eine vom Staat verordnete Zensur. In Kriminal-Reportagen wird heute nicht mehr gesagt „Täter war Türke oder Zigeuner", von mir aus auch „Albaner, Franzose, Italiener oder Eskimo". „Unanständig" befinden Gutmenschen, die sich selber zu „Ober-Zensoren" ernannt haben, ist „rassistisch" oder gar „volksverhetzend". Zensur ist es. Schlicht und einfach von links verordnete Nachrichten-Unterdrückung der „Volks-Beglücker", die ganz allein wissen, was den Menschen zugemutet werden darf und was nicht. Journalisten, die sich an die „Gutmenschen-Vorgaben" nicht halten wollen, drücken sich an diesen „Anstand-Richtlinien" vorbei, wie Journalisten diktatorischer Länder in Rußland oder China. Statt „Zigeuner" heißt es jetzt „eine fahrende ethnische Minderheit", beim kriminellen Türken wird die Nationalität nicht genannt, dafür der abgekürzte Name mit „Richtungsweisung" .... „der Täter Ali I." oder „Murat D."

Im Dritten Reich gab es zur Unterdrückung unliebsamer Nachrichten den sogenannten „Heimtücke-Paragraphen". Um Himmels Willen keinen „Feindsender" hören. Gesetze und ungeschriebene Richtlinien engen die Freiheit der journalistischen Berichterstattung mehr und mehr ein. Die Nation hat es aber noch nicht gemerkt. Ein ganz klein wenig hörte sie auf beim Stichwort „Prügelnder Welfen-Prinz und Monaco". Ein winziges „Fürstentum", vor Jahrhunderten entstanden aus einer Seeräuber-Brut. Kein Mensch hatte von Monaco Notiz genommen. Wer kannte schon Monaco? Dann eine Hollywood-Heirat mit verkauften Filmrechten an die Amis. Monaco erlangte fast ausschließlich durch die tratschende Regenbogenpresse Bedeutung, Reichtum und Bekanntheit in der Welt. Dann wurde sie lästig ...... die Journaille. Europäische Klagen. Es war immer so – es wird immer so sein: Politik will Journalismus gängeln. Einschränkung der Pressefreiheit ist aber der erste Schritt in Richtung Diktatur. Deutschland ist in den vergangenen Jahren mit Rot-Grün bereits einige Schritte gegangen. Unionsparteien? Auch deren Führer möchten lieber als „Helden" von der Journaille gefeiert werden, denn als angreifbare und zu kritisierende „Normal-Menschen" ohne Heldentum. SPD, CDU/CSU, FDP – und am meisten Grün .... die sind sich in dieser Frage alle gleich – aber gehen auf dem Boulevard der Nation als die Hüter der Pressefreiheit stolzieren.
Hinzu kommt eine unheilvolle Entwicklung im Journalismus: 1. Früher war es journalistisch unfein, Nachricht und Kommentar miteinander zu vermischen. Heute: Gesinnungsschreiberei hat die saubere Recherche ersetzt. Kommentar und Nachricht sind ein Brei geworden. 2. Internet-Informationen. Ein Journalist schreibt vom anderen ab. Immer langweiliger, immer eintöniger. 3. Außerdem: Von Ausnahmen abgesehen – die Journalisten-Ausbildung wird schlechter und schlechter. Von Haus zu Haus gehen, „Klinkenputzen", Nächte um die Ohren schlagen, um an die richtigen Informationen zu

kommen – wer macht das noch? Höchstens stumpfsinniges Warten mit der Kamera ..... bis nächtliche Sitzungen der Politiker beendet sind. Dann das Abspeisen mit dem üblich gewordenen Grinse-Gesicht: „... wird noch in den Gremien beraten. Doch nicht vor der Kamera ....“, ... und die sogenannten „Journalisten“ nicken beflissen mit ihren Köpfen. Wer weiß: Vielleicht benötige ich den Interviewten für eine Beförderung im „öffentlich-rechtlichen“. „Hofberichterstattung“ hieß so etwas noch vor 20 Jahren.
Mich ekelt solche Art von „Journalismus“ an. Vorsicht, wenn Politiker vom „Recht auf Schutz des Privatlebens“ gegenüber dem Journalismus sprechen und selbst die Einstellung von Fernsehkameras vorschreiben, um möglichst vorteilhaft in der „Puschen-Glotze“ zu erscheinen. Ist mit positiver Berichterstattung zu rechnen, macht nahezu jeder Politiker „privaten Striptease“ vor Journalisten, zeigt bereitwillig alles. Auf Wunsch auch das „ehe- oder nicht-eheliche“ Schlafzimmer. Originalton aus Berlin: „Ich bin schwul, und das ist gut so.“ Kam an. Käme es nicht an, wird es „kritisch“. Der Schreiber verletzt die „Grenzen des journalistischen Anstands“, sollte sich „schämen“.
Ich erinnere mich noch an den guten, alten SPD-Innensenator Franz Löbert aus Bremen. Die Journalisten ließen sich noch nicht so sehr in Partei-Schubladen einsortieren. Löbert, ein konservativer Sozi, mochte mich, steckte mir die Namen von linken „Parteifreunden“ .... verzeichnet in Notizbüchern von Mitgliedern der Baader-Meinhof-Bande. Er wollte seinen linken „Stellvertreter“ los werden – und auch seinen Sprecher, Henning Scherf, den späteren Bremer Bürgermeister. Natürlich berichtete ich .... und sofort das Geschrei der Linken: „Das geht zu weit. Journalismus hat Grenzen.“ Damals gab es eine andere SPD als heute. Der alte Innensenator antwortete nur: „Aber Siegerist hat nichts Falsches gesagt.“ Die Angegriffenen mußten gehen.
Wo sind die selbst gesetzten Grenzen der journalistischen Berichterstattung? „Dieses Bild wollen wir nie wieder

sehen.“ Darunter abgedruckt – das Bild, das wir „nie wieder sehen“ wollen. Grenzgang – was ist zumutbar, was will das Publikum sehen, lesen – was geht zu weit, verletzt wirklich die Grenzen journalistischen „Anstands“? Was ist mit der fünften Frau eines Ministers, die früher Bardame war? Zu schützendes Privatleben, Recht der Öffentlichkeit auf Information? Die Alternative zur journalistischen Freiheit ist und bleibt Pressezensur, letztlich Diktatur.

„Mein erster Mord“ – Was darf ein Journalist schreiben?

Nach einem Jahr hatte mich der WESER KURIER von der NORDDEUTSCHEN VOLKSZEITUNG abgeworben. Zweiter Mann bei Polizeireporter Jürgen Bettmann, Journalist mit Leib und Seele, später Chefredakteur des Bremer Lokalblatts. Ich lernte viel beim ihm, lange nicht genug, war kaum mehr als sehr, sehr blutiger Anfänger.
Dem WESER KURIER folgte ein Jahr später BILD. Vorstellung bei Peter Boenisch in Hamburg. Aber nur ein kurzer Händedruck. „Keine Zeit, wir sind in der Produktion“ – das war alles, was er mir sagte. Ich war enttäuscht, fand Boenisch natürlich „grandios“. Das Gespräch führte Vollrath von Heintze, Chef der BILD-Nachrichtenredaktion, an deren „Band“ damals etwa 10 BILD-Außenredaktionen hingen – von München bis Hamburg. Ein phantastischer Mensch, erstklassiger Lehrer für mich, Journalist und nur Journalist. Durch und durch. Für die Redaktion Bremen war ich vorgesehen. Stellvertreter vom „dicken Arens“, Chef von BILD-Bremen. Wenn er am Wochenende frei machen wollte und ich beim WESER KURIER frei hatte, sprang ich nur allzu gerne für ihn ein. 1100 Mark war mein Monatsgehalt beim WESER KURIER. „Enorm viel“ – so empfand ich es. Beim Wochenend-Dienst bei BILD Bremen bekam ich 200 Mark auf die Hand. Stattlich damals. 24 Jahre war ich. Wir schrieben das Jahr 1971. „Sie bleiben in der Hamburger

Zentrale", ... entschied von Heintze, „kommen zu mir in die Nachrichten-Redaktion". Für mich ideal. Er lehrte, ja drillte in freundlicher Weise immer wieder, ließ mich meine Berichte und Nachrichten dutzendfach umschreiben. Das Erdbeben in Asien. Insgesamt 12 Zeilen. Pro Zeile 23 Schreibmaschinen-Anschläge. Kein ruhiges Arbeiten. In zwei kleinen Räumen 8 telefonierende, diktierende Journalisten, Tür auf, Tür zu. „Benni, wann seid ihr fertig?" brüllte Boenisch – und „Benni" von Heintze, ohne sich aus der Ruhe bringen zu lassen: „Moment noch." Er liebte seinen Beruf. Sonntagsdienst? Er trällerte fröhlich „Immer wieder sonntags" und sang den bekannten Schlager von Cindy und Bert nach. Ich lernte viel bei ihm, dem späteren Chef der Springer-Journalisten-Schule. Was immer über BILD geschrieben wurde und geschrieben wird: BILD ist für jeden Journalisten eine erstklassige Schule – und von Heintze war mir ein exzellenter Lehrer.
Es dauerte nicht lange, und von Heintze entschied „Siegerist wird Chef bei BILD-Bremen. Aber erst nur auf Probe." Der „dicke Arens" hatte einen anderen Job in der freien Wirtschaft bekommen.
„BILD-Bremen: Joachim Siegerist i.V." im Impressum der BILD-Gesamtausgabe. In Vertretung bedeutete das „i.V.". Bald kippte auch das „i.V." und ich fühlte mich als Multi-Millionär, als ich Dienstwagen und 3000 Mark Gehalt bekam, hätte die Welt umarmen können, gab mir alle Mühe, besser zu sein als die älteren Kollegen. „Viel zu jung", ärgerten sich einige von denen. Stimmte. Dazu ein Babygesicht. Einen Bart ließ ich mir wachsen, wollte älter aussehen. Der Bart blieb bis heute. Das „Älteraussehen" kam von allein.
Dann meine erste richtig große „BILD-Story" und natürlich die Frage „Wie weit darf der Journalist in der Berichterstattung gehen?"
Doppelmord in einem Bremer Reihenhaus. Bürgerliche Wohngegend. Im Flur des Reihenhauses das mit einer Axt erschlagene Ehepaar. Schädel fast gespalten. Im Rachen der toten Frau eine Haarbürste: Der noch unbekannte

Mörder hatte vermutlich das Röcheln der Sterbenden nicht ertragen können, als er die Wohnung nach Geld durchsuchte. Er war sicher, Geld zu finden. Das Ehepaar betrieb einen kleinen Hausverkauf. Getränke, Zigaretten. Keiner der Nachbarn hatte den nächtlichen Mord bemerkt, kein Schrei, kein lautes Geräusch, kein Kampf. „Die Toten müssen den Mörder gekannt haben“, ... ahnte Karl Brix, Chef der Bremer Mordkommission. In der Nacht nach dem Mord fanden die beiden Kinder der Toten ihre erschlagenen Eltern in Blutlachen. Die kleinen Mädchen liefen weinend und unter Schock aus dem Haus, alarmierten Nachbarn.
Natürlich hörten wir Journalisten heimlich den Polizeifunk, hatten auch den verschlüsselten Code, der ständig geändert wurde. „10 am Markt“. „10“ – das hätte zum Beispiel „Mord“ bedeuten können. Konkret: Ein Mord am Bremer Markt. Oft waren die Polizeireporter vor der Polizei am Tatort, was die Uniformierten ärgerte. Der Code wurde täglich umgestellt. Kein Problem für uns.
Dann das „übliche Geschäft“: Fotos vom Tatort, notfalls durch die Briefklappe. Karl Brix hatte für die Fotografen bewußt „vergessen“, sie zu verkleben. Er brauchte uns für die Fahndung, wir brauchten ihn. Geschäft auf Gegenseitigkeit. Fotos der beiden Mädchen. Natürlich wollte jeder die Gesichter der Kinder sehen, die ihre Eltern gefunden hatten. Die, die mit der Nase rümpften, glotzten am meisten. Warum soll ich es verschweigen? Die schönen, lieben Kindergesichter der beiden Mädchen machten die dramatische Geschichte noch „besser“. Echte Journalisten haben „Jagdfieber“, denken in solchen Situationen nur daran: Wie komme ich an meine Informationen? Mitgefühl – das kam mit Verzögerung ..... wenn die Arbeit getan war. Ich hatte die Fotos der beiden Mädchen bald. Von den Großeltern. Dann die Fragen: Warum? Wer? Wann? Wo? Das „Wie“ war bereits beantwortet. Das „Wo“ sofort. Am interessantesten das „wer“ und „warum“. In diesem Fall ein Schock für die ganze Nation. Der Täter: Keine 18 Jahre. Liebes, freundliches

Milchgesicht mit weichen Zügen. Papa: Ranghöchster Jugendrichter Bremens, streng in all seinen Urteilen, überstreng .... wie wir Polizeireporter meinten.
Der Sohn kam mit dem von Papa nur knapp zugeteilten Taschengeld nicht aus. Die freundlichen Nachbarn mit dem Wohnungsgeschäft erschienen ihm ideal. Doppelmord, weil Taschengeld zu knapp erschien.
Die Fotos der Waisen hatte die Nation gesehen. Von FRANKFURTER RUNDSCHAU bis WELT, BILD und FAZ: Wie sieht er aus – der Mörder mit dem Kindergesicht? Ein befreundeter Kripo-Leiter steckte mir: „Wir bringen ihn dann und dann durch den Hintereingang des Polizeipräsidiums ins Gebäude. Ich weiß von nichts, habe nie mit dir gesprochen." Wie hätten wir unsere Informationen preisgeben können? Natürlich sah Deutschland den „Mörder mit dem Milchgesicht". Zwei Tote. Heimtückischer Raubmord. Zurück blieben zwei Waisen. Rücksichtnahme, weil der Mörder noch nicht 18 war? Keiner dachte so – ich auch nicht.
Weiter. Nun stand er fest – der Mörder. Doch der Vater? Und wieder ein „Grenzfall" des Journalismus. Ranghöchster Bremer Jugendrichter. Sein Sohn war der Mörder – nicht er. Aber hatte er den Sohn nicht erzogen, geprägt? Zu streng, zu wenig väterlich? Dadurch mitschuldig geworden? Obwohl Jugendrichter – oder gerade deswegen? Grenzfall. „Entscheiden können wir später", befand ich ...., „erst mal müssen wir das Foto haben", ... und eine eher unwürdige „Jagd" begann. Er lief den Fotografen davon, benutzte Umwege, versteckte sich. Mantelkragen hoch, Aktentasche vors Gesicht. Natürlich entkam er Uwe Hempen nicht, meinem Fotografen und Freund, den ich auf einem Rosenmontags-Ball kennengelernt und sein fotografisches Talent erkannt hatte.
Die angedeuteten Bilder der Toten, die Gesichter der beiden Mädchen, das Foto des Mörders mit dem Milchgesicht und das halb-versteckte Gesicht des Vaters. Sie gingen um die Welt. Ich bin froh, daß ich später mit solchen Berichten nichts mehr zu tun hatte. Bereut habe ich

die Arbeit nicht. Es war so – und (Entschuldigung) – es war journalistisch „normal". Als später STERN und SPIEGEL Uwe Barschel jagten, war es schlimmer. Ein Unterschied: Ich hatte keine Fakten verdreht, die Berichterstattung nicht auf „windige" Informanten gebaut und nicht vorab und zu Unrecht verurteilt, geköpft, entehrt.

Inzwischen war Axel Springer auf mich aufmerksam geworden. Der junge, in seine Richtung tendierende Siegerist. Zuständig für BILD-Bremen und BILD am SONNTAG. Willy Brandt war Kanzler. Rainer Barzel wollte ihn stürzen, selber Kanzler werden. Der konservative und grund-ehrliche FDP-Abgeordnete Wilhelm Helms aus Bissenhausen bei Bremen war gegen Brandt – zum Entsetzen von FDP-Chef Walter Scheel, der es mit den Roten hielt. Die linken Medien erklärten Helms zum „Deppen der Nation", zum „blöden Bauern". War er nicht. Und käuflich schon gar nicht. Axel Springer: „Siegerist muß gegensteuern." Nichts war mir lieber als das.

Von Haus zu Haus ging ich bei den Helms-Nachbarn, las alte Berichte über ihn, sprach mit Bekannten, Klassenkameraden, örtlichen Parteigrößen von SPD, CDU und FDP. Das Urteil fiel eindeutig aus: Ein anständiger Kerl, aber gegen die Linken, gegen Brandts „neue Ostpolitik". War früher in der DEUTSCHEN PARTEI (DP) von Heinrich Hellwege, Adenauer-Minister und später Ministerpräsident von Niedersachsen. BILD steuerte mit meinen Berichten dagegen. Ein anderer Helms plötzlich. Axel Springer freute sich. Die Meinung der BILD-Redaktion war gespalten. Auch dort gab es „links" und „rechts".

Für die Familie Helms eine schwere Zeit. „Ihr Mann geht fremd, hat eine Geliebte." Unbekannte Stimmen am Telefon. Prügel für Ulrich Helms in der Schule, den Sohn. STERN, SPIEGEL, Panorama ...... Jagdzeit der Linken. Ihre journalistischen „Jagd-Bedenken" waren geringer als meine beim geschilderten Mord. Blut floß nicht. Das

Zertrümmern der Ehre durch Journalisten kann schlimmer sein – vor allem dann, wenn statt gründlicher Recherche bewußt gelogen wird. „Der ist gekauft“ ..... verbreiteten linke Blätter. Der anständige Helms schämte sich. Die Wahrheit sah völlig anders aus. Noch verschwieg er sie mir.
Kaum noch einen Schritt allein konnte Wilhelm Helms machen. Selbst auf die Toilette im Bundestag folgten ihm SPD- und FDP-Abgeordnete. „Staatssekretär im Landwirtschaftsministerium.“ Lockangebot. Damit er für Brandt stimmt. „Nein“, sagte Helms. „War wohl nicht genug“, mutmaßten die Linken, boten telefonisch Geld. Helms legte empört auf, schämte sich darüber zu sprechen.
Dann Brandt selber. Versuchte Helms zu überzeugen. Im persönlichen Gespräch. Ging nicht. „Ich bin Gegner Ihrer Ostpolitik“, antwortete Helms, „gegen Ihre Ostverträge.“ Kein Erfolg für Brandt. Die Verleumdungs-Kampagne gegen den „dummen Bauern aus Bissenhausen“ verstärkt. Wieder einmal erlebte ich sie: Toleranz der Linken.
Dann die Abstimmung im Deutschen Bundestag. Mißtrauens-Votum gegen Brandt. Eine Stimme Mehrheit für ihn. Rechnerisch eigentlich nicht möglich. „Hat Helms doch ....?“ mutmaßten jetzt nicht nur die Linken allein. Wer ahnte damals schon etwas von einem Stasi-Mann in der CDU/CSU-Fraktion? Wer kannte den Namen Steiner, der die 50 000 Mark, gezahlt von Mielke und Honecker, bekommen hatte, weil das „DDR“-Unrechtssystem Brandt als Kanzler halten und Rainer Barzel verhindern wollte?
Erst Wochen später erfuhr ich von Wilhelm Helms das ganze Ausmaß der versuchten Bestechung, die Brandts Kanzlerschaft sichern sollte. Genau hab' ich die Summen heute nicht mehr im Kopf. Aber die „grobe Richtung“ stimmt. Erstes telefonisches „Angebot“ für die Helms-Stimme: 1 Million. Empört und beschämt legt Wilhelm Helms auf. Ein biederer und ehrlicher Landwirt. Nur mit seiner Frau spricht er darüber, daß man ihm so etwas angeboten hatte. „Nicht genug“, dachten die „spendab-

len" Anrufer. Zweiter Versuch: „Wir können die Summe erhöhen." Wieder legt Helms auf, inzwischen wutentbrannt. Dritter Anruf: „Bestimmen Sie die Summe selber. Können Sie auf einen Scheck schreiben, wenn Sie wollen, zahlen wir auch bar."

Für die BILD am SONNTAG machte ich eine Schlagzeile daraus; empört waren wenige. Der „Friedens-Engel" Brandt. Das kann nicht sein – oder „der Zweck heiligt die Mittel". „Typisch BILD", hieß es abwertend. Wie kann man so was schreiben? „Moral" der Linken wieder einmal.

Wie hätte sich die Zeile wohl gemacht: Franco zahlt Millionen an die CDU ...... oder „Pinochet steckt Strauß einen Scheck zu"?

Moralischer Unterschied? Wohl in erster Linie der: Pinochet und Franco verhinderten in ihren Ländern marxistische Diktaturen ..... was nicht heißen soll, daß ich sie deswegen als Rechts-Diktatoren „verehrte". Darauf hinzuweisen gehört aber zur geschichtlichen und auch zur journalistischen Wahrheit.

Ein aufrechter Mann. Wilhelm Helms, Landwirt. Als FDP-Abgeordneter gegen Brandt und dessen Ostpolitik. Folge: Diffamierung und Treibjagd.

Kleiner, aber nicht weniger interessant eine andere „Grenzfrage“ der Berichterstattung, mit der ich bei BILD konfrontiert wurde. In Bremen gab es einen ungekrönten König. Richard Boljahn. Alles in einer Person. SPD-Fraktionschef, DGB-Chef, Chef der damals allmächtigen und gewerkschaftlichen Wohnungsbaugesellschaft (GeWoBa), anderweitig bekannt als „NEUE HEIMAT“: Kein angenehmer Mensch. Als junger Rebell der Jungen Union hatte ich geschrieben: „Wenn ihr nicht wollt die rote Brut – dann seid vor Boljahn auf der Hut.“ Platt, ziemlich dämlich. Ich fand es natürlich toll. Wie gern hätt' ich ihm mehr am Zeug geflickt. Dann politischer Sturz des Allmächtigen. Allmächtig – ja, das war er wirklich im kleinsten deutschen Bundesland – und nicht angenehm im Umgang. Wir in der CDU hielten ihn allesamt für einen „sozialistischen Proleten“. Und er gab sich auch so.

Er lebte mit einer jüngeren Frau zusammen – Name uninteressant. Was Richard Boljahn anfangs nicht wußte: Eine kranke Frau. Die Krankheit: Kleptomanie. Furchtbar für den Mann. Jeder wußte: Boljahns Freundin. Sie klapperte die Läden der Bremer Innenstadt ab, nahm mit, was nicht niet- und nagelfest war. Keiner stoppte sie. Boljahn erhielt die Rechnung, er dankte, zahlte.

Der Bremer Journaille blieb es verborgen. BILD-Bremen. Am Wall 148. Büro in der Innenstadt. Erste Etage. Meine Wohnung: Obere Etage. Ganz unten ein teures Kristallgeschäft „LILAC“, benannt nach dem sündhaft teuren Kristall „Lalic“ aus Frankreich. Inhaberin: Familie Lürssen. Stock-rechte Reedersfamilie aus Bremen-Nord. Natürlich kannte ich die Verkäuferinnen. Wir sahen uns täglich mehrmals. Entsetzt erzählten sie mir: „Die Boljahn-Freundin hat bei uns geklaut. Schon mehrmals. Was machen wir? Die Sache ist peinlich.“

Die „Stunde der Abrechnung“ mit Boljahn schien mir gekommen, aber noch schwieg ich, erzählte nichts davon der BILD-Zentrale in Hamburg. Anruf bei Boljahn. Wer kannte damals in Bremen nicht „BILD-Chef“ Siegerist? Mein Triumph schmolz schnell dahin. Am Telefon ein

gebrochener Mann: „Sie wissen doch, was ich hinter mir habe. Ersparen Sie mir jetzt auch noch diesen Kummer. Ich weiß, was Sie von mir denken. Aber ich bin auch nur ein Mensch. Berichten Sie nicht.“ Vermutlich wurde ich rot vor Scham. Wie billig waren meine Rachegedanken .... und war ich nicht wirklich noch ein wenig zu jung für diesen Job, der mehr voraussetzte als fachliches Können und journalistische Nase? Kein Wort kam über meine Lippen. Hamburg erfuhr nichts. Kein anderer Journalist erfuhr ein Wort. Vergessen in meiner Schublade. Richard Boljahn ist lange tot. Manchmal – wenn ich im Auto von Bremen nach Hamburg fahre, weil ich in „mein altes Bremen“ immer noch verliebt bin, obwohl längst Hamburger, sehe ich kurz vor der Autobahnabfahrt ein blaues Straßenschild in der von Boljahn nach dem Krieg errichteten Riesen-Wohnsiedlung „Neue Vahr“. Eine kleine, eigentlich viel zu schäbige Straße .... mit dem weiß-blauen Schild „Richard-Boljahn-Weg“. Vielleicht war er doch mehr Mensch, als ich als junger Kerl und Journalist begreifen konnte.
„Politisch korrekt“ .... nein, das war dieses alte, rote Schlachtroß wirklich nicht. Vielleicht wurde er mir deswegen **nachträglich** ein ganz klein wenig sympathisch.
Die ungeschriebenen Geschichten bei BILD waren oft die besten. An zwei erinnere ich mich besonders.
Ein liebes, altes Mütterchen kam fast täglich zu mir in die Redaktion. Gesicht wie ein runzliger Engel, Stimme wie die Saiten einer Harfe, adrett und immer schick gekleidet. Eine Bilderbuch-Oma. Bewohnerin eines katholischen Altenheimes. Ich merkte bald: Da gibt es etwas, was sie bedrückt, mit dem sie aber nicht so recht raus will. „Vielleicht schämt sich die alte Frau“, ... dachte ich mir ..... Dann kam sie eines Tages von allein raus mit der Sprache: „Sie werden es nicht glauben, aber ich werde von den Ordensschwestern bestohlen.“ Ich war geschockt. Boljahns Freundin als Klauerin. Hinnehmbar. Aber katholische Ordensschwestern? Mir jedenfalls ein fürchterlicher Gedanke. „Vielleicht nur eine“, dachte ich entschuldigend

..... „schwarze Schafe gibt es überall. Warum nicht auch bei Ordensschwestern?" Ein guter Bekannter und CDU-Parteifreund war Bremer Kripo-Chef. Katholisch dazu. Auch er geschockt. „Aber die alte Frau wirkt glaubwürdig", befand er wie ich, ließ dezent „nachforschen" bei den Ordensschwestern, die entsetzt – fast panisch – waren. „Untersuchungs-Ergebnis Null." Die freundliche Alte ließ sich bei mir nicht mehr sehen. „Hätte ich nur das Maul gehalten", ... ging es mir täglich durch den Kopf – und dann stand sie wieder vor meinem Schreibtisch. Strahlend wie immer. Engelsgesicht und Harfenstimme, die leise säuselte: „Sind Sie mir böse?" „Ja – bin ich. Sie haben mich belogen. Wie konnten Sie nur so etwas sagen?" Richtig schimpfen mochte ich nicht, bekam schon wieder Mitleid mit der so dastehenden Alten – und dann der Satz: „Es war doch so schön bei Ihnen. Sie hatten immer Zeit für mich. Und der gute Kaffee." Lachen, böse sein, mit dem Kopf schütteln. Was sollte ich nun – und machte wohl alles. Von jedem ein bißchen.

Verrückte alte Tanten hatten es auf mich abgesehen – und auf BILD-Bremen. Zwei fast 80jährige Zwillingsschwestern standen oft bei mir „auf der Matte". Auch sie adrett gekleidet, liebe und freundliche Augen, nette Omas. Keiner konnte etwas gegen sie haben .... dachte ich. „Vergiftet" sollten sie werden, die beiden „lieben" Zwillingsschwestern .... „von bösen Nachbarn, scharf aufs Häuschen". Infame Giftanschläge. Gepudertes Gift durch Schlüssellöcher und Fensterritzen geblasen. Diesmal blieb ich skeptisch. Unangemeldet wollte ich die zwei Mütterchen zu Hause besuchen, mir ein eigenes Bild machen. Meine Visite brachte mehr als erwartet. Mini war Mode damals – in den Siebzigern. Mehr breiter Gürtel als Rock. Bei einigen Mädchen schick. Bei anderen? Zwei stampfende Fleischwürste mit Schuhen. Dann eine verrückte Szene in der kleinen Straße. Schulschluß. Mehrere Mädchen gingen am 1-Etagen-Häuschen der Zwillingsschwestern vorbei. Gymnasiastinnen, gute Mädchen mit netten Gesichtern. „Zack" ging im „Hexenhäuschen" ein

Fenster der ersten Etage auf – und statt der mir so lieb vorkommenden Omas ..... steckten zwei Schandweiber ihre Köpfe durch die Luken. „Hurenmädel seid ihr, schmutzige Hurenmädel“..... und brüllten es den verlegen kichernden 15- bis 16jährigen nach, die sich nur an den Kopf tippten. „Zack“ – Klappe wieder zu. Andere Mädchen mit Mini im Anmarsch. „Zack“ – Klappe wieder auf. „Hurenmädel seid ihr, schmutzige Hurenmädel.“ Ich staunte. Im Nachbarhaus öffnete ein alter Herr die Tür: „Schämen sollt ihr Euch. In eurem Alter solche Wörter.“ „Mörder, Mörder“ ..... die Antwort der Weiber „Mörder. Kiloweise kannst du Gift in unser Haus blasen. Du bekommst es nicht, Mörder, Giftmörder.“ Ich war kuriert von versponnenen, alten Tanten, und deren Liebe zum jungen BILD-Chef verblaßte. Sie verschonten mich mit ihren Besuchen.
Eine Bombendrohung im Bremer BILD-Büro unterbrach die „Redaktions-Idylle“. In der Hamburger Zentrale waren Bomben hochgegangen. Axel-Springer-Verlag Hamburg, Kaiser-Wilhelm-Straße 6. Die nicht-explodierten Bomben an tragenden Säulen des Hauses verhinderten ein Unglück größten Ausmaßes. Axel Springer besuchte die Verletzten am Krankenbett. Ich verehrte ihn. Daran hat sich bis heute nichts geändert. Die Bombendrohung bei BILD-Bremen? Fehlalarm. Nur ein Idiot am Telefon. Das war's.

BILD lügt – Was ist „dran daran“?

Zwei Parolen der Linken machten Axel Springer zu schaffen: „Enteignet Springer“ und „BILD lügt“. Log BILD wirklich damals? Bei „meinen“ Lokalblättern hatte ich es erlebt. Loch in der fertigen Seite. Kein Text mehr da. „Wer hilft aus?“... fragt der Chef vom Dienst. „Siegerist mit seiner Phantasie.“ Und dann entstanden kleine, aber harmlose Lügengeschichten, zu denen ich stehe, obwohl es journalistisch „Mist“ war. Der treue Hund, der von Bremen bis München lief, um sein Herrchen zu suchen. Der Bremer Juwelier, der seinen Alarmanlagen nicht traute und stattdessen Rattenfallen in den Schmuck stellte und ähnlicher Schwachsinn. Die anderen Zeitungen waren von den harmlosen oder „schönen“ Geschichtchen begeistert, druckten unbesehen am Tag darauf nach. Egal ob linke „Hamburger Morgenpost“ oder SPD-ausgerichteter WESER KURIER. Waren einfach zu schön. Außerdem: Wem taten sie weh?

Ganz anders bei BILD. BILD inzwischen im Fadenkreuz der gesamten Links-Journaille und aller SPD-Politiker mit Strippenziehern in Ost-Berlin. Wir mußten schnell arbeiten, gründlicher recherchieren als andere, oft genug erst Absegnung in der Rechtsabteilung, die sich selbst in die Recherchen einschalten konnte. Ein Fehler wurde verziehen. Vielleicht ein zweiter. Beim dritten Fehler – Kündigung. Mit Sicherheit. Eine Boulevard-Zeitung muß anders berichten, mundgerechter verkaufen als andere Blätter. Inhaltlich, optisch. Es ließ sich streiten über BILD – bis heute. Ich stehe zu meiner BILD-Zeit. Ein Segen, daß der geniale Verleger damit ein politisch gehaßtes Gegengewicht – mit teilweise über 5 Millionen verkaufter Tagesauflage – schuf. Heute ärgere ich mich oft über BILD. Damals ärgerte ich mit BILD andere. So ist der Journalismus nun einmal. Man muß ihn lieben können .... um ihm (trotz allem) treu zu bleiben.

In meiner gesamten BILD- und BILD-am-Sonntag-Zeit habe ich nicht einmal erlebt, daß bewußt in diesen Blättern gelogen wurde. Vorgeworfen wurde es mir vom Bremer Bürgermeister Hans Koschnick. Wir hatten herausgefunden, daß ein öffentlicher Spielplatz vor seinem neu gebauten Haus abgerissen wurde. Natürlich mutmaßten wir .... „weil es ihn stört“. Anlaß für die SPD, die „Spielplatz-Arie“ als erneuten Aufhänger für eine Anti-Springer-Kampagne „anzudenken“. Ein Gericht entschied anders. Stimmte meinem Spielplatz-Bericht zu. Keine weitere Anti-Springer-Kampagne der SPD.

Springer-Generalbevollmächtigter Peter Tamm lobte mich: „Hast du gut gemacht, Siegerist“ .... und wieder begann ein neuer Lebensabschnitt.

Ausstieg bei BILD für eine (noch) andere CDU

„Echte" Journalisten, die als Pressesprecher zu Unternehmen oder Parteien gehen, sind über Nacht keine „echten" Journalisten mehr, werden von den Berufs-Kollegen eher naserümpfend betrachtet. Hatten mich „Wanzen" gestochen, wie BILD-Nachrichtenchef „Benni" von Heintze vermutete? Wie auch immer: Der niedersächsische CDU-Mann Ernst Albrecht hatte mich entdeckt, ging gemeinsam mit Wilfried Hasselmann, der Albrecht von der EU aus Brüssel nach Hannover geholt hatte, in die Landtagswahl. „Sechs Monate Siegerist als ‚Leihgabe' des Springer-Verlages an die niedersächsische CDU." Ich hatte es selber eingefädelt, wollte es so. Günther Prinz, neuer BILD-Chef und Boenisch-Nachfolger, war strikt dagegen. SPRINGER-Generalbevollmächtigter Peter Tamm beruhigte mich: „Nach 6 Monaten sitzen Sie wieder in der Bremer Redaktion." Es sollten sehr lange „6 Monate" werden .... aber davon ahnte ich noch nichts. Eines hatte ich mir ausbedungen: Keine offizielle CDU-Funktion – und um „Himmels Willen" kein Pressesprecher. Journalist mit Leib und Seele .... auf jeden Fall wollte ich das bleiben. Partei-Funktionär? Schreckgespenst für mich.

Vom offiziellen Wahlkampf der Partei hielt ich nicht viel. Werbeagenturen, die heute Margarine und morgen Autos verkaufen .... auch „Verkäufer" politischer Grundsätze. Ging gegen meinen Strich – und noch heute halte ich nicht viel davon. Die Plakat-Sprüche mit den grinsenden Gesichtern der Polit-Matadoren und den platten Sprüchen werden immer flacher, immer dümmlicher. Wer würde heute noch den CDU/CSU-Spruch wagen: „Freiheit oder Sozialismus" – oder welcher Sozialdemokrat den Brandt-„Renner": „Mehr Demokratie wagen", eine bewußte Aufgreifung der unterschwelligen 68er-Parolen, die den „Adenauer-Staat" ja für undemokratisch hielten.

„Freiheit oder Sozialismus" ging in die andere Richtung, sagte klar: Wir stehen für die Freiheit, die Sozis für die

Unfreiheit, also für rote Diktatur – Anspielung auf Moskau und Ost-Berlin. Natürlich war es so gemeint, nur vorsichtiger formuliert – ging tief unter die Haut. „Mehr Demokratie wagen" .... erfolgreich für die SPD damals. „Freiheit oder Sozialismus" .... grandios für die CDU/CSU mit Leuten wie Alfred Dregger, einem noch anderen Helmut Kohl und Franz Josef Strauß in der Führung.
Ich hatte mir die größeren Betriebe Niedersachsens ins Visier genommen. „Die Arbeitnehmer entscheiden die Wahl – politisch beeinflußt fast ausschließlich durch den DGB. Genau da müssen wir gegensteuern." Ernst Albrecht und Wilfried Hasselmann waren dafür. „Mach Siegerist, mach." Dutzende von Firmenzeitungen entstanden in wenigen Tagen. Verteilt im Betrieb, vor den Werkstoren. Herausgeber: Die Christlichen Gewerkschaften. Der DGB heulte auf. Die Betriebe, die Arbeitnehmer .... ganz allein sein „Revier". Da hatte die CDU nichts zu suchen. Wir knackten das DGB-Monopol. Eine Wahlkampf-Feuerwehr stellte ich auf die Beine. Freundliche und hübsche junge Mädchen und Jungs. Schon bei Beginn der ersten Schicht um 6 Uhr standen sie bei VW vor den Werkstoren, verteilten an die überraschten Arbeiter die Zeitungen, die DGB und SPD massiv attackierten, die CDU „Arbeitnehmer-gerecht" darstellten. VW-Wolfsburg, VW-Emden, Salzgitter, Hannover. Dazu alle – wirklich **alle** – größeren Betriebe Niedersachsens. Millionen-Auflage. Überraschungs-Effekt, freundliche Zeitungsverteiler, klare Sprache, Front gegen den DGB. Meine Rechnung ging auf. Das propagandistische DGB-Monopol in den Betrieben wurde gebrochen. Erstmals in einem deutschen Wahlkampf geriet der DGB in die Defensive, ins Hintertreffen. Die alten Ideologen waren auf einen modernen Gegenwahlkampf nicht eingestellt, hilflos.
Mein „Haupt-Quartier" hatte ich im Zentrum Hannovers aufgeschlagen. Ein Feldbett als Nachtlager. Ich war jung, voller Ideen und Tatkraft. Wozu ein Hotel, wozu

Wohnung oder zumindest Zimmer? 18 Stunden waren normal, meist mehr. „Albrecht steckt hinter der Siegerist-Kampagne“, mutmaßte ein linker Journalist der HANNOVERSCHEN ALLGEMEINEN, „nein, Springer“ erklärte die SPD. Es störte keinen Springer, es störte keinen Albrecht, keine CDU und mich schon gar nicht. Unsere Wahlkampf-Maschine gegen SPD/DGB lief perfekt und war nicht mehr zu schlagen. Dann Kombination mit Gerhard Löwenthal vom ZDF-Magazin. Heute kaum noch vorstellbar, doch zu der Zeit ....: Diese Namen standen als Schreckgespenster der „vereinigten Linken“ ganz weit oben: Strauß, Dregger, Springer, Löwenthal. Jeder in Deutschland kannte die Namen. Die Haß-Tiraden der Linken hatten ungewollt Vorteile für die „Rechten“.
Löwenthals wöchentliches ZDF-Magazin war professionell, spannend, klar anti-sozialistisch, mutig. Es blieb Helmut Kohl vorbehalten, später die Sendezeit zu halbieren. Motto: Der halbe Löwenthal ist nur noch der halbe Ärger. „Kundgebungen mit Gerhard Löwenthal und Pressekonferenzen“, entschied ich. Ein weiterer Renner. Selbst morgens um 10 Uhr brachte Löwenthal in der niedersächsischen Provinz bis zu 500 Leute in den Saal und zum Jubeln. Drei Kundgebungen pro Tag, dazu drei Pressekonferenzen. Am Abend oft 2000 Menschen und mehr im Saal. Besonders wirkungsvoll: Löwenthal besuchte die Redaktionen kleiner Provinzblätter. „Der große Löwenthal in unserer kleinen Redaktion.“ Journalisten sind eitel, oft eitler als Politiker. Die Berichte am nächsten Tag in den kleinen Blättern waren immer gut – und Löwenthal brachte seine Parolen direkt an die Leser. „2000 Leute bekommen wir maximal mit einer Veranstaltung“, erkannten wir beide .... „mit einem Redaktionsgespräch erreichen wir aber mindestens 20 000 Leser ..... selbst beim kleinsten Blatt.“ Auch diese Rechnung ging auf. Das ZDF verbot Löwenthal Parteiauftritte in Wahlkampfzeiten. Wer konnte es verbieten, den Moderator in Gewerkschafts-Veranstaltungen sprechen zu lassen? CHRISTLICHER GEWERKSCHAFTS-

BUND war unsere Gegenantwort – und die freuten sich über den prominenten neuen Gewerkschafts-Kollegen.
Schon damals: Ich hielt nicht viel von großen und teuren Büros, gewaltigen Mitarbeiterstäben, wollte das Geld direkt der eigentlichen Aufgabe zukommen lassen. Eine Mini-Mannschaft, die das Mammut-Programm bewerkstelligte: Lya Helms mit Sohn, Lisa Bettmann, Frau meines einstigen WESER-KURIER-Kollegen Jürgen Bettmann, Fotograf Uwe Hempen und unsere 70 Jahre alte BILD-Reinemachefrau Karla Drechsler, die kochte, putzte, Flugblätter verteilte. Manchmal stand Karla auf der Straße plötzlich ohne Perücke. Wie immer – schlecht sitzend, und der Wind hatte sie fortgetragen. Auf ihren flinken, wurstigen O-Beinen sauste unsere alte Karla hinter der Perücke her – stülpte sie wieder auf den Kopf .... und das Verteilen ging weiter. „Fliegende Trupps" italienischer Christ-Demokraten und Freunde der JUNGEN UNION aus Bremen deckten ganz Niedersachsen mit unserer Propaganda flächendeckend ab. Was im Wahlkampf zusätzlich half: Die Bundes-SPD war gespalten. Vor allem Wehner gegen Brandt. „Der Herr badet gern lau" .... verbreitete Wehner gegen Brandt. Trotzdem: Kurz vor der Niedersachsen-Wahl stand die gesamte SPD gemeinsam am hannoverschen Rathaus auf dem Podium. Sozis kennen Solidarität. Die CDU erreichte ein Traum-Ergebnis. Kurz vor 50 Prozent. Aber eben nur kurz „vor" 50 Prozent – das hieß Opposition. Die FDP ging mit der SPD.
Am Wahlabend trank Gerhard Löwenthal ein wenig zu viel, pennte ein auf meinem Bürostuhl in der Osterstraße. Ernst Albrecht, von Hasselmann als Wirtschaftsminister vorgesehen, weckte ihn: „Es geht weiter, alter Kämpfer." Und es ging weiter.
Eigentlich war sie abgelaufen – meine Zeit als Springersche „Leihgabe" für die CDU, befristet auf 6 Monate. Zurück zur BILD-Zeitung Bremen. So war es geplant. Kam aber anders. Ich hatte mich über den Willen des Chefredakteurs hinweggesetzt, hatte BILD für kurze Zeit verlassen .... um Wahlkampf in Hannover zu

machen. Chefredakteur Günter Prinz nahm es mir übel. Und SPRINGER-Generalbevollmächtigter Peter Tamm, der meine Rückkehr garantiert hatte, sollte von ihm merken, „wer bei BILD der Herr im Hause ist". Prinz besetzte die Redaktion anderweitig. Mich störte es nicht, hatte erneut „Blut geleckt" in der Politik – und der SPRINGER-Verlag war froh, mich nun rund 10 Jahre als „Dauer-Leihgabe" für Wahlkämpfe bei der CDU und der CSU einsetzen zu können. Was blieb an interessanten Dingen hängen? Zunächst weiter Niedersachsen. Parteizeitung entstaubt, die JUNGE UNION mäkelte „modern, aber zu rechts". „Was schadet das?" die Antwort von CDU-Landeschef Wilfried Hasselmann. Die Zeiten waren noch anders in der CDU.

Ernst Albrecht hatte klar ein Ziel im Visier: Ministerpräsident von Niedersachsen. CDU-Landeschef Wilfried Hasselmann, der es bei Wahlen mehrfach vergeblich versucht hatte, rückte freiwillig einen Schritt zurück – zu Gunsten Albrechts – und ich wußte: Noch in der laufenden Legislaturperiode wird die SPD/FDP-Regierung mit Ministerpräsident Kubel gestürzt. Albrecht Nachfolger. Die Eingeweihten schwiegen wie zur Schweigsamkeit verpflichtete Kardinäle beim Konklave – und so wird es auch bleiben. Zunächst war Vorarbeit nötig. Ein Job für Siegerist, in der breiten Öffentlichkeit hatte der weitgehend unbekannte Dr. Ernst Albrecht kein berauschendes „Image". Obwohl in keiner Weise zutreffend: Er wirkte kalt, bürokratisch, unnahbar, vielleicht auch ein wenig „ölig". Jedenfalls – im Gegensatz zu Hasselmann – ganz und gar kein „Politiker zum Anfassen". Fotos mit „Stehkragen und Fliege", wie ich es nannte, keine Zeile über Albrecht als Mensch, seine Ideen. Immer nur wieder: „Mit 37 Jahren Generaldirektor bei der EWG" .... ansonsten „Finanzmanager bei BAHLSEN".

Und auch so viel war klar: Wird Albrecht überraschend und über Nacht Ministerpräsident, werden die Journalisten die Archive filzen und lediglich Berichte und Fotos finden, die das falsche Image – also kalt, unnahbar, „ölig"

– bekräftigen würden. Die Journalisten-Arbeit Mitte der Siebziger (und da waren wir inzwischen) ist in mehreren Bereichen nicht vergleichbar mit der heutigen Arbeitsweise. Es gab kein Internet, aus dem alles auf Knopfdruck herauszukitzeln war. Jede Zeitung hatte ihr eigenes Archiv und ihre eigenen Archivare. Die saßen wie Bücherwürmer hinter dicken und gebundenen Zeitungsbänden und Extra-Mappen mit nach Stichworten oder Personen geordneten Artikeln.
Foto- und Textarchiv waren getrennt – voneinander unabhängige Abteilungen. Von den Archiven Springers, bis SPIEGEL, STERN und FAZ, die wir allesamt durchforsteten ...... überall die gleiche Lage: Nichts Akzeptables über Albrecht. Aber rein journalistisch-praktisch war mir eines absolut klar: Albrecht wird als weitgehend Unbekannter gewählt, am nächsten Tag müssen sämtliche Medien über die Sensationswahl berichten, werden aber so schnell nichts mehr über ihn erfahren. Was bleibt .... mieses Archiv-Material. **Jeder** Journalist hätte darauf zurückgreifen müssen. Albrecht wäre mit einem unguten Image Chef der Landesregierung geworden. Ein einmal festgezurrtes Image in der Politik zu ändern .... schwere Arbeit, oft nicht möglich.
Logisch der nächste Schritt: Neue und menschliche Fotos von Ernst Albrecht, gute und auf ihn zutreffende Berichte – die ihn schildern .... so wie er wirklich ist ..... mit der gewünschten Prise „politisches Schönheitspulver". Nun war Albrecht damals für die Journaille nahezu unbekannt, und selbst aus Gefälligkeit Berichte über einen Mister X in Springer-Zeitungen ....? Ging nicht. „DEUTSCHLAND-Magazin" fiel mir ein. Das von Kurt Ziesel geleitete DEUTSCHLAND-Magazin, „rechtes" Monatsblatt mit CSU-Richtung. Kurt Ziesel hatte bei mir etwas gut zu machen. Das Blatt o.k., Finanzen durch schlechte Wirtschaftsführung böse. Mehr als einmal hatte ich Ziesel aus der Patsche helfen können.
Nun die schönsten Albrecht-Berichte im DEUTSCHLAND-Magazin. Hilfe von Ewald Struwe, Chefredakteur

der BILD am SONNTAG. „Titten-Ewald" sein Spitzname in der Journalisten-Sippe. Anspielung auf seine Zeit als Chefredakteur der NEUEN REVUE, die er als erste deutsche Wochen-Illustrierte mit barbusigen Mädchen auf der Titelseite auflagenmäßig weit nach oben „jubelte". Geschmacksfrage. Journalistisch war Ewald Struwe ein heute nicht mehr existierendes Urgestein. Auf „Bitten" des Verlegers zogen jetzt auch andere Springer-Blätter ein wenig mit. Mein BILD-Fotograf Uwe Hempen, inzwischen von Axel Springer jun. (Sven Simon) für dessen Fotoagentur entdeckt, zauberte mit seinen NIKON-Kameras die „schönsten Albrecht-Bilder der Welt". Fliegerjacke mit Pelzkragen statt Fliege am schwarzen Jackett. Sechsfacher Familienvater mit Herz. Der jüngste Sohn mit dem lustigen Gesicht auf Papas Schultern. Tochter „Röschen" auf dem Schoß. Heute ist „Röschen" als Frau von der Leyen ein Zugpferd in der Bundes-CDU, nimmt eigene Kinder auf den Schoß. Albrecht mit Kindern beim „Mensch-ärger-Dich-nicht", Schachspielen, gemeinsam mit der Ehefrau. Der sportliche Albrecht, der belesene Albrecht, der mit Arbeitern sprechende Albrecht. Alles. Nur keine Fliege, nur kein vornehmer „Unternehmer-Zweireiher".
Dann besuchten geheuerte Studenten die wichtigsten deutschen Presse- und Fotoarchive. Durch nicht näher zu erläuternde „Zauberhand" verschwanden dort nach den Besuchen „schlechte" Albrecht-Fotos, „schlechte" Albrecht-Berichte. Stolz berichteten sie mir. Ich war geschockt. Sie hatten es zu gut gemeint. Ich hatte lediglich um „freundliche Aufstockung" der jeweiligen Archive gebeten. Rechtes DEUTSCHLAND-Magazin als Basismaterial über Albrecht in den Archiven von STERN und SPIEGEL. Zugegeben – es machte mir diebische Freude und ich erwähnte von der Überreaktion meiner Studenten nirgendwo ein Wort.
Es kam wie geplant. „Mit gekauften Stimmen der FDP" – so mutmaßten Medien und SPD – der völlig unbekannte Dr. Ernst Albrecht wurde Ministerpräsident von Nieder-

So flott, jung und modern lag plötzlich „ein neuer Albrecht" in den Archiven – selbst bei STERN und SPIEGEL. „Meine" Studenten und Fotograf Uwe Hempen hatten ganze Arbeit geleistet.

Albrecht-Bilder von Uwe Hempen, die nach Albrechts Wahl zum Niedersachsen-„MP“ um die Welt gingen. Es gab keine anderen Fotos. Dafür hatten wir recht „unkonventionell“ gesorgt.

sachsen. Mitte der Siebziger. CDU und CSU jubelten: Anfang vom Ende der gehaßten SPD/FDP-Regierung in Bonn. Das sollte noch dauern. Aber eine erste Zielvorgabe war mit der Albrecht-Wahl gegeben.
Meine größte Freude .... alle deutsche Zeitungen, auch die Linken, mußten auf das von uns geschaffene Archiv-Material zurückgreifen. Selbst Moskauer Zeitungen druckten den Albrecht mit Fliegerjacke, Pelzkragen und Sohn auf den Schultern. Das von den Linken gehaßte DEUTSCHLAND-Magazin von Kurt Ziesel und die darin erschienenen Albrecht-Berichte .... überall wurde daraus zitiert, wurde nachgedruckt. Es gab ja nichts anderes. Über Nacht war ein gutes und völlig anderes Albrecht-Image geschaffen. 15 Jahre sollte er in Hannover regieren.
Zum Erstaunen mancher Beobachter – nicht nur in der CDU: Die Zusammenarbeit Albrecht/Siegerist lief gut .... sehr gut sogar, kühlte aus anderen Gründen erst später gegenseitig ab. Ganz einsteigen in die niedersächsische Politik, was mir angeboten wurde: Nein. In welcher Funktion auch immer. Mein Hang zum Journalismus war größer als der zum Ganzzeit-Politiker – und wohl noch tiefer meine Sorge vor dem Verlust der persönlichen Freiheit. Ich hatte Urlaub verdient, machte mich aus dem Staub. Capri. „Hast du vielleicht doch etwas falsch gemacht, die niedersächsischen Angebote auszuschlagen?“.... fragte ich mich später. Aber nur einmal. Mein guter Freund Heinz Dzidzizak, Sprecher der Niedersachsen-CDU: „Joachim, du in der Staatskanzlei von Hannover – zusammen mit alten Beamten. Was wäre daraus wohl geworden?“
Wie recht der gute Dziedzi doch hatte. Er starb viel zu früh. Depressiv wegen seiner auch vor mir versteckten Homosexualität, die zu der Zeit in der konservativen CDU-Niedersachsen eine Art Weltuntergang gewesen wäre .... aber ein großartiger Mensch, politisch grundsatztreu, zuverlässig durch und durch. Er nahm sich das Leben. Auf schlimme Weise. Wollte selbst im Tod noch Stärke beweisen. Im Gegensatz zu mir: Er war verliebt in

politische Karriere, wollte weiter nach oben. Sein Wunsch: Regierungssprecher. Als Sachbearbeiter für Petitionen landete er in einem Nebenzimmer beim Ministerpräsidenten in der Staatskanzlei Hannover. Dziedzi, der die Sängerin Evelyn Künnicke anhimmelte, saufen konnte wie ein Pferd nach der Fuchsjagd, enger Freund Gerhard Löwenthals und Skatbruder des Löwenthal-Schwiegervaters Ernst Lemmer, dem Berlin-Beauftragten von Konrad Adenauer – und ganz einfach „ein prima Kerl".

Vielleicht war ich noch zu jung, machte Albrecht für den Tod Dziedzis innerlich verantwortlich. Bei Dziedzis Beisetzung auf dem Friedhof ging ich Albrecht demonstrativ aus dem Weg, wollte Händedruck vermeiden. Inzwischen sehe ich einiges anders, weiß mehr, als ich damals wußte. Alles in allem: Das „Kapitel Albrecht" blieb trotzdem überwiegend positiv in meiner Erinnerung haften .... und gelernt hatte ich viel. Wirtschaftspolitisch war Ernst Albrecht ein Könner erster Klasse – und für diejenigen, die noch in 100 Jahren über das „wie" beim Schaffen von Arbeitspätzen diskutieren, empfehle ich sein Buch „Erinnerungen, Erkenntnisse, Entscheidungen" – ISBN 3-934648-00-2.

Ich bitte um Nachsicht, daß ich in diesem Abschnitt des Buches – und nur diesem – vielleicht ein wenig zu indiskret geworden bin. Zu meinem dreißigsten Geburtstag schenkte mir Dziedzi „Kein Applaus für Podmanitzki". Die Geschichte eines nur mittelmäßig begabten jüdischen Schauspielers aus Tel Aviv. Ephraim Kishon, Dziedzis Lieblingsautor, den er häufig zitierte. Darin eine sehr typische Widmung Dziedzis: „Auf mindest 50 Jahre weitere gute Kumpelei." Es wurden nur noch wenige Monate. Lese ich diese Widmung, sehe ich auch meinen guten, toten Freund aus Niedersachsen mit seinem verschmitzten Blick hinter der viel zu dicken schwarzen Hornbrille.

Sternchen, Zauberer – und die Sehnsucht eines Kindes

Kennen Sie das aus der Kinderzeit? Sie sehen in den nächtlichen Himmel. Ein Sternlein unter vielen funkelt, blitzt .... natürlich nur für dich allein .... und wir kleinen Erdenwürmchen sind sicher: Das ist der Gruß eines geliebten Menschen – eines Menschen, der nur noch über den Himmel der Nacht zu dir sprechen und Signale geben kann. In der Nachkriegszeit waren die blitzenden Sternchen der Milchstraße für „Führer, Volk und Vaterland“ gefallene Väter, Väter in Gefangenschaft oder vermißte Väter .... glaubten und hofften die betroffenen Kinder. Auch ich. Väter waren die blitzenden Sternchen! Was sonst? Und Sehnsucht hatten wir Kinder nach ihnen, wollten sie zurück haben. Aus der ewigen Welt, den Weiten Sibiriens, egal von wo. Zurück haben wollten wir sie. Und nur das. Und wie sehnten wir uns nach ihnen, versteckten Sehnsüchte vor der Mutter, um sie nicht traurig zu machen, nicht weinen zu sehen. „Zurück haben.“ Nichts anderes. Aber richtig. Mit „in-den-Arm-genommen“, gedrückt und geküßt werden, am „Bettrand-sitzende-Gute-Nacht-Geschichten-erzählend“. Jedenfalls „richtig“. Nicht nur als funkelndes Sternchen am großen weiten Himmelszelt – irgendwo hoch oben in der Milchstraße bei Petrus und den Engeln. Fotos stillen keine kindliche Sehnsucht. Fotos mit Vätern in strenger Uniform und „Gradeaus-Blick“ noch weniger. Und längst nicht alle hatten Fotos von den Vätern. Oft gefressen von den Flammen der brennenden Häuser im Bombenhagel, verschwunden unter meterhohen Trümmerbergen der Sprengbomben-zerstörten-durchgewirbelten Häuser und Wohnungen. Ausgeplündert auf der Flucht oder in den Schlamm gewalzt von den Ketten der siegreichen, Flüchtlings-Trecks überholenden Panzer-Ungetüme mit rotem Stern.

Die blitzenden Sternchen hatten die Kraft mächtiger Zauberer. Mit Sternenstaub verzauberte, kindliche Phantasie. Sie schafften Idealbilder von Vätern: Stolze, starke und wunderschöne Väter, daherreitend auf einem weißen Schimmel. Diese bekannte, aber nie beschriebene Zauberkraft hatte ihre Wirkung. Auch bei mir.

Was wußte ich schon viel von meinem „vermißten" Vater? Ein Foto von ihm? Nein. Briefe waren geblieben. Wunderschöne, liebe, zärtliche Briefe auf hellblauem Luftpostpapier. Geschrieben von einem lettischen Mann, der nur einen Berufswunsch hatte: Journalist .... aber Landwirtschaft studieren mußte, um als blutjunger Kerl den Hof und die Ländereien des Vaters zu übernehmen, der viel zu früh gestorben war.

Die blauen Briefe kamen aus England. „Bradford-on-Avon" auf den fremden Briefmarken. Lettisches Flüchtlingslager in England. Gerichtet waren sie an Elfriede Siegerist in Neukirchen bei Niebüll, meine Mutter – ganz oben im Norden Deutschlands. Als der erste Mann meiner Mutter 1943 in Frankreich fiel, wurde sie dorthin evakuiert. 26 Jahre. Witwe. Drei Kinder. In Neukirchen hagelte es keine Bomben. 1945 lernten sie sich kennen. Elfriede Siegerist, geborene Bierbrauer und Jãnis Lûvigs Šmits, Landwirt und lettischer Soldat der Waffen-SS. 29. Januar 1947. Bis zu 30 Grad Minus. Jahrhundert-Winter. Tag meiner Geburt. Die „Wiege" ein Wäschekorb an der „Brennhexe". Trotzdem kletterte das alte Wehrmachts-Thermometer an der Küchenwand nur auf 6 Grad Plus. Mein Bruder Manfred, neun Jahre alt, war kilometerweit durch die Kälte gelaufen, hatte die Hebamme geholt. Sie kam „grad rechtzeitig". Blau angelaufen war ich, die Nabelschnur um den Hals gewickelt. „Gut, daß ich gekommen bin", sagte die Hebamme ..... und ich brüllte die Welt an – aus vollem Hals und war gesund. Eskimo-Geburt – Januar 1947. Zur Taufe in der Kirche kam unser „Nachbar", der von den Nazis verfemte Maler Emil Nolde, skizzierte. Wie gern hätte ich dieses Bild später gehabt .... suche es seit Jahren erfolglos. Das „Wunschkind" war da, Symbol eines neuen und besseren Lebens. Für die deutsche Frau, den lettischen Mann. Aber viel besser fing es nicht an. Vater hatte heimlich Schnaps gebrannt. Eine böse Nachbarin lief zur Polizei.

„Schwarzbrennen – 6 Monate Haft." Wer brannte nicht schwarz?
Neuanfang mit 6 Monaten Gefängnis? In Lettland brannte jeder Bauer seinen eigenen Schnaps. Wer es nach 1945 in Deutschland gut konnte .... damit war die Familie ein wenig besser durchzubringen. Schnaps gegen Butter oder Brot. „Normal." Aber Deutschland war Deutschland – auch Nachkriegs-Deutschland: Gesetz ist Gesetz. Schwarz Schnaps brennen – 6 Monate „Bau". „Diese verrückten Gesetze werden bald geändert", glaubte mein Vater. „Solange gehe ich nach England, arbeite dort und schicke Päckchen." Bei den Engländern waren die Letten willkommen – vor allem Soldaten. Bei Politik und Exil-Letten noch die Idee im Kopf: „Lettland von den Bolschewiken befreien." Ganz langsam erste Anzeichen des „Kalten Krieges", Mißtrauen gegen Stalin, der halb Europa auf seine Weise „befreit" hatte. „Für die Freiheit Polens" war Deutschland der Krieg erklärt worden. Und jetzt? Keine Freiheit in Polen. Keine Freiheit in Ungarn, Rumänien, Bulgarien und, und, und. Die Welt war nicht „freier" geworden. Nein. Unfreier. Aber keiner wagt es zu sagen – bis heute nicht. Der Diktator Hitler gestürzt. Die Welt atmete auf. Auch Deutschland. Aber Freiheit für ganz Europa? Wieso ist unsere Geschichtsschreibung eigentlich zu feige, das zu sagen, und redet nur den geschichtlich stark verengten Blödsinn vom „Tag der Befreiung" am 8. Mai 1945? Wer wurde von wem „befreit"? Polen etwa von Stalin?
Der polnische Papst befreite Polen – und die Politik des amerikanischen Präsidenten Ronald Reagan stürzte den Kommunismus ...... aber erst viele, viele Jahre später. Nicht die „Alliierten" am 8. Mai 1945. Die braune Gewaltherrschaft wurde durch rote Diktatur ausgetauscht. Das KZ Buchenwald schnell rotes KZ, das KZ Sachsenhausen auch.
Ich habe nie einen Unterschied zwischen brauner und roter Diktatur gemacht. Kurt Schumacher, selbst KZ-Häftling unter den Nazis, auch nicht. Nannte Kommu-

nisten „rot-lackierte Nazis“. Farbwechsel zwischen Nazis und Kommunisten. Rot gegen braun. Weil ich so denke, nennen mich Linke „Neo-Nazi“. Selbst SPD-Chef Kurt Schumacher wäre heute „Neo-Nazi“ .... trotz KZ. Seine „Nachkommen“ würden dafür sorgen.

Landwirt war mein Vater, hatte Landwirtschaft studiert, sprach vier Sprachen fließend. England brauchte keine Landwirte mit Sprachkenntnissen. Schon gar keine **lettischen** Landwirte. Grubenarbeiter benötigte das Königreich. Kohleförderung. Unter-Tage-Arbeit – auch für meinen Vater. Einige Päckchen kamen aus England bei meiner Mutter an. Schokolade, Kaffee und „goldwerte“ Zigaretten. Mehr Briefe als Päckchen. Hungerzeit in Deutschland. Auch bei Postbeamten, die englische Päckchen in die Hand bekamen .... Der letzte Brief am 29. Januar 1948 aus England. Geburtstagsbrief für mich. 1 Jahr alt war ich geworden. „Bald sehen wir uns wieder, mein Buba“, stand in dem Brief. Der schönste Geburtstagsbrief, den ein Kind sich vorstellen kann. Jeden Tag muß meine Mutter auf weitere Post aus England gewartet haben. Aber plötzlich keine mehr. Aus. Weder Brief, noch Päckchen. Der Suchdienst des Roten Kreuzes in Niebüll konnte nicht helfen. „Wir sehen uns bald wieder“ .... stand im letzten Brief aus England. 30 Jahre dauerte das „bald wieder“ .... und das begann so:

Die kindliche Sehnsucht nach einem „richtigen“ Vater wich mehr und mehr der Neugierde: „Wie war er wohl, dein Vater?“ Wirklich „das gleiche Gesicht wie du selbst“, ... wie meine Mutter mir gesagt hatte .... mit dem Hinweis: „Wir haben leider kein Foto mehr von ihm. Sieh in den Spiegel, dann siehst du deinen Vater.“ Ich gaffte mein Gesicht im Spiegel an. Mehr als einmal. Einen „Vater“ konnte ich da nicht entdecken. Die Augen eines Kindes sehen die Welt nicht wie die Augen eines Erwachsenen, auch nicht einer Mutter.

Bunte Gedanken im Kopf. „Vielleicht ist er neu verheiratet? Wie so viele Letten nach dem Krieg von Deutschland nach England und von dort nach Kanada gegangen,

Australien oder USA? Neue Familie? Vielleicht war seine tot gesagte Familie aus Lettland doch am Leben ..... und inzwischen bei ihm? Und er verschweigt den Sohn aus Deutschland? Du hast kein Recht in diese Welt einzubrechen. Aber hat er das Recht, dich zu vergessen?" Sehnsucht, Vorwurf, Neugierde. Vieles kam jetzt zusammen. Mehr und mehr aber der Gedanke: „Er lebt. Ich bin sicher, er lebt. Spätestens wenn du 30 bist, wirst du ihn suchen, willst eines Tages nicht nur vor einem Grabstein stehen und dir Vorwürfe machen." Wie kam ich auf die 30? Vielleicht weil ich dachte: Dann ist er ein alter Mann – und mögliche andere Kinder erwachsen. Mein „Recht" auf den Vater erschien mir mit 30 gewichtiger als das nicht gewollte „Einbrechen in eine neue Welt", die er sich vielleicht geschaffen hatte.
Und eine abenteuerliche Suche begann. Die spannendste journalistische „Recherche" meines Lebens – natürlich sehr viel mehr für mich.
Was war mir bekannt? Sohn und Vater sehen gleich aus. Namen seiner drei Kinder aus Lettland: Janis, Rita, Aija. Name der Ehefrau: Anna. Der Hof in Jaunsvirlauka bei Jelgava, dem früheren Mitau. Beruf, Name, Geburtsdatum, persönliche Beschreibung. Vor allem: Gleiches Aussehen. Fotos: Nein. Ersatz: Eigenes Foto. Die Ausgangslage für die Suche klar, kurz umrissen.
Internationales Letten-Treffen in der Londoner Royal-Albert-Hall. Da stand ich: Schild in der Hand. Beschreibung meines Vaters auf englisch. Auf der Bühne in ihren Nationaltrachten tanzende und singende Letten. Fremd für mich – völlig fremd und irgendwie doch „anheimelnd" und das innere Gefühl: „Hast du das nicht alles schon einmal gesehen, gehörst du nicht auch zu denen, die da oben tanzen, und zu denen, die dich mit deinem Schild in der Hand mitleidig ansehen und oft auf Deutsch ansprechen?" Zu amateurhaft meine ersten Versuche. Kein Erfolg. Enttäuscht reiste ich ab. Lettisches Zentrum in Münster/Westfalen. In Erinnerung blieb nur eine böse und verhärtet dreinblickende lettische

Sekretärin, ständig auf die Uhr glotzend, sich nach Feierabend sehnend und Signal-versprühend: „Sie stören mich."
„Alles machst du falsch" .... mein Gedanke. „Mehr System. Sei mehr Journalist, weniger Sohn, Gefühl beiseite". „Lettische Exil-Zeitungen" .... jetzt anvisiert von mir. Große Suchanzeigen. Alle mir bekannten Angaben vom Vater. Dazu mein eigenes Foto. Satz der Mutter: „Du siehst aus wie dein Vater." Ich beschrieb ihn, ich beschrieb mich – und ein „Wunder" begann. Gut 30 Jahre nach dem Krieg. Post aus aller Welt. Australien, Schweden, USA, Kanada, England. Das kleine Lettland in der ganzen Welt verstreut. „Mein Vater war der Freund Ihres Vaters", ... schrieb eine lettisch-stämmige „Schönheits-Königin" aus Schweden, „Er hat mir bei den Schulaufsätzen geholfen, ich ihm beim Rechnen ...." eine andere. Das kam mir bekannt vor. Eigene Schulzeit. Dann erste Adressen, aber ein anderer Name. „Vielleicht hat er den Namen geändert." Aus Angst vor den Sowjets, für die er Kriegsverbrecher war, hatte als Soldat eine Brücke über den lettischen Fluß Lielupe in der Nähe des Familienbesitzes in die Luft gesprengt. Sowjetische Panzer versanken im Wasser – wenige Stunden für die Flucht vieler Letten gewonnen.
Name geändert. Das schien mir bald wahrscheinlich. „KGB-Spione töten ihre Gegner von einst mit Stichen von vergifteten spitzen Regenschirmen" ..... die Meldung ging durch die Medien der Welt. „Vielleicht deswegen ein anderer Name?" .... rätselte ich, suchte weiter. Dann ein erstes Foto. Absender: Eine lettische Frau aus Bristol in England. Ein kleines Foto. Mann mit Bergarbeiterhelm, kohlegeschwärztes Gesicht. Nicht viel zu erkennen: Aber Augen, die mir bekannt vorkamen – und wieder gaffte ich in den Spiegel, verglich die Augen des Mannes mit Helm und schwarzem Kohle-Gesicht mit meinen Augen. „Könnte sein".... „John Smith .... heißt er", ... erfuhr ich bald. „Jãnis Šmits" der lettische Name meines Vaters. „Janis" auf deutsch „Johannes", in England „John". Bald

hatte ich die Telefonnummer des Unbekannten heraus und den Wohnsitz. Midsomer Norton, ein Bergarbeiter-Städtchen in England zwischen Bristol und Bath. Kohlebergbau. Dann mein erstes Telefonat mit dem Unbekannten. Herzrasen, kein „kühles Journalisten-Blut", Nummer gewählt. Die Stimme eines Mannes. Englisch, aber vertraut. Fast umgekippt bin ich vor Aufregung – und vergaß das englische Wort für „Lettland". „Are you born in ...... Lettland?" Nur diesen einzigen Satz brachte ich raus. „Sind Sie geboren in .... Lettland?" „No, I'm english", ... die kurze Antwort. „Klack" in der Leitung. Aus das Gespräch. Tiefe Enttäuschung. Falsche Spur. Umsonst. Ich wußte nicht weiter. „Are you born in .... Lettland?" ….. und sofort das „Nein". Lettland gesagt – vor Aufregung. Engländer sagen nicht Lettland, verstehen das Wort auch nicht. „Lätvija" sprechen sie es aus, schreiben „Latvija". Wie konnte der Mann am Telefon mit der vertrauten Stimme das deutsche Wort „Lettland" verstehen? „Ruf du an. Du wirst die Stimme erkennen", bat ich meine Mutter. Nach mehr als 30 Jahren brachte sie es nicht mehr übers Herz – auch nicht mir zuliebe, was ich erst später verstehen konnte, damals nicht.

Bremen – London. Noch am selben Nachmittag saß ich im Flugzeug. Das kleine Foto mit dem Bergarbeiter in der Tasche. Helm auf dem Kopf, kohlegeschwärztes Gesicht – und die Augen. Augen wie meine. Mit mir: Uwe Hempen, mein alter BILD-Fotograf und engster Freund. Fehlte mir die Courage, es allein zu machen? Ich weiß nicht. Jedenfalls – bei der wichtigsten Recherche meines Lebens wollte ich nicht allein sein. Ankunft gegen 19 Uhr in London. Mietfahrzeug, Richtung: Bath, Bristol. Ein Hotel in Bristol. HOLIDAY INN. Mitternacht war es geworden. Müdigkeit? In der Lage? Das Haus wollte ich sehen – dort wo er wohnt. Da stand ich nachts vor einem freundlichen, kleinen Reihenhaus in Midsomer Norton. Der Name schöner als der Ort. Graue Feldsteine, Untergeschoß, erste Etage. Auf dem geräumigen Hof eine Tischlerei.

Nachbargrundstück: Eine Schule – mehrere Häuser weiter englische „Heilsarmee". Aber Mitternacht. Später sogar. Nein – Klingeln zu so einer Zeit nicht mehr möglich .... sagte ich mir. Nicht gerade traurig, weil mich die Courage ein ganz klein wenig verlassen hatte. 30 Jahre Hoffnung und Sehnen auf Minuten geschrumpft. „Was, wenn die Tür geöffnet und ...." Kaleidoskop statt Kopf. Alles wirbelte durcheinander, war plötzlich zu viel für mich. Keine Minute schlief ich in dieser Nacht, fand das englische Frühstück mit fettem Speck und Eiern ekelhaft. Kein Bissen. Nur ein wenig Tee im HOLIDAY INN. Dann wieder Midsomer Norton. Das kleine, englische Reihenhaus mit den grauen Feldsteinen. 7 Uhr vielleicht. Oder 8 Uhr morgens. Ich weiß nicht mehr. Das kleine Bild in der Hand und die Suchanzeige in lettischer Sprache, erschienen in allen lettischen Exil-Blättern, fast rund um den Globus.

Verrückt – aber plötzlich wollte ich noch nicht an der Haustür klingeln, suchte Gründe zum „Verschieben". Klopfen an einer Haustür auf der anderen Straßenseite. Eine alte englische Frau öffnete. Ich fragte, zeigte das Bild „Mann mit Helm und Kohle-Gesicht" – das mit meinen Augen. „Ich kenne ihn nicht" – erst. Dann: „John, John aus Polen" und zeigte auf das Haus, vor dem ich in der vergangenen Nacht gestanden hatte. Lettland – Polen. „Was wissen Engländer schon vom Kontinent? Nach Deutschland kennen die nur Polen. Dann kommt Rußland", sagte ich Uwe Hempen, nicht weniger aufgeregt, aber mich beruhigend. „John aus Polen" und dann der Fingerzeig auf genau das Haus. „Ich hab es geschafft. So viel Zufälle kann es nicht geben." „Ja", nickte Uwe, „Du hast es geschafft. Ich wußte es."

Aber noch hatte ich es nicht geschafft. Das Schwierigste stand mir bevor. „Warte", bat ich meinen Freund, „das muß ich allein machen", ... ging zum Haus, klingelte. Eine alte englische Frau öffnete, liebes, aber ängstliches Gesicht, sah mich überrascht an, erkannte an meinem deutschen Englisch den „Ausländer", dachte sofort an die KGB-

Mein Vater: Es sollte 30 lange Jahre dauern – bis wir uns in England wiederfanden. Bis zu seinem Tod blieben uns noch 6 schöne Jahre. „Idiot", ... sagte er nur, als ein englischer Bergarbeiter fragte „Wer ist Walt Disney?"

Spione mit den vergifteten Schirmspitzen .... wie ich später erfuhr. „Nein, mein Mann ist nicht zu Hause", sagte sie leise, als ich nach ihm fragte. Auf mein Nachbohren noch einmal: „Nein – nicht zu Hause." Dann der Satz: „Ich bin der Sohn und will zu meinem Vater. Ich weiß – er ist zu Hause. In einer halben Stunde komme ich wieder", zeigte das Foto „Mann mit Helm und Kohlegesicht", drückte ihr ungefragt eine lettische Exil-Zeitung in die Hand. Darin meine Suchanzeige mit meinem Bild.
Die längsten Minuten meines Lebens. Nach 15 Minuten hielt ich es nicht mehr aus, ging zurück zum Haus. Hinter den englischen Reihenhäuschen ein sogenanntes „Greenhouse". Gläserner Wintergarten mit Blumen. Ich weiß nicht warum – das „Greenhouse" steuerte ich an. Ein weißhaariger, alter Mann, gebückter Gang, öffnete, kam auf den Hof. Kein weißer Schimmel, auf dem er ritt. Statt stolz, stark, jung und schön – alt und gebückt. Kein Wort

kam über meine Lippen, keine Umarmung. Stocksteif stand ich da. Griff schließlich in die Tasche, um meinen deutschen Reisepaß rauszukramen. Dann der erste Satz. Deutsch: „Ich kann auch so sehen, daß du mein Sohn bist. Wozu der Paß?“ Tränen in beiden Gesichtern. Wir lagen uns in den Armen. Vater und Sohn. Nach 30 Jahren. Wie lange hatte ich darauf gewartet .... und trotzdem: Ich hielt es nicht lange aus, wollte nur eines: Raus aus dem Haus. Und log: „Mein Flugzeug geht früh. Ich muß zurück nach London.“ Stimmte nicht. Es ging erst am nächsten Tag. Beim Abschied versprach ich ihm und seiner englischen Ehefrau Brinda: „Weihnachten komme ich wieder, bleibe 14 Tage.“ „Ich habe dich groß gezogen. Er bekommt den fertigen Sohn“, ... sagte meine Mutter in Bremen ...., aber ich verstand sie nur ein wenig, wollte nicht verstehen. Meine Freude war zu groß.

Junge Journalisten sind „wichtiger“ als der Papst

„Karol Woytila – nimm dich nicht so ernst“, ... soll der Herrgott dem verstorbenen polnischen Papst Johannes Paul II. ins Herz gepflanzt haben. Journalisten sind wichtiger als der Papst. Je jünger und unerfahrener ..... desto wichtiger. Kein Herrgott, der sie mahnt. Auch ich war „wichtig“ – unglaublich „wichtig“ als junger Journalist. Jede simple Reportage wäre eigentlich ein dikkes Buch wert gewesen. Mit zunehmendem Alter wird die Wichtigkeit abnehmender und der Kopf ein wenig klarer, das Denken bescheidener. Aber untertreibe ich nicht auch ein wenig? Journalist – ein Beruf wie jeder andere?
Sicher ist: Das Leben eines Journalisten ist interessanter als das von mehr als 90 Prozent der Bevölkerung. Der schreibende „Job“ bringt es halt so mit sich. Vielleicht bremste oft überschäumende Lebensfreude meine „Wichtigkeit“ ein wenig. Jedenfalls führte ich nie Tagebuch über die „wichtigen“ Dinge meines Lebens. Alles zu seiner Zeit. Was einst „extrem wichtig“ war, ver-

schüttete der Treibsand des Lebens. Unter 10 000 „wichtigen" Ereignissen, Begegnungen und Geschichten .... vielleicht blieben 10, 15 oder höchstens 20 im Kopf und Herzen. Keine chronologische Reihenfolge, keine genauen Daten, kein journalistisches Einordnen .... das will ich nicht, ist längst verflogen. Geblieben sind die „großen" Erinnerungen, nicht die Daten, genauen Jahreszahlen oder „Nebensächlichkeiten", die im „aktiven Journalismus" so entscheidend und wirklich **wichtig** sein können. Was blieb, ist dies:

Lale Andersen und Goebbels

„Vor der Kaserne, vor dem großen Tor, steht eine Laterne – und steht sie noch davor ...." Vierziger Jahre. „Musikalische Aufmunterung" für die Nation. Propagandaminister Goebbels hatte sie verschrieben – und Lale Andersen sang .... hinreißend, und die Welt sang mit. Auch Deutschlands Gegner sangen „Vor der Kaserne, vor dem großen Tor". Ein deutscher Schlager im II. Weltkrieg war siegreicher als Hitlers versprochene, aber nie eintreffende „Wunderwaffe". Dazu die rauchige, leicht „verruchte" Stimme einer schönen Frau mit Augenaufschlag. Angehimmelt .... nicht nur von deutschen Soldaten. Angehimmelt auch von Josef Goebbels .... hieß es. „Erst in Goebbels´ Schlafzimmer, dann in den Konzertsaal" .... so in Künstlerkreisen. Nach dem Krieg: Wer kannte noch Lale Andersen? 30 Jahre später: Die „Siebziger". Und wieder „Vor der Kaserne, vor dem großen Tor, steht eine Laterne – und steht sie noch davor". Japan – Platz 1 der „Hitliste". Auf allen deutschen Kanälen Lale Andersen. Ein alt gewordener, fast verglühter Stern ging wieder auf – am schnell verwehenden Himmel des internationalen Schlagers – und damit erneut die Frage: „Wie war das damals mit Lale Andersen und Goebbels eigentlich wirklich?"

Konzert in Bremen. Lale Andersen, ihre alten Schlager und natürlich „Vor der Kaserne, vor dem großen Tor". Siegerist Bremer BILD-Chef. Du lieber Himmel – wie jung, unerfahren, journalistisch unreif und dämlich war ich eigentlich damals noch? Am Park-Hotel konnte sie mir nicht entkommen – die gealterte Diva mit großer Alter-und-Falten-verdeckender Sonnenbrille.
Was verstand ich von den Sorgen einer gealterten Diva, einst verehrt, dann vergessen und kurzfristig wieder aufgetaucht, erneut im Rampenlicht? Vom Alter gezeichnet, vom Leben kräftig durchgerüttelt. Nicht mehr jung – aber immer noch jung in den Köpfen ihrer ebenfalls alt gewordenen Anhänger ...... und jung, so wollte die Diva wohl auch für ihr Publikum bleiben. „Keine Fotos" – bat sie mich, hielt die Hände vors Gesicht, drückte Blicke-und-Kamera-abwehrende Sonnenbrille noch fester auf die Nase. „Nicht fotografieren" – noch einmal. „Dumme Gans", dachte ich nur, „sei froh, daß BILD über dich berichtet. Gut für den Verkauf von „Vor der Kaserne". Was hätte ich in dem Alter sonst auch in meinem Schädel haben können? Lili Marleen und Goebbels.
Mich interessierte nur die eine Frage – und nur deswegen hatte mich die BILD-Zentrale auf Lale Andersen gejagt: „Mit Goebbels gepennt – Ja oder Nein?" Und immer wieder bohrte ich. So – als wenn sich das ganze und lange Leben dieser großartigen Frau nur auf die eine törichte Frage konzentrieren lassen würde: „Mit Goebbels gepennt – Ja oder Nein?" Schließlich Schluß-Akkord der Diva: „Sie sind noch sehr jung, junger Mann. Vielleicht sehr viel später, wenn Sie so alt sind wie ich – dann werden Sie mich verstehen." Ich verstand früher – und war froh, daß diese BILD-Geschichte nie gedruckt wurde.
Jahre später an ihrem schlichten Grab – auf der kleinen Nordseeinsel Langeoog. „Tut mir leid – ich war dumm und wirklich viel zu jung, um Sie zu verstehen." Auf die sandige Erde vor dem Stein legte ich eine rote Rose – und als ich den Friedhof verließ ...... war ich es selber, der da summte: „Vor der Kaserne, vor dem großen Tor ...."???

Alfred Dregger sollte schwimmen. Im Pool. Für unsere Kamera. Für die Kandidaten-Zeitung. Politische Werbung. Ein sportlicher Dregger sollte es sein. Sportlich! Alfred Dregger mit seinem strahlenden Lachen und dem guten Aussehen. Natürlich gehörte dazu sportlich. Was sonst? „Später", vertröstete er mich immer wieder – immer nur „später", und ich wurde ungeduldig. Die Zeit lief mir davon. Dreggers Sohn merkte meine Ungeduld, raunte mir leise zu: „Fragen Sie nicht noch einmal, der kann doch gar nicht schwimmen." Statt schwimmen also Schach. Schade. Dabei hätte Alfred Dregger mir als eine Art Mark-Spitz-Ersatz so gut ins Konzept meiner Kampagne gepaßt. Kleine, erlaubte „Indiskretionen" – zum Schmunzeln, menschlich eher angenehm.
Dauer-Leihgabe des Springer-Verlages an CDU/CSU war ich geworden. Schon einige Jahre. Unversehen war ich in die Rolle gerutscht: Mittler zwischen CDU/CSU und

Alfred Dregger mit Sohn beim Schach. Ein „Not"-Foto von Fotograf Uwe Hempen. Er wollte einen sportlichen Dregger, als Schwimmer. „Geht nicht" – verriet der Sohn........ „Papa kann nicht schwimmen."

Springer-Verlag. Motto: Eine Hand wäscht die andere. Ich liebte die Aufgabe. „Gesinnungs-Job" – mir auf den Leib geschneidert. Meine Abneigung gegen Werbeagenturen **für alles** war gewachsen. Großmäulig, teuer, meist unfähig. Heute Maggi und Miracoli – morgen Stoltenberg und Strauß. Kann doch gar nicht gut gehen. Beispiel Angela Merkel. Nie wurde von der CDU/CSU ein schlechterer Wahlkampf geführt als der im Sommer 2005. Mit einer Mini-Mannschaft schlug Strauß mit seinem damaligen Generalsekretär Gerold Tandler in der „Hochzeit" der CSU große Wahlkämpfe. „Team 70" nannte sich die Gruppe. Drei Personen – mehr nicht. Ein Grafiker, ein Texter und „Jonni" Klein, Olympia-Pressesprecher aus München und später Vize-Präsident des Deutschen Bundestages.
Eine neue Form der politischen Werbung hatte ich konzipiert. „Persönlich zugeschnittene Kandidatenzeitungen" .... hieß das erfolgreiche Zauberwort. Im Klartext: Der jeweilige Kandidat wurde „vermenschlicht". Einer wie du und ich. Politik nicht mehr als schwer verständliches und kaum durchschaubares Geschäft. Politik für jeden. Nicht abstrakte Unterhaltung, aber trotzdem klare Grundsätze in den Aussagen, freundlich, menschlich, angenehm. Ein wenig Amerika-Wahlkampf. Dort, wo die Zeitungen eingesetzt wurden, fast immer bessere Ergebnisse als in „nicht betreuten" Wahlkreisen. Oft bis zu 2 bis 4 Prozent Plus. Um die 150 Politiker der Unionsparteien waren es, denen ich diese neue Form der Werbung verpaßte.
Schwierig war Gerhard Stoltenberg für mich. Ein großartiger Mann und absolut zuverlässig. Aber Eisblock. Trotzdem: Irgendwie gelang mir die Zeitung für „Stolti" – und er wollte sich bedanken. „1 Stunde Siegerist-Gespräch" – Vermerk auf seinem Terminkalender. Eine lange Stunde für mich im Bundesfinanzministerium. Unendlich lang. Höflich, ein lieber Gastgeber, gescheit, kein Beliebigkeits-Politiker, Grundsätze – aber stock-steif. Ganz anders als Familienvater. Zunächst begriff ich nicht, wieso er seine Familie abschirmte – selbst für die geplante Kandidaten-Zeitung. Die Frau klärte mich auf: „Wir

haben ein schwerbehindertes Kind." Ich verstand und sah Gerhard Stoltenberg anders. Gerhard Stoltenberg war ein Herr. Alfred Dregger auch.
Franz Josef Strauß war kein Herr. Strauß war ein politisches Naturereignis – und ich verehrte ihn .... wie keinen anderen. CSU-Generalsekretär Gerold Tandler war **der** ideale Strauß-Verkäufer und treue Statthalter seines Chefs in der Münchner Zentrale. Prächtig verstanden wir uns. Gleich „Chemie". „Wackelige" Wahlreise im protestantischen Frankenland hatte ich zu betreuen. Stichwort Kandidatenzeitungen. Ein wenig auch Strauß-Betreuung. Strauß zu fotografieren – lieb, weich, menschlich, angenehm. Eine schwere Aufgabe war das für jeden Fotografen. Mein armer BILD-Fotograf Uwe Hempen schon am Verzweifeln. Strauß merkte es, tröstete uns: „Morgen nehme ich mir drei Stunden Zeit für Sie. Dann klappt es." Aber vor dem „Morgen" lag ein langer Abend – und ein bayerisches Bierzelt. Strauß kam nicht dran vorbei, soff eine Maß nach der anderen. Am nächsten Morgen rotes, aufgequollenes Gesicht. Böse war ich, fluchte bei seinem Assistenten: „Der sieht heut ja aus wie ein aufgedunsener Rotfrosch"...... Der Assistent fand das nicht lustig und Strauß, dem er es brühwarm weiterplapperte, auch nicht. Nur durch Glück und Zufall gelang Tage später ein Foto – ideal für die Plakate.
Dann ging Gerold Tandler als Generalsekretär, wurde Innenminister in der Bayerischen Staatsregierung. Edmund Stoiber kam. Sachliche Zusammenarbeit. Aber ein andere „Chemie" als bei Vorgänger Gerold Tandler. „Was halten Sie von Stoiber?" fragte mich Strauß. Ich bin kein Diplomat – und meine Antwort war auch nicht diplomatisch. Strauß behielt meine Meinung nicht für sich. Wollte er Stoiber ärgern? Wie auch immer. Zwischen Edmund Stoiber und mir sprang der Funke nie über.
Strauß und Tandler – paßte mehr zu mir, war näher. Ein politisches Werturteil über den hoch talentierten bayerischen Ministerpräsidenten, den ich mir als Kanzler gewünscht hätte, ist das nicht!

Es gab viele gute Stunden der Zusammenarbeit mit Edmund Stoiber – vor allem, als es darum ging, für die Strauß-Kandidatur als Bundeskanzler die „Bürgeraktion Demokraten für Strauß“ auf die Beine zu stellen, den eigentlichen Vorläufer der späteren Deutschen Konservativen e.V., die so viel in meinem Leben verändern sollten.
„So um die 150“ Abgeordnete betreuen. Länder und Bund. Bei 150 bleiben nicht allzu viele im Kopf hängen. Die meisten wurden durch die Zeitung interessant, im „wirklichen“ Leben nicht. Schwarz-Schilling blieb haften, gestartet als CDU-Generalsekretär bei Alfred Dregger in Hessen, dann Bundespost-Minister. Eher ein Liberaler, ich nicht. Trotzdem: Die Zusammenarbeit war ungewöhnlich angenehm. Seine Frau, eine erfolgreiche Unternehmerin, hatte die Idee im Kopf: Konservatives Nachrichtenmagazin – als Gegengewicht zum SPIEGEL. Ich brachte sie mit dem großen Karl Heinz Hagen zusammen, einst Chef von BILD und BERLINER MORGENPOST, später Vater von JASMIN und ELTERN. Es scheiterte an den Finanzen. Erst Jahre später FOCUS. Dabei hatte es immer geheißen: Gegen BILD kommt keine andere Boulevard-Zeitung an, gegen SPIEGEL kein anderes Nachrichtenmagazin. Axel Springer würde seine BILD heute neu erfinden, anders. Durch kluge Geschäftspolitik stimmt dort zwar die Kasse – aber nicht mehr die Auflage. **Vor** der Wiedervereinigung, an der BILD große Anteile hatte, war die Auflage höher als **hinterher** ...... mit **eigentlich** 17 Millionen zusätzlichen Lesern.
BILD ist heute als Boulevardzeitung zu schlagen. Gleiche Bedenken hatte man beim SPIEGEL. Dann kam FOCUS. Und brachte es teilweise auf höhere Auflagen. Ich halte es für denkbar, daß BILD irgendwann echte Konkurrenz bekommt. Die „alte“ BILD unter Hagen, Boenisch und Prinz hatte das Ohr dichter am Volk, brachte mehr als barbusige Mädchen auf der 1 – auch politisch berechenbarer, näher an Axel Springers politischer Welt.

Es ist die politisch-journalistische Krankheit der neuen Verleger-Generation: Politisch anpassen, damit die Auflage steigt. Stimmt aber nicht. Eine Zeitung, die ihre Ecken und Kanten verliert, verliert auch ihr Gesicht, dann die Leser, wird langweilig. Die stromlinienförmige Anpassung in den Medien, der Politik, der Wirtschaft, Kunst und selbst großen Teilen der Kirchen .... ein Unglück in meinen Augen. Debatten im Deutschen Bundestag. Auf der einen Seite Wehner, Erler, Brandt, Schmidt – auf der anderen Adenauer, Strauß, Dregger, Erhard, Karl Carstens. Bei der FDP Thomas Dehler, Heuss, Mende. Heute? Muß ich näher kommentieren, um verstanden zu werden? Es ist der Trend der „politischen Korrektheit“, der sich wie Mehltau über Deutschland legt. Ich wiederhole: In **allen** Bereichen.
Wer gegen den Strom schwimmt, ist „rechtsextrem“, „Neo-Nazi“ oder „Volksverhetzer“. Die „Volksverhetzer“ von heute werden – so hoffe ich – das Deutschland von morgen mehr prägen als die Angepaßten, die Mehltau-Milben.
Ich habe einen großen Rosengarten. Mehltau – Hauptfeind meiner Rosen. Mehltau zerstört die schönste Blüte. Aber auch ein Hobby-Gärtner kann die Rosen vor Mehltau schützen, sie retten.

Da war auch noch von Weizsäcker

Beinah hätt' ich ihn vergessen. Richard von Weizsäcker. Du lieber Himmel – war der (Entschuldigung) postengeil. Handstand und Überschlag hätte der in seiner Anfangszeit für Mandat und Ämter gemacht. Weder zurückhaltend, noch fein. So war er nur nach außen. Dann Berlin. „Regierender Bürgermeister“. Und Axel Springer sagte: „Ich weiß, der Mann ist nicht Ihr Fall, meiner auch nicht. Aber Berlin. Es geht um Berlin. Sie müssen.“ Ein Segen für mich: Von Weizsäcker vertraute den großen Werbeagenturen mehr als mir. Ich war weder traurig,

noch gekränkt, konnte meine Hilfe auf „textliche Zulieferung" für teure und glänzende Vierfarb-Magazine beschränken. Die Springer-Presse in Berlin machte aus von Weizsäcker den „großen Berlin-Freund". Was verdankt dieser Mann Axel Springer? Er war kein Berlin-Freund damals. Ich weiß es besser. Aber das wäre dann schon wieder „indiskret" ....
Doch von Weizsäcker brachte für mich auch eine großartige Sache zustande. Bei der Strauß-Kanzler-Wahl trommelte ich 1000 Jugendliche aus dem gesamten Bundesgebiet in Berlin zusammen. „Wir wollen Strauß – Freiheit statt Sozialismus" jubelten die jungen Gesichter – und Weizsäcker wurde grün vor Ärger. „Rechtsradikale" befand er. Strauß hielt in einer Video-Ansprache diskret, aber deutlich dagegen. Weizsäcker war Regierender Bürgermeister – und plötzlich wurden 1000 jungen Leuten, die nach Berlin gereist waren, die staatlichen Übernachtungs-Quartiere gekündigt. Auf der Straße sollten sie bleiben. „Geh zu Lummer, geh zu Heinrich Lummer", riet mir ein Berliner Freund .... und ich ging. Heinrich Lummer, Innensenator und Bürgermeister von Berlin, der zweite Mann nach von Weizsäcker. Die Konservative Jugend mußte nicht auf der Straße schlafen – und eine lebenslange Freundschaft begann .... erst mit Skepsis .... dann fester und fester. Bis heute. Es blieb das „Sie" .... aber aus „Herr Lummer" wurde schließlich „Lummi" – und dieser Mann war ein Glück. Für mich und die späteren Deutschen Konservativen e.V.. Dank Richard von Weizsäcker.

Ehrenpräsident der Konservativen: Heinrich Lummer. Aus anfänglicher Skepsis wurde Freundschaft, die ein Leben hält. Ausgerechnet von Weizsäcker ermöglichte das indirekt.

Ja – ich stehe noch heute zu Uwe Barschel

Landtagswahlen in Schleswig-Holstein. Uwe Barschel Nachfolger von Gerhard Stoltenberg. „Siegerist, das ist dein Job", befand Peter Tamm, SPRINGER-Generalbevollmächtigter. Es war „mein" Job. Im Wahlkampf stimmte zwischen Uwe Barschel und mir **alles**. Gleiche politische Richtung, ähnliche Wortwahl, kein Unterschied in der Auffassung von politischer „Verkaufe" konservativer Grundsatz-Ideen. Dazu: Es stimmte auch menschlich zwischen uns. Acht Wochen enge Zusammenarbeit. Ich wurde einquartiert im Kieler MARITIM, nicht weit entfernt vom „Landeshaus" – im Düsternbrooker Gehölz, dort, wo ich die schönsten Stunden meiner Kindheit verbracht hatte. Nahezu alles, was später über Uwe Barschel geschrieben und verbreitet wurde, war erlogen. Ja – ich weiß es wirklich besser. Uwe Barschel war ein anständiger Mensch. Selbstmord? Nein. Noch heute glaube ich nicht daran. Nach meinem Ausscheiden bei AXEL SPRINGER bat Uwe Barschel dort vertrauensvoll erneut um Hilfe, einen „zweiten Siegerist" ..... und er bekam einen „Pfeifer". Barschels Vertrauen war sein tragischer Untergang.

Uwe Barschel zeigte mir den Schmalsee bei Mölln – nicht weit von seinem Wohnhaus entfernt. Dann den „SEEHOF" in Ratzeburg. Schmalsee und SEEHOF sind Lieblingsplätze bei mir geblieben. Noch heute bete ich oft für Uwe Barschel. Wenn man das in der Politik überhaupt sagen kann .... aber wir waren „Freunde im Geist" geworden .... und zu seinen Freunden steht man. Ein Leben lang – auch wenn andere es nicht begreifen, weil die vorgefaßte Meinung so bequem ist, nicht mehr geändert werden „darf".

„Uwe Barschel kein Ruhmesblatt für die CDU", ... sagte man. Ich sage es anders: „Für die CDU kein Ruhmesblatt, wie sie sich gegenüber Uwe Barschel verhielt."

Immer wieder Ludwig Eckes

Ein Naturereignis wie ein Orkan in der Politik: Das war Strauß. Ludwig Eckes verdiente in der Wirtschaft dieses Prädikat, der alte Patriarch aus Nieder-Olm. Ohne seine finanzielle Hilfe wäre so vieles nicht möglich gewesen. Ein Genie seiner Branche, ein „Trampeltier" in der Politik. Liebenswert und von mir bewundert. Aber „Trampeltier". Klein angefangen. „Mit 50 000 Litern Alkohol – vom Vater in einem unterirdischen Tank vor den Besatzern versteckt", ... wie er mir anvertraute. Eines ist sicher: Hätten die Amis damals seinen „unterirdischen Schnaps" entdeckt ....., vermutlich hätte es nicht den „ganz großen Ludwig Eckes" gegeben. Es kam anders. Was weiß die PDS heute von Ludwig Eckes, wenn sie nach einem Wahlsieg die Sektkorken knallen läßt und ROTKÄPPCHEN säuft? Gehört zu 40 Prozent der Firma Eckes in Nieder-Olm. PDS-Abgeordnete sollten auch „ihren" Nordhäuser Korn nicht allzu freudig in sich reinlaufen lassen. Gehört Eckes. Ludwig Eckes starb zu früh, erlebte die Wiedervereinigung nicht mehr – auch nicht ROTKÄPPCHEN und den Nordhäuser Korn. Dafür andere Marken. Mit „hohes C" revolutionierte er den eigentlich längst „gesättigten" deutschen Orangensaft-Markt. Auf einer Spanienreise 1954 entdeckte er konzentrierten Orangensaft. Vier Jahre später bringt er ihn unter „hohes C" auf den Markt, schafft den Umsatz-Renner der deutschen Nachkriegs-Geschichte. MARIACRON. Ludwig Eckes schlägt mit seiner Marke ASBACH URALT. Französischer Weinbrand – hört sich edel an für das nach besserem Leben gierende Deutschland. „Franzosen-Schnaps schmeckt nach Seife", ... befinden deutsche Zungen. Trotzdem bleibt „französisch fein". Marianne Chantré – Geburtsname der Eckes-Ehefrau. CHANTRÉ. Gibt es einen besseren Namen? Und der „weiche Weinbrand" entsteht. Französischer Name – aber deutscher Geschmack. Wieder eine Eckes-„Revolution". Mit einer kleinen Brennerei zur Destillation von Weinrückständen

hatte der Fuhrunternehmer und Landwirt Peter Eckes 1857 in Nieder-Olm begonnen. Ludwig Eckes schuf einen Weltkonzern. Schnaps war zum Geldverdienen. Politik Herzenssache.
Gleich zwei Büros richtete er mir in Wiesbaden ein. Einmal für Dregger-Wahlkampf, einmal für erste Vorläufer der „Konservativen Aktion“. Büro am Kaiser-Friedrich-Ring. Dort Begegnung mit Casimir Prinz Wittgenstein, METALLGESELLSCHAFT Frankfurt. Edelmann vom Scheitel bis zur Sohle – nicht nur vom Namen her. Eine blinde Sekretärin hatte Ludwig Eckes. Hin und wieder kam er zur „Inspektion“ in mein Büro. Die Blinde warnte mich vor. Das hieß nur so viel: Feldbett im Büro aufstellen. Finanziell großzügig hatte er meine Arbeit ausgestattet. Was ihm Eindruck machte: Ich nahm keinen Pfennig als Honorar an, fühlte mich von Springer ausreichend bezahlt. Trotzdem der Gedanke in seinem Kopf: „Hoffentlich verprasse die net mei Geld.“ Eigene Wohnung für Siegerist. Vielleicht auch nur kleine 1-Zimmer-Wohnung? „Net nötisch“, befand er. „Des Geld könne mir besser gesche all die Rode einsetze.“ Feldbett aufklappen. Und „unangemeldet“ stand Ludwig Eckes oft genug plötzlich im Büro. Politisch vertraute er mir, auch organisatorisch. Aber war nicht vielleicht doch die Versuchung des jungen Mannes von Springer nach einem etwas bequemeren Leben „uff mei Koste“ da – vermutlich nur gut versteckt? Natürlich hatte ich mir in Wiesbaden eine gemütliche 1-Zimmer-Wohnung angemietet. Auf eigene Kosten, hatte absolut keine Lust mehr, nach einem harten Arbeitstag monatelang auf einem Feldbett im Büro zu „pennen“. Ludwig Eckes und das Feldbett. Gut aufgestellt hatte ich es in einem Nebenzimmer, nicht zu übersehen. Kissen und Decken ein wenig verwühlt, sollte ja „benutzt“ aussehen. Ein Blick genügte. Viel Zeit hatte Ludwig Eckes selten. Zufrieden ging er, erfolgreiche Inspektion .... „Feldbett-Inspektion“ – nannten meine Mitarbeiter diese Besuche, und wir schmunzelten über den „Alten“, mochten ihn aber alle.

Weniger Grund zum Schmunzeln über Ludwig Eckes hatten konservative Studentengruppen an der Mainzer Uni, die mit SDS und SPARTAKUS nicht viel am Hut hatten. „Die misse gesche die linke Bazille kämpfe“, ... hatte Ludwig Eckes entschieden und die jungen Leute mit der abenteuerlich hohen Summe von annähernd 200 000 Mark ausgestattet .... trotzdem nur ein Teil dessen, über den damals linke Studentengruppen verfügten. Die „Eckes-Studenten“ waren besser als die Linken, gewannen Asta-Wahlen .... und wollten sich auf ihre Weise beim Sponsor bedanken. Ein großes Büfett hatten die Mädchen aufgebaut. Selbst belegte und schön dekorierte „Brötchen“. Hofften, daß sich der große Gönner aus Nieder-Olm freut. Freute sich aber nicht. Kam ganz anders. Ludwig Eckes betritt den Saal, sieht die Brötchen, läuft puterrot an im Gesicht, flucht laut vernehmbar: „Ei, die verfresse ja mei ganz Kapidal“, ... drehte sich um auf dem Hacken, Tür zu ..... ward bei den Studenten erst Monate später wieder gesehen ...... mit dem versöhnenden Spruch: „War nit ganz so gemeint. Mei Temprament. Sie verstehe schonn.“ Was blieb den Studenten auch anderes übrig, als „Sie verstehe schonn?“

Casimir Prinz Wittgenstein – nicht nur vom Namen her ein Edelmann – und ihm gegenüber der poltrige Ludwig Eckes – ich dazwischen. Große Verdienste um Deutschland haben beide.

Und was waren das für Begegnungen im Wiesbadener Büro am Kaiser-Friedrich-Ring. Da der feine Prinz Wittgenstein, humorvoll, angenehm, gebildet, Weltbürger und deutscher Patriot zu-

gleich .... sehr fein, von mir mit größtem Respekt und Hochachtung betrachtet. Auf der anderen Seite des Konferenztisches der polternde Ludwig Eckes in seiner oft schockierenden Offenheit das Gegenteil des Prinzen, der sich hin und wieder im Stuhl noch gerader aufrichtete, wenn Eckes wieder allzu sehr losbollerte, sich ein Grinsen aber nicht verkneifen konnte.
Rund 30 Jahre später Prozeß in Wiesbaden. Vor Gericht: Prinz Wittgenstein, Manfred Kanther. Vorwurf: Untreue. Geld der CDU ins Ausland geschleust. Aus Solidarität zum alten Wittgenstein nahm ich die lange Reise von Hamburg nach Wiesbaden oft und gern auf mich, wollte ihm signalisieren: „Nach wie vor auf Ihrer Seite." Es kam mir so entwürdigend vor: Der alte Herr, drängelnde Journalisten um Platz bittend, wenn er tapfer in den Gerichtssaal ging. Weniger freundlich meine Gedanken über Manfred Kanther. Als Innenminister hatte er nicht verhindert, daß linke Beamte mit falschen Angaben meinen Namen und den der Deutschen Konservativen 1995 – wenn auch nur einmal – in den Verfassungsschutzbericht aufgenommen hatten, trotz all der Verbindungen, trotz der Tatsache, daß der eigene Sohn von Manfred Kanther zu uns gehörte. Erst auf meinen wütenden Protest ließ Kanther den falschen Eintrag korrigieren .... um ihn dann später ganz zu entfernen. Aber gedruckt blieb gedruckt. Das nahm ich ihm übel. Aber Zeit heilt Wunden ...... und während des Gerichtsverfahrens stand ich auf seiner Seite. Wir gaben uns nach langen Jahren wieder die Hand. Weitere Worte waren überflüssig. Dazu nur so viel – aber das kann ich aus eigener Zusammenarbeit mit allerbestem Gewissen sagen: Kanther und Wittgenstein hätten lieber einen Strohhut gefressen, als von den gesammelten Geldern auch nur einen Pfennig für private Zwecke anzutasten. Es verband die beiden sparsamen Weggefährten sicherlich eines: Mühsam gebetteltes Geld darf von allzu ausgabefreudigen Politikern nicht sinnlos zum Fenster rausgeworfen, sollte sinnvoll eingeteilt, „portioniert" werden. Juristisch uninteressant.

Ein knappes Jahr nach der für Franz Josef Strauß verlorenen Bundestagswahl – da entstand die Idee konkreter: Nicht genug, einzelnen CDU- oder CSU-Leuten bei der Bundestagswahl zu helfen. Und auch diese Frage kam hoch: Verändern wir mit der Hilfe für CDU und CSU wirklich die Nation? Die „Bürgeraktion Demokraten für Strauß“ hatte gute Arbeit geleistet. Gerhard Löwenthal an der Spitze, der aus Prag stammende Schachgroßmeister Ludek Pachman, Olympia-Siegerin Jutta Heine als ideales Aushängeschild. Die organisatorische Arbeit: Peter Helmes, einst Bundesgeschäftsführer der JUNGEN UNION, später von der CDU/CSU-Mittelstandsvereinigung. Mein Part: Öffentlichkeitsarbeit, Finanzen.
Das Geld kam von Ludwig Eckes, Axel Springer, guten Freunden aus dem CDU-Wirtschaftsrat und durch von mir formulierte Rundbriefe mit den Namen prominenter, aber nicht mehr aktiver CDU/CSU-Politiker der Nachkriegszeit. Klangvolle Namen darunter.
Erstmals in der Nachkriegsgeschichte: Eine nicht-linke, parteipolitisch ausgerichtete Bürgerinitiative hatte ihre Bewährungsprobe bestanden. Daß Strauß trotzdem nicht Kanzler wurde – „Verdienst“ der FDP. Aber auch von Heiner Geissler, Rita Süssmuth und ein wenig Helmut Kohl. Kohl hielt sich für besser. Strauß dachte gleiches über sich. Strauß hielt Kohl weder politisch noch moralisch geeignet für das Amt des Bundeskanzlers.
Viele Menschen hatten wir mobilisiert. Zehntausende. Sonderzeitungen, Zeitungsanzeigen, Großkundgebungen, wieder (wie in Niedersachsen) die von mir favorisierte Wahlkampf-Feuerwehr bei Sondereinsätzen .... ein ganzes Wahlkampf-Feuerwerk abgeschossen, 50,1 Prozent – und die waren bei der damaligen FDP für Strauß notwendig .... wir „packten“ es nicht. Zu mächtig die roten Gegner, zu unsolidarisch die innerparteilichen des CSU-Chefs.
Anruf von Pachman bei mir: „Wir müssen weitermachen.“ Strauß in München bei einer Zusammenkunft der DEUTSCHLAND-Stiftung. Er entdeckte mich im Gewühl

der vielen Menschen, packte meine Schulter: „Nicht aufhören. Ein Jammer, wenn das jetzt wieder verläuft.“ Erste Konturen einer „unabhängigen Bürgerinitiative“ zeichneten sich ab. Und wieder half Ludwig Eckes. Ich möchte nicht, daß durch meine sehr plastische Schilderung des Eckes-Bildes der Eindruck entsteht, als wenn es sich hier um einen grobschlächtigen, aber reichen „Landsknecht“ der politischen Landschaft gehandelt habe. Stimmt nicht. Ludwig Eckes machte sich tiefe und philosophische Gedanken über den Zustand der Nation. Deutschland – das war ihm wichtiger als Schnaps und Verkaufszahlen, ließ ihn oft nicht schlafen. Ludwig Eckes war ein politischer Patriot im besten Sinne. Besprechung im „Käfer“ in München. Kleiner Kreis. Ludek Pachman, Gerhard Löwenthal, Ludwig Eckes, ein lieber Freund vom CDU-Wirtschaftsrat, den ich namentlich nicht nennen möchte – und ich. Langes Gespräch. Vielleicht drei Stunden .... oder ein wenig mehr. „Ging schnell um – die Zeit“, ... meinte Strauß, blickte auf die Uhr, verabschiedete sich: „Bis bald.“ Ludwig Eckes blieb unzufrieden. „Nicht tiefgründig genug“, grummelte er, stand aber voll zur Sache. Mehr und mehr war in unseren Köpfen eine von der CDU und der CSU unabhängige Bürgerinitiative entstanden, konservativ, christlich-sozial – absolut eigenständig. Niemand von uns hatte weiteres Interesse daran, oft nur mittelmäßig oder gar nicht begabten Unionsleuten einen Lorbeerkranz zu flechten, der aus „kleinen“ Leuten „Cäsaren“ machte, die sie nie waren und nie sein würden. Nach gewonnener Wahl dann Deutschland vergessen und nur noch so viel im Kopf: **Eigene Karriere.** Strauß verstand unsere Gedanken, hielt sie für richtig.
Schließlich Geburtsstunde. „Kreißsaal“: Bayerischer Hof, vermittelt von Caspar Freiherr von Schrenck-Notzing. Betroffene mögen mir verzeihen, wenn ich mich nicht mehr korrekt an jeden Namen der „Tafelrunde“ erinnere. Geblieben sind die: Natürlich Gerhard Löwenthal und Ludek Pachman, Caspar von Schrenck-Notzing, Professor Hornung, selbstverständlich Ludwig Eckes, Professor

Motschmann aus Berlin. War seine Schwägerin Elisabeth Motschmann aus Bremen dabei? Ganz sicher bin ich nicht mehr. Jedenfalls wurde sie später stellvertretende Bundesvorsitzende der „Konservativen Aktion". Der Rechtsanwalt und Notar Dr. Jochen Rothardt aus Soltau gehörte zum Kreis, später Bürgermeister der kleinen Stadt in Niedersachsen. Auch Strauß-Anwalt Dr. Günther Ossmann und Dr. Paul Carell, Buchautor und enger Berater Axel Springers, dazu Busso Graf von Alvensleben, Stuttgart, Vertrauter des Verlegers Seewald, Pressefotograf Uwe Hempen, Peter Helmes und ich.
Sicher ist: Es waren mehr. Ich erinnere mich aber nicht an weitere. Wir schreiben das Jahr 2006. Rund 25 Jahre ist es her.
Der Name „konservativ" kam von Ludwig Eckes. Zuvor „Marktforschung". Professor Hornung verteidigte das Wort „konservativ". Dagegen war eigentlich keiner. Was aber niemand von uns wußte: Kommt der Name auch „draußen" an? Konservativ – „verstaubt" oder „von gestern"? Sicher war sich keiner. „Aktion" ..... alle einverstanden. Wir wollten bewegen, nicht im eigenen Saft schmoren, die Nation aufhorchen lassen.
Die Nation horchte – und die Linke schrie auf. „Moskaus Partisanen sind unter uns" .... titelten wir großformatige Anzeigen in wichtigen deutschen Tageszeitungen, bei Axel Springer gratis. Der Verleger identifizierte sich voll mit der „Konservativen Aktion".
„Moskaus Partisanen sind unter uns." Bewußt überspitzt formuliert. Einzige Chance in einer total übersättigten Medien-Gesellschaft in politischen Fragen noch zur Kenntnis genommen zu werden. Leider. Aber es ist so. Publizistisches Gegengewicht zur weitgehend von Ost-Berlin gesteuerten und auf Umwegen oft auch finanzierten „Friedensbewegung". Der sozialdemokratische Kanzler Helmut Schmidt setzte sie durch: „Nachrüstung" .... wie es hieß. Der Jahrhundert-Präsident Ronald Reagan im Weißen Haus. Den Kommunisten ging die Luft aus. „Moskaus Partisanen sind unter uns." Das war harter

Tobak. Nur: Tatsache ist, Deutschlands Linke stand damals den roten Verbrechern und Diktatoren in Moskau näher als dem freiheitlichen Wertesystem der USA und unseren deutschen Interessen.
Karl Carstens Bundespräsident. Staatsbesuch in den USA. Ich schickte 10 Jugendliche unseres Verbandes zur gleichen Zeit in die Staaten, wollte damit demonstrieren: Im Gegensatz zur fanatischen Linken, aber auch zur extremen Rechten: Wir sind für das Bündnis mit den Vereinigten Staaten von Amerika. Linke schmissen Bomben auf deutsche US-Kasernen. Ich ließ durch junge Menschen weiße Rosen an die GI's verteilen. In den USA empfing George Bush, damals Vizepräsident bei Reagan, unsere Gruppe. Ronald Reagan selber dankte in einem persönlichen Schreiben an Michael Stange, den Bundesvorsitzenden der Konservativen Jugend. Karl Carstens – das war „mein" Bundespräsident. Und er half ein wenig nach bei den von uns gesuchten und erwünschten USA-Kontakten ..... bis rein ins „White House". Was kam schon nach Karl Carstens .... Erst der jetzige Bundespräsident läßt wieder hoffen. Kein Wunder, daß die Linke ihn ablehnt.
Dann US-Präsident Ronald Reagan in Deutschland. „Reißt die Mauer ein." Sein Appell an die Kommunisten. Aber die Polizei muß ihn vor der fanatischen deutschen Linken schützen. Nur vor „handverlesenem" und nach Waffen durchsuchtem Publikum eine große Rede. Die „Konservative Aktion" titelt in Großanzeigen **„Welcome, Mr. President."** Ultralinks und ultrarechts vereinigen sich in ihrem gemeinsamen Haß auf die Vereinigten Staaten von Amerika. Wie dicht liegen die Extreme beieinander ....

Wegen Honecker ins Gefängnis gesteckt – und Kanzler Helmut Kohl fand es gut

Wer glaubte vor dem Fall der Berliner Mauer eigentlich noch an die Deutsche Wiedervereinigung? Heuchelei auf allen Seiten. Auch bei der CDU. Scheinheilige Reden am 17. Juni im Deutschen Bundestag ...... 13. August .... Bau der Berliner Mauer. „Normal" war es geworden – dieses Monstrum. Sozis redeten von der „deutschen Lebenslüge", ... wenn nur vorsichtig das Wort „Wiedervereinigung" angetippt wurde. Ludwig Erhard war der letzte deutsche Bundeskanzler, der den Bundesnachrichtendienst beauftragt hatte, jährliche Berichte über den „wirklichen Zustand der SBZ-Wirtschaft" zu erstellen. Wie gut, hätte Kohl als „Kanzler der Wiedervereinigung" später noch solche Berichte gehabt. Die heutige Wirtschaftsmisere in Deutschland ist nicht die Schuld von Rot-Grün allein. Ernst Albrecht, einst CDU-Ministerpräsident von Niedersachsen, formulierte es in seinen „Erinnerungen" etwa so: **Nur in guten Zeiten kann man ein Land so regieren, wie Kohl es macht. Wehe, es wird ernst!** Im Klartext – und Eingeweihte wußten es längst: Kohl verstand von Wirtschaftspolitik nur wenig, interessierte ihn auch nicht. Albrecht hielt ihn – wohl zu Recht – für einen „Schönwetter-Kanzler". Ich sah es nie anders, erntete damit aber mehr Kopfschütteln als Zustimmung ...... auch bei Konservativen.

17. Juni. Schon als 16jähriger hatte ich Gedenkveranstaltungen des „Kuratoriums Unteilbares Deutschland" besucht, war erbost über die peinlichen Anbiederungsversuche der SPD an das Honecker-Unrechtssystem. Stichwort: Wandel durch Annäherung. Alte Sozis wie Hermann Kreutzer, Bärwald, Dr. Weber aus Braunschweig, einst Sekretär von SPD-Chef Kurt Schumacher, verließen enttäuscht „ihre" SPD, die nicht mehr „ihre" war. Lafontaine, Gerhard Schröder .... sie bettelten förmlich um die Gunst des geistig so eng ausgestatteten SED-Chefs Honecker. Ich war empört, verstand

auch Strauß nicht mehr, der mit einem Milliarden-Kredit an die bankrotte „DDR“ das Image des „kalten Kriegers“ abstreifen wollte und damit die Leidenszeit der Menschen im Kommunismus verlängerte. Ich hatte auch damals nicht den geringsten Zweifel daran, daß der Kommunismus stürzen würde. Es gibt in der Menschheitsgeschichte kein totalitäres Regime, das Ewigkeiten überlebte. Der Kommunismus war geistig, wirtschaftlich und moralisch längst verbrannt. Die eigenen Funktionäre glaubten nicht mehr an den Schwachsinn „vom besseren und freieren Leben der Menschheit unter Hammer und Sichel“. Ronald Reagan sprach vom „Reich des Bösen“. Die Hölle ist das Reich des Bösen. 110 Millionen Menschen krepierten auf elendige Art und Weise unter sowjetischer Zwangsherrschaft – errechnete der französische FIGARO. Die Sowjetunion – unter Stalin und Geheimdienstchef Berija – war das etwas anderes als „Hölle“? Regierte dort nicht „das Böse schlechthin“? Waren Breschnew und Andropov, die Nachfolger Stalins, „Engel“?
Aber Deutschlands Politik sprach vom „Wandel durch Annäherung“. „Anti-Kommunist“ ein Schimpfwort. „Die Realitäten anerkennen“ oder „Es gibt nun einmal zwei deutsche Staaten“. Alles schon vergessen? Ich hatte nichts vergessen. Jeden 17. Juni, immer am 13. August .... neue Aktionen gegen die „DDR“. Von einem hohen Aussichtsturm an der Elbgrenze ließ die „Konservative Deutsche Jugend“ Tausende von Flugblättern mit gasgefüllten Luftballons in die „DDR“ fliegen. Ein günstiger Wind half uns. „Die Wiedervereinigung kommt“, hatte ich auf die Flugblätter geschrieben, glaubte tief und fest daran. Die „Volksarmee“ setzte Hubschrauber ein, wollte die Ballons mit dem Rotorenwind abdrängen. Funktionierte nicht. Hunderte kamen durch. Als „Pilzsucher“ waren „DDR“-Bewohner in Wälder und Wiesen gegangen, sammelten unsere Flugblätter statt Pfifferlinge und Steinpilze, schrieben uns getarnte Briefe.
Ich konnte nicht ahnen, daß Mielkes „Stasi“ schon zwei wichtige Spitzel im Bundesvorstand der „Konservativen

Aktion“ sitzen hatte. Geschockt war ich, deren Handschrift und Namen später in der über mich angelegten Stasi-Akte zu entdecken. Anfang der Achtziger. Wieder eine der müden Pflichtveranstaltungen zum 17. Juni im Deutschen Bundestag. In der Nähe des Bundestages ließen wir Lastautos vorfahren. Darauf Betten – in den Betten mit Masken, Nachthemden und Schlafmützen verkleidete Politiker. Kohl, Genscher, Brandt und andere. „Schlaft gut am 17. Juni“ auf Transparenten in den Betten.
Kaum einer begriff das „Signal“, der „Zeitgeist“ wollte es nicht mehr begreifen, nur die Polizei schimpfte: „Bannmeile. Nicht zu dicht an den Bundestag.“
Dann Honecker-Besuch in Bonn. Auf 180 war ich. Lediglich die „Internationale Gesellschaft für Menschenrechte IGFM“ und wir demonstrierten auf den Straßen von Bad Godesberg und Bonn. Die bundesdeutsche Polit-Prominenz fühlte sich dadurch gestört, wollte in der Godesberger Redoute in Ruhe mit dem SED-Chef speisen, ließ uns durch die Polizei abdrängen, trotz Demonstrations-Erlaubnis.
Wir verlegten unseren Standort – zogen vor die „Ständige Vertretung“ der „DDR“ in Bonn, sangen die Deutsche Nationalhymne. 10 Jugendliche der Konservativen Aktion und ich. „Verboten“, „Nationalhymne singen verboten“, entschied ein Polizei-Offizier. Rein in die „grüne Minna“, ab in den Knast. Bonner Polizeigewahrsam ..... bis das „große Fressen“ mit Honecker vorbei war und wir nicht mehr stören konnten. Wegen Honecker von Kohl in den Knast gesteckt, ... wie ich später erfuhr. Danke, Alt-Kanzler. „Kanzler der Wiedervereinigung“, an die du längst nicht mehr glaubtest, sie abgeschrieben hattest. Die Menschen auf den Straßen brachten die Wiedervereinigung. Kein Kohl und kein Genscher – und erst recht kein Schröder oder Lafontaine. Schröder war von Honecker ja tief „beeindruckt“, wie er in einem persönlichen Brief dessen Stellvertreter schrieb, dem Mann mit den übergroßen Zähnen, der an den Wolf beim Rotkäppchen erinnerte: Hieß er nicht Egon Krenz?

Er tat ihnen weh – unser Protest gegen die Kommunisten. Es paßte nicht ins Bild. Kommunisten mußten von „den Völkern der Welt“ geliebt werden. Haß war nur den Amis vorbehalten. „Das ist die sowjetische Politik, die zum Himmel stinkt“, schrieben wir auf Transparente und karrten von Bauern aufgekauften Kuhmist vor das „Sowjetische Generalkonsulat“ am Feenteich in Hamburg. Hunderte kamen. Wir verbündeten uns mit einer polnischen Gruppe von Lech Walesas „Solidarnosc“ in Hamburg, mieteten sämtliche Ruderboote der Alster an, zogen mit Fackeln geschmückte Blumenkreuze übers Wasser – bis vor´s am Wasser gelegene Generalkonsulat ..... und umgingen damit ein inzwischen ausgesprochenes Demonstrationsverbot ..... das aber nur fürs „Land“ galt, nicht fürs Wasser. Immer wieder „Demos“ am Feenteich. Und wie üblich im Kommunismus: Der Generalkonsul muß melden an den Botschafter, der Botschafter muß melden an den Außenminister, der Außenminister muß melden an den Generalsekretär der KPdSU. Meine Kalkulation ging auf. Bei einer der nächsten Demos gab mir der sowjetische Generalkonsul die Hand, fragte freundlich auf Deutsch: „Können wir uns nicht einigen, Schluß machen mit den Demos? Sie machen uns Kummer.“ Meine Antwort: „Gern einigen wir uns: Aber dann auch Schluß mit den Demos beim Amerikanischen Generalkonsulat auf der anderen Seite der Alster.“ „Haben wir nichts mit zu tun“, ... seine Antwort. „Und ich nichts mit dieser“, meine Erwiderung. „Waffenstillstand für einige Tage“, ... murmelte er leise. Es sollte außer mir wohl keiner hören. „In Ordnung, Waffenstillstand“, flüsterte ich zurück. Michael Stange, Vorsitzender der Konservativen Jugend und ich .... wir schmunzelten, zwinkerten uns zu. Unsere Demonstrationen bei den Sowjets in Hamburg hörten auf. Die bei den Amis ebenfalls ..... mit denen die Sowjets „nichts zu tun hatten“. Und die „friedensbewegten deutschen Linken“ bestritten weiter am Gängelband Moskaus zu hängen.

Kein Bauwerk der Welt, das ich mehr gehaßt habe als die Berliner Mauer, deren Anfänge ich als 16jähriger Schüler 1961 noch in Erinnerung hatte. Die winkenden Menschen auf der anderen Seite ..... die springenden Menschen, die weinenden, die durch Fluchttunnel um ihr Leben kriechenden, die von teuflischen Spreng- und Splitterminen zerfetzten. Alles war fest eingebrannt in meinem Kopf. Dann der mit Ludek Pachman und Michael Stange gefaßte Beschluß: „Wir schlagen am 17. Juni ein Loch in die Berliner Mauer. 1981. Ein Vorstandsmitglied aus Hannover nickte besonders zustimmend. Stasi-Agent ...... wie ich aber erst Jahre später wußte. Eine großartige Truppe die **Konservative Jugend Deutschlands** unter dem politisch hochbegabten Michael Stange, der noch heute zu meinen engsten und besten Freunden gehört. „Bernauer Straße" berieten wir im Bundesvorstand – „Bernauer Straße" .... und der Stasi-Spitzel schrieb mit.
Spitzhacken brauchten wir, deutsche Fahnen. Vor allem Spitzhacken. „Die Mauer ist dick", wußten die beiden Zytariuks, zwei junge Arzt-Söhne, die auf abenteuerliche Weise (eingeschweißt in Autos, um ihr Leben bangend) mit ihren Eltern aus der „DDR" in den Westen geflohen waren. Muskeln hatten die zwei wie die Gebrüder Klitschko ..... und wie hämmerten die Zytariuks auf die Mauer ein. Ihre Spitzhacken ließen die Betonsplitter nur so fliegen. Nicht nur Betonsplitter flogen – auch weiße Tauben. 50 Stück hatten wir gekauft und verkündeten: „Das Loch in der Mauer ist kein Akt der Gewalt. Es dient dem Frieden." Und die weißen „Friedenstauben" flatterten gen Osten oder blieben auf der Mauer sitzen, sahen uns verschreckt beim Mauer-Durchbrechen zu. Ein Glück, daß ich – dem Herrgott sei Dank – den Mauerdurchbruch in letzter Minute ohne erkennbaren Grund und Logik verlegt hatte. Am ursprünglichen Ort wurden wir auf der anderen Seite schon erwartet, sollten „hopp" genommen werden. Ein Sprung über die Mauer ..... ab nach Bautzen. Der „konservative" Stasi-Spitzel in unserem Bundes-

vorstand hatte „gute“ Arbeit geleistet. „Zack“ über die Mauer. Kein Problem für die Volkspolizei. Er stand ja auf Ost-Berliner Gebiet – dieser „antifaschistische Schutzwall“. Wer hätte die Volkspolizei hindern können, auf eigenen Grund und Boden zu springen? Schwierige Lage für die West-Berliner Polizei. Sie sahen uns „kloppen“ mit den Spitzhacken, mit Hämmern und Meißeln, sahen unsere „Friedenstauben“ fliegen. Eingreifen konnten sie nicht. Wir standen ja – wenn auch nur einige Meter – auf Ost-Berliner Gebiet. „Geschafft“, brüllte Matthias Berg, Bundeswehr-Soldat aus dem Westerwald, stolz auf seinen „Stabsunteroffizier“ ......, „wir haben es geschafft.“ Das erste Loch in der Berliner Mauer. „Eines Tages wird sie ganz fallen. Aber wir haben das erste Loch geschlagen.“ Wie stolz waren wir, und wir zwängten durch das kleine Loch die schwarz-rot-goldene Fahne ohne das verhaßte „DDR“-Symbol der „Arbeiterklasse“ nach drüben. Absicht, oder hatten sie sich erst jetzt „mit drüben“ geeinigt ......? „Jetzt ist aber Schluß“, ... rief die West-Berliner Polizei, führte uns ab – aber nur zu den eigenen, wartenden Autos. Strafrechtlich hatten wir uns – nach bundesdeutschen Gesetzen – nichts zuschulden kommen lassen.

Als Jahre später die Mauer wirklich fiel, fuhr ich nicht nach Berlin, um zu feiern. Ich ahnte: Da kommt etwas auf uns zu, auf das die Nation nicht richtig vorbereitet ist. Ich bin nicht glücklich darüber, mit diesen Vorahnungen Recht behalten zu haben. „Mein Café Kranzler“ am Ku-Damm ist nicht mehr „mein Café Kranzler“ – und aus den winkenden, weinenden, in die Freiheit-springenden, um-ihr-Leben-laufenden Ost-Berlinern sind PDS-Wähler geworden. Nein – auch „mein Berlin“ ist das nicht mehr. Axel Springer würde weinen – um „sein“ Berlin, für das er so viel gegeben hatte.

Ein HÖRZU-Mecki spielt nicht Computer

Mit der Politik kann es kommen wie mit Torte und Pralinen. Wer zu viel davon in sich reinfrißt, hat die Schnauze voll. Irgendwann. Ich hatte sie voll. Gestrichen. Bis oben hin. 10 Jahre „Leihgabe" des Springer-Verlages für die Politik. Genug. Der tägliche Blick hinter die Kulissen hatte viel vom Reiz genommen. Zurück in den Beruf wollte ich. Journalismus – „Geliebte Nr. 1". Politik? Ja – ich habe zwei „Geliebte". Doch Politik: „Geliebte Nr. 2" – nicht die Nummer 1. Mein inneres „Freisein-wollen-Gefühl" .... die „Geliebte Nr. 1 Journalismus" ist mir mehr auf den Leib geschneidert. Politik ..... der Reiz, Dinge zu ändern, mitzuentscheiden und ganz sicher auch einige Funken Verpflichtung und Verantwortung. Wem der Herrgott Talente in die Wiege gelegt hat, der muß sie nutzen. Wir sind nicht nur zum Saufen, Fressen, „Gut-Leben" und „um-die-Welt-fahren" geboren worden. Und jeder von uns wird am Ende seines Lebens Rechenschaft ablegen müssen und wird gefragt: „Hast Du nur für Dich allein gelebt? Was hast Du für andere getan?" Wer das Leben nur eines einzigen Menschen positiv verändern konnte, hat nicht umsonst gelebt und muß Rechenschaft nicht fürchten. Außer vielleicht der Religion – ich kenne nichts Wirkungsvolleres zur Veränderung menschlicher Schicksale als die Politik. In beide Richtungen.
Zurück in den Beruf. Chefreporter bei HÖRZU. 1983. Jeder vierte Deutsche las die gute alte Tante HÖRZU. Schon als Kind hatte ich sie verschlungen. Wegen „Mecki" und „Chefreporter Flax und seine Abenteuer" ...... oder so ähnlich. Was war HÖRZU für ein Blatt. Fernsehen und Illustrierte in einem. Entstanden aus einem einzigen Satz von Axel Springers Mutter: „Da hört man so eine Sendung im Radio – und schon ist alles vorbei." Sohn Springer – Verlegergenie Springer. Aus dem Satz der Mama wurde HÖRZU – und es ließ sich über die geliebte, aber längst verrauschte Sendung noch einmal alles nachlesen. HÖRZU – nicht etwa „SIEH FERN". Wer dach-

te kurz nach dem Krieg ans Fernsehen? Eduard Rhein, großer HÖRZU-Chef, machte den Redaktions-Igel „Mecki" in Deutschland beliebter als Micki Maus und Pipi Langstrumpf. Die Firma STEIFF verdiente. Eduard Rhein mit. Und die Auflage der HÖRZU stieg. „Wir produzieren nur Kuscheltiere. Ein Igel ist kein Kuscheltier" ...... hatte STEIFF erst abgewehrt. „Erst" – und produzierte mehr als 5 Millionen Meckis, der in HÖRZU seine Abenteuer ausbreitete. „Mecki im Schlaraffenland" oder „Mecki bei den 10 kleinen Negerlein". Auch die Eskimos mußten für Mecki herhalten. In fast jedem Nachkriegs-VW ein Mecki. Deutsche Wohnzimmer-Schränke hatten mehr Meckis als Blumenvasen. Und Mecki ein schiefes Gesicht. Das schmolz bei Sonnenstrahlen und Wärme, wurde krumm. STEIFF erfand einen besseren Mecki – einen Mecki, dem Wärme und Sonne nichts ausmachte – aber immer noch genauso aussah. Pfeife im Gürtel, Flecken am Hosenbein, Weste, verschmitztes Lachen. Und was für Sprüche zu den grandiosen Zeichnungen. „Hule, hule – verfolge Drule. Kleines Tier, beiße ihr." Zauberer im Wettstreit – und Mecki mittendrin. „Wiederbeleben" wollte ich für HÖRZU „meinen" Mecki aus der Kinderzeit.
Togo-Reise zum inzwischen verstorbenen Diktator und Strauß-„Fan" Gnasingbe Ayadema: „Mecki bei den 10 kleinen Negerlein" – staunende schwarze Gesichter rundherum. Allgemeine Heiterkeit. „Negerküsse" hießen noch „Negerküsse", nicht „Schaum-Küsse". Der Begriff „politisch korrekt" war noch unbekannt ...... und keiner in Togo dachte sich was bei meinen 10 kleinen Negerlein mit dem Mecki-Buch. „Kenn ich auch noch", lachte Alfons Goppel, pensionierter Ministerpräsident aus Bayern, den ich begleitete, stellte sich in den Kreis der „Togolesen", tanzte mit ihnen. „Zwei Minister haben mich gefragt, warum Togo nicht wieder deutsche Kolonie werden kann .... aber nicht schreiben", ... vertraute er mir an. Die ungeschriebenen Geschichten waren oft die besten.

Togos Zeitungen berichteten über den lustigen deutschen Igel Mecki. Firma STEIFF gab mir für alle Auslands-Reportagen die größten Mecki-Figuren mit auf die Reise. Von Thailands Kronprinzessin Sirindhorn bis Renato, dem Meisterdieb von Neapel, der Hitler bei einer Italien-Reise beklaut hatte – vom afrikanischen Diktator – bis hin zum buddhistischen Mönch. Mecki bei all meinen HÖRZU-Reisen dabei. Und die „Alten“ fanden es gut. Was ich übersah: Mecki spielt nicht am Computer – und die neue Generation liebt Computer. „Mein“ Mecki aus der Kinderzeit ließ sich nicht mehr wiederbeleben. „Schade“, fanden alle. Peter Bachér, HÖRZU-Chefredakteur, hatte es mir vorausgesagt. Peter Bachér. Was für ein Chef. Konservativ, aber eigentlich eher unpolitisch. Doch er war es, der die BILD am SONNTAG mit Politik groß machte, die Auflage hochjubelte, wie kein anderes Wochenblatt. Ein wenig menschenscheu war Peter Bachér, ist es geblieben: Ging er am Jungfernstieg spazieren, bückte er sich, um einen Schnürsenkel zu binden, der aber gar nicht offen war. So entging er manch einem nicht gewollten Gespräch. Nicht dem von HÖRZU-Moderedakteur Troike. Der bückte sich, grüßte von unten: „Guten Tag, Herr Bachér“ .... und Bachér lachte über sich selbst. Wunderbare „Schreibe“ dieser Mann. „Leben und leben lassen“ .... eine nie ausgesprochene Grundeinstellung von ihm. Genießer, Arbeiter, Künstler der Formulierung, Capri-Fan, Mensch. Und großartiger Chef. Wir mochten und verstanden uns. Sehr. Viel konnte ich von ihm lernen, dem Theodor-Storm-Urenkel. Er war mir von allen Journalisten der liebste. Wie sehr wünschte ich ihm innerlich oft: „Warum kannst du nicht kämpfen“, ... wenn ihm „Nicht-Wohlmeinende Betonköpfe“ und „Erbsenzähler“ im Verlag das Leben erschwerten. „Warum sind Sie nach Ihrer Pensionierung nach München gegangen, nicht in Hamburg geblieben?“ fragte ich ihn später. Die typische Bachér-Antwort: „Da kennen mich nicht so viele – und ich muß nicht mit jedem sprechen.“ „Mit jedem sprechen“ war ihm zuwider. Nicht weil er gegen

Menschen war. Er haßte oberflächliches Sprechen. Opferte er seine Zeit im Gespräch einem anderen Menschen, dann machte er es ganz, versetzte sich in sein Gegenüber. Anstrengend für ihn – wußten wir – und es war nicht spöttisch gemeint. Diese Bachér-Eigenschaft, sich in sein Gegenüber „reinzuversetzen" .... nur diese Eigenschaft hat wunderbare Gespräche und Interviews in Springers Blätter gezaubert. Und keiner war besser als Peter Bachér.
HÖRZU-Chefreporter war für mich der „schönste Beruf der Welt". Zuständig für Wirtschaft und Politik, dazu die anstrengenden – aber geliebten – Auslands-Reportagen. Aber .... zwei Büros hatte ich zu betreuen. Das eine bei HÖRZU, das andere in einem Springer-Nebengebäude. Immer noch „Konservative Aktion" – und ein Siegerist-Nachfolger war nicht in Sicht. „Mach beides weiter", ermunterte Paul Carell, Springer-Berater. „Das müssen Sie", ... „empfahl" Peter Tamm, Springers Generalbevollmächtigter. Und Peter Bachér nicht dagegen. Axel Springer hatte sich gedanklich mehr und mehr aus dem Verlag „entfernt", griff nur noch selten ein. Ein großer, alter Mann, der schon mehr und mehr „an das Leben danach" dachte, nach dem tragischen Selbstmord seines Sohnes. Gott suchte .... und fand. Sven Simon, sein Sohn: Ein Schuß in den Kopf. Eine einsame Parkbank an der Alster. Ich denke oft an Sven Simon, der sich nur Sven Simon nannte .... um dem großen Namen des Vaters zu entgehen .... aber eben doch „Springer jun." blieb. In der BILD-Nachrichtenredaktion hatte ich eine Zeit mit ihm gemeinsam gearbeitet. Ein feiner Mensch. Beneidet hab ich ihn nicht. Schwer für Söhne großer Väter .... nicht nur, wenn sie Springer heißen.
1985. „Moderner" und „offener" sollte der Verlag werden. Auch „politisch offener". Axel Springer nickte. Leider. Schwere personelle Fehlentscheidungen waren die Folge. Peter Bachér wurde HÖRZU-„Herausgeber" – Frühstücks-Direktor, wie die Redaktion sagte, ein völlig unqualifizierter STERN-Mann sein Nachfolger als Chefredakteur. „Siegerist ist nur gegen den Neuen, weil er

vom linken STERN kommt", ... hieß es. Stimmte aber nicht. Eine journalistische Niete. Das war meine Sorge. STERN-Chef Henri Nannen hatte über ihn verbreitet: „Einen Adler wollte ich – was ich bekam, war ein Suppenhuhn."
Nie hatte ich dem alten Hitler-Propagandisten Henri Nannen zugestimmt, der sich vom Nazi zum Schreibtisch-Sitzer bei Breschnew und linken Kampfschreiber gewandelt hatte ..... trotzdem grandioser Journalist, von dem der schlecht gewordene STERN heute nur noch träumen kann. In dieser einen Einschätzung („Suppenhuhn") stimmte ich Nannen zu. Ein journalistisches Suppenhuhn. Und dann bei „meiner" geliebten HÖRZU. Die Stimmung eskalierte, blieb aber noch freundlich. „Auslands-Korrespondent" – ein gutes Angebot an mich. Ich lehnte ab: „Damit die Linken mich los sind", ... erklärte ich, machte meine Arbeit weiter – so gut das bei schlechten Chefredakteuren möglich ist. Alles war falsch. Die Themen-Auswahl, die Grafik, die „Schreibe", die „Mischung". Vergewaltigung der Tante HÖRZU. Vergeblich warnte Peter Bachér: „Wer eine Luxusreise bucht, möchte nicht in schlingernde See geraten. Passagiere, die auf einer Fahrt spucken, buchen keine zweite Reise." „Bachér ärgert sich, weil er jetzt Frühstücks-Direktor statt Chefredakteur ist", ... wurde abgewertet. „Und Siegerist? – Klar, so rechts wie der ist. Muß ja dagegen sein." „Rechts" – das stimmt – aber in aller Unbescheidenheit besser als die Linken in der Redaktion. Natürlich fanden die Schlechten den Schlechten gut. Blinde hatten ihren einäugigen König gefunden. „Blatt-Kritik" hatte der Neue eingeführt. „Basisdemokratisch". Gemeint waren aber „Jubel-Kritiker". Erwünscht über die „neue" HÖRZU. Woche für Woche mußte ein leitender Redakteur der HÖRZU diese Blatt-Kritik übernehmen – und das Gesicht des „genialen", neuen HÖRZU-Chefs strahlte, wenn um ihre Arbeitsplätze bangende Familienväter das hohe Loblied auf ihn sangen. „Basisdemokratisch" – wie Linke es verstehen. Seine journalistischen Fähigkeiten hatte der

„Neue“ bei der STERN-Entdeckung der „garantiert echten“ Hitler-Tagebücher schon unter Beweis gestellt. Ich drückte mich vor der Blatt-Kritik, wußte von mir selber: „Unmöglich, das Maul zu halten.“ Dann konnte ich mich nicht mehr drücken, war an der Reihe. Peter Bachér saß mit dem „Neuen“ auf einer lauschigen Piazza in Rom – und in der Hamburger HÖRZU-Zentrale brach ein Gewitter los. Seite für Seite ging ich durch. Zerriß die neue Linie. Artikel, Grafiken, Themen. Nicht ein Wort politischer Kritik. Was gab es in der HÖRZU schon an Politik? Aber handwerklich war wirklich alles falsch ...... und ich sagte es klar und deutlich. „So wird die HÖRZU den Platz 1 verlieren. Der Bachér-Kurs, nur modernisiert, ist besser. Wir müssen der MERCEDES unter den Programmzeitschriften bleiben.“ Aufgeregte Telefonate nach Rom. Peter Bachér verkniff sich das Grinsen, beschrieb mir aber später das Gesicht des „Nachfolgers“ – als der von meinen harten Attacken erfuhr. Es kam, wie es in solchen Situationen immer kommt: Abfindungs-Verhandlungen.
Es tröstete mich wenig, daß der „Neue“ nur 6 Monate später als „unfähig“ gefeuert wurde. Der Schaden bei HÖRZU war nicht mehr reparabel. Axel Springer starb. Aus dem „MERCEDES“ HÖRZU wurde ein VW. Ich war traurig, weniger wütend. Wieder einmal hatte ich die Schienen für mein weiteres Leben selbst gelegt. Es war mein Temperament – und ich wollte es auch nicht anders: Vom geliebten „aktiven“ Journalismus zurück in die Politik – oder besser: In eine Mischung aus beidem. Die „Mahlzeit“ wollte ich mir von keinem mehr vorschreiben lassen, allein zusammenstellen. Und wieder begann ein völlig neuer Lebensabschnitt – und was für einer.
Nein – Moment. Da war noch was. „Goldene Kamera“ der HÖRZU in Berlin. Großes Staunen im ganzen Springer-Verlag. Siegerist versteht sich mit SPD-Chef Hans-Jochen Vogel. Ausgerechnet Siegerist. Stimmt. Ich mochte den trockenen „Oberlehrer“, wie er zu Unrecht genannt wurde. Wirkte vielleicht so – war er nicht. Sozi – aber

anständig, zuverlässig und redlich. Sozis dieser Art waren immer nach meinem Geschmack. Und Peter Bachér entschied unter allgemeinem Gelächter der Redaktions-Konferenz: „Herr Siegerist, bitte, betreuen Sie Herrn Vogel bei der Goldenen Kamera." „Miß Elli", die auch kam, wäre mir lieber gewesen, die längst vergessene, alte Dame aus der US-Serie „Dallas". Vogel im politischen Gespräch ja – aber einen ganzen langen Abend in fröhlicher, eher unpolitischer Gesellschaft ......? Nicht so einfach. Gerhard Stoltenberg kam mir in Erinnerung. Vogel war sehr „Stoltenberg-like". Preisträgerin Heidi Kabel – das war die einzige, die den trockenen SPD-Mann zum Schmunzeln brachte, als sie bei der Verleihung des großen Fernsehpreises vehement gegen das „verkabelte Fernsehen" zu Felde zog ..... in der irrigen Annahme „privates Fernsehen – rechtes Fernsehen". Diese Hoffnung hatte mir Gerold Tandler schon als CSU-Generalsekretär ausgetrieben. „Wo sollen wir denn die Journalisten dafür herbekommen?", stellte er nur knapp fest, „die sind doch alle links."
Über die linke Kabel konnte ich an diesem Abend nicht lachen, nicht einmal schmunzeln. Reden Künstler über Politik, wird es meist peinlich. Schuster bleib bei deinen Leisten. Aber lachen mußte ich über HÖRZU-Kollegin „Tschacki". Zur Feier des Tages hatte sie sich in ein enges, schwarzes Gummikleid gezwängt. Tolle Figur. Prima sah sie aus. Aber es gab auch ein „danach". Scheinwerfer aus – „Gaukler" und Publikum gingen – „Tschacki" in ihrem Gummikleid saß fest, kam allein nicht mehr raus. Trotz Talkum-Puder zwischen Haut und schwarzer Gummi-Pelle. „Siegi", ... ein Verzweiflungsschrei aus der Kabine für kleine Mädchen. „Siegi – ich sitz' fest." Ich half „Tschacki" gern bei ihrem Reißverschluß .... und wann immer wir uns sehen, muß die Arme sich nach all den langen Jahren meinen Satz anhören: „Tschacki, weißt du noch? Gummikleid?"

Glaube an Gott, der Tod – Uwe Barschel und mein Vater

Norddeutscher „Lutheraner" bin ich. Evangelisch getauft, konfirmiert in Bremen. Ein norddeutscher „Protestant" trägt seinen Glauben nicht wie einen Bauchladen vor sich her. Uwe Barschel sah das ähnlich, evangelisch und norddeutsch. Trotzdem sprachen wir an einem Abend, der bis in die Nacht dauern sollte, in seinem Haus in Mölln am Schmalsee über das Leben, Gott und den Tod. Ein ernstes, tiefes Gespräch – und ich merkte: Er war innerlich aufgewühlt. Keine politische Schauspielerei – jenseits von Fotografen und lechzenden Journalisten. Zu der Zeit ahnte ich nicht, daß er bereits am 24. August 1981 – mehr als sechs Jahre vor seinem Tod – ein handschriftliches Testament verfaßt hatte, in dem er eingangs seiner Frau Freya diese Zeilen schrieb – damals noch Innenminister von Schleswig-Holstein:

„Liebe Freya! Dieser Brief ist mein Testament. Ich schreibe es für den Fall, daß mir etwas zustoßen sollte. Du weißt, daß ich seit einiger Zeit damit rechne. Aber ich muß meinen Weg weitergehen. Ich habe keine Angst vor dem Tod. Ich glaube fest an Gott. Gott schütze Euch alle. Betet für mich! Dein Uwe."

Glaube an Gott, keine Angst vor dem Tod, über den Glauben sprechen. Die Erinnerung an den so tragisch ums Leben gekommenen Uwe Barschel gibt mir „grünes Licht" für folgende Zeilen:

Ein Krankenhausbesuch stand mir bevor. Ein langjähriger Freund – ich kenne ihn seit meinem 16ten Lebensjahr – hatte bei einem Autounfall ein Bein verloren. Nicht klar, ob das zweite Bein zu retten war. Eher düstere Prognose der Ärzte. Zwischen zwei parkende Autos geraten. Beine eingequetscht. Der Besuch fiel mir schwer, wußte nicht genau, „finde ich die richtigen Worte?" Aus der Politik kannten wir uns. Zu oft war er Zeuge geworden, wie der „jung-rebellische" Siegerist schon als 16jähriger Grünschnabel „Weichmänner" und „linke Anpasser" in der eigenen Partei angegriffen hatte – Provokation geradezu suchend. Sicher bin ich: Er hielt mich für einen frechen Politlümmel mit bissiger Schnauze und ohne Respekt. Ungelenk und plump waren wohl auch die ersten Worte, die ich im Krankenzimmer zu ihm sagte, war geschockt, ihn dort an aufgerichteten Gestellen mit Gewichten „angebunden" zu sehen. Trotzdem: Ich brachte ihn zum Lachen. Mit unangebrachten Witzen in dieser Situation wollte ich wohl mehr meine eigene Hilflosigkeit ihm gegenüber verdecken.

Ich kannte seine lebenslustige Frau – wußte, daß sie gern tanzt und einem Flirt mit anderen nicht ganz verschlossen war. Ehemann mit zwei amputierten Beinen? Wird sie bei ihm bleiben, zu ihm stehen? Wird er sich aus Verzweiflung etwas antun? Ich lachte und scherzte. In Wirklichkeit gingen mir diese düsteren Gedanken durch den Kopf.

Nach einer guten Stunde der Abschied, drehte mich um an der Tür zum Krankenzimmer, ging noch einmal spontan an sein Bett: „Rolf, Entschuldigung – ich kann dir keinen Trost geben. Kein Mensch kann das. Nur Gott kann dir helfen. Vielleicht komisch, daß ausgerechnet ich es zu dir sag' – aber ich glaube daran, obwohl wir nie über so etwas gesprochen haben: Du mußt beten. Dann wird dir geholfen." Die Antwort – mit tränengefüllten Augen: „Danke, das hätte ich nie von dir erwartet." Ich drückte seine Hand, beeilte mich nun sehr zu gehen. Im Auto mußte auch ich mir Tränen aus dem Gesicht wischen.

Die Worte im Krankenzimmer waren mir nicht leicht über die Lippen gekommen. Und noch heute werte ich es als offenes Glaubensbekenntnis. Es sollte nicht das letzte bleiben an diesem Tag.

Fahrt nach Köln. Zypriotische Studenten hatten mich dort zu einer Feier eingeladen. Gute Gelegenheit, einen aufgeschobenen Besuch bei einem alten Vertrauten und Förderer zu absolvieren: Dr. Hans Buwert, um die 90, Präsident der „Staatsbürgerlichen Vereinigung", die bei der Parteienfinanzierung in Deutschland **die** Rolle spielte. Vor der Fahrt nach Köln ein Telefonat mit meinem Vater in

England. Ich weiß nicht mehr, wieso wir auf das Thema kamen: Aber wir sprachen über den Tod, den christlichen Glauben und darüber, wie man sich nach dem Tod beerdigen lassen möchte. „Kirche und Glaube haben in meinem Leben nie eine große Rolle gespielt“, ... sagte er – „die freie Natur und die Felder waren mir lieber als eine Kirche. Dort fühlte ich mich Gott näher.“ Auf eine kirchliche Beisetzung lege er keinen großen Wert. Meinung. Mir paßte sie nicht. Böse meine Antwort, die ich später bedauerte: „Laß dich vom Oberförster beerdigen – wenn es so weit ist“, ... oder ähnlich. Aber diese Richtung – und mit „Oberförster“. Wie auch immer: Ich hatte es gesagt – mit dem eher überheblichen Hinweis, daß ich als sein Sohn aber an Gott glaube .... wenn auch in verletzender und unangebrachter Form ..... alles andere als „barmherzig, christlich“. Trotzdem: Es war ein Glaubensbekenntnis. Das zweite an diesem Tag. Ungewöhnlich – vor allem, wenn vorher das Wort „Gott“ öffentlich kaum über die Lippen kommen wollte.
Am späten Nachmittag Besuch bei Dr. Buwert. Um mein dortiges Verhalten zu erklären – nicht zu entschuldigen – muß ich folgendes sagen: Der alte Herr war Zeit seines Lebens – von einer kurzen Zeitspanne abgesehen – wirklich auf Rosen gebettet gewesen. Kind reicher Eltern, er selbst hatte sich als Wirtschaftsprüfer großen Besitz erarbeitet. Stabile Gesundheit, eine liebende Ehefrau, reger Geist. Mit fast 90 Jahren! Seine Villa nicht weit von Köln entfernt. Ein riesiger Park mit See und Springbrunnen umgibt sie. Herrliche alte Bäume – der Traum eines hochherrschaftlichen Besitzes. Trotz des Altersunterschiedes – ich war ja nicht viel älter als 30 .... wir verstanden uns prächtig. Menschlich – und politisch sowieso. Was mich störte: Wie so häufig – er sah ständig negativ, schimpfte über die „schlechte Zeit“, beklagte sein eigenes „hartes“ Schicksal wegen einer Kriegsverletzung und tat im übrigen so, als würde alles Elend der Welt allein auf seinen Schultern lasten. Dachte ich dabei an meinen Krankenhausbesuch am Vormittag? Der Vergleich: Da ein junger

Mann, der um sein künftiges Leben bangt – dort der alte Herr, dem es gut ging, schon als Knabe eigene Reitpferde hatte – versorgt von Stallburschen. Ich hatte das Elend armer Menschen in Thailand gesehen, hatte eine Vorstellung vom wirklichen Elend der Welt. Dachte ich an unser erstes Treffen im vornehmen 5-Sterne-Hotel „Dolder" auf einem Berg in Zürich? Dort hatte ich ihn in einer ruhigen Ecke der Empfangshalle entdeckt – eingehüllt in große Papierbögen mit endlosen Zahlenkolonnen, auf denen er materiellen Besitz und Millionen-Spenden der Wirtschaft zusammenzählte, mir von hohen Gewinnen im Goldgeschäft berichtete. All das wirbelte mir bei seinem Gejammer über das Elend der Welt durch den jugendlichen Feuerkopf – und sichtbar zornig entgegnete ich ihm, daß er mit dem „ewigen Gejammere" aufhören möge – und dann das: „Es ist besser, wenn Sie auch einmal an **den** denken, dem Sie Ihr gutes Leben zu verdanken haben – **Gott**." An diesem Tag war unser Gespräch schnell beendet. Trotzdem gingen wir freundlich auseinander, sahen uns aber nie wieder. Erneut hatte ich mich zu Gott bekannt. Dreimal an diesem Tag. Nur „Zufall"? Der Tag war noch nicht um.
Am Abend dann die zypriotische Studentenfeier. Ein schönes Fest. Die schwarzhaarigen Mädchen sangen Lieder der Heimat, junge Männer tanzten dazu kunstvoll um auf dem Boden aufgestellte Flaschen. Zypriotische Volkstänze.
Eine schäbige Studentenbude. Egal. Ich fühlte mich „sauwohl", war in bester Stimmung, wollte mich nicht als „Ehrengast" behandeln lassen, nur weil ich diesen konservativen Studenten beim Kampf gegen linke Chaoten an der Kölner Uni Hilfe vermittelt hatte. Mitfeiern wollte ich – fröhlich sein – nichts mehr von Politik und anderen Problemen hören .... vor allem aber keine bevorzugte Behandlung, was mir bis heute ein Greuel geblieben ist und mich wütend macht. Lucy, eine kleine niedliche Zypriotin, mußte das wohl gespürt haben und fegte in forscher Art alle unternommenen „Vereinnahmungs-

versuche“ davon. Ein schönes Fest – und ich genoß. Gegen 1 Uhr nachts verabschiedete ich mich. Per Taxi ins Kölner „Interconti“. Gut fühlte ich mich, hatte nicht mehr als zwei oder drei Bier getrunken. Ich trinke nicht gern – hasse es, am „Tag danach“ mit schwerem Kopf und schlechtem Gefühl im Magen büßen zu müssen. Ideale im Körper eingebaute Alkohol-Bremse, die nie versagte. Gegen 2 Uhr nachts lag ich im Bett. Bad Dürrheim im Schwarzwald. Rot-Kreuz-Schwester Herminchen. Dort hatte ich als Kind ein Nachtgebet gelernt. Herminchen, das Erholungsheim, das abendliche Nachtgebet. Es saß fest in der Erinnerung. Und als ich von der „Kinderverschickung“ wieder nach Hause kam, sprach ich es weiter – das Kindergebet..... „müde bin ich, geh zur Ruh....“. Die Jahre verfeinerten es, Ergänzungen durchs „Vater unser“, schließlich dazu das eigentlich katholische „Gegrüßest seist Du Maria“. Aber in der Nacht im „Interconti“ noch das alte Gebet aus Bad Dürrheim. Aber ehrlich: Über all die Jahre sprach ich es wohl nie mit sehr tiefer Anteilnahme. Wohl mehr eine Mischung „Es gehört sich so“, „sonst-schlechtem-Gewissen“ und „Ich glaube an Gott“. Innerlich aufgerührt war ich beim Sprechen des Gebetes nie.

Müde war ich – müde, müde. Nur schlafen wollen: Trotzdem das alte Gebet. Und wie ein Blitz in der Nacht .... geschah etwas, was sich auch mit feinster journalistischer Kunst nie voll beschreiben lassen wird. Ich plapperte plötzlich nicht mehr leere – von keinem gehörte – Worte vor mich her. Da war ein Zuhörer. Ich sah und hörte ihn nicht. Spürte ihn. Er war da, hörte jedes Wort von mir. Ich sprach das „Vater unser“ .... bewußter als je zuvor. Der Zuhörer in meinem Zimmer – direkt neben mir. So sicher Sie jetzt diese Zeilen lesen – so sicher hatte ich jemanden, der bei mir war – und der jedem meiner Worte lauschte. Ich sprach zu dem Unbekannten. Dinge, die mir auf dem Herzen lagen, vertraute ich ihm an, bat um Hilfe, um Vergebung für unrechte Dinge, die ich mir vorwarf, dankte für all die Hilfe, für überreiches mir im Leben

beschertes Glück. Nach einigen Minuten schlechtes Gewissen – trotz Hochgefühl:
„Du hast zu viel Alkohol getrunken“, schoß es mir durch den Kopf. „Vielleicht doch mehr als drei Bier. Die verflixten Studenten haben Schnaps ins Bier geschüttet. Studenten nehmen doch oft genug Rauschgift. Vielleicht in meinem Bier. Du bist betrunken, berauscht. Sprich nicht mehr mit dem Unbekannten. Vielleicht ist es Sünde. Stop!“ Aber ich betete weiter. Und mein unsichtbarer Zuhörer ging nicht, hörte alles geduldig an. Helle Lampen in meinem Kopf, überstarke Scheinwerfer. Nach vielleicht 30 Minuten brach ich das „Gespräch“ von mir aus ab. Schwanken zwischen Hochstimmung und dem unguten Gefühl: Der Alkohol oder schlimmer!
Nach einigen Stunden Aufwachen mit klarem Kopf. Kein Schädelbrummen, kein mieses Gefühl im Magen. Da waren nicht mehr als höchstens drei Bier. Niemand, der mir Schnaps ins Bier geschüttet hatte. Keine Rauschmittel. Gespräch mit Gott? Den ganzen Tag über ließ mich dieser Gedanke nicht mehr los. Voller Zweifel aber. Ich behielt es für mich, schwieg. Ein ständiges „Hin und Her“ im Kopf auf der Fahrt von Köln nach Bremen. „Vielleicht war es doch mehr Bier.“ Dann: „Aber dir war nicht schlecht, kein dicker Schädel. Vorher genug gegessen – und auch seelisch gut drauf.“ Ich wollte und konnte es nicht glauben. 25 Jahre ein Gebet „geplappert“, nichts empfunden. Jetzt plötzlich – nach einer Feier mit Alkohol – „IHN“ als Zuhörer gehabt?
Vergessen, was ich an diesem Tag in Bremen machte. Nur so viel: Als ich am Abend in meiner Wohnung in Bremen „Am Wall 148“ zu Bett ging und wieder mein altes Gebet sprach .... alles noch einmal. Wiederholung. Das gleiche Gespräch, der gleiche Zuhörer. Nichts war anders.
Waren es erneut so um die 30 Minuten? Kam mir so vor. Ein wunderbares Erlebnis. Langsam verlaufen sollte es nicht, dieses Gespräch. „Aufhören – wenn es besonders schön ist“, dachte ich mir, brach es ab. Ich schlief in dieser Nacht tief und fest. Am nächsten Morgen besuchte ich

Leviana, eine katholische Ordensschwester aus dem „St.-Joseph-Stift“ in Bremen. Während eines langen Krankenhausaufenthaltes kennengelernt. Gesund gepflegt hatte sie mich. Als ich sechs Wochen mit ansteckender Krankheit auf dem „Isolierzimmer“ liegen mußte, von ihr den Tipp bekommen, wann ich unbemerkt von der Nachtwache zumindest ganz kurz die Straße draußen auf- und abgehen konnte. „Aber laß dich nicht erwischen.“ Die alte katholische Ordensschwester, der junge „Protestant“ ...... wir wurden Freunde und Vertraute, verstanden uns prächtig. Ich berichtete ihr von den zwei zurückliegenden Nächten, den nie zuvor erlebten „Begegnungen“, fragte nach ihrer Meinung. Leviana war keine „vergeistigte, weltfremde“ katholische Nonne aus einer vergangenen Zeit – ausschließlich hinter Klostermauern verwahrt. Im II. Weltkrieg auf Männer-Stationen mit schwer verwundeten Soldaten, von den Nazis als Schwester nur allzu gern in die Feuerhöllen der Bombenangriffe geschickt .... Sie wußte, wie „echtes“ Leben aussieht. Eine kräftig anpackende Bauers-Tochter aus dem niedersächsischen Emsland.

Für Leviana war alles klar – und so simpel brachte sie es mir auch bei: „Nach 25 Jahren solltest Du merken, daß all Deine Gebete zu Gott erhört werden. Nach dem ersten Erlebnis und der Feier hast Du noch gezweifelt, wolltest nicht glauben, hast es auf den Alkohol geschoben. Deswegen das zweite Erlebnis in der darauffolgenden Nacht. Es sollte die letzten Zweifel ausräumen und Dir sagen: Jawohl, ich bin bei Dir und höre Dich.“

Ich sah, daß Leviana glücklich über unser Gespräch war. Ich vergesse auch nicht, wie sie mir anvertraute: „Ich bin zwar Ordensschwester, aber ich habe so etwas noch nie erlebt. Ich kenne nur wenige Menschen, die ein ähnliches Erlebnis hatten. Du mußt dankbar dafür sein und die richtigen Schlüsse daraus ziehen.“

Leviana (geb. Paula Hoffhaus), Krankenschwester vom III. Orden des Heiligen Franziskus, starb nach langer und sehr schwerer Krankheit am 19. Juli 1986 in Münster. Auf einer kleinen Karte, die bei ihrer Beisetzung verteilt wurde, stehen die Zeilen „Fürchte dich nicht, ich habe dich bei deinem Namen gerufen, du bist mein!“ Leviana, am 20. Juni 1910 geboren, hing sehr am Leben. Als sie merkte, daß sie bald sterben würde, haderte sie mit Gott. Ich weiß es. Als ich erfuhr, daß sie in Frieden mit sich selbst und Gott gestorben war – bereit, den Tod anzunehmen – war ich dankbar. Ich wußte von ihren Mitschwestern, daß Leviana nicht mehr zu retten war. Deswegen hatte ich für sie im Petersdom am Grab „ihres“ Papstes, PIUS XII., in Rom gebetet „Lieber Gott, wenn sie sterben muß, dann laß sie in Frieden mit dir sterben, laß sie nicht hadern.“ Dieses Gebet wurde erhört. Wenn es Schutzengel gibt, dann glaube ich sicher, daß Leviana einer meiner Schutzengel ist.

Franziskaner-Schwester Leviana – gemeinsam mit mir und meinem guten Bundeswehr-Kameraden Oskar (links) am Badersee in Grainau bei Garmisch. Im bayerischen Bierzelt zog Leviana ein Los – gewann einen Riesen-Teddy .... und das volle Zelt applaudierte wie verrückt.

Die Erlebnisse bei den beiden Gebeten in den zwei Nächten hatten in meinem Denken viel verändert. Aber die Augen sollten mir noch mehr geöffnet werden. Es war die Nacht vom 5. auf den 6. März 1983 – wieder in Bremen. Mein Vater in England schwer krank. Nachbarn hatten mich angerufen, um mir mitzuteilen, daß er nicht viel länger als 4 Wochen zu leben hätte. „Es wäre gut, wenn du die nächsten vier Wochen nach England kommst. Aber du mußt dich nicht beeilen. Die Ärzte haben gesagt, daß noch Zeit genug ist." Ich wollte dabeisein, wenn mein Vater stirbt und im Tod seine Hand halten, um ihn zu trösten und ihm mögliche Angst zu nehmen. Auf keinen Fall wollte ich zu spät kommen. Deswegen antwortete ich: „Morgen sind in Deutschland Bundestagswahlen. Ich gehe noch zur Wahl. Danach nehme ich von Bremen aus die erste Maschine nach London. Gegen Nachmittag bin ich da."
Grund zur Eile bestand also nicht. Ich hatte auch nicht annähernd das Gefühl, zu spät zu kommen. Eine „4-Wochen-Frist" hatten die Ärzte meinem Vater gesetzt. Ich war froh, daß ich rechtzeitig informiert worden war. Der Wahlkampf, an dem ich mich beteiligt hatte, war ohnehin gelaufen. Ich konnte mich gut vier Wochen ausklinken.
Ich schlief am Abend ruhig ein – und noch einmal: Ich hatte wirklich nicht das Gefühl, zu spät zu kommen. Weil ich nach mehreren Einbrüchen meine Bremer Wohnung ungern allein lasse, hatte ich einen Freund gebeten, während meiner Abwesenheit dort „einzuhüten". Er hatte sofort zugesagt und war noch am selben Abend gekommen. Mitten in der Nacht wachte ich plötzlich auf. Ich sah auf die Uhr, die neben meinem Bett lag: Fünf Minuten nach 1 Uhr. „Jemand ist in der Wohnung", sagte ich leise zu dem im selben Zimmer schlafenden Freund. Ich schaltete das Licht an und lauschte. Nichts zu hören. „Du phantasierst", antwortete der aus dem Schlaf gerissene Freund, „komm bloß nicht wieder mit den Einbrecher-Geschichten. Du siehst schon langsam weiße Mäuse."

„Vielleicht hat er recht", dachte ich und schaltete das Licht wieder aus. Ich versuchte zu schlafen. Nach einigen Minuten spürte ich es noch einmal ganz deutlich: Jemand ist in der Wohnung.
Ich hörte nicht auf meinen protestierenden Freund, schaltete alle Lampen ein, nahm eine unter meinem Bett liegende Waffe in die Hand und ging durch alle Zimmer der Wohnung, überprüfte die Alarmanlage zur Eingangstür, sah in Schränke und unter die Betten. Nichts! Kein Einbrecher! Die Tür war fest verschlossen. Durch die Fenster der oberen Etage kann ohnehin keiner einsteigen, es sei denn, er ist lebensmüde.
Ich legte mich wieder zu Bett und lauschte. Ein eigenartiges Gefühl hatte mich beschlichen. Keine Angst – auch keine Unruhe. Aber etwas sehr Seltsames, nie zuvor Erlebtes. Anders als die Nacht in Köln, aber ähnlich. Ich spürte wieder etwas in meinen Räumen, sah aber nichts. Ich versuchte, mich zum Einschlafen zu zwingen, merkte aber deutlich, wie jemand neben meinem Bett stand. Wieder schaltete ich das Licht an. Mit gefaßter Stimme sagte ich zu meinem inzwischen endgültig aufgewachten Freund: „Mein Vater war eben bei mir. Er ist gestorben und wollte Abschied von mir nehmen." „Mein Gott, wie kannst du so etwas sagen?" antwortete er erschrocken. „Ich weiß es" – wie selbstverständlich meine Antwort. „Gleich klingelt das Telefon: Sie werden aus England anrufen." Ich hatte den Satz kaum zu Ende gesprochen: Der Anruf aus England. „Wann ist mein Vater gestorben?" war meine erste Frage. Die Antwort überraschte mich. Denn zwischen meinem ersten Aufwachen in der Nacht (5 Minuten nach 1 Uhr) und der aus England angegebenen Todeszeit bestand genau eine Stunde Unterschied. Aber ich dachte nicht weiter darüber nach. Ich war zu traurig über den Tod meines Vaters, zu traurig darüber, daß ich nicht bei ihm gewesen war. Gegen 6 Uhr morgens fiel es mir ein: Zwischen England und Deutschland besteht eine Stunde Zeitunterschied. Genau in der Minute seines Todes war mein Vater bei mir gewesen, um Abschied zu

nehmen. Um ihm in Stunden der Not zu helfen, hatte ich – während seiner schweren Krankheit – einmal gesagt: „Wenn einer von uns beiden Hilfe braucht, muß er intensiv an den anderen denken. Dann gibt es eine Brücke, die verbindet. Egal wo man ist."
Ich hatte es nur deswegen zu ihm gesagt, weil ich ihm nicht sagen konnte: „In der Not mußt du beten." Aber es war so gemeint, nur anders formuliert, um ihm eine Brücke zu bauen.
Etwa eine Woche später war in England die Beisetzung. Ich wollte keine Tränen vergießen. Ich hatte mehrere Tage Zeit gehabt, um über den Tod und den Abschied meines Vaters in meiner Bremer Wohnung nachzudenken, und war zu einer sehr klaren Logik gekommen:

1. Ich hatte nicht mit dem plötzlichen Tod meines Vaters gerechnet, hatte mich also in nichts hineingesteigert, wartete auf kein „Zeichen".
2. Zwischen dem Ort seines Todes und meiner Wohnung in Bremen liegt eine Distanz von rund 1000 Kilometern.
3. Genau zur Todesminute war ich aufgewacht und hatte bemerkt, daß jemand in meiner Wohnung ist.
4. Bevor der Anruf aus England kam, hatte ich gesagt, daß mein Vater bei mir war. „Er ist gestorben und wollte sich verabschieden."
5. Mein Freund, der in der Nacht dabei war, bestätigte mir später noch einmal alle Einzelheiten. Ich hatte nicht geträumt.

Daraus kann es für mich nur einen einzigen Schluß geben – und daran glaube ich fest: Nach seinem irdischen Leben kam mein Vater zu mir. Er wollte noch einmal seinen Sohn sehen, Abschied von ihm nehmen. Wenn nach unserem Tod wirklich alles zu Ende wäre, wie hätte dann diese Begegnung stattfinden können, die etwa 30 Minuten gedauert hatte? Ich habe nicht mehr den geringsten Zweifel: Nach dem irdischen Leben geht das unendliche Leben in einer anderen Welt weiter. Wir werden nach dem Tode all

unsere verstorbenen Freunde und Verwandten wiedersehen. Es gibt keinen Abschied für immer – nur einen Abschied auf Zeit.
Die Auferstehung Christi vom Tode, das ewige Leben, das ist für mich der größte Trost des christlichen Glaubens. Ich selber wurde Zeuge, daß es nach dem Tode weitergeht. Ich habe meine Erlebnisse über die Nacht in Köln und beim Tod meines Vaters inzwischen vielen Menschen erzählt. Ich habe keine Scheu mehr, meinen Glauben zu bekennen. Im Gegenteil. Ich fühle mich verpflichtet, darüber zu schreiben. Deswegen habe ich diesen Bericht formuliert.
Übrigens: Bei der Beisetzung meines Vaters habe ich nicht geweint, weil sicher war, daß er zusieht. Ich hörte förmlich seine Stimme: „Junge, warum? Was soll das? Du weißt doch, daß ich lebe. Warum Tränen?"
Als in seiner lettischen Heimat der Kommunismus zusammenbrach, wurde ich Erbe des uralten Familienbesitzes. Aber mein Vater hinterließ mir mehr als materielle Güter: Die Gewißheit eines neuen Lebens nach dem irdischen. Kann es für einen Christenmenschen größeren „Besitz" geben?
P.S. Der Frau meines Freundes Rolf aus Bremen hatte ich damals in meinen Gedanken übrigens bitter Unrecht getan. Sie steht noch heute fest zu ihrem Mann – und hatte nie geschwankt. Ihm geht es übrigens wieder gut. Er hat den schweren Schicksalsschlag gut überstanden. Zum Glück konnten die Ärzte das zweite Bein retten.

Golo Mann ein „Nazi"?

Ein verrücktes Jahr für mich: 1985. Ausgeschieden bei Axel Springer, Tod des Verlegers, selbständig gemacht, mein erstes Buch über Willy Brandt, ernste politische Spannungen in der „Konservativen Aktion", Stasi-gelenkter Einbruch in meine Wohnung. Alles – aber auch alles – kam zusammen. Die „Konservative Aktion" war größer und größer geworden, erinnerte mich zunehmend an einen Walfisch im Goldfischteich. Ich war gegen „ungefilterte Öffnung des Verbandes für jeden", hatte Angst vor „Stasi"-Unterwanderung – aber auch vor Unterwanderung durch bundesdeutsche Verfassungsschutz-Leute. Soviel zeichnete sich schon damals ab: Die großen Parteien nutzten die Verfassungsschutzämter nur allzu gern zur Unterdrückung möglicherweise aufkommender Konkurrenz – auch dann, wenn demokratisch. Das Etikett „Neo-Nazi" oder „rechtsextrem" war nur allzu schnell vergeben. Großer Verband, viele Meinungen, Kompromisse, Verwässerung. Wollte ich nicht, war für strikte Beibehaltung eines klaren Kurses, auf keinen Fall nur Anhängsel der CDU oder auch CSU, obwohl Franz Josef Strauß mit 1000 Mark aus seiner Privatschatulle einer der ersten Spender des Verbandes war. Ludek Pachman, Vorsitzender des Verbandes, strebte eine Parteien-Neugründung an. Von heute auf morgen. Ich war dagegen, ahnte: Das geht nicht gut. Heinrich Hellwege, der ehemalige Adenauer-Minister, früherer Chef der Deutschen Partei (DP) und Ministerpräsident a. D. von Niedersachsen, stellte sich bei seinem letzten öffentlichen Auftritt im Hamburger Haus der „Patriotischen Gesellschaft" auf meine Seite: „Siegerist hat Recht. Nichts überstürzen." Pachman verschnupft. Die Mehrheit der Mitglieder folgte ihm nicht. Keine Parteiengründung.

Dann Ärger mit Gerhard Löwenthal. In seinem „ZDF-Magazin" hatte er sich immer wieder für die Freiheit des in der Sowjetunion schikanierten Wissenschaftlers Andrej Sacharow eingesetzt – nicht **einmal** für die Freiheit von Rudolf Heß. Deswegen war ich nun „verschnupft", suchte Hilfe bei Golo Mann. Gemeinsam mit Wolf-Rüdiger Heß, dem Sohn des seit rund 40 Jahren Inhaftierten, fuhr ich zu Golo Mann nach Zürich. Der alte Herr sofort zu Wolf-Rüdiger Heß: „Ich bin dafür, daß wir uns für die Freiheit Ihres Vaters einsetzen. Seine Inhaftierung erinnert ja an den Grafen von Monte Christo. Das ist Wahnsinn, unmenschlich. Ich glaube, es liegt an den Engländern,

nicht an den Russen. Die haben was zu verbergen, wollen ihn in der Haft sterben lassen." Nicht die Sprüche eines verbohrten „Neo-Nazis" oder „Ewig-Gestrigen". Originalton Golo Mann war das – und er formulierte es handschriftlich, ermunterte uns zu einer „Kampagne für die Freilassung von Rudolf Heß" und stellte seinen Namen zur Verfügung. „Der Mann hat genug gebüßt. Es gab Schlimmere. In der heutigen Zeit wäre Rudolf Heß vermutlich ein versponnener Grüner geworden." Die deutschen Medien bekamen diese Sätze, unterschlugen sie aber. Gerhard Löwenthal blieb strikt und entschieden gegen die Kampagne. Nur: In dieser Frage gab es zwischen Pachman und mir Einigkeit: Die Kampagne wird durchgezogen.
Haus der „Patriotischen Gesellschaft" in Hamburg. „Freiheit für Rudolf Heß". Mehr als 1000 Menschen mußten sich durch brüllenden, prügelnden und spuckenden Pöbel den Weg ins Haus bahnen. Transparente-Schwenken „Golo Mann – Nazi". Die deutschen Medien waren noch nicht ganz auf „politisch korrekt". Die Presseberichte erträglich, teilweise sogar positiv für uns. Wer konnte Golo Mann, anerkannter Historiker und Sohn Thomas Mann's, in die „Nazi"-Ecke stellen?
Auch große Sozialdemokraten – unter ihnen Helmut Schmidt und selbst Willy Brandt – hatten sich in Briefen dafür eingesetzt, den alten Mann aus der Berliner Zitadelle in Freiheit sterben zu lassen, nicht hinter Gittern. „Nazi" – wer sich für Menschlichkeit einsetzt. Ein Wort der **politischen** Verteidigung für den früheren Hitler-Stellvertreter Rudolf Heß fand keiner bei mir – und schon gar nicht bei Golo Mann.

So war es wirklich mit Gerhard Löwenthal

Eng und gut hatte ich mit Gerhard Löwenthal über viele Jahre zusammengearbeitet, manche Schlacht gemeinsam geschlagen. Menschen „madig" machen, die einem lange verbunden waren: Unfein. Aber einige sachliche Dinge

zur Klarheit. Allzu viel Blödsinn ist über die „zerbrochene Freundschaft zwischen Löwenthal und Siegerist“ berichtet worden. Im Kern war es die Heß-Kampagne allein, die uns auseinanderbrachte. Löwenthal, Sohn eines jüdischen Vaters, unterhielt engste Verbindungen nach Israel. „Gut“, fanden wir alle. Es gab keine „Nazis“ im Vorstand der „Konservativen Aktion“. Vorsitzender Ludek Pachman stand in jungen Jahren in seiner tschechischen Heimat auf der anderen Seite des politischen Spektrums, war führender Kopf der kommunistischen Gewerkschaftsschulen in seiner Heimat – bevor er Christ, Anti-Kommunist und Konservativer wurde. Ein Kämpfer, mutig – aber cholerisch ...... oft über die Grenze des Erträglichen hinaus. Trotzdem: Wir schätzten und achteten uns gegenseitig. Von seinem Tod erfuhr ich über Mobil-Telefon in Innsbruck, wo ich spontan für ihn im Dom in der Nähe des „Goldenen Dach’l“ betete.
Gerhard Löwenthal. Ganz nachvollziehen kann ich seine Gedanken bis heute nicht, war mir nicht klar, was er mit der „Konservativen Aktion“ bezweckte und wie weit er sie nach oben kommen lassen wollte. „Wenn ein rechter Verband eine gewisse Stärke erreicht hat, zerschlägt Löwenthal ihn. Unterschwellige Angst, die schreckliche Zeit eines gejagten Judenjungen aus der Nazizeit könnte sich wiederholen“, warnte mich einer der engsten Springer-Berater: „Seine Israel-Kontakte“, gab er zu bedenken. „Alter Nazi – was soll der anderes über Löwi sagen?“ .... dachte ich, hielt den Mund über das Gespräch. Tatsache ist: Löwenthal nutzte den Streit um Heß, um die „Konservative Aktion“ zu sprengen. In einer entscheidenden Sitzung in Hamburg brummte er deutlich vernehmbar zu allen Tischnachbarn: „Ich laß den Laden hochgehen.“ Pfarrer Winfried Pietrek, einer meiner engsten Freunde und kluger Berater, hörte es, saß neben ihm.
Der Laden ging hoch. Nur: Das hatte sich lange abgezeichnet. Ich hatte es kommen sehen. Löwenthal baute allein auf seinen großen Namen. Reichte aber nicht mehr. Heute darf ich es sagen: Siegerist war fast alles bei der

„Konservativen Aktion“: Organisator, Geldbeschaffer, Aktionsplaner, Motor. Und auf meiner Seite: Der gesamte starke Jugendverband mit seinem Chef Michael Stange, dazu Ehrenpräsident Chlodwig Prinz zur Lippe, Ex-DP-Chef Heinrich Hellwege, der konservativ-katholische Flügel des Verbandes mit Pfarrer Winfried Pietrek und Professor Adelgunde Mertensacker an der Spitze. Meine „Bataillone“ waren stärker. Das Ende des großen Namens Gerhard Löwenthal hatte der Namensträger an diesem Tag selber eingeläutet. Das ZDF-Magazin bald gestrichen, verkracht mit der DEUTSCHLAND-Stiftung, die ihn auf Druck von Kohl als Präsidenten kippte, die organisatorische Basis der „Konservativen Aktion“ zerschlagen. Ein von ihm und Ludek Pachman unterzeichneter Rettungs-Brief zum weiteren Überleben des Verbandes spielte nicht einmal die Portokosten ein. Gang zum Konkursgericht. Pachman hatte auf Löwenthal gesetzt. Aus. Auch für ihn. Noch am selben Tag Einbruch in meine neue Wohnung in Hamburg, einstige Wohnung von Dr. Horchem, pensionierter Chef des Landesamtes für Verfassungsschutz. „Siegerist hat den Einbruch selber inszeniert, um belastende Akten verschwinden zu lassen“, ... wurde verbreitet. Stimmte nicht. Tatsache aber: Es waren beim Einbruch tatsächlich nur Akten geklaut worden. Die Einbrecher waren über ein vor dem Haus aufgebautes Maler-Gerüst in die Wohnung eingestiegen. Aber die Wohnung ist groß. Nur ein wirklich Eingeweihter aus dem Verband selber konnte wissen, wo die Akten lagerten. Jahre später Einsicht in meine Stasi-Akte. Aufgezeichnet jedes Telefonat, ein Lageplan meiner Wohnung, im Bundesvorstand und Sekretariat zwei „Stasi“-Spitzel. Ich redete nicht darüber. Was brachte es jetzt noch?
Wir starteten fast mit der gesamten alten Mannschaft wieder neu. Auch die Adresse in Hamburg blieb. Hamburg, Hamburger Straße 3. Den unschönen Kampf hatte ich für mich entschieden – und nach juristischer Streiterei schließlich der neue Name „DIE DEUTSCHEN KONSERVATIVEN e.V.“ Neues Ziel: Kampf gegen Willy Brandt.

Brandt und Strauß – das hatten sie gemeinsam ... und ein Lübecker Mord

Eines hatten Franz Josef Strauß und Willy Brandt gemeinsam. Entweder geliebt oder gehaßt. Kein Mittelweg in der Gunst oder Abneigung der Menschen. Schwarz – weiß. „Zwischentöne?" – Nein. Erklärung notwendig, wie ich es sah? Säulenheiliger der Linken – Willy Brandt. War aber kein „Heiliger". Alles andere als das. Trotzdem: Kratzen am Heiligenschein verboten. Gibt blutige Finger. Nur Herbert Wehner kratzte ein wenig .... kannte die andere Seite des „Heiligen". Mir war Brandt mehr als nur ein Dorn im Auge, hielt die Entwicklung der deutschen Politik unter ihm für fatal. „Friedens-Nobelpreis" jubelten seine Anhänger. „Friedens-Nobelpreis" – wirklich so etwas wie eine „Heiligsprechung"? Das Osloer Verleihungs-Gremium war schon damals kein Vatikan ...... erklärte selbst Ganoven und Mörder wie Arafat zum „Friedens-Nobelpreisträger". Brandts Politik hatte für meinen Geschmack den Frieden eher unsicherer gemacht, die Kommunisten mehr und mehr ermuntert. Ich teilte auch nicht den Jubel der Nation wegen seines Kniefalls in Warschau. Kniete für mich mehr vor den Kommunisten als vor den Opfern der Nationalsozialisten. Im Spanischen Bürgerkrieg stand er auf Seiten Stalins, hatte nichts dagegen, daß die Roten Nonnen und Priester schändeten, totprügelten, mit aus den Gräbern gezerrten Skeletten von Ordensfrauen grölend auf den Straßen Spaniens tanzten. Vor Gott kniete Brandt nie – vor den Augen der Kommunisten an einem Propaganda-Betonklotz in Warschau hatte er keine Scheu die Knie zu beugen. Und die Kameras der Weltpresse liefen, klickten. Die Politik ist weniger wählerisch als Rom in der Auswahl seiner „Heiligen". Im Vatikan muß „alles" stimmen. Wo, das im Vatikan erforderliche Wunder – Voraussetzung zur Heiligsprechung?

Zum Wundern Anlaß gab seine Politik allerdings. Stimmenkauf im Bundestag – zur Sicherung seiner

Kanzlerschaft. Was stimmte bei Brandt? Abenteuerliche Forderungen wie „Belastbarkeit der Wirtschaft austesten". Dann „Das anständige Deutschland steht hinter mir" – und erklärte damit mehr als die Hälfte der Nation für „unanständig". Erster Vorläufer der heutigen „Gutmenschen", die allein bestimmen dürfen, was „gut", was „moralisch" ist. Die so gelobte „menschliche Seite" Brandts? Säufer, zeitweise Schwerst-Alkoholiker, nicht nur einmal „voll" und nur noch lallend an seinem Berliner Schreibtisch hängend? Der Vater, dem die Söhne weitgehend entglitten waren, mit dem Eisernen Kreuz an der Badehose deutsche Soldaten verhöhnten? Der Ehemann, der jeder Schürze nachlief und eine großartige Frau damit vor der Nation bloßstellte, entwürdigte? Der oft haltlose Lebemann mit verklärter – doch mehr vertuschter – Vergangenheit? Der Buchautor mit seinem immer wieder bestrittenen Titel „Verbrecher und andere Deutsche", der unter nie ganz geklärten Umständen als 19jähriger aus Lübeck in den „hohen Norden" flüchtete, um nach 1945 in norwegischer Uniform zurückzukehren und ums Überleben kämpfende deutsche Frauen in den Trümmern als „Schckoladendirnen" zu beschimpfen? Nein – ein „Heiliger" .... das war Brandt für mich gewiß nicht – und ich recherchierte an einem „Anti-Brandt-Buch". **Willy Brandt – Das Ende einer Legende**" entstand. 19 Auflagen insgesamt, mehr als 250 000 Exemplare. „Normal" fand ich, kaum Ahnung davon, daß schon 10 000 Exemplare eines Buches andere Verleger jubeln ließen. Verrückte Recherchen. Mehr und mehr kam raus. Alles andere als ein „Friedensengel" ...... schon in jungen Jahren. Prügel für Andersdenkende, Beschimpfungen für den von der SPD-Propaganda zum „Brandt-Gönner" verklärten Julius Leber – für den Lübecker SPD-Chef, von den Braunen später umgebracht. Das Grab der „ach so geliebten Mutter" verloddert – die billigste Grabpflege-Stufe für Mama Martha Frahm grad gut genug. Das Buch war noch nicht auf dem Markt, niemand hatte das Manuskript gesehen .... aber der SPIEGEL wußte mehr als ich, phantasierte, daß Siegerist Brandt einen politischen Mord anhängen will, den aus der „Hundestraße“ in Lübeck.

Der Mord in der Hundestraße

Es stand in keiner Zeitung. Nie im Rundfunk. Kein Bild im Fernsehen. Trotzdem hatten simpel angefertigte Flugblätter eines ehemaligen (aber leicht „durchgeknallten“) Kripobeamten Naujok **„das“** Gerücht in der ganzen Nation verbreitet: „Brandt alias Frahm“ hat einen Mord auf dem Gewissen. „Haben wir nichts mit zu tun“, ... sagten selbst härteste Brandt-Gegner ...... verteilten das Naujok-Flugblatt „unter der Hand“ fleißig weiter. Nie zuvor und nie danach erreichte ein simples Flugblatt in Deutschland höhere Auflage, größere Aufmerksamkeit. Selbstverständlich wollte ich wissen: Was ist dran an dieser Mord-Geschichte .... bekam schließlich die längst verstaubten Akten aus dem Keller der Lübecker Staatsanwaltschaft in die Hand. Die Nervosität der SPD wuchs. Hatte Willy vielleicht doch? War er deswegen als 19jähriger 1933 geflüchtet? **„Das“** Gerücht zeigte selbst in der SPD Wirkung. Und so war es wirklich – damals in der Lübecker Hundestraße:

Die Weimarer Republik war ein heißes Pflaster. Saalschlachten, Protestmärsche und Umsturzversuche gehörten zur Tagesordnung. Immer mit dabei, wenn es darum ging, „Nazi-Schweine“ zu verprügeln – Herbert Frahm alias Willy Brandt.

Zu den handfesten Eskapaden des damaligen Schülers in Lübeck gehörten Raufereien mit HJ-Jungen. So geschehen 1931: Damals überfiel Frahm mit seiner sozialistischen Jugendgruppe immer und immer wieder ein paar „Nazi-Lehrlinge“.

Fritz Schmidt, der damals Schüler und Angehöriger des Nationalsozialistischen Schülerbundes war, berichtet: „Ich erinnere mich noch genau daran, wie im Sommer

1929 Lübecker Sozialdemokraten mit dem stadtbekannten SPD-Mann Paul Bromme an der Spitze eine Veranstaltung im Katholischen Gesellenhaus in der Fischerstraße sprengten und unsere Kasse klauten, die von mir verwaltet wurde. Damals bewarfen uns die Sozis sogar mit Mauersteinen. Einer meiner Freunde bekam einen solchen Mauerstein auf den Kopf und mußte sich danach eine Silberplatte auf der Schädeldecke einsetzen lassen.
Bei solchen Prügeleien war Herbert Frahm nicht feige. Er griff immer von vorne an. Diesmal wollten wir ihm Lehrgeld zahlen. Etwa 15 Jungs vom Nationalsozialistischen Schülerbund hatten den beiden Lehrlingen Hilfe versprochen. Wie brave Bürgersöhne zogen wir unsere damals üblichen Schülermützen auf und gingen in Richtung Mühlenstraße. Es war im Herbst 1931.
Wir legten uns dort unauffällig auf die Lauer. Lange warten mußten wir nicht. Bald kam Herbert Frahm mit seiner wilden Horde. Mit Hallo fielen sie wieder über die beiden Hitlerjungen her, die gerade Feierabend gemacht hatten.
Es kam zu einer wilden Schlägerei, bei der Herbert Frahm fleißig mitmischte. Aber diesmal zogen die Roten den kürzeren. Wir haben ihnen kräftig das Fell versohlt. Es sollte ihnen eine Lehre sein, um nie wieder mit solcher Überzahl über unsere politischen Freunde herzufallen.
Nach der Prügelei setzten wir unsere Schülermützen wieder auf den Kopf und schlenderten wie brave Bürgersöhnchen von dannen. Am nächsten Tag sagte Herbert Frahm kein Wort über diesen Zwischenfall. Trotzdem muß ich in aller Fairneß heute nochmals sagen: ‚Feige war der Herbert nicht.'"
In diesem Klima der Gewalt ereignete sich weniger als ein Jahr später in Lübeck ein brutaler Mord. In der Nacht zum 31. Juli 1932 wurde der Kaufmannsgehilfe Willi Meinen erstochen bzw. erschlagen. Und seine Gegner haben lange versucht, Willy Brandt die Sache in die Schuhe zu schieben. Was hat sich genau abgespielt? Willi Meinen war Sympathisant der NSDAP und trug deswegen ein Partei-

abzeichen (ohne wirklich Mitglied zu sein). Er ging an diesem Abend in eine Gastwirtschaft, um seinen 26. Geburtstag zu feiern, der auch sein Todestag werden sollte.
In der Kneipe traf Meinen seine beiden vermeintlichen Mörder, die SPD- und Reichsbanner-Mitglieder Karl Kaehding und Johannes Fick. Als Fick das Parteiabzeichen Meinens erkannte, riß er es ihm vom Revers. Es kam zu Streit.
Später wurde seine Leiche in der Hundestraße gefunden. Der oder die Täter hatten Meinen mit einem speziell präparierten Knüppel und einem Dolch so schwer verletzt, daß er wenig später verstarb. Die Nachricht von der Bluttat verbreitete sich in der Hansestadt wie ein Lauffeuer.
Wenige Tage später wurden Kaehding und Fick verhaftet. Lange dauerten die Ermittlungen und die anschließende Verhandlung wegen des Mord-Verdachts gegen die beiden. Ein Gericht kam ein Jahr später zu dem Ergebnis, daß sich der Mord so abgespielt habe:
Die beiden Täter, die offen zugaben, an politischen Gewalttaten beteiligt gewesen zu sein, hatten eine SPD-Veranstaltung besucht. Waffen mit sich zu führen, war für sie nicht ungewöhnlich. Also waren sie bewaffnet, als sie die Kneipe betraten, in der sie Meinen trafen.
Die Angaben, wieviel Bier die beiden getrunken haben, waren nicht schlüssig. Sie versuchten sich in der Verhandlung mit „erhöhtem Alkoholkonsum“ aus der Affäre zu ziehen.

Eine „Abreibung“ für den Nazi

Als Meinen nach dem Streit das Lokal verließ, verfolgten ihn Kaehding und Fick. Meinen kam nicht weit. In der Hundestraße verpaßten ihm die beiden Sozis eine „Abreibung“, wie sie das nannten. Dann soll Meinen in die Jackentasche gegriffen haben. So sagten es die beiden Täter, die angeblich Angst gehabt hätten, er wolle eine Pistole ziehen.

Tatsache aber ist, daß Meinen unbewaffnet war und seine Verletzungen von hinten erfolgt sind. Es war also keine Notwehr, sondern ein feiger Mord. Ein Anschlag, der von ihnen erfolgt ist. Und von zwei Tätern, die in der Überzahl aufgetreten sind. So sah es 1933 auch das Gericht und verurteilte Kaehding und Fick zur Todesstrafe durch die Guillotine.

Besonders mysteriös war, daß vielleicht noch andere Personen in den Mord involviert gewesen sind. Vor allem wurden die beiden Täter zunächst von anderen Reichsbanner-Leuten gedeckt. Und immer wieder tauchte das Gerücht auf, Kaehding habe für jemand anders die Schuld auf sich genommen.

Für Willy Brandt vielleicht, der bald darauf Hals über Kopf aus Deutschland floh? Und das, obwohl er als heißsporniger Jung-Aktivist bei den Sozis in den ersten Jahren der NS-Diktatur nichts ungeheuer Grausames zu befürchten hatte.

Dieses Gerücht hing Frahm immer wieder an. Es wurde ihm vom politischen Gegner unterzuschieben versucht, auch wenn nichts „dran" war. Frahm/Brandt war nur verwickelt in die damals „üblichen" Straßenschlachten, die die Weimarer Republik zugrunde gerichtet hatten.

Das Gerücht über eine Beteiligung Frahms wurde genährt durch die Tatsache, daß Karl Kaehding damals für unschuldig gehalten wurde. Sein Bruder Ernst hielt ihn zeitlebens für zu Unrecht verurteilt. Er sagte: „Wir waren uns alle aber sicher, daß er mit dem Mord nichts zu tun haben konnte. Er war es nicht, er war es nicht."

Und Kaehdings Parteifreundin Martha Kock urteilte so: „Ich erinnere mich noch genau daran, wie Familie Kaehding in der Nazizeit verpönt wurde. Dabei hatte Kaehding den Mord überhaupt nicht begangen. Wir glaubten damals, daß er die Schuld für einen anderen auf sich genommen hatte."

Helga Wiedera – auch eine Sozialdemokratin, deren Vater SPD-Schatzmeister war – sagte später folgendes: „In der SPD waren für Karl Kaehding schon gefälschte Fluchtpapiere besorgt worden. Ich weiß es von Vater. Karl Kaehding sollte zusammen mit Herbert Frahm fliehen. Aber Karl Kaehding wollte nicht. Er sagte immer wieder: Ich gehe nicht. Ich habe nichts getan."

Auf seine Familienangehörigen machte Kaehding nach der Verurteilung später den Eindruck, als wolle er sagen: Ich bin unschuldig. Bei den letzten Begegnungen mit seinem Vater schüttelte er stumm mit dem Kopf. Weil Wachleute dabei waren, kam es jedoch zu keinem vertraulichen Gespräch mehr.

Kaehding versuchte sich das Leben zu nehmen. Er schnitt sich zunächst die Pulsadern auf, wurde aber noch einmal gerettet. Dann aber gelang es ihm, sich in einer unbeachteten Minute zu erhängen. Vor Scham (wegen der Tat) oder aus Kummer (eben weil er es nicht war)? Wir werden es nie erfahren. Nur eines wissen wir heute: daß Willy Brandt nichts mit dem Meinen-Mord zu tun hatte.

„Siegerist will Brandt den Mord in der Hundestraße anhängen" .... SPIEGEL und SPD waren sich einig. Das Gegenteil war der Fall. Erstmals konnte sich die Öffentlichkeit selbst ein Bild von „dem" Gerücht schlechthin machen und war überrascht, daß plötzlich in meinem Brandt-Buch die Gerichtsakten und Zeitzeugen auftauchten und offen über den Mord sprachen. Klar aber auch: Die vereinigte Linke wollte von diesem Thema nichts wissen. Vergessen, vergessen – nicht dran rühren. Ich hatte ein Tabu gebrochen.

Die Reaktion auf das Anti-Brandt-Buch lief in mehreren Stufen ab: 1. Ignorieren. 2. Autor lügt. 3. Alles bestreiten. 4. Wohl oder übel Stellung nehmen, aber mehr Angriff als Verteidigung. Mir war jede Variante recht. Die Auflage des Buches stieg und stieg. **„Willy Brandt – Das Ende einer Legende"** bewegte die Menschen. Das Denkmal Brandt war angekratzt, der ewige Haß der SPD mir sicher.

Besonders schmerzhaft für die SPD: Das Buch wurde in einer bundesweiten Anzeigen-Kampagne massiv beworben. In den Zeitungsanzeigen bereits Teile des brisanten Inhalts.

Auch Hinweis auf einen Brandt-Halbbruder aus Lübeck, der sich vor mir damit brüstete, selber bei den „Rechten" nach dem Krieg kräftig „zugelangt" zu haben. „Stimmt nicht – nie gesagt." Hatte er doch, Geld dafür von mir kassiert, unterschrieben – das dem guten Willy-Bruder verschwiegen, der ihn als „Zeugen" gegen mich ins Gericht scheuchte ..... um dort kläglich die Ohren einzuziehen. Letzter vergeblicher Versuch, das Buch zu stoppen. Es stimmte alles, nichts war zu widerlegen. Ich hatte gründlich, hart und korrekt recherchiert. Schließlich mußte Brandt Stellung nehmen, präsentierte der Öffentlichkeit einen in die politische Richtung passenden „Papa", natürlich aufrechter Sozialdemokrat ...... im Widerstand gegen die bösen Nazis. Hörte sich gut an, paßte ins Konzept. Wahrheit? Bei einem Lübecker Notar liegt noch heute eine „Versicherung an Eides Statt" ...... mit einem völlig anderen „Brandt-Papa". Kein Sozi. Deutsch-national. Beamter aus der Nähe Lübecks. Angeblich „Jahrmarkts-Bekanntschaft" Martha Frahms. Alles andere wollte ich, als den moralischen Zeigefinger erheben ...., auf die Verlogenheit, politische „Verklärung", Polit-Heiligen-Propaganda hinweisen, sie entlarven. Das war mein Ziel. Nie ging Brandt gegen die ihm damals im Detail bekannte „Eidesstattliche" vor. Stattdessen präsentierte er einen „Sozi-Papa" – und SPD mit Links-Journaille jubelten, machten nun auch den plötzlich ausgegrabenen „Brand-Papa" zum „Heiligen".
Das „Anti-Brandt-Buch" stempelte mich zu einem publizistischen Hauptfeind der SPD. Die Texte im Buch – nicht zu widerlegen. Trotzdem: Was nicht sein darf, darf nicht sein .... „Majestäts-Beleidigung" – und dann bei Brandt. Die „Schandtat" wurde nie verziehen. Später blieb es Helmut Kohl überlassen, Brandt erneut eine Art Heiligenschein aufzusetzen .... zumindest den durch mich lädierten neu aufzupolieren.
Ich selber konnte mit dem Brandt-Buch mehr als zufrieden sein, hatte damit mehreres erreicht: 1. Mehr als 250 000 Buchkäufer – damit auch 250 000 Interessenten für

DIE DEUTSCHEN KONSERVATIVEN. Eine oft angezweifelte, aber richtige und nachweisbare Zahl. 2. Brandt war „angetickt“ ..... erste kleine Stufe zum bald erfolgenden Rücktritt als SPD-Chef. 3. Das Brandt-Buch hatte mich wirtschaftlich völlig unabhängig gemacht – und damit freier. Auf „große Gönner“ war ich nicht mehr angewiesen. 4. Der Beweis war erbracht: Immer noch kann ein einzelner – wenn Idee und Ziel stimmen – den Mächtigen ins Wanken bringen. David und Goliath existiert nicht nur in der Bibel. 5. Und – zugegeben – auch dieser Effekt war mir willkommen: Siegerist bewegt ohne den Ballast großer Namen mehr als zuvor: Die einstige Stärke der „Konservativen Aktion“ war durch DIE DEUTSCHEN KONSERVATIVEN übertroffen worden. Dank Willy. Heute sehe ich ihn milder ...... aber „heilig“ .... Nein ...... das war er wirklich nie.

Was war noch interessant an Willy Brandt?

Ein politischer Anhänger des SPIEGEL war ich nie. Eines am SPIEGEL bewunderte ich immer als Journalist: Im Gegensatz zu fast allen deutschen Blättern unterhält der SPIEGEL eine Truppe, die oft Tage, Wochen und Monate an nur einem einzigen Thema arbeitet. Das journalistische Produkt hat dann fast immer „die“ Wirkung. Diese Arbeitsweise war bei meinem Brandt-Buch ähnlich. Wochenlang keine andere Recherche als nur: Willy Brandt.

Die unter dem täglichen Druck der Zeitungs- oder Fernsehproduktion stehenden Journalisten haben nicht mehr die Möglichkeit, so zu arbeiten. Nachteilig für die Qualität des gesamten Journalismus. Bei Axel Springer gab es über längere Zeit einen eigenen, hausinternen Nachrichtendienst: asd, Axel-Springer-Inlandsdienst. Die Grundidee ging in Richtung SPIEGEL-Recherche. Der asd scheiterte an internen Problemen des Hauses. Es gelang mir nicht, den Verleger von einer „asd-Wiederbelebung“

zu überzeugen. Schade. Noch heute bin ich fest davon überzeugt: Gäbe es nur eine kleine „rechte" – aber journalistisch gute – Truppe, die ähnlich arbeiten könnte wie die SPIEGEL-Redakeure .... Es würde sich manches im Land verändern. Armer Joschka Fischer, würden sich nur drei solcher Journalisten an die Fersen seiner Vergangenheit heften.
Aber unabhängig von solchen „speziellen" Wünschen: Der Journalismus im Land ist zu flüchtig, zu schnell, zu ungenau geworden – von der Ideologisierung ganz zu schweigen.
Die SPD-„eigene" Friedrich-Ebert-Stiftung nimmt schon 16jährige Schülerzeitungs-Redakteure unter ihre Fittiche. Die Unionsparteien hatten und haben dem nie etwas entgegengesetzt, waren mit dem Intendanten-Posten hier oder dort überglücklich. Nur: Die Richtung wird auf harten Stühlen der Redaktion bestimmt, nicht im bequemen und gut gepolsterten Sessel des Intendanten. Weitere Folge: Da die Union kaum „eigene" Journalisten hat, biedert sie sich mehr und mehr den linken Journalisten an ..... mit allen sich daraus ergebenden Konsequenzen für den eigenen politischen Kurs. Hört sich simpel an. Sehr simpel. Ist aber so. Leider.

Uwe Barschel starb zwei Tode

Neue Schlagersänger und neue Buchautoren haben ein Schicksal gemeinsam: Erster Schlager ein „Hit" – neuen produzieren, neuen singen. Nicht anders bei Büchern. Buch hat gefallen – neues Buch **von dem** erwünscht. Einfach für Roman-Schriftsteller. Bin ich aber nicht. Plötzlich neue Lage. Ein journalistischer Dilettant aus Bremen, der sich auch als Grabredner versucht hatte, löste mit Hilfe des SPIEGEL die „Barschel-Affäre" aus. Aus mehrfachem Grund fühlte ich mich von der sogenannten „Affäre" zutiefst betroffen. 1. Der gute Kontakt zu Uwe Barschel war geblieben – auch nach meinem Ausscheiden bei Springer. 2. Ich war selbständig geworden, mußte mich um Firma und „Konservative“ kümmern – keine Zeit mehr für wochenlangen Wahlkampf .... so gern ich es für ihn noch einmal gemacht hätte. Der Springer-Verlag hatte ihm andere Hilfe angeboten: Der „Grabredner“ aus Bremen, dort als CDU-Journalist für die Parteizeitung WESER REPORT ...... nicht ungern an Springer „abgegeben“ worden. Uwe Barschel war mit „Siegerist von Springer“ gut gefahren, warum nicht auch mit dem neuen Springer-Mann? 3. Ich glaubte von der ersten Minute nicht ein Wort der Vorwürfe, die Uwe Barschel gemacht worden waren.

Zu genau waren mir Gespräche mit Uwe Barschel über seinen bevorstehenden Wahlkampf in Erinnerung geblieben. Sein Gegenspieler: Björn Engholm von der SPD, „Bildungsminister“ auf Bundesebene. Weniger gebildet die Tochter des „Bildungsministers“. Mehrere Fünfen im Zeugnis. Sie hätte „backen“ bleiben müssen. Blieb es aber nicht. Hilfe von „Papa Bildungsminister“? Eigentlich ein echter Skandal, berichtenswert für jede Zeitung in Deutschland. Ewald Struwe, Chef der BILD am SONNTAG, war für Berichterstattung, Springer-Berater Dr. Paul Carell auch, ich „auf jeden Fall, auch wenn es ein CDU-Mann wäre“. Uwe Barschel hätte jubeln können. Jeder Politiker, der solche Schwächen seines Gegenspielers entdeckt, würde jubeln. Uwe Barschel: „Nein – bitte, nicht. Das möchte ich nicht. Ist zu sehr privat. Engholm ist mein politischer Gegner, nicht mein menschlicher.“ Nach der Sitzung kam Jonny Klein zu mir, später Regierungssprecher bei Kohl, dann Vize-Präsident des Deutschen Bundestages: „Den Barschel kapier ich nicht. So ein Thema läßt keiner sausen.“ Uwe Barschel ließ es „sausen“.

Und plötzlich behauptete dieser Mann aus Bremen, der Grabredner: AIDS-Gerüchte, Homo-Abenteuer, windige Steuersachen und mehr ...... hätte er im Auftrag Uwe Barschels über Björn Engholm verbreiten sollen. Einem zur Lüge und Geltungssucht neigenden „Luftikus“ schenkte die Nation mehr Glauben als einem unbeschol-

tenen Mann aus der vordersten Reihe der Politik. Journalistische Kampagne – schließlich Menschenjagd. Die CDU hätte knallhart gegenhalten können. Aber die CDU war nie die SPD oder die „Grüne Partei" .... selbst tief im Keller noch Solidarität mit „Joschka" Fischer. Innerparteiliche Rechnungen waren da zu begleichen – an der Spitze ein schleswig-holsteinischer Graf, der sich wenig „gräflich" verhielt.
Schließlich der Tod in Genf. Angezogen in einer Badewanne. Tot in der Badewanne. Offensichtlich für Fotografen die Leiche „zurechtgerückt". Eine junge und total überforderte Staatsanwältin erkannte auf „Selbstmord". Der Selbstmord einer Prostituierten, jeder Tod eines Straßen-Penners wäre gründlicher untersucht worden als der Tod eines deutschen Ministerpräsidenten. Ich recherchierte, schrieb mein Buch „Das Testament des Uwe Barschel". Mehr als 60 000 Deutsche kauften es – und so konnte ich zumindest ein ganz klein wenig der Sudel-Kampagne gegen Uwe Barschel gegensteuern. Ungern oder gar nicht bot der Buchhandel es an. Interessierte mich aber nicht, hatte längst neue Formen des Vertriebs entwickelt. Bessere. Auch das Brandt-Buch war vom überwiegend linken Buchhandel boykottiert worden. In großen Anzeigen mit Bestellcoupon bot ich das Buch dann über den eigenen Verlag an, hob es damit raus aus den rund 70 000 anderen Büchern, die schon damals pro Jahr in Deutschland erschienen, schaffte mir damit eine eigene Kundendatei, sparte rund 60 Prozent Buchhandels-Spanne ein, investierte das Geld stattdessen in die Werbung. Jetzt bedrängten viele Kunden „ihren" Buchhändler. „Wir wollen das Barschel-Buch." Die forderten an bei uns. „Kein Interesse mehr am Buchhandel. Früher wolltet ihr meine Titel nicht, jetzt will ich euch nicht." Die Brandt-Buch-Käufer bekamen Werbung für das Barschel-Buch per Post ins Haus .... dazu wieder eine breite Anzeigenkampagne. Die Linken selber hatten mir wieder einmal geholfen – Wege gewiesen, die ich sonst nie gegangen wäre. Wieder gelangen zwei Dinge auf einmal:

Politische Kampagne mit Buchwerbung und Bestellcoupon, Verbreitung eines gewünschten Titels.
Gegner werfen mir hin und wieder vor: Siegerist überdenkt alles geschäftlich. Das ist falsch. Unsummen habe ich für Dinge investiert, die wirtschaftlich nichts brachten, die ich aber politisch für notwendig hielt. Nur: Ich hatte lernen müssen. Überstehen kann ich meine harte Position nur in absoluter wirtschaftlicher Unabhängigkeit. An diesem Denken hat sich nichts geändert. DIE DEUTSCHEN KONSERVATIVEN wären als eine der politischen „Eintagsfliegen“ rechter Verbände längst von der Bildfläche verschwunden, würde ich nicht so denken und handeln. Nur allzu oft hatte ich am Boden zerstörte anständige Idealisten erleben müssen: Aufgeben, weil die Kasse leer war.
Es gab viele Menschen in Deutschland, die an den „Selbstmord“ von Uwe Barschel nicht glaubten. Aber sie bewegten sich nicht, die CDU schon gar nicht. Seriös und öffentlich hielt sonst nur noch einer gegen den Selbstmord: Dr. Herbert Schäfer, pensionierter Chef des Landeskriminalamtes in Bremen.
Uwe Barschel starb zwei Tode. Den Tod durch Mörderhand. Den Tod, der sich Rufmord nennt .... durch Journalistenhand. Kein Ruhmesblatt für „meine“ Branche.

Gern würd ich's vergessen – da war noch was in Bremen

Wir Menschlein sind uns doch sehr gleich. Journalisten nicht besser als Politiker. Gern reden wir über Dinge, mit denen wir glänzen, guten Eindruck machen können. Nicht so guten Eindruck machte ich mit einer Affäre in Bremen, die sich „Telefon-Affäre“ nannte und zum von mir nicht gewollten Sturz eines Polizeipräsidenten führte. Trotzdem muß ich sie erwähnen. Im Grunde nicht viel mehr als kommunalpolitisches Strohfeuer. Nur: Damals waren Skandälchen noch Skandale – und dementsprechend groß wurde in den Medien berichtet. Der Bremer

Polizeipräsident Erich von Bock und Polach (SPD) hatte mir Informationen zugesteckt, die ungefähr in die Richtung gingen ..... Kontakte von linken SPD-Leuten zur Baader-Meinhof-Bande – Bürgermeister Hans Koschnick weiß davon, schweigt aber. Das war der Kern. Die Brisanz: Der eher konservative und bürgerliche Bremer Bürgermeister Koschnick ..... in Wirklichkeit vielleicht „heimlicher Freund" von Baader-Meinhof-Anhängern? Von Bock verfolgte mit den Informationen an mich seine eigenen politischen Ziele. Legitim. Es ist doch fast immer so: Wer Journalisten informiert, macht es meist nicht uneigennützig, vor allem nicht in der Politik. Wir Journalisten wissen das, nehmen aber an. Warum nicht?

Von Bock's Ziel: Mit den Informationen „an Siegerist" sollte die Bremer CDU zu einer parlamentarischen Anfrage im Landesparlament (Bürgerschaft) bewegt werden. Ich informierte CDU-Chef Bernd Neumann. Wahlen standen an in Bremen. Das Thema schien für den Wahlkampf geeignet. Anfrage in der Bürgerschaft. Große Wirkung. Von Bock hatte das nicht vorausgesehen – Neumann und ich wohl. Die parlamentarische Anfrage machte Koschnick eines unmißverständlich deutlich: Die Baader-Meinhof-Informationen können nur aus dem Polizeipräsidium stammen. Früher enge Verbindungen zwischen SPD-Innensenator Franz Löbert und Siegerist zu ähnlichem Thema. Löbert nicht mehr da. Aber von Bock hat bei Siegerist die Informationsrolle von Franz Löbert übernommen. Bernd Neumann und ich ..... keine politische Liebe, allerdings inzwischen von mir eingesehen: Ein Talent für die Politik, nicht gerechtfertigte Vorbehalte „hintangestellt". Er spürte mehr als ich: Von Bock will sich aus der Affäre ziehen, alles auf die CDU allein wälzen, Siegerist im Regen stehen lassen. Folge: CDU und Siegerist Lügner. Alles nur ausgedacht. Eigendynamik hatte die Ausgangslage verändert.

Von Bock bestürmte mich telefonisch: „Mein Name darf nicht ins Spiel gebracht werden." Wollte ich auch nicht.

Welcher Journalist gibt seinen Informanten preis? „Verbrannte“ Informanten sind für Journalisten – die Offenheit möge mir verziehen werden – „verbranntes Kapital“. Informantenschutz für Journalisten – fast „heilig“. Lassen wir Namen. Jedenfalls wurde die Idee geboren: Das nächste Telefonat mit von Bock und Siegerist aufzeichnen. Und von Bock rief an. Seine Vorwürfe gegen Koschnick und andere noch härter, noch konkreter. Das aufgezeichnete Telefonat jetzt eine Bombe – und weil in der damaligen Situation Bernd Neumann nichts anderes übrig blieb: Er mußte mit dem Gesprächsprotokoll vors Parlament – und alle verbreiteten, „Siegerist hat das Gespräch mit von Bock heimlich aufgezeichnet“. Hatte ich aber gar nicht. CDU-verliebt und Partei-treu wie ich Kamel war, nahm ich nur die „Schuld“ auf mich. Juristisch nicht ohne Probleme – „Bruch der Vertraulichkeit des Wortes“. Was interessierten mich eigene Nachteile? Der Union wollte ich helfen – sonst nichts. Die aber hatte erbärmliche Juristen – denen Neumann und ich vertrauten. Nicht nur wir. Das schriftliche Aufzeichnen des Gesprächs wäre juristisch folgenlos geblieben. Die Sache peinlich – für alle Seiten. Auch für mich. Wie sie ausging? Von Bock zeigte mich nicht an ...... wegen der „gebrochenen Vertraulichkeit“, wurde pensioniert, schwieg ab sofort, rettete seine Pension. Koschnick war nicht unglücklich – und die CDU gewann deutlich Stimmen bei der Wahl, verhielt sich mir gegenüber mehr nach dem Motto „Grüß mich nicht unter den Linden“. Ich hatte alles auf mich genommen, hätte ein wenig mehr Solidarität erwarten können. CDU und Solidarität. Wieder gelernt. Von diesem „Abenteuer“ hätte ich besser die Finger lassen sollen. Von Bock hatte den Sturz nicht verdient. Hans Koschnick nicht den Verdacht, „Sympathisant“ der Baader-Meinhof-Bande zu sein.

Ja – Hexen gibt es wirklich – einer bin ich selbst begegnet

Nein – eine Dame war sie nie. Wußte ich. Jahre zuvor hatte ich sie im Knast besucht, mußte wüsteste Schimpf-Kanonaden über mich ergehen lassen, war geschockt. Immerhin eine „Frau Professor" und „General-Schulinspektorin" .... hieß es auf offiziell abgestempelten Urkunden. Unterschrieben vom „Bildungsminister" persönlich. Haken an der Sache: Die „General-Schulinspektorin" und „Frau Professor" war eigentlich nichts anderes als „gelernte" Schweinemagd, halbe Analphabetin. Ihr Vorzug – ein Bruder mit Macht und „Ansehen". Sein Name: Nicolae Ceausescu. Und die „General-Schulinspektorin" dessen Schwester. Kurz nach der rumänischen Revolution war sie mir im Gefängnis vorgeführt worden. Das „klack, klack, klack" ihrer hölzernen Pantinen auf den steinernen Fluren hatte ich noch im Ohr. Jahre vergangen. Kommunisten wird schnell vergeben. Nicht nur in Deutschland. Zeitgeist. Jahre später sehe ich sie erneut – gemeinsam mit einer Reisegruppe der Deutschen Konservativen. Vor dem inzwischen wieder beliebten Ceausescu-Museum – Geburtshaus des erschossenen Diktators. Nostalgie. Erinnerung an „bessere Zeiten". Überall gleich auf der Welt. Jedes Land des einstigen Ostblocks hat seine „eigene PDS" und seine eigene Erinnerung, daß es doch „nicht so schlecht war – damals mit den Kommunisten". Der Mensch vergißt schnell ......
Zottelige, schwarze Haare im Gesicht, ungepflegt, zerlatschte Schuhe. Eine Schlampe. Entschuldigung: Aber eine rumänische Schlampe aus der Walachei ...... wie aus dem Bilderbuch. „Damals in den guten Zeiten" – da entschied sie über Leben und Tod, hatte zwar den heimlichen Namen „Hexe von Scornicesti", so betitelt nach dem Namen des „brüderlichen Geburtsortes". „Hexe" genannt – aber Leben wie eine Prinzessin in der Feudalzeit. Ein Wort bei ihrem Bruder – und es war aus mit jedem, der ihr nicht gefiel. Den Knast nach dem Sturz des Diktators hatte

sie gut überstanden, von alten Genossen als Vorzugs-Gefangene behandelt. Die Luxus-Hexe von einst .... da stand sie nun vor uns. Jahre später. In ihrem Garten. Höflich wollte ich sein, obwohl mir eine weniger höfliche Antwort schwante. Fragte: „Dürfen wir mit Ihnen sprechen?“ Ihre Antwort verspritzt-gesprochenes Rattengift: „Ich piß auf dich.“ Ganz einfach und schnörkellos ...... „ich piß auf dich“. Freundlicher klingend auf rumänisch. Etwa so: „Me pisch patiene.“ Korrekt geschrieben: „Ma pis pe tine.“
10 Jahre seit unserem ersten Treffen im Knast. Ich drücke ihr mein Buch in die Hand **„Ceausescu – der rote Vampir“**. Darin Fotos aus ihrem privaten Familienalbum, das ich nach der Revolution in ihrem Haus gefunden hatte, vom aufgebrachten und plündernden Mob achtlos auf dem Boden zurückgelassen. „Wo hast du das her, Kerl, du?“ „Mädel sei brav“, beruhigte ich sie. „Genossen sind wir. Genossen aus Deutschland, haben es vor den Faschisten gerettet, die gegen dich und deinen Bruder waren: Die alten Zeiten werden bald zurückkommen – gut und schön, so wie es damals war“, ... lüge ich schamlos, nur einen Gedanken im Kopf: Den Freunden aus Deutschland vorführen, wie sie wirklich waren: Die „Repräsentanten des Volkes im Kommunismus“, denen auch der Westen seine Reverenz erwies, nicht nur die um Leben oder Einfluß bangenden Speichellecker im eigenen Machtbereich. Sprechen lassen will ich sie. Die Freunde aus Deutschland sollen sie im Originalton erleben. Nur das will ich und gebe mich als „Genosse“ aus. Zum Glück kann sie den deutschen Text im Buch nicht lesen, bestaunt nur die vielen Bilder mit ihr darin. Erinnerungen an „bessere Zeiten“. Freundlich wird sie nun: Vergessen das „Ich piß auf dich“ .... „ma pis pe tine“. Hebt wehleidig ihren linken Arm, den sie mit der rechten Hand ununterbrochen streichelt. Christian, mein rumänischer Patensohn, übersetzt: „Prellungen. Gestürzt im Schweinestall. Tut weh.“ Im Schweinestall – „alte Heimat“. Aus mit Prinzessin, aus mit „General-Schulinspektorin“ und „Frau Professor“.

Eine rumänische Reiseärztin begleitet uns. Starr vor Schreck ist sie geworden, blaß im Gesicht, denkt nicht an mitgebrachte Medikamente, eingepackte Schmerzspritzen. Fassungslos blickt sie auf Elena Barbulescu, die Schwester des einstigen rumänischen „Gottkönigs", der sich selber „Titan unter den Titanen" nannte – „Licht, vor dem selbst die Sonne fahl wird". Wie im römischen Zirkus: „Daumen nach unten – Tod." Sie war nicht anders, genoß ihre Macht, setzte sie ein. Schamlos, pervers, unerbittlich. Jetzt eine jammernde, zerluderte, schlampige Zottelfrau ..... mit „ich piß auf dich". Elfi Damian, Seele der Deutschen Konservativen und mit im Kreis stehende Büro-Mitarbeiterin, kramt in der Tasche, zieht eine Riesen-Tube „Hirodoid" ans Tageslicht. „Hilft gegen Schmerzen bei Prellungen garantiert" – reicht sie der „Hexe von Scornicesti". Vampire zucken vor Knoblauch zurück, Hexen vor dem Kreuz .... dachte ich. Unsere „Hexe" vor der guten alten „Hirodoid"-Salbe aus Deutschland – flucht: „Willst du mich etwa vergiften, Weib, du?" Erinnerungen an den „großen" Bruder. Der war von Fidel Castro gewarnt worden: „Vorsicht vor Leuten aus dem Westen. Vergiften wollen sie uns." Nicolae Ceausescu vertraute dem „alten Fidel aus Kuba" blind, wechselte nach seinem Besuch auf der Karibik-Insel Unterwäsche, Socken, Hemden und Anzüge täglich, ließ die alten verbrennen .... Angst vor Gift. Heimlich von westlichen Agenten auf ihn gesprüht. Nicht ungläubig mit dem Kopf schütteln. War wirklich so. Und Elena Barbulescu erinnert sich natürlich. Elfi Damian aus Deutschland will sie vergiften – was sonst? Hirodoid – statt Rattengift. „Giftmischerin" aus dem Büro der Deutschen Konservativen e. V. in Hamburg.

„Schmier es dir erst selbst auf deinen Arm", ... unterbricht die Barbulescu unser stummes Staunen .... „mach, mach – schmier es dir selbst auf den Arm." Das versteht selbst Ceausescus Schwester: Reibt sich Elfi Damian den Arm mit „Hirodoid" ein .... und überlebt, ... dann ist es wirklich ein „echtes" Medikament, kein „Kontakt-

gift“ ...., wie schon Fidel Castro wußte. Elfi Damian schmiert .... überlebt. Nun schmiert auch Elena Barbulescu. Bevor sich die „kommunistische“ Reisegruppe der Deutschen Konservativen e.V. bei ihr verabschiedet, faucht sie mich noch einmal an. „Geld brauch ich. Geld. Gib mir ne Million ....“ 1 Million Lei – umgerechnet damals vielleicht 150 Mark. Das war mir der lebensnahe Anschauungs-Unterricht bei dieser Repräsentantin des „realen Sozialismus“ wert. Christian blättert ihr die Scheine in die Hand. Als eine Quittung verlangt wird und sie die eine Million als Zahl ausschreiben soll .... stockt sie, kann es nicht, „befiehlt“ meinem Patensohn: „Los, schreib du für mich.“ „Hoffentlich reklamiert das Finanzamt nicht diese Quittung“, klagt Buchhalterin Roswitha Lendner später im Büro in Hamburg, sieht entsetzt auf die „Unterschrift“ der rumänischen „General-Schulinspektorin“. Ein Daumenabdruck wäre besser gewesen.
Es gibt sie wohl wirklich. Leibhaftige „Hexen“. In Rumänien bin ich einer begegnet.

Ein Toter geht „spazieren“

Revolutionszeiten sind gesetzlose Zeiten. Die Menschen haben noch Angst vor der Polizei – aber die Polizei hat Angst vor den Menschen. Beste Lösung: Die Polizei läßt sich nicht sehen. So auch noch Wochen nach Ceausescus Tod in Rumänien. Revolutionszeiten sind gute Zeiten ...... für Journalisten. Hatte ich schnell kapiert bei meinen Recherchen zum Ceausescu-Buch, fühlte mich Ami-Soldaten ähnlich – die im April/Mai 1945 in den „Schätzen“ des „Führers“ auf dem „Berghof“ gruben. Offiziell bewachte die Polizei sämtliche Ceausescu-Häuser und -Schlösser. Macht sie aber nicht. „Normal“ für neugierige Journalisten aus dem Westen: Leitern, zerschlagene Fensterscheiben und von innen entriegelte Fenster. Da war es wieder – das Jagdfieber des Schreibers.

Wie die drei kleinen Schweinchen: „Wer hat Angst vor dem bösen Wolf, bösen Wolf, bösen Wolf"? Ans Fressen und Tanzen dachten sie, nicht an den bösen Wolf. Welcher echte Journalist hat Angst, wenn es ums Beschaffen von Informationen geht, die geschichtlichen Wert haben und die es nur einmal gibt ..... in einem langen, journalistischen Berufsleben? Der Pöbel der Straße hatte sie geplündert – die Häuser des Ceausescu-Clans. „Schätze" des roten Diktators: Westlicher Schnaps, Silber, Gold, Zigarettenstangen der Marke KENT und Kaffee. KENT und Kaffee, am liebsten TSCHIBO oder EDUSCHO. Die einzige „Währung", die noch Bestand hatte. „Schätze" der Journalisten blieben zurück. Vollgekotzt, vollgepinkelt und verstreut auf den Fußböden der roten und extrem geschmacklos aussehenden Nobel-Herbergen.
Was lag da alles, was konnte ich alles einsammeln? Vor mir noch kein westlicher Journalisten-Besuch dagewesen. Das Hochzeitsfoto der Ceausescus, Jugendfotos, Aufnahmen der Sauforgien, der Kinder, der „Hexe", der Eltern, Geldleih-Verträge des Ceausescu-Vaters, ein Säufer, Schläger, Vagabund. Alles handschriftlich bestätigt.
„Tack, tack, tack" .... klopft es auf meine Schulter. „Jetzt haben sie dich am Hintern. Sicherheitspolizei. Securitate" .... schießt es mir durch den Kopf. Der Schreck hätte kaum größer sein können. Doch keine Securitate – nur Martin, Siebenbürger Theologie-Student, der mir als Dolmetscher dienen sollte – aber durch sein umfangreiches Wissen schließlich „Co-Autor" wurde. „Du wartest vor dem Haus, kommst nicht rein ....", hatte ich ihm eingetrichtert. „Kommt die Polizei, gibt es Ärger für dich. Du hast einen rumänischen Paß. Ich komm da schon raus. Bleib, wo du bist." Blieb er aber nicht, war mir nachgestiegen. „Tack, tack, tack" .... und mit aufgeregter Stimme: „Ich habe vom Garten aus durchs Wohnzimmerfenster geglotzt. Da liegt noch mehr auf dem Boden." Erleichterung bei mir. „Martinus" – nicht die Securitate. In einem lausigen Hotel wuschen wir die „verpißten-verkotzt-stinkenden" Dokumente und Fotos unter dem

Wasserhahn, trockneten und versteckten den Schatz unter den Matratzen, in denen winzige Mitbewohner hausten: Flöhe. Dank EDUSCHO und einer Portion Frechheit konnte ich die „Journalisten-Schätze“ – trotz Zollkontrollen – ins sichere Deutschland bringen.

Nicht so sicher war meine erste Nacht in Rumänien. Bei Dunkelheit über Ungarn eingereist. Mein guter alter MERCEDES-Diesel 300. Mehr als 500 000 Kilometer auf dem Buckel ...... aber zuverlässig und flott. Antonio fuhr. Dr. Antonio Triani, italienischer Arzt, enger Freund, bei dem ich Trauzeuge bin – Taufpate seiner Tochter. Kein Licht auf den Straßen. Nicht eine Laterne. Schmutz, Schlamm, wehendes Papier. Kalt, windig, regnerisch. Unheimlich die Fahrt in das Hungerland, gepriesen als „Paradies der werktätigen Bevölkerung“. Da Schatten auf der Straße – wenige Meter vor dem Auto. Aus dem Gebüsch am Straßenrand kommt mit seltsamen, fast fliegenden Bewegungen eine Gestalt auf die Straße getaumelt. Wie ein Gespenst oder Toter. Schneller als 50 auf rumänischen „Straßen“ ...... unmöglich. Antonio bremst. Zu spät. Ein dumpfes, klatschendes Geräusch. Tür auf. Raus auf die Straße gesprungen. Antonio beugt sich über das „Unfallopfer“, muß aber nicht lange untersuchen. Diagnose klar: Tot. Rund um uns herum jetzt lärmende Zigeuner. Deutsch, rumänisch – und immer wieder „Zahlen, zahlen. Sonst Polizei. Mann tot. Tot von Auto gefahren.“

Ich bin geschockt. Einen Menschen totgefahren. Schuld oder nicht. Egal. Ein Mensch ist tot. Dein Auto. Und Antonio flüstert leise: „Ganz schnell ins Auto springen. Der Tote ist schon seit Tagen tot. Die haben uns eine Leiche vors Auto geschmissen. Zack – im Mercedes. Türen verriegelt. Trotz Schlaglöchern im Asphalt. Sehr viel schneller als 50. Im nächsten Ort Polizeistation. „Schon wieder der Tote?“ ...... werden wir begrüßt: „Sie kennen Rumänien nicht“, lachen die Uniformierten. Uns ist nicht zum Lachen zumute, als wir erfahren: „Sie sind heute schon der dritte aus dem Westen, der diesen Mann mit dem Auto totgefahren hat. Der Tote ist seit Tagen in einer anderen Welt. Hölle oder Himmel. Wer weiß? Die Zigeuner warten an der dunklen Straße auf westliche Autos. Kommt eins, fängt der Tote an zu laufen, landet auf dem Kühler. Aber immer, wenn wir kommen, sind die Zigeuner mit ihrem Toten verschwunden. Kein Grund zur Aufregung. Wenn der Tote zu stinken anfängt, ist der Spaß vorbei ...." Herzlich willkommen im Rumänien Ceausescus – denke ich. „Schlimmer als die italienische Mafia", meint Antonio – und als wir wieder im Auto sitzen, lachen wir wie Verrückte, trotzdem bedrückt und geschockt. Erlöst von einem Albtraum.

„Im Rahmen ihrer fieberhaften Ermittlungen gegen örtliche Zigeuner konnte die Polizei ......" usw. Drei Tage später lasen wir von diesen makabren „Unfällen" in einer deutsch-sprachigen Zeitung Rumäniens etwas von „gefaßten Tätern", die einen Toten zum Laufen gebracht hatten.

„Im Rahmen", „fieberhaft". „In der Regel". Mein alter Lehrmeister Vollrath von Heintze bekam Tobsuchtsanfälle wenn Journalisten die Formulierungen gebrauchten „im Rahmen", „fieberhaft". Mir geht es nicht anders. Tipp an den Leser dieser Zeilen. Egal wo Sie „im Rahmen" oder „fieberhaft" hören oder lesen – Sie können sicher sein: Journalisten, die so formulieren, verstehen nichts von ihrem Handwerk. Auch nicht „im Rahmen" ihrer „fieberhaften" Arbeit.

Der „weiße Tod" mag keine Sonne

Abstieg in die Unterwelt der Drogen. Hölle. Ich hab' sie geseh'n. In Thailand. Goldenes Dreieck. Bergiges, unübersichtliches Grenzgebiet im Norden. Da Burma, da Laos, da Thailand. Dreieck. Warum eigentlich „Goldenes Dreieck"? Gold nur in den Taschen der Gangster, Drogenbarone, korrupten Polizisten und Soldaten. Gutes, altes Königreich Siam. Elefantenkopf-geformtes Land. Wie lieb und vertraut ist es mir geworden. Schön diese Hölle. Von der Natur verwöhnt. Wogendes Gras- und Blumenmeer. In bayerisch anmutenden Bergtälern blüht es weiß – wie Schnee. Weiß ist der Mohn. Nicht rot **dieser** Mohn. Rot nur im Film – wegen der „besseren" Farbe. Weißer Mohn ist ergiebiger. Runde, fette, eierschalfarbene Perlen rollen träge aus den Kapseln – angeritzt von kleinen, dreizackigen Messern. Früh am Morgen. Vor Sonnenaufgang. Der weiße Tod tropft nicht bei Sonne. Verwandelt ihn in schmierig-klebrig-dunklen-zähen Brei. Zu Murmelgroßen Kugeln geformt. Von noch steinzeitlich lebenden Bergbauern. Wenn die Sonne am höchsten steht, glüht und brennt, den letzten Kältehauch der Nacht vertreibend. Heiß am Tag, kalt in der Nacht. Temperatur – hoch, runter. Dem Mohn macht's nichts. Andere Pflanzen – und damit neue Lebensgrundlage für die Bergbauern? Der König versucht's. Schwere Arbeit. 300 Jahre Mohnanbau. „Normal" für die Menschen dort. So „normal" wie für uns das Lutschen von Pfefferminzbonbons. 300 lange Jahre. Wer wendet nach 300 Jahren in 3 Jahren die Köpfe, Mentalität, Herzen, Seelen und Verstand der Bergbauern? Opium – nichts Böses für sie. Ihre weinenden Kinder bekommen die Opiumpfeife. Pfeife trocknet Tränen, „entspannt". Oft müssen die Kinder weinen. Magen- und Darmkrämpfe wegen schlechter Ernährung. Opium statt „Milupa". Die Pfeife statt NESTLE-Babynahrung oder HIPP.

Nein, bitte – nicht den Finger erheben. Sie wissen es nicht besser, diese armen Menschen. **Die** es wissen, das sind andere. Die, die das Opium in schäbigen, kleinen Urwald-Labors zu Heroin „veredeln", in die westliche Welt schleusen .... Das Jahreseinkommen eines Bergbauern im Goldenen Dreieck: Umgerechnet keine 300 EURO.

König Bhumiphol lud mich ein ins „Goldene Dreieck" – gemeinsam mit Prinzessin Sirindhorn, seiner Tochter. Künftige Regentin des Landes. Weiße Hubschrauber des Königs schwebten ein. Ein Fest für die Bergbauern, die ihn fast zärtlich „Papa" nennen, wenn er sich zu ihnen

Kronprinzessin Sirindhorn mit mir im Goldenen Dreieck. Mit dabei: Mein nie vergessener HÖRZU-Mecki als Gastgeschenk. Der Hofstaat war geschockt. Die Prinzessin: „Machen Sie sich nichts draus. Mir gefällt er. Sehr sogar."

setzt. Ganz einfach zu ihnen setzt. In den Staub – und mit ihm die Tochter. „Eingemeißelte" Erlebnisse und Erfahrungen für mich. Der König hatte das „Nicht-darübersprechen-Tabu-Thema" des Mohnanbaus im Goldenen Dreieck gebrochen. Glück für mich und Fotograf Uwe Hempen: Als erste westliche Journalisten dabei. Für HÖRZU.

Blühender Mohn, an Gittern rüttelnde Süchtige – mit wahnsinnig dreinblickenden Gesichtern um „Freiheit" bettelnd, aber freiwillig eingeschlossen in „Entziehungsheimen", sich tagelang durch Trinken, Unmengen Spezialwasser saufend die Seele aus dem Leib kotzend. Oft mit Erfolg. Die Seele bleibt. Die Sucht geht raus.

Ohne freiwillige „Entziehung" – nur anders rum: Die Seele geht – die Sucht verzehrt alles: Familie, Liebe, Geld und dann das Leben. In den Suchtkliniken des thailändischen Nordens war das „Goldene Dreieck" nicht golden. Finsterer als die in Erinnerung gebliebenen düsteren

Straßen im „Nach-Ceausescu-Rumänien" – Anfang der „Neunziger".
Hofberichterstatter? Nein, keine Begabung. Nie gewesen. Aber hier muß ich es sagen: Ein großartiger König – und eine großartige Tochter. Hoffnung des Königreiches. Vater und Tochter kämpfen mit asiatischer Geduld ihren Kampf gegen das Rauschgift. Simpel das Rezept – unvorstellbar schwer die tägliche Praxis. „Obst und Gemüse sollen sie anbauen – statt Mohn. Blumen zum Verkauf dazu. Auch Fischzucht in den Bergbächen ist möglich" ..... so der Gedanke. Wie war es mit Friedrich dem Großen, „seinen" Bauern und den Kartoffeln? Sie fraßen die grünen in sich rein – die, über der Erde. Wurden krank. Ein „verrückter" König – glaubten sie. Nicht anders in Thailand.
Theorie, Praxis und die Menschen. 300 Jahre ging es gut mit dem Mohn. Mehr schlecht als recht. Aber ging. Apfel für einen, der nie Apfel gegessen hat? Kohlkopf statt ausgegrabene Wurzel oder Tropenfrucht vom Baum? Und selbst wenn .... Leben **müssen**, leben **wollen** sie. Verkaufen? Verkaufen, wo es in den Bergen keine Wege für Fahrzeuge gibt, keinen Markt? Stehengebliebene Zeit. Schwarze, vietnamesische Hängebauchschweine unter'm Wohnhaus aus Bambus und Bananenblättern. Kein Schornstein. Der Rauch des offenen Feuers im „Haus" teert von innen Dach .... und Lungen. Selbst wenn es Wege gäbe – der Steinzeitmensch am Lenkrad des japanischen Jeeps? Die „Alten" lieben den König. „Alt" schon mit 30. Leder-gegerbte Gesichter, tief in den Höhlen liegende Augen. Opium-verklärt. Die Kinder – die Kinder der Bergbauern allein sind es, die Hoffnung auf eine andere und bessere Zukunft geben. Die „Alten" .... natürlich: Sie lieben den König. Aus – das war's. Die Liebe allein läßt keine Bäume wachsen. Verwandelt Mohnfelder nicht in Obst-, Gemüse-, Blumengärten.
Nacht im Goldenen Dreieck. Untergebracht in kleinen, hölzernen Hütten, geschützt durch Decken vor dem Frost der Berge. Voll mein Kopf. An Schlafen nicht zu denken. Trotz „Tiger-Warnung", an die ich sowieso nicht glaubte,

ging ich vor die Tür. Im Gras und in duftenden Wiesenblumen liegend. Ein Sternenhimmel .... nie zuvor gesehen. In dieser Nacht war vor einem Jahr mein Vater verstorben .... dachte an ihn – an den Tag, an die Prinzessin, die mich zum Erschrecken des Hofstaates wie einen guten Freund behandelte. Eine Sternschnuppe an der großen, langen „Milchstraße". Dann viele. Sternschnuppen-Regen in einer anderen Welt. In dieser Nacht wußte ich es noch nicht: Der Tag sollte mein Leben in einem wichtigen Bereich verändern.
Im „Goldenen Dreieck" gepflanzter Gedanke: Journalist – schön, wunderschön. Aber „Schreiben allein" – nein, das genügt nicht. Helfen wollt' ich, verändern. Tiefe Bewunderung für Thailands König, ein wenig mehr für die Tochter.

Der Bettler und Max Schmeling

Kennen Sie das? Ein Bettler sitzt auf der Straße, streckt die Hand aus. Rotieren im Kopf. Immer die gleiche Melodie: Kann doch arbeiten, der Typ. Zu faul. Keiner muß auf der Straße sitzen in Deutschland. Weitergehen. „Drüber weg" sehen. Die Augen rechts, die Augen links. Vorbei. Dann kleine, leise Stimme .... tief im Innern: „Woher weißt Du? Vielleicht doch ...." Gewissen heißt die Stimme, schlechtes Gewissen. Einen EURO für den nächsten Bettler. Gutes Gewissen. .... auch wenn sie bleibt – die Frage: War das richtig? Muß der Typ da sitzen und betteln? Betteln statt arbeiten. Ermuntert durch deinen EURO?
Kleiner Szenenwechsel. Tierfilm. Raubkatze reißt Antilopen-Baby. Geschockt – nicht nur Kinder. „Hätte der blöde Filmer das nicht verhindern können? Klatschen in die Hände .... Antilopen-Baby gewarnt. Fluchtchancen." Fressen und gefressen werden. Gesetz der Natur. Hände klatschen. Ganz einfach aushebeln die „böse" Natur. Kommt Ihnen bekannt vor? Mir auch. Gut gefilmt. Doch nicht geholfen.

Kann auch dicker kommen. Ich habe die Bilder noch genau im Kopf. Thailand, Mitte der Siebziger. Kambodschanische Flüchtlingslager. Kinder im Schlamm. Hunger-Bäuche. Ballon. Aufgedunsen. Ärmchen und Beine wie Streichhölzer. Schwärme von Fliegen im Gesicht, Augen. Fernsehen filmt. Bilder im deutschen Wohnzimmer. Warum hilft keiner?
Geschockt. Gute Arbeit, Kameramann. Zuschauer bewegt. Aus. Das war's. Wie toll wir es dagegen haben: Bierchen vor der Glotze. Kartoffel-Chips mit Paprika. Neue Bilder flimmern. Schon vergessen. Kambodschanisches Grauen verflogen. Journalist hat Arbeit getan. Genug getan? „Gute" Bilder, „gute" Berichte. Wirklich genug? Chefredakteur lobt: „Hohe Lesequote". „Einschaltquote" beim Fernsehen. Maß aller Dinge meiner Zunft. Störte mich zunehmend. Zu wenig, reichte nun nicht aus, wollte mehr als nur „Vorbeigehen – Augen links, Augen rechts", für den nichts, ein EURO für den Nächsten, früher noch „ne Mark". Schluß damit.
Idee im Kopf. Namen im Kopf. Was wichtiger? Große Namen, große Idee? Beides am besten. Was sonst? Hermann Gmeiner als Vorbild. Der Mann aus Kärnten und seine SOS-Kinderdörfer. Seinen ersten Spendern schickte er kleine Reisbeutel zu. Ein Reiskorn, eine Pflanze. Eine Pflanze, eine Hoffnung ..... und so weiter. Simpel. Genial. Obendrein ehrlich. Großartig. Vereinsgründung. „AKTION REISKORN" taufte ich ihn. Den Reis von Gmeiner im Kopf. Reis in Thailand. Reis für die hungernden Kambodscha-Kinder mit den dicken Bäuchen. Hilfen im „Goldenen Dreieck". Das war die Grundidee. Max Schmeling half beim Start. 2000 Mark von Maxe. Präsentiert von der TAGESSCHAU. Aufruf zur Nachahmung. Grundstein gelegt. Ein Schulinternat im „Goldenen Dreieck", Hilfe für Rumänien. Nach Deutschland gebrachte Kinder mit gräßlichen Verkrüppelungen operiert, Rollstühle, Medikamente, Bekleidung, Geld. Anfängliche Scheu vor'm „Betteln" verging. „Nicht für mich, für andere", sagte ich mir – und es stimmt. Falscher

Stolz, wer nicht für Menschen bittet, die es brauchen, aber selber nicht bitten können.
„Siegerist hilft nur, weil er davon politisch profitiert“ ......, gifteten die Linken. Wie klein erwiesen sich Köpfe und Herzen vieler Gegner. Die AKTION REISKORN war und ist mehr für mich. Moralische Ergänzung der „Nur-Berichterstattung“ eines Journalisten. Schreiben **und** helfen. Mehr als „nur“ hohe Lese- und Einschaltquote. Im Laufe der Jahre hat die AKTION REISKORN ohne hauptberufliche Mitarbeiter und ohne „Apparat“ mehr geholfen, mehr bewegt als manch eine Organisation mit großem Namen und öffentlichem „Trara“. Ein guter Brief wirkungsvoller als ein 4-Farb-Prospekt .... und billiger. Darf ich es so formulieren: Die AKTION REISKORN e.V. ist mein „gutes Gewissen“.
P.S. Bitte nicht wie so oft: Augen links, Augen rechts. Vielleicht können auch Sie hier ein ganz klein wenig helfen. Ein EURO kommt zum andern. Ich meine es nicht böse, wenn ich sage: „Auch Kleinvieh macht Mist.“

AKTION REISKORN e V.,
Beethovenstraße 60 · 22083 Hamburg
Telefon: 040 / 299 44 01 · Telefax: 040 / 298 222 40
Postbank Saarbrücken,
Konto: 44 00 662 · BLZ: 590 100 66
Spenden sind steuerlich abzugsfähig. Danke!

4. Kapitel

Lettland – nur dieses eine Wort: Lettland

Kennen Sie das? Komplizierte Arbeit wird gern auf die lange Bank geschoben. Auch dieses Kapitel – das schwierigste für mich. Fast am Ende des Buches. Lettland – ein einziges Wort. Acht deutsche Buchstaben. So wenig – so viel für mich. Wie anfangen? Dazu die Gewißheit: In dem kleinen, europäischen Land – lange eingekeilt zwischen dem mächtigen Bären dort – Litauen, Polen, Deutschland da ...... in diesem lieben, wunderschönen Ländchen, dessen Blut in meinen Adern fließt, wird ab dieser Seite des „Siegerist-Buches" Wort für Wort, Satz für Satz auf die Goldwaage gelegt. „Was sagt der Deutsche, was schreibt er?" Wie gewohnt – und nur so bleib' ich mir treu: Was ich denke, was ich fühle, noch gut in Erinnerung habe – das schreib' ich auch. In England fing alles an:
Sechs Jahre blieben uns zum Kennenlernen – meinem Vater und mir. Sechs schöne Jahre. Hört sich seltsam an, war aber so: Wir wurden Freunde. Vater und Sohn als Freunde. Mehr Freunde als Vater und Sohn. Vater und Sohn – das ist mehr als Blutsverwandtschaft, muß wachsen. Im Kopf, im Herz, in der Seele. „Vater" ... nein, ich konnte es nicht sagen. Blieb der Vorname. Janis auf lettisch, John auf englisch – oder Johannes auf deutsch? Wollte ich nicht. Also nichts davon. Sechs Jahre die Anrede umgangen. Verrückt – war aber so – und noch einmal: Ich konnte nicht anders.
Schwer, mit ihm über Lettland zu reden. Das Wort allein rührte auf. Wer mag seinen Vater weinen sehen? Trotzdem wollte ich es wissen: Wie war es damals? Was wurde aus der Familie? Warum bliebst du für mich „vermißt", hast dich nie gemeldet, hätte dich vielleicht ja doch gebraucht. Nach 30 Jahren Wiedersehen. Für jeden ein völlig anderes Leben. Trotzdem waren sie da – die von Geburt vererbten Ähnlichkeiten: Langsam Treppensteigen? Unmöglich. Auch wenn ihm die Puste ausging:

„Zack, zack, zack“ .... die Stufen im kleinen englischen Häuschen. Gleicher Humor, gleiche Augen, Haus voller Nachbarkinder: Je mehr, desto besser. Vater wie Sohn. Ein ganz klein wenig Kindheit: Wir hatten sie beide in uns bewahrt. Erinnerungen an seine Zeit als Arbeiter in der Kohlengrube: Walt Disney war gestorben. Traurig „der Lette“ mit englischem Paß: Er las deutsche Klassiker. Er las englischen Shakespeare ...... und er las Walt Disneys „Micky Mouse“. In meinen Bücherregalen neben Goethe, Schiller, Herder: „Micki Maus“. Immer am 29. Januar zum Geburtstag ein Päckchen meines Freundes Michael Stange: Micki Maus. Wie lesen? Auf dem Rücken. Am liebsten auf dem Boden. Vater wie Sohn. Angeboren. Abgesehen haben konnte ich nicht. „Walt Disney ist gestorben“, ... sagte er unter Tage einem englischen Kumpel traurig. Frage aus schwarzem Gesicht: „Wer ist das?“ Keine Erklärung – nur das: „Idiot.“ Landwirt, sensibel, 1000 Talente – aber Grubenarbeiter. Grubenarbeiter unter Grubenarbeitern. Unter englischen Grubenarbeitern. Nicht einfach, das „neue“ Leben in England für lettische Flüchtlinge: Einerseits hatten sie gegen Stalin gekämpft und würden es wieder tun, wenn die Aliierten dies wollten. Andererseits hatten sie auf deutscher Seite gestanden. Trost bei Brinda, seiner neuen Frau. Englische Frau. Großartige Frau. Ich mochte sie – und als sie Witwe wurde, war ich oft in England, weil sie in mir „ihren John“ sah, der den gleichen Gang hatte, die ähnliche Stimme .... vor allem die Augen. Versprechen sollte ich ihr: „Beerdige mich neben John. Aber schreib nicht meinen Namen auf den Grabstein, einfach nur „seine Frau“. Ich schwieg zu diesem Wunsch, erfüllte ihn nur halb. Sie liegt auf dem herrlichen englischen Friedhof in Bath neben ihm ..... aber mit ihrem vollen Namen auf weißem Grabstein. Die gute Brinda, der englische „Hafen“, in dem mein Vater seine verlorene Ruhe gefunden hatte. Eine englische Bilderbuch-Lady. Dazu dieser „verrückte“ Lette, „verrückt“ .... wie der Sohn. Es

paßte. Sie tauschte seine „lettischen" Tisch-Manieren gegen englische. Er brachte seiner so durch und durch „englischen Lady" das Tanzen bei, das Lachen ...... und lettische Flüche.
„Aber", so hatte er mir anvertraut: „Zum Glück weiß sie nicht, was die Flüche bedeuten. Ihre englische Zunge würde sie sich abbeißen sonst .... und schämen, diese Worte in den Mund genommen zu haben."
Lettische Flüche sind „feiner" als deutsche. Russische sind schlimmer als deutsche. Viel schlimmer. Arme, englische Brinda. Einen festen Platz hat sie in meinem Herzen.
Irgendwann – nach vielen Anlaufversuchen – hatte ich so viel raus: Die angeblich von den Bolschewiken in Lettland erschossene Familie – so war ihm die Horror-Meldung zunächst „sicher" überbracht worden .... war nicht erschossen worden, stand nie vor dem detailliert beschriebenen Hinrichtungs-Kommando von Rotarmisten an der Friedhofsmauer des lettischen Provinzstädtchens Jelgava, dem früheren Mitau in der „deutschen" Zeit. Doch 1949: Sibirien. Omsk. Alle. Auch seine drei Kinder. Aija (11), Rita (9), Janis (6). Abgeholt von sowjetischen Soldaten aus der Schule. 15 Minuten Zeit zum Packen. Dann Viehwaggon. Unendliche Tage. „Aber" – so war ihm von „englischen" Exil-Letten gesagt worden ......, „vielleicht hat Rita überlebt." Rita, zweite Tochter – „mittleres Kind" zwischen dem kleinen Janis und der „großen" Aija. Rita. 9 Jahre bei der Deportation. „Vielleicht lebt sie, vielleicht. Sicher bin ich nicht ...." Aus das Thema. Ich verstand es nicht – dieses Schweigen. Nur wenn ich massiv drängte, kurzes „Anreißen". Minuten Lettland. Dann wieder Schweigen. Brinda klärte mich auf:
„So lange ich ihn kenne, hat er alle Erinnerungen verdrängt. Es war ja alles viel schlimmer. Befreien wollte er sich von den Albträumen der Nacht. Immer wieder schreiend hochgesprungen. Lettische Worte, die ich nicht verstand – schweißgebadet. Vergessen und verdrängen. Nur so entging er dem Wahnsinn oder Selbstmord. Bitte, Joachim, akzeptiere. Ich kenne ihn besser." Nie wieder

fragte ich, obwohl so viele Fragen blieben – auch mich betreffende. Aber ich akzeptierte den Wunsch der guten Brinda. War es richtig?
Ein Punkt, der mich von meinem Vater total unterschied: Hoffnung auf die Freiheit Lettlands ..... die hatte er in langen Jahrzehnten aufgegeben, hielt den Kommunismus für eine Art Dauereinrichtung der Geschichte. Ganz anders meine Meinung. Ich war mir **absolut** sicher: Der Kommunismus bricht zusammen und Lettland wird frei.
Und auch das wußte ich: Ich würde diese Freiheit noch erleben, mein Vater nicht mehr. Gemeinsamer Haß auf den Kommunismus war ein tiefes Band zwischen uns. Schuld am Schicksal der Familie, Schuld an der Unterdrückung Lettlands, Schuld an der deutschen Teilung, an der Berliner Mauer. Überzeugen wollte ich ihn: „Der Kommunismus bricht zusammen. Alles, was sie uns gestohlen haben, will ich wieder haben. Jeden Quadratzentimeter unseres Grund und Bodens. Und wenn ich es versaufe", scherzte ich, „ich will es wieder haben. Es gehört uns, nicht den verdammten Kommunisten." Ganz klar mein Ziel: Ich wollte ein Testament meines Vaters, Erbe des uralten Familienbesitzes werden. „Gewappnet" für **den** Tag. Tag des kommunistischen Zusammenbruchs. Er kam schneller als ich dachte .... und die Folgen für mich veränderten mein Leben – wieder einmal – total. Lettland.

Wanzenstiche wie Perlenketten

Natürlich brach er zusammen – der Kommunismus in Lettland. „Freiheitsheld": Gorbatschow in Deutschland gefeiert. In Lettland schießt seine Elite-Einheit, die „schwarzen Barette", auf Menschen, die die von Stalin geraubte Freiheit zurückfordern. „Reformieren" wollte Gorbatschow den Kommunismus, nicht abschaffen. Die Letten schafften **ihren** Kommunismus ab, verjagten die „schwarzen Barette". Die drohten: „Wir kommen bald zurück."

Im Fernsehen hatte ich die Bilder gesehen: Betonklötze vor dem Parlament in Riga. Das kleine Volk bietet dem russischen Bären die Stirn. Ich jubelte, wäre gern dabei gewesen. Lettland – der Freiheitskampf entfachte neue Sehnsucht. Tage später im Flugzeug. „Aeroflot." Du lieber Gott – „Aeroflot". Stewardessen wie Catcher. Gesichter aus Beton. Kein Lächeln, kaum ein Gruß. Sowjetische Menschen – erste, zuvor nie gemachte Erfahrungen. Andere Menschen. Ganz andere Menschen. Die Sitze im Flugzeug bessere Campingstühle. „Getränkeflaschen" an klobigen, kleinen Schiebewagen ...... Erinnerung an Krankenhaus-Urin-„Enten". Und so sahen sie auch aus. Die Flugzeug-Toilette beschreib ich nicht, lernte in Lettland schlimmere kennen. „Danke" für das auf den Tisch gefeuerte ekelhafte Essen. Ich war schon „satt". „Hotel Riga" in Riga. Frühstücksraum wie Bahnhofshalle, Frühstück .... schon wieder war ich satt, hatte zum Glück „Fressalien" aus Hamburg mitgebracht. Das Frühstück hätte ich verschmerzt. Schlechter die Wanzenbisse. 131 an der Zahl. Lila Beulen. Wie Perlenketten rund um den Körper aufgereiht. Ich zählte sie penibel, hatte (Rumänien-erfahrenes) Insektenpulver und Juckreizstillende Mittel im Reisegepäck.
Trotz „Frühstück". Trotz der Wanzenbisse. Trotz der sowjetischen Toiletten ..... überglücklich sah ich vom Hotelzimmer auf die Freiheits-Statue, das Opernhaus. Auf alten Bildern meines Vaters hatte ich sie gesehen. Nur noch ein Ziel im Kopf: Jaunsvirlauka. Wie oft hatte ich es gehört und gelesen – dieses für deutsche Ohren so fremd, aber angenehm klingende Wort „Jaunsvirlauka". Über Jahrhunderte Sitz der Familie – väterlicherseits. Das Grundstück penibel eingezeichnet auf einer alten lettischen Karte. In der grünen Soldatentasche meines Vaters in England hatte ich sie nach seinem Tod gefunden. Dort bewahrt. Mit seinem lettischen Paß – im deutschen Briefumschlag eine dunkelblonde Kinderlocke von mir. Jaunsvirlauka – in der Sowjetzeit „militärisches Sperrgebiet", erfuhr ich. Nur Riga und Umgebung war den

Touristen erlaubt. Wie immer im Kommunismus. Auch hier Schlupflöcher. Die „Westler“ zwängten sich in lettische Bauern-Klamotten ..... fuhren so von der Polizei unerkannt ins „Sperrgebiet“, oft Geburtsort.
Dolmetscherin mit Auto. Schnell gefunden, merkte erst später, daß die perfekt deutsch sprechende „Dolmetscherin“ die Sprache so gut beim KGB erlernt hatte. Ich sah in dieser Zeit keinen Unterschied. Alle Letten „Freiheitskämpfer“ – vom Kommunismus befreit. Anderes sah ich nicht, wollte ich nicht sehen, nicht dran glauben. Überschwang der Gefühle – da bleibt kein Platz für Differenzierung.
Das Grundstück war schnell gefunden. Eine Autostunde von Riga entfernt. Steht es noch – das alte lettische Bauernhaus aus Holz? Vor allem aber Rita. Lebt Rita? Lebt Rita wirklich noch? „Halbschwester“, gleicher Vater, andere Mutter. Für mich nie etwas anderes als nur „Halbschwester.“ Ein Fleisch, ein Blut. „Journalistisches Jagdfieber.“ Nein – das ist anders. „Jagdfieber“ entsteht im Kopf. Ehrgeiz – der „Erste“ zu sein, der „Beste“. Sehnsucht wohnt im Herzen. Und das schlug mir bis zum „Stehkragen“, ... als wir es nach vielen Fragen endlich fanden. Erstaunt und ungläubig mich ansehende lettische Bauern mit der Antwort: „Ja, das Grundstück der Familie Smits war früher da.“ Ausgestreckte Finger – in unendliche Felder einer Kolchose und fragender Blick: „Das der Sohn? Nach so vielen Jahren?“
Endlich: Jaunsvirlauka. Da stand ich – schämte mich nicht meiner Tränen. Aber kein Haus, nicht einmal Grundmauern. Verbliebene Steinreste im Sand. Eine Birkenreihe. Alte Bäume – um die 60 Jahre. Erinnerung an den Vater: „Kurz vor der Flucht habe ich unter einer Birkenreihe Weinflaschen vergraben.“ Birken. Sonst nichts. Ein heißer Tag im Sommer. Und Wanzenstiche, die trotz Creme jukken. Doch etwas: Ein in zwei Meter Höhe abgebrochener Baumstumpf. Buche. Darin eingewachsen ein rostbrauner Ring. Teile einer Kette. „Der Hofhund“, ... denke ich, „nur das ist geblieben.“ Zwei- oder dreihundert Meter weiter

ein Flüßchen. „Svitene“, sagt die Dolmetscherin. „Der Fluß, in dem mein Vater Fische gefangen hat“, ... erinnere ich mich an eine seiner wenigen Erzählungen. Ein Haus am Fluß. Gelber Backstein, dunkles Dach. Billige Platten darauf. Durchlöchert. Baufällig. Trotzdem – jeder merkte: Bessere Zeiten hat dieses große Haus gesehen. Prächtig muß es gewesen sein ..... fast ein alter „Herrschaftssitz“, so wie ich ihn aus den Beschreibungen der alten „kurländischen Barone aus Deutschland“ kannte .... aber nicht protzig, eher zurückhaltend. „Schön“, ... sage ich nur, klopfe an die Haustür. Innen: Langsames Schlurfen auf steinernem Boden. Die Stimme einer alten Frau. Lettisch. Kein Wort verstehe ich. Dann geht die Tür auf. Klein, schlank, nur ein wenig gebückt – aber strahlend-blaue Augen in einem gegerbten, aber hellwachen Gesicht. Kein Wort. Ungläubiger Blick. Fassungslos – und dann der lettische Satz: „Ludwig, Ludwig – du bist zurückgekommen.“ Austra Stepe, Nachbarin und Studienkameradin meines Vaters von der Landwirtschafts-Akademie in Jelgava. Ludwig – Ludwigs-Janis, Vorname meines Vaters. 45 lange Jahre – und sie sieht in mir Ludwig, meinen Vater. „Der Sohn bin ich. Der Sohn aus Deutschland.“ Lindenblütentee in der Küche. Das Haus von innen – ein besserer Stall. Erbärmlich. Keine Gardine. Kein Teppich, keine Tischdecke. Brüchiges Gerümpel, Möbel genannt. Ein silber-bronze-farbener russischer Tonnenofen, hoch wie eine deutsche „Litfaß-Säule“. „Hier muß die arme Frau wohnen“, ... denke ich voller Mitleid. Lindenblüten – die hat sie. Und heißes Wasser. Gekocht in einem verrosteten Herd-Ungetüm. Aus einem 300 Meter entfernt gelegenen Brunnen geschöpft. Schwerer Wassereimer. Lindenblüten: Von den Bäumen gepflückt, vom Gras aufgehoben. Sonnengetrocknet, in Papiertüten aufbewahrt. Auf dem Boden verteilt viele Kürbisse. Tassen aus Blech. Ein Stern darauf. Sowjetstern. Sie beruhigt sich, spricht plötzlich deutsch. Erinnerungen an meinen Vater. „Wie gern hat er hier geangelt. Gut für mich und meinen Mann. So viele Fische hatte er im Korb – und klopfte immer ans

Küchenfenster. Schöne und große Fische schenkte er uns. Er schenkte gerne."
Stichwort Mann. „Der ist tot", sagt Austra traurig. „Erschossen von Stalins Leuten. Polizeioffizier war er – und damit natürlich Faschist." Mann erschossen, die junge Frau von Rotarmisten vergewaltigt. Ein Kind die Folge .... Kein ungewöhnliches Schicksal in Lettland, wie ich noch erfahren soll. Armes, kleines Ländchen. Wie hast du gelitten .... Im verbliebenen freien Deutschland war es nach dem 8. Mai 1945 vorbei mit Diktatur. Natürlich noch nicht richtig „frei". Das Wort „Befreiung" ist von mir nicht zu hören, stimmt ja nur teilweise, lange nicht für alle. Doch es ging aufwärts. Besseres Leben. Schließlich ein eigener Staat, wenn auch nur noch ein Teil des alten. Bundesrepublik Deutschland. Lettland – als freies Land von Stalin ausradiert. Teil der Sowjetunion. Hitler tot – Stalin lebt. Schreckens-Regiment. Jahrzehnte. Unendliche Jahre für die meisten. Nicht die schlechtesten für die, die mitzogen, das rote Parteibuch hatten.
Endlich der Satz, auf den ich wartete: „Rita lebt, deine Schwester." Plötzlich habe ich es eilig – verspreche beim Abschied: „Komm' bald wieder. Jetzt wird alles besser." Bevor wir fahren, will ich für einen winzigen Moment allein sein, laufe über einen Teil des väterlichen Grundstücks. Ganz allein. Innerlich aufgewühlt – wie selten zuvor. Hört sich kitschig an, vielleicht – war aber so: Ich habe sie gespürt, meine Wurzeln, bei diesem kurzen, ersten Spaziergang in Jaunsvirlauka. Tief in dieser Erde. Einbildung, weil ich es so wollte? Mag sein. Aber das Gefühl blieb bis heute, hat mich nie verlassen.

Bruder und Schwester – dazu ein Dolmetscher

Dieses Treppenhaus. Was für ein Treppenhaus .... Verübeln Sie es mir nicht – aber ich muß es plastisch und realistisch schildern. Deutsche Leser des Buches werden es sonst nicht verstehen, lettische ja. Also Klartext:

Treppenhäuser in lettischen Plattenbauten stinken nach Pisse. „Abgestandene“ Pisse. Toiletten in deutschen Autobahn-Raststätten, die tagelang nicht gereinigt werden. Ähnlicher Geruch. Die Letten sagen: „Nur Russen pissen ins Treppenhaus. Letten? Nein.“ Ich weiß nicht .... Auch das Treppenhaus meiner Schwester in einem Plattenbau in Jelgava empfing mich mit diesem Geruch. „Bloß nichts anmerken lassen“, ... hatte ich im Kopf. Dann drei Etagen nach oben. Einfache Betontreppen, zerfurcht, zerbröckelt, zerbrochen. Die Haustür auch. „Keiner zuständig“ im „Nach-Sozialismus“. Eigentum die Wohnungen heute – aber immer noch „keiner zuständig“. Auch nicht für die Treppenhaus-Reinigung. Auch nicht für sinnlos beheizte, dicke Eisen-Ungetüm-Heizungen im Treppenhaus. Nicht regulierbar. Zu heiß im Winter? Fenster auf! Sowjetische Wärme-Regulierung. Bis heute. Menschen, denen privates Eigentum geraubt wurde, hatten kein Interesse an der Pflege des „volkseigenen“ Eigentums. Traktor der Kolchose vergammelt. Haus vergammelt. Energie-Kosten? Spielt keine Rolle. Wir haben's ja. Kleines 1 x 1 im bösen „Kapitalismus“: Eigentum heißt auch Verpflichtung. Auch beim Pflegen. Muß „gelernt“ sein. Hört sich verrückt in Deutschland an. Ist aber so. Menschen ohne Eigentum: Kardinalfehler der Kommunisten. „Meine Puppe“, verteidigt jedes kleine Mädchen ihr Spielzeug. „Mein Teddy, mein Feuerwehrauto“, ... der Junge. Wahrscheinlich schon in der Steinzeit: „Mein Bärenfell.“ Klar. Schon allein deswegen mußten die Kommunisten einen „anderen Menschen“ schaffen. Gelang auch. Nur ganz anders als gedacht. Später mehr dazu.
Klingeln an der Wohnungstür. Kein Namensschild. Kinder vor dem Haus hatten es gesagt: „Dritte Etage, rechts. Da wohnt die Familie.“ Mit dunklem Schaumstoff „gepolsterte“ Tür. Eingebauter „Punkt-Spion“, kleines Guckloch. Vergrößert von innen wie ein Brennglas. Gesichter werden Mondgesichter, sehen komisch aus. Dolmetscherin neben mir. Ein Mann öffnet, fragt auf russisch „Bitte?“

„Sind Sie Ritas Mann?" .... meine Dolmetscherin. „Ja" – Mann hinter Tür, nur einen Spalt geöffnet, Vorhänge-Ketten-gesichert. „Das ist Ritas Bruder." Fingerzeig auf mich. Erschrockenes Gesicht. „Sie ist nicht da, sucht Beeren im Wald. Kommen Sie später." Peng – ist die Tür zu. Da steh ich. Die erste Begegnung hatte ich mir anders vorgestellt. Also warten. Zwei Stunden. Aber wo? Keine schöne Straße, kein akzeptables Café, der „Park" .... nicht unbedingt. Gibt schönere. Stolzes „Mitau" – was ist aus dir geworden? „Von den Russen absichtlich verbrannt am Ende des Krieges, geplündert und zerstört", ... sagen die Letten. „Die Deutschen waren es", ... so die Russen. Augenzeugen: „Natürlich waren es marodierende Rotarmisten. Sie haßten die Stadt, hielten sie für ein besonderes Widerstandsnest lettischer und deutscher Faschisten – klauten, was sie schnappen konnten. Selbst in Schränken liegende Nachthemden, mit denen Russenfrauen später im ‚Abendkleid' ins Theater gingen." Wie konnte ich ahnen, daß ausgerechnet dieses Jelgava, dieses Mitau, später so eine große Rolle für mich spielen, ich es sogar ein ganz klein wenig lieben würde?
Nach zwei Stunden wieder Klingeln an der Haustür. Eine Frau öffnet. Rita – meine Schwester. So hatte ich sie mir auch vorgestellt: Gemütlich aussehend, etwas rundlich, weiße Haare, liebes Gesicht, Augen wie meine. Bruder und Schwester. Das erstemal in ihrem Leben stehen sie sich gegenüber. Nach 45 Jahren! Um miteinander reden zu können: Dolmetscher, Dolmetscherin. Die KGB-Tante. Muß ich die Gefühle beschreiben, die wohl jeden Menschen bewegen würden .... bei solch einer Begegnung? Bruder und Schwester – nie zuvor gesehen. Trotzdem das gegenseitige Gefühl: Wir gehören zusammen, haben uns endlich gefunden. Ende einer langen Suche. Neuanfang.

Eine lettische Münze im Grab

Stimmt: **Ein** Fleisch, **ein** Blut – aber das Leben von Bruder und Schwester **zwei** Welten, hätte nicht unterschiedlicher verlaufen können. 1949. Ganze 9 Jahre war Rita alt. Schule. Plötzlich auf den Fluren Stiefelgeräusche sowjetischer Soldaten. Eiltempo. Russische Kommandos. Lastwagen auf dem Schulhof. Ab – nach Hause. 15 Minuten Zeit zum Packen. „Packt warme Sachen ein", flüstert ein junger Rotarmist der Mutter zu. „Warum?" denkt sie, „warm ist es" .... Juni 1949. Ein schöner Sommertag. Mutter mit drei Kindern. Großeltern bleiben weinend und entsetzt zurück. „Faschisten, Großgrundbesitzer", ... so sind sie verzeichnet auf der Deportationsliste. Die Unterschrift unter der Liste ist klar. Vergessen wir den Namen, heißt sonst wieder: „Siegerist, der Anti-Semit." War aber so. Und nicht nur bei meiner Familie. Viele Juden dienten Stalin treu, sahen in der Kommunistischen Partei oft die einzige Möglichkeit, sich politisch zu betätigen ...... Karl Marx haßte Juden. Abgrundtief. Stalin nicht. Er gebrauchte, benutzte sie. Zu spät begriffen die Juden, daß sie bei Stalin auf den Satan in Person gesetzt hatten. Nach dem Krieg zettelte er verrückteste Schauprozesse mit erfundenen Beschuldigungen gegen sie an. Ich bin und war nie Anti-Semit. Diesen Quatsch haben politische Gegner über mich verbreitet. Nur – so viel muß gesagt werden: Tatsache ist, daß nach Lettland einrollende Panzer der Roten Armee nach dem Molotov-Ribbentrop-Pakt von **einem Teil der Juden** auf den Straßen Rigas jubelnd begrüßt wurden. Und zur Wahrheit gehört auch so viel: **Sehr viele** sowjetische Polit-Kommissare, die in Lettland die Deportationslisten unterschrieben, waren Juden, hatten ihre Religion aber längst verraten, ihr abgeschworen, verleugneten sie. Thora gegen Parteibuch getauscht.

Viehwaggon. Sibirien. Irgendwo bei Omsk. Erste „Wohnung": Ein Viehstall. Fast noch ein Glück. Im eisigen sibirischen Winter klammerten sich Rita, Aija, der kleine

Janis und die Mutter an die Kühe. Die Körperwärme der Tiere wärmte, ließ sie nicht erfrieren. 40 Grad Minus .... es war tatsächlich so. Vor wenigen Jahren flog ich mit Rita von Frankfurt aus nach Thailand. Auf dem Monitor sah sie es: Flug über Rußland. Sie schloß die Augen, bat mich: „Sag mir, wenn wir aus Rußland raus sind."
Die zweite sibirische „Wohnung" eine Holzhütte. Russischer Luxus. Am Sonntag wurden getrocknete, plattgedrückte Kuhfladen auf dem Fußboden verteilt. Sah dann aus wie ein Teppich. „Gemütlichkeit" auf Sibirisch. Horror-Jahre. Rita spricht nicht gern darüber. Die Erinnerungen. Ähnlich wie bei meinem Vater. Nur so viel: Der kleine Bruder Janis starb bald. Kaum 7 Jahre geworden. Lungenentzündung. Medikamente? Nein! Ein Arzt: Nein! Wozu Hilfe für „lettische Faschisten", die mit den „Hitler-Deutschen" unter einer Decke gesteckt hatten? Arbeiten, krepieren – was sonst? Stalin war kein Samariter. „Später, wenn wir wieder nach Lettland können, dann lassen wir Janis in der Heimat begraben", sagten sich Rita, Aija und die Mama, legten ihm eine aus der Heimat mitgebrachte Silbermünze in die gefalteten Hände: 5 LAT, Erde drauf. 10 lange Jahre Sibirien. Erst dann wieder Lettland. Janis blieb zurück in sibirischer Erde. Auf seinem Grab ein russischer „Supermarkt".
Endlich in Lettland, Rita verheiratet. Mit einem Russen. Deportierter – gleiches Schicksal wie sie. „Russen sind gute Menschen", sagt sie immer wieder. „Verwechsle Russen nicht mit Sowjets." Ich halte mich dran. Den Russen ging es in stalinistischer Verbannung nicht besser als Verfolgten aus anderen Ländern. Im Gegensatz zu Hitler: Stalin machte vor keinem Halt. Selbst nicht vor seinen engsten Gefolgsleuten.
Hitler war ein Monster, Stalin ein Monster mit zwei Köpfen.
10 lange Jahre Sibirien. 10 lange Jahre Hoffnung. Hoffnung auf Heimkehr. Hoffnung hält den Menschen am Leben. Auch in Sibirien. 1960: Endlich Heimkehr. Lettland „ausradiert" von der Landkarte. „Freiwillig" ein-

gegliedert in Stalins Sowjetunion, „befreit von den Faschisten“. Kommunisten am Ruder, Rote Armee überall, wenn auch noch vereinzelt bekämpft von lettischen „Waldbrüdern“, einstigen Soldaten. „Partisanen“, sagten die Sowjets. Für mich Freiheitskämpfer. Und trotz aller Beschimpfungen denke ich nicht daran, von diesem Begriff abzurücken.
Schmuck war es einst – das schöne, typische Holzbauernhaus der Familie in Jaunsvirlauka – umgeben von überreichen Feldern bester Erde im einstigen „Kurland“. Bei der Rückkehr: Stark beschädigt, lag 1945 in der Frontlinie. Da Letten und Deutsche Wehrmacht – da Rote Armee. Das Haus mittendrin. Das Land Kolchose. Und wieder: Das Haus „mittendrin“. Kein Baumaterial für Privathäuser, schon gar nicht für „Faschisten“. Keine Nägel, kein Glas, nicht einmal Bretter im mit Bäumen und großen Wäldern gesegneten Ländchen. Der Verfall war nicht aufzuhalten. Die Kommunisten wollten es so. Raus aus den Häusern – rein in die staatlich überprüfbaren Plattenbauten. Dort war der Mensch besser unter Kontrolle. Haus bedeutet Freiheit. Ein bißchen Freiheit. Einige Hühner, ein Gärtchen. „Unabhängige Untertanen“ sind schlechte Untertanen. Stalins Erben dachten nicht anders, schufen Wohnungen – oft ohne Küchen. Vor allem der im Westen so „liberal“ genannte Chruschtschow. Wozu Küchen? Die Nummer Mensch ißt in der Fabrik, dient dem „geliebten Sowjetvolk“ und dem „Paradies der Arbeiter“. Im Plattenbau am besten nur schlafen. Alle Karten auf die „glorreiche Zukunft des Sozialismus“.
Janis war tot. In sibirischer Erde. Mama krank. Aija, die älteste Schwester, hochsensibel, dem Vater vermutlich am ähnlichsten. Panik, wenn sie auf der Straße Stiefelgeräusche hörte. Erinnerungen an den Deportationstag: Stiefel der Rotarmisten in der Schule. Dann Viehwaggon. „Verfolgungswahn“ würde die moderne Medizin heute vermutlich sagen. Grund zum Wundern – bei dem Erlebten? Panische Angst vor Stiefelgeräuschen, ein wenig Geborgenheit im alten Haus – auch wenn es mehr

und mehr verfiel. Dann der Befehl: Haus muß geräumt werden. Vor der angesetzten Räumung ging Aija auf den Dachboden. Sie erhängte sich an einem Balken.
Aija und meinen Bruder Janis lernte ich nie kennen ....

Lettische Politik und Siegerist – so war es wirklich

Wehleidig – nein, das bin ich bestimmt nicht. Ich teile aus, stecke ein, empfinde das als normal im politischen Geschäft. War ja selber nie zimperlich, wenn es darum ging, dem politischen Gegner kräftig „auf die Birne zu klopfen". Doch was über mich und meine politischen Schritte in Lettland an hochkarätigem Blöd- und Schwachsinn verbreitet wurde – das sprengte manchmal selbst **meine** journalistische Phantasie. Den lettischen Journalisten nahm ich's nie übel. „Vögelchen" waren sie für mich, kleine Vögelchen – nie geflogen, eingesperrt im Käfig. Meistbenutztes „journalistisches" Handwerkszeug die Schere, mit der sie in Moskau vorgegebene „Nachrichten" zurechtschneiden durften. Plötzlich war er auf, der Käfig – und die Vögelchen konnten fliegen. **Wollten.** Das „Können" mußten sie noch lernen, schlugen mit den Flügeln, flatterten wild umher. „Engel" oder „Buhmann". Das war halt so in ihren Köpfen, kannten es ja nicht anders aus der Sowjetzeit. Da „die Bösen" – da „die Guten". „Populist" ihr neu-entdecktes Lieblingswort. Es traf und schmerzte nicht, amüsierte. Traurig war ich nur, daß die Farben der Siegerist-Krawatten interessanter waren als Inhalte meiner Politik, die wie ein Tropen-Gewitter plötzlich und vermutlich 10 Jahre zu früh über sie hereingebrochen war.
Dabei war alles anders gedacht und geplant von mir. Aktiv einmischen in die lettische Politik – das stand für mich nicht auf dem Programm.
Geschockt war ich über die Zustände im Land, wollte helfen – wirklich nur das eine: Helfen, sonst nichts. Auch

wenn es bei einem so durch und durch politisch denkenden Journalisten schwer nachvollziehbar ist: Bitte, nehmen Sie es mir ab: Andere Ideen waren anfangs nicht in meinem Kopf.
In welchem Zustand war dieses Ländchen? Was hatten die Kommunisten daraus gemacht? Erster Besuch in einem Rigaer Waisenhaus. Strenger, übler Geruch. Graue Gesichter, erbärmlich gekleidete Kinder. „Spielzeug" .... schweigen wir besser. Für das Personal alles „normal". Die Ärzte, die Kinderschwester – sie gaben sich Mühe, halfen ..... so gut es eben ging. Und dann die kleine Anita. Ein Würmchen von Kind. Blaß, nein eher schlohweiß im Gesicht, traurig-tief-sitzende Augen. Zusammengewachsene Fingerchen, verkümmerte Beinchen, in denen Knochen fehlten, ohne die das Stehen unmöglich war. Und immer wieder die gleiche Szene: Am weißen Kittel der Schwester mühsam hochziehen, für Sekunden auf eigenen Füßchen stehen ...... peng: Hinfallen auf den Boden. Und noch einmal: Hochziehen, stehen, peng, hinfallen. Wieder und wieder. „Was ist mit dem Kind, was ist mit diesem Kind?" .... wollte ich wissen. Alles. Lettisches Kinderschicksal im Sowjetzeitalter: Verkrüppelt zur Welt gekommen. „Strahlenopfer", vermuteten die Ärzte. Geboren im lettischen Örtchen Skrunda. Dort eine riesige Radaranlage der Sowjets zur Luftüberwachung. Skrunda und die Strahlen. Keine Phantasie. Es war so mit diesem „kleinen lettischen Tschernobyl". Anita ist kein Waisenkind – erfuhr ich, lebt aber im Waisenhaus. Mutter Zahnärztin, fühlte sich nach der Geburt des mißgebildeten Kindes „überfordert". Ab ins Waisenhaus. Die Großmutter erfuhr von meinem Besuch, bestärkte mich im längst gefaßten Vorhaben: Das Kind muß nach Deutschland. Hagen Graf Lambsdorff half, der erste deutsche Botschafter in der neuen lettischen Republik nach dem Zusammenbruch der Sowjetunion, Sproß einer deutschbaltischen Adelsfamilie, Bruder des FDP-Grafen. Sympathie auf Anhieb .... wurde ihm später „verboten". Zuerst Helmuth Kohl, nicht rot-grün: Siegerist „rechtsradikal".

Die traurigen Waisenkinder von Riga. Am liebsten hätte ich sie alle adoptiert. Auch diesen kleinen Russenjungen. Oft sind es aber keine Waisen. Die meisten stammen aus Alkoholiker-Familien. Mit meiner Aktion Reiskorn e.V kann ich Hunderten helfen.

Erste Beratung über Anita in der deutschen „Botschaft". Das war aber eine Botschaft .... $1\frac{1}{2}$ Zimmerchen in einem Rigaer Hotel. Sitzen auf der Bettkante. Botschafter oder Besucher. Egal. Vielleicht 20 oder 30 andere „Botschaften" ...... auch im Hotel. Überall „Sitzen auf der Bettkante". Armer Graf Lambsdorff. Erst später wurde es besser. Der deutsch-baltische Graf – sozial die gleiche Einstellung wie ich. Er war es, der dafür sorgte, daß mir für Anita in einem Krankenhaus in Sankt Augustin bei Bonn die Türen geöffnet wurden. Erste Operation. Ich muß es sagen, um die so oft geschmähten deutschen Ärzte zu loben: Deutsche Ärzte sind großartig, wenn es ums Helfen geht. Mehrere Operationen, schwere. Augen zugedrückt bei den Rechnungen, Kosten auf absolutes Minimum gesenkt. Und wenn meine AKTION REISKORN e.V. die Rechnungen trotzdem nicht auf einmal zahlen konnte – Augen wieder zugedrückt. Ratenzahlung erlaubt. Anita lebt heute ein anderes Leben. Sie läuft wie ein Wirbelwind, tanzt, singt, springt – intelligent, lustig, lebensfroh. Eine kleine „Madam". Glücklich – und auch mich machte sie mit ihrem gefundenen Glück glücklich. Anderen Menschen helfen – großartig.

Wie oft habe ich auch „Falschen" – nicht nur in Lettland – Hilfe gegeben. Muß hingenommen werden, um den Mut zum Helfen nicht zu verlieren. Da bleibt nur dieser Spruch: Wer 10 Mal hilft, hilft 9 Mal falsch. Aber die eine, die „richtige" Hilfe, die allein rechtfertigt die 9 „Nieten". Helfen ist einfach. Erst langsam verstand ich: „Richtiges" Helfen ist schwer. Sehr schwer – und muß gelernt sein, gelernt werden.

Die Hilfe für Anita und für andere Menschen durch „den Deutschen" verbreitete sich wie ein Lauffeuer im Land. Es gab viel zu helfen. Medikamente, Bekleidung, Schuhe, Brillen. Alles fehlte. Wie ein professioneller Bettler lief ich durch Deutschland, verschickte Hunderttausende von Briefen – von Garmisch bis Flensburg, nutzte politische Verbindungen. Hilfs-Lawine. Ich kann es so nennen. Ganze Lastzüge mit humanitärer Hilfe. Zwei Suppen-

küchen für die Ärmsten der Armen. Wo anfangen? Wo aufhören? Es fehlte an allen Ecken und Kanten in Lettland. „Was war eigentlich so gut in der Sowjetzeit?" frage ich noch heute, wenn die „Nach-Kommunisten" den „besseren" Zeiten nachtrauern .... nicht nur mit ihrer PDS in Deutschland. Ist Verteilen der Armut „sozial"?
Nur einmal brachte mich die kleine Anita zur Verzweiflung. Abgeholt beim Arzt-Ehepaar Dr. Mann aus Sankt Augustin. Eine Nacht bei mir in Hamburg, dann per Flugzeug nach Riga zurück. Flughafen Hamburg. Anita muß „für kleine Mädchen". In die Herren-Toilette kann ich sie schlecht mitnehmen. Was versteht ein „alter" Junggeselle schon vom Umgang mit siebenjährigen Mädchen? Damen-Toilette. Vor der Tür: Warten auf Anita. 10 Minuten, 15 Minuten. „Passagier Siegerist – bitte zum Abflug-Gate nach Riga", ... ermahnt der Lautsprecher. Anita im Klosett. „Egal", denke ich ...... einfach reingehen. Vor dem Spiegel drinnen eine fette „Aufgedonnerte" ...... Puderwolken-umgeben, faucht mich an: „Hier ist für Damen." Damen oder Herren. War mir egal. Das Kind wollte ich haben. Das Kind. Sonst nichts. Nicht so einfach. Anita hatte sich in einer der Toiletten von innen eingeschlossen. Da stand sie am Wasserknopf .... und fand es herrlich, wenn das Wasser auf Knopfdruck durchs Toilettenbecken sauste und im Rohr verschwand. Das Flugzeug der „Hamburg-Airline" flog mit Verspätung nach Riga. Mit Anita und mir.

Bitte, Geld – sonst stirbt mein Sohn

„Wenn dir keiner helfen kann, geh' zum Deutschen, der hilft." Hatte sich rumgesprochen im ganzen Land. Stimmte. Ich würde lügen, wenn ich behaupte, daß es mir nicht gefiel. Meinem Finanz-Etat weniger. Der zerrann wie Butter unter heißer Sonne. Viel Geld hatte ich verdient mit meinen ersten Büchern, fast 1 Million Auflage. War aber nicht verliebt ins Geld, steckte einen Großteil davon

nach Lettland in die Arbeit. Allein ein Lastauto von Deutschland nach Riga: 3000 Mark Kosten nur der Transport per Fähre über die Ostsee. Landweg über Polen war zu gefährlich. „Von polnischen Banditen ausgeraubt bis auf die Unterhose. Dann in den Wald gejagt.“ Etliche Hilfstransporte blieben so in Polen. Lagerräume für die Hilfsgüter notwendig, Personal zur Verteilung, ein Arzt. Das erste „Sorgenbüro“ entstand – in zentraler Lage Rigas, Gertrudenstraße – dazu ein „Sorgenmobil“. Gedacht für Menschen im Land, die selbst nicht mehr kommen konnten. Vorm „Sorgenbüro“ lange Warteschlangen. 100 Menschen – oft mehr. Ich hatte schlaflose Nächte. Der „Schatzmeister“ von AKTION REISKORN in Deutschland auch. Schlangestehen – furchtbar fand ich das. Entwürdigend für die Menschen. Die verstanden meine Sorge nicht. Schlangestehen – für Sowjetbürger „Normalität“. Sie kannten es nicht anders. Was mir Sorgen machte, regte **sie** nicht auf. „Sowjetischer Mensch“ .... anderer Mensch. Ich mußte noch **viel** lernen.
In der Schlange ein Mann, vielleicht 40. „Nur zu Siegerist will ich“, sagte er den Mitarbeitern. „Wer will, soll mit mir sprechen“, ... hatte ich „verordnet“. Vor allem aber: „Behandelt jeden Menschen wie einen Gast. Keiner ist hier Bettler, jeder wird so behandelt, wie ihr selbst behandelt werden möchtet.“ Nicht immer funktionierte meine „Order“. Trotzdem – das wurde eingehalten: Jeder Besucher bekam Platz angeboten, Kaffee oder Tee. Ich fand das völlig normal. „Der Deutsche spinnt“, ... einige Mitarbeiter aus Riga. Dann der wartende 40jährige. Ein Foto in der Hand. Blonder Junge, Kindergesicht. „Er hat Hodenkrebs. Keiner kann in Lettland helfen. In Schweden gibt es Chemo-Therapie. Vielleicht ..... Er ist mein einziges Kind.“ Tränen – und immer wieder dieses für mich so schrecklich-entwürdigende Händeküssen und auf die Knie fallen, oft sich bekreuzigend. Russen, nicht Letten. Schwer zu ertragen. Sehr schwer. 20 000 Mark die Behandlungskosten in Schweden. Der russische Papa weinte und weinte. Schließlich bekam ich raus: Der

Hodenkrebs war schon mit drei Chemo-Therapien behandelt worden. Wie konnte die vierte helfen? Und dann dieses gräßliche Rechnen im Kopf: 20 000 Mark. Wahrscheinlich hilft es sowieso nicht. Wieviel anderen Menschen kannst du mit 20 000 Mark helfen?
Gefühl – Verstand – Logik. Versetzen Sie sich selber in die Situation mit einem Vater, der um seinen Sohn weint, um das Leben des einzigen Kindes bettelt .... und du sollst es nehmen, sollst es geben – glaubte der Bittsteller jedenfalls. Wie hätte ich „Nein" sagen können? Schweden – vierte Chemo-Therapie. Drei Monate später erhielt ich eine schwarz-umrandete Trauerkarte ....
Neue „Quellen" mußte ich anbohren. „Geld machen." Beratung mit einer befreundeten Unternehmerin aus Deutschland. „Gründen Sie ein Geschäft. In Lettland gibt es nichts. Die Menschen werden kaufen." Ich gründete – mit mehreren Partnern, war nur Anteilseigner. Trotzdem hieß es bei den Menschen „Siegerist-Geschäft", wurde gestürmt wie eine kühle Quelle in der Wüste Sahara. Hohe Umsätze .... Von meinem Gewinn behielt ich **nicht einen Pfennig,** steckte alles in die Arbeit – und dann in die Politik. Mir war klar geworden: Die Not im Land ist ein Faß ohne Boden. Ohne Veränderung der politischen Verhältnisse bleibt die Not. Erste politische Siegerist-Anzeigen in der Rigaer Tageszeitung DIENA. Angriffe auf die, die in meinen Augen die Not verschuldet hatten. Ungewohnte Formulierungen in Lettland. Für mich nicht. Wie immer: Ich hatte nur geschrieben, was ich dachte und fühlte. „Revolutionär" für Sowjetmenschen. Welcher Sowjetbürger sagte, schrieb .... was er dachte ....?

Graf Lambsdorff warnte

Graf Lambsdorff riet: „Hängen Sie sich nicht zu weit rein in die Politik. Geht nicht gut. Die Menschen hier sind anders. Sie verstehen noch nicht." Ich verstand auch noch nicht. Wollte ich es überhaupt? Der deutsche Graf brachte

mich mit der „Staats-Spitze" zusammen – die war „neugierig" geworden, wollte den „Paradiesvogel" aus Deutschland sehen, selber erleben. Kleine „Staatsspitze" – nur zwei Mann. Dabei Anatolij Gorbunovs, „abgefallen" vom Kommunismus, dem er als einer der führenden Männer gedient hatte. „Ideologischer Sekretär" der Partei. Das wußte ich noch nicht. Freundlicher Mann. Lächeln, gepflegtes Aussehen. Idealtyp Schwiegersohn für deutsche Mamas. Er sollte kein leichtes Leben mit mir bekommen, noch war alles „im Lot".
Das Siegerist-Geschäft wurde größer und größer, beliebtester Laden im Land. Wer nicht kaufen konnte oder wollte, kam trotzdem. „Siegerist-Glotzen." Den „übergeschnappten Deutschen" sehen, vielleicht sogar sprechen. Bekannt wie kaum ein anderer im Land. Die ersten Monate gefiel's mir noch. Später haßte ich die Bekanntheit, sehnte mich nach einer kleinen Kneipe, in der ich in Ruhe mein Bier „zischen", von keinem begafft oder angesprochen wurde. Solche Kneipen gab es nicht mehr in Lettland für mich. Schuld hatte ich selbst. Die Zeitungsanzeigen und immer wieder „freche" Interviews. Mir machten die Schlangen vor dem „Sorgenbüro" Sorgen – den Kommunisten die Siegerist-Interviews.
Und dann standen sie da vor meiner Tür. Ein rot-blonder Riese mit blauen Kinderaugen und griechischem Namen: Odisejs Kostanda. Mit ihm ein alter Herr, Klaus Berklavs. „Ex-Minister aus der Kommunistenzeit", raunte mir eine Mitarbeiterin zu. „Werden Sie Mitglied in der Lettischen Unabhängigkeitsbewegung", schlug der „blonde Riese" vor. „Ich bin Deutscher. Was hilft es euch?" „Viel", ... der Ex-Minister, ... bekannt sind Sie wie ein bunter Hund. Beliebt bei vielen." „Der lettische Paß ist nicht das Problem", wischte der Blonde meine Einwände beiseite. „Nach den Gesetzen des Landes haben Sie einen Anspruch darauf." Ich ahnte nicht, was mein schließlich gegebenes „Ja" bedeuten sollte, freute mich aber Wochen später über den lettischen Paß – in der Jackentasche neben dem deutschen.

„Lettische Unabhängigkeits-Bewegung – LNNK". Der Name gefiel mir. Und welcher Deutsche war mehr für die lettische Unabhängigkeit als ich?
Was verstand ich Ochse schon von lettischen Parteien? – dachte, handelte, sprach Deutsch. Lettisch-Pauken wäre besser gewesen als „Nur-Sozialkampagnen" – als „Nur-Politik". Ganz klar: Ich drückte mich vor der Sprache, innerliche Angst: Dann bist du ganz vereinnahmt. Wie in Deutschland: Mitmischen ja – aber Freiheit behalten. Sprache-nicht-Erlernen. Eine Art Rettungsanker gegen „Total-Vereinnahme". Funktionierte nur zum Teil. Ich mußte sprechen. Auftreten. Gegen die Kommunisten anrennen. Zeit zum „Büffeln" blieb wenig. „Was ist euch lieber?" schlug ich die Gegner – „Lettisch mit deutschem Akzent oder akzentfreies Lettisch von einem russischen Parteisekretär?"
Ich will und möchte nicht alles wieder aufwärmen, mich nicht wichtiger machen, als ich war. Ich bin sicher: Odisejs Kostanda, der „blonde Riese", wird irgendwann das Kapitel selber schreiben „Siegerist und die lettische Politik". Nicht weniger „verrückt" als ich. Gleiches Denken – oft jedenfalls. Kostanda/Siegerist – erst „nur" politisches Gespann, Jahre später unzertrennliche Freunde, die keiner auseinanderdividieren konnte. Ich möchte es bei dem Kapitel Lettland nur bei den Dingen belassen, die mir der Erinnerung wert sind. Diese sind es bestimmt:

Ausgerechnet Bananen

Alle „guten Geister" mußten mich verlassen haben, als ich eines Tages zustimmte: „Ja, bei der Parlamentswahl gehe ich mit auf die Liste der Partei. Wenn es hilft. Warum eigentlich nicht?" Kandidatur, Mandat .... alles, wovor ich mich in Deutschland mit Grausen abgewendet hatte .... in Lettland schmiß ich diese Einstellung über Bord. Hauptgedanke: 1. Hilft der lettischen Unabhängig-

keit. 2. Schadet den Kommunisten. Auch das war inzwischen klar: Der Name Siegerist zog in Lettland, spaltete, polarisierte – aber zog die Menschen an. Eine Bedingung hatte ich gestellt: Nur ein hinterer Platz, damit ich **nicht wirklich** gewählt werde. Der „blonde Riese", Odisejs Kostanda, nickte verschmitzt ...., „kann ich verstehen", sagte Ex-Kommunisten-Minister Berklavs. Beide verschwiegen mir die Tücken des lettischen Wahlsystems. Wie auch immer: Ich stand auf der Liste. Name: LNNK. Deutsch: Lettische Unabhängigkeits-Bewegung. Ein bunt zusammengewürfelter Haufen. Vom Alt-Kommunisten, Immer-Noch-Kommunisten, Beton-Nationalisten, Russenfeind, Sozialdemokrat, Christdemokrat .... alles, was das Herz begehrt. Aber vereint in dem Gedanken: Unabhängig vom mächtigen Rußland. Eigener lettischer Staat. Letzteres gefiel mir. Aber Ahnung von der inneren Struktur dieser nach wie vor von sowjetischem Denken durchsetzten Parteien? Keine Spur. Westlich-naiv, schlicht und einfach dämlich, völlig andere Vorstellungswelt von der inneren Struktur demokratischer Parteien.
Ich verstand nicht: Wann immer ich über politische Inhalte sprach .... gelangweilte Gesichter. Wie schaffen wir Arbeit? Was mit unserer Landwirtschaft, was mit der Armee, mit sicherer Grenze zu Rußland? Die schlimme soziale Lage der „kleinen" Leute, der Rentner, der Kinderreichen, Kampf gegen Korruption .... mehr als nur „dünne" Resonanz. Von lettischen Parteien verstand ich noch nichts, vom **sowjetischen Menschen** wohl noch weniger, wußte kaum etwas von seiner Existenz.
Personen gaben den Kurs vor, nicht Programme oder Inhalte. Sehr oft rein egoistisch-materiell ausgerichtete Ziele, bezogen auf die eigene Person – vermischt mit dem „echten" Wunsch „unabhängig von Rußland". Der eine war stolz, es auch mit den „Einst"-Kommunisten zu können, ein anderes Männchen, von mir mit dem Spitznamen „lettischer Chinese" belegt, erklärte sich selber den „Intellektuellen zugehörig" – aber von der Natur nur mäßig mit „intellektuellem Verstand" bedacht und aus-

schließlich interessiert an neuem West-Auto, Moneten, besserem Leben. Ein anderer soff Wodka bis zum Umfallen, ein „Christ-Demokrat“, in Verdacht, mit der aus Bayern gefüllten Parteikasse durchgebrannt zu sein. Schweige ich besser. **Noch einmal** und mit dem Mantel der Liebe bedeckt – nur so viel: Sehr „bunt“. Und ich, „der Deutsche“ mittendrin – mit rein deutschen Vorstellungen von Parteien und dem, was ich unter Demokratie und Politik verstand. Welten trafen aufeinander. In einer einzigen Partei.
Was interessierten mich politische „Vorgaben“ und egoistische Bedürfnisse einzelner Funktionäre? Ein unabhängiges Lettland, besseres Leben für die Menschen, weg mit den Kommunisten. Das saß in meinem Kopf – und ich hielt mich dran. Volle Veranstaltungs-Säle. Genügte mir nicht. Die alte Parteizeitung „möbelte“ ich auf, Wahlkampf-Zeitung, Fernseh-Spots, Radio. Westlicher Wahlkampf. Völlig ungewohnt in Lettland. Vor allem die ungefilterten Angriffe auf eine Regierung, die in meinen Augen nach wie vor kommunistisch geprägt war .... unfähig, das Land nach vorn zu bringen. Mir war klar: Personifizieren muß ich. Anatolij Gorbunovs, Parlamentspräsident, Schwiegersohn-Typ für deutsche Mamas, Wende-Kommunist – angreifbare Vergangenheit, Ex-Ideologie-Sekretär der KP. Später versöhnten wir uns. Aber nun lagen harte Jahre vor ihm.
Wer für die Unabhängigkeit des Landes ist, muß auch gegen die sein, die dem Land einst die Unabhängigkeit geraubt und Stalin zugeführt hatten – also gegen die Kommunisten. Schien mir logisch. War es aber nicht. „Nicht verderben mit Gorbunovs“, hieß bei einigen in der Partei die Parole, spätere Koalition im Kopf. Und langsam – sehr langsam – dämmerte es mir: Siegerist gewünscht und gebraucht als Wahlkampf-Lokomotive, Ideen- und auch Geldgeber .... störend in seinem kompromißlosen Kampf gegen Kommunisten, die man .... wer weiß .... irgendwann doch wieder „gebrauchen“ kann. Und er kam wieder zu mir – der alte Klaus Berklavs, Ex-

Kommunisten-Minister. Vielleicht kann ich sie zurückziehen – meine Kandidatur, doch besser verzichten .... Freunde bleiben wir in jedem Fall. „Das könnte den alten Bolschewiken so passen. Jetzt erst recht", ... meine knappe und nicht sehr freundliche Antwort .... und dann: Alle Register eines modernen westlichen Wahlkampfs .... den ich im Schlaf beherrschte. Kein Wunder. Hatte ja mehr als 10 Jahre in Deutschland nichts anderes gemacht als nur das eine: Wahlkampf.
Aus der politischen Freundschaft mit Odisejs Kostanda war inzwischen auch persönliche Freundschaft geworden. Familienvater, Redetalent, ausgestattet mit 100 000 politischen Antennen .... wir rückten dichter und dichter zusammen. Der Deutsche mit lettischen Vorfahren – der Lette mit griechischen Vorfahren. Manch ein Journalist spottete. Gefiel mir. Besser als verschweigen. Und in den Köpfen der Menschen die Erfahrung aus der Sowjetzeit: **Alle Medien lügen.** Stimmte nur noch zum Teil. Aber mir paßte diese Vorstellung ins Konzept, zettelte bewußt politischen Streit mit einzelnen Journalisten an, zerriß deren Zeitungen vor jubelnden Zuhörern in Veranstaltungssälen und laufenden Kameras. Ich war in die Köpfe der Menschen „gekrochen". Das Erobern ihrer Herzen war kein politischer Trick, lag in meiner Natur. Omas, die ich in die Arme nahm, nahm ich nicht wegen der Kameras in die Arme. Ich hatte Mitleid und wollte helfen. Dazu eine Vorliebe für den „einfachen, ganz normalen Menschen, der sich so gibt, wie er wirklich ist." Ich mußte mich nicht verstellen, gab mich, wie ich wirklich bin.
„Wenn Journalisten schlecht über einen Menschen schreiben – dann muß was Gutes dran sein." Simple Vorstellungen eines Jahrzehnte gegängelten Volkes. Und es war ja auch so bei den Sowjets. „Wer nicht für uns ist, ist gegen uns." Erst moralische Vernichtung durch die „Medien", schließlich Total-Vernichtung des Menschen. Immer wieder griff ich Teile der lettischen Journaille an – bewußt und zielstrebig. Je böser sie über mich schrieben,

desto besser für mich. Und sie taten mir den Gefallen, zogen mit. Ich sparte Wahlkampfgeld, und meine lettischen Berufskollegen machten mich zu einem der bekanntesten Männer des Landes. Danke – nachträglich. Vor allem an den, den ich als „kommunistischen Straßenlümmel" bezeichnete.
Inzwischen hatte Odisejs mir das lettische Wahlsystem „verraten": „Wenn die Wähler dich mögen, können sie mehrere Kreuze hinter deinem Namen machen. Dann rutschst du automatisch höher." Ich sollte „rutschen". Wahltag. Viele Anhänger in Riga. Dort stand ich aber nicht auf dem Wahlzettel. In Lettland erlaubt: Jeder Wähler kann abstimmen, wo er will – natürlich nur einmal. Kontrolle und Stempel im Paß verhindern doppelte Stimmabgabe. Schon um es den Kommunisten „zu zeigen": Ich wollte gewählt werden. Jetzt **unbedingt** .... und ich ließ Dutzende von Bussen auf dem Rigaer Bahnhofsplatz anfahren, hatte es vorher verbreitet: „Wer für Siegerist abstimmen will, kann es auch in der Nachbarstadt Jelgava. Dort steht er auf dem Stimmzettel." Es kamen viele. Eine unübersichtliche Zahl. Tausende. Und es war heiß. Stundenlang standen die guten Menschen in der Hitze, warteten geduldig auf die hin- und herpendelnden Busse. „Besorgt den Menschen Getränke und irgendwas zu essen. Irgendwas. Wir können sie hier nicht so einfach in der Hitze warten lassen." Wasserflaschen und Säfte – kein Problem für meine Mitarbeiter. Aber belegte Brote für Tausende: Woher so schnell? „Bananen", sagte ein Assistent. „Bananen – warum nicht?" erwiderte ich nur .... ohne mir über die Folgenschwere des Wortes **Ba-na-nen** klar zu sein .... und eine Art Mythos entstand, der durch die Weltpresse ging.
Bananen – was sind für uns in Deutschland schon Bananen? Eine simple Südfrucht, Größe und Biegung durch die EU genormt. Bananen – fast langweilig geworden. Im alten Schlager besungen: Aus-ge-rech-net Ba-nanen .... Ich hatte sie nicht recht bedacht – die lettische

Von Lettisch auf Deutsch frei übersetzt: Mit Kopf, Herz und Gottvertrauen gegen die Polit-Mafia. Mein Leitspruch im lettischen Wahlkampf. Hier mein Freund Odisejs Kostanda bei einer Kundgebung. Er wurde Fraktionschef, ich Parteichef. Helmut Kohl zerschlug die Chance einer „Regierung Siegerist" in Lettland. Angst, daß der Funke „konservative Partei" auf Deutschland überspringt.

Wirkung von **aus-ge-rech-net Ba-na-nen.** Besorgt waren sie schnell auf dem Rigaer Markt in den alten Zeppelin-Werkshallen ..... gleich hinter dem Bahnhof, dort wo die Menschen auf meine Busse warteten. Der „westliche Markt" hatte Lettland längst erobert. 8000 oder 10000 Bananen? Ich weiß nicht mehr. Interessierte mich auch nicht. Nur das im Kopf: Die in der Hitze wartenden Menschen müssen etwas zu trinken und zu essen bekommen. Kein Trick, auch kein Hintergedanke – eine Selbstverständlichkeit für mich, normale Höflichkeit, ein winziges „Danke" für das geduldige Warten auf die Busse. Vergeblich hatte ich immer wieder gebeten: „Bitte, warten Sie nicht mehr. Es kann Stunden dauern mit den Bussen. Gehen Sie nach Hause. Ich freue mich ja schon darüber, daß Sie gekommen sind." Antwort der Menschen: „Und wenn wir den ganzen Tag hier stehen. Wir bleiben und wählen Sie."

Aus-ge-rech-net Ba-na-nen. Ganz anders in Lettland. Symbol eines oft nur aus Bildern bekannten westlichen „Luxus". Bananen ...... Wann gab es die schon in Lettland? Unerreichbare Frucht vom anderen Planeten. Und wenn es sie gab – von afrikanischen „Brudervölkern" .... dann waren sie matschig, vergammelt, schwarz-braun, nicht goldgelb. Selbst Orangen waren ja bestenfalls nur in der Weihnachtszeit zu bekommen – und dann trocken wie Stroh. Da gab es einen anderen Journalisten aus Lettland. Auch er kandidierte für die LNNK. In seinen Auftritten geißelte er die „Dekadenz" gegnerischer Politiker, die in ihrem „Luxus-Wahn" Ananas in sich reinfressen .... und den Menschen fehlen Kartoffeln. Und ich Ochse ließ Bananen verteilen. **Aus-ge-rech-net Ba-na-nen.** Westliches Denken: Bananen „normal". Denken des homosowjetikus: „Der kauft die Menschen mit Bananen."

Am Tag danach war klar: Ich war gewählt, der Deutsche im Parlament. Wie ein Lauffeuer durch die Presse Lettlands, dann der Welt: „Mit Bananen ins Parlament gewählt." Hörte sich journalistisch gut an, stimmte aber nicht – und eines störte mich gewaltig:

Ausgerechnet Bananen. Eine Kommunisten-Lüge, die um die Welt ging: Siegerist hat die Wahlen mit Bananen gewonnen. In Lettland machte ich einen Lacher daraus, blies vor politischen Kundgebungen eine Plastikbanane auf. Mir half die Parole – aber für Lettland war es eine Degradierung. Störte meine Gegner aber nicht.

Lettische Journalisten erklärten damit lettische Wähler zu Affen, die von Siegerist zur Stimmabgabe mit Bananen aus dem Urwald gelockt worden waren. Das war böse. Böse gegen das eigene Volk. Denn es traf nicht mich, sondern die gesamte Nation. „Die doofen Letten, die sich mit einer einfachen Banane kaufen lassen." Tat weh – aber ich drehte den Spieß rum: „Besser Bananen an die Menschen schenken, als die Menschen auszurauben und zu bestehlen." Die geplante Anti-Wirkung durch die Bananen-Kampagne gegen mich blieb aus. Im Gegenteil. Ich hatte **aus-ge-rech-net Ba-na-nen** zum Lacher „umfunktioniert". Der Schaden der Kampagne für das Ansehen der Nation in der Welt blieb lange. Die Verursacher störte es nicht, hatten wohl auch keine Ahnung vom publizistischen Gesetz „Behauptung und Wirkung".
Auch wenn die „Bananen-Arie" überall anders berichtet worden war .... sie hat sich **nur so** abgespielt, wie hier von mir beschrieben.

Der „sowjetische Mensch"

Da saß ich nun im Parlament. Der Deutsche in der lettischen Saeima. 100 Abgeordnete. 5. Legislatur-Periode. Obligatorisches Abgeordneten-Foto. Alle auf ein Bild. In Reih und Glied. Siegerist fehlte. Ich wollte nicht. Lächelndes Gruppenfoto mit Einst- oder Noch-Kommunisten? Nein, „Starrköpfig", sagten einige – ich blieb bei meinem Nein. Wie viele Politiker in Deutschland wären heute froh, wenn sie nicht mit Honecker & Co. freundlich in die Kameras gelächelt hätten? Abgeordneten-„Diäten". Ein Schimpfwort für mich. Für deutsche Abgeordneten-Verhältnisse ein besseres Trinkgeld. Aber mit Politik Geld verdienen? Ausgeschlossen in meinem Kopf. 50 Prozent der Diäten ließ ich vom Parlament direkt an die mit mir befreundete jüdische Gemeinde in Riga überweisen, die anderen 50 Prozent landeten im Rigaer Waisenhaus.

Parlaments-Ausschuß. Wer bekommt welchen Parlaments-Ausschuß-Sitz? Auslandsreisen winkten. Kein Wunder, daß die meisten nur allzu gern in den „Auswärtigen Ausschuß“ gehen wollten. „Reisebüro“, schimpfte ich, „Reisebüro – nichts anderes“ .... auch im Nachhinein: Zu 90 Prozent traf dieser Vorwurf zu.
Mich interessierte nur eines: Der wenig beachtete Ausschuß für Arbeit und Soziales. „Weitere Hilfskampagnen für das Land“ .... mein Hauptziel. Schön – das wiederentdeckte Singen der lettischen Nationalhymne – schön das gesungene „Gott segne Lettland“. Nationalhymnen mit knurrenden Mägen haben Mißtöne – und auch das war mir klar: Der erste Sektrausch der neuen Freiheit wird schnell verflogen sein. Dem Sektrausch folgt der Kater. Und der kam schnell. Es waren Hunderttausende von Briefen, die ich in Deutschland auf meinem Abgeordneten-Papier mit lettischem Staatswappen an „Gott und die Welt“ verschickte. Nur ein Inhalt: Ich brauche Schuhe, Medikamente, Bekleidung, Lebensmittel, einfach alles. Kurt Klamroth meldete sich, heute „Bauernpräsident“ aus Sachsen-Anhalt. Ein Pfundskerl – hatte auch im Honecker-Staat die Knie vor den Kommunisten nicht gebeugt. Ganze Lastzüge mit gebrauchten landwirtschaftlichen Maschinen sammelte er für lettische Bauern, war selber dabei, als sie in Riga ankamen. Es gibt sie also auch – die Nicht-Sowjet-Menschen im ehemaligen Sowjetsystem. Karl Klamroth war der Beweis für mich.
Das erste Siegerist-Geschäft in Riga war größer geworden, hatte sich zum Kaufhaus entwickelt. Der Mann meiner KGB-„Dolmetscherin“ wollte „Direktor“ werden. Ausgeschlossen – „zu dämlich“, sagte ich. „Siegerist verkauft die gesammelten Hilfsgüter in seinem Geschäft“, ... setzte KGB-Dolmetscherin in die Welt. Kleines 1 x 1 des KGB. Linke Korrespondenten des ZDF berichteten, lettische Medien übernahmen. Die Letten störte es nicht. Meinung: „Alle Politiker klauen. Wahrscheinlich klaut Siegerist weniger als die anderen.“ Mich störte der erfundene Klau-Vorwurf sehr. Lange Prozesse. Strauß-Anwalt Dr. Günther

Ossmann stieg wieder einmal für mich in den Ring. Erst Jahre später mußte das ZDF die Falschmeldung korrigieren. Sendezeit: Morgens gegen 6 Uhr. Die Vorwürfe waren in der Hauptsendung um 19 Uhr durch die gesamte Nation „gepustet“ worden. In Lettland geschadet hat mir die Lügen-Kampagne nicht.

Mehr Hilfen für die „kleinen Leute“ hatte ich mir durch meinen Sitz im Ausschuß für Soziales versprochen. Fehlanzeige. Dort saß er dick, breit und fest wie Pattex – der sowjetische Mensch. Wer ist der sowjetische Mensch und wie sieht er aus? Ich bin ihm so begegnet:

„Sowjetische Menschen“, ... so mein erster Eindruck, „können nicht lächeln und stinken nach altem Schweiß.“ Sauer. Der „lettische Geruch“, lachten meine deutschen Mitarbeiter und lüfteten. Das mit dem Nicht-Lächeln stimmt. Bei den Aeroflot-Stewardessen war es mir erstmals aufgefallen .... diese „runterhängenden“ Mundwinkel. Woran liegt es? Klatschen an der falschen Stelle war gefährlich im Kommunismus, Lachen auch. Also besser kein Gefühl zeigen. Mundwinkel runter – statt hoch. Verkäuferinnen in den Geschäften ohne Lächeln. Eine Gnade für den Kunden, bedient zu werden. In vielen Geschäften bis heute. „Kunde König?“ Kapitalistischer Quatsch. In der einstigen „DDR“ nicht anders als in Rußland oder Lettland. Grau, dunkelbraun, schwarz – in jedem Fall trist, ... so ist er angezogen, der „homo sowjeticus“. Keine lebensfrohen Farben. Könnte auffallen. Bei Mao trug ganz China blaue Einheitskleidung. „Alle Menschen sind gleich“ – die verlogenste Parole der internationalen Linken. Gleich .... schon gar nicht im Kommunismus. Höchstens der Kommunismus in allen Ländern war gleich: Eine winzige Führungsschicht saugte überall dort, wo sie an der Macht war, ein ganzes Volk erbarmungslos aus. „Paradies auf Erden“ für die roten Bonzen – das **Versprechen** „vom Paradies auf Erden“ in ferner Zukunft fürs „gemeine“ Volk.

Pardon: Aber der sowjetische Mensch stinkt. Er stinkt nach Schweiß. Der Geruch machte mich schier wahnsinnig. Er saß in Hotelzimmern, Polstern, Autos, Bussen und Zügen, Kleidern. Mit verbundenen Augen konnte der „Westler“ riechen: „Hier ist Osten.“ An die HÖRZU erinnerte ich mich: Louis Hagen, Chefreporter wie ich, protestierte lachend und lauthals, wenn er bei Redaktions-Konferenzen neben mir saß: „Siegerist ist eine Mischung aus ordinärem Knoblauch-Geruch und edelsten französischen Parfüms.“ Ich konnte nicht widersprechen. Lieb noch heute Knoblauch und „Fahrenheit“-Parfüm. Jetzt litt meine eigene Nase – aber erst spät fand ich die Erklärung. Der „sowjetische Mensch“ ist nicht weniger sauber und nicht weniger schmutzig als der „Westler“. Es liegt an den „Klamotten“. Wurden viel seltener gewaschen, weil die schäbigen Sowjet-Waschmittel nichts taugten. Um Kleider zu schonen – weniger Waschen. Im Klartext: Nasser Schweiß trocknete ein, wurde wieder naß, trocknete wieder ein, wurde .... usw. Drei Tage ausprobieren im Hochsommer. Dann riecht plötzlich jeder „sowjetisch“. Zumindest dieses „Rätsel“ hatte ich gelöst, blieb das „Hauptprodukt“ .... der sowjetische Mensch an sich. Viel Lehrgeld mußte ich zahlen, ... bevor es mir klar wurde. Lassen Sie mich den riskanten Versuch einer Erklärung wagen. „In schlechten Zeiten rücken die Menschen dichter zusammen“, ... sagen die Älteren in Deutschland. „Stimmt nur teilweise“, ... sage ich. Stimmt nur dann, wenn die schlechten Zeiten von überschaubarer Dauer sind. Schlechte Zeiten über Generationen, über 50, 60, 70 oder mehr Jahre schaffen im Menschen Wolfs-Egoismus. Vergleichbar nur mit dem Leben von Kriegsgefangenen oder KZ-Insassen – „hoffentlich komme ich hier lebendig raus“. Von der Kindheit bis ins hohe Alter – nur solche Gedanken im Kopf: „Hoffentlich muß ich nicht in eines dieser schrecklichen Krankenhäuser, wo der Mensch nicht Mensch ist, sondern Nummer, wo der Arzt erst Röntgenfilme findet, wenn sich Dollars oder Kaffeebohnen bewegen. Hoffentlich bekomme ich für meine Familie eine einigermaßen akzeptable Wohnung. Winterschuhe – woher? Wasserdichte Gummistiefel für die Kinder im Frühjahr. Hoffentlich redet mein Sohn, meine Tochter keinen „Unsinn“ im politischen Unterricht, läßt damit Rückschlüsse auf die „nicht-sozialistische Geisteshaltung der Eltern“ zu. Hoffentlich ein wenig Fleisch, nicht nur Fett und Knochen. Hoffentlich zumindest einige Apfelsinen zu Weihnachten. Egal ob trocken wie Stroh. Stroh-Apfelsinen sind besser als keine Apfelsinen. Hoffentlich, hoffentlich, hoffentlich. Mit dem Kartoffelnetz auf die Straße gehen. Und immer die Hoffnung: Irgendwo eine Menschenschlange. Egal, was es dort gibt: Anstellen. Gut, daß das Kartoffelnetz dabei ist. Man weiß nie. Vielleicht Gurken, Tomaten ..... kann sein.

Der sowjetische Mensch lügt und stiehlt, empfindet Lügen und Stehlen keinesfalls als unmoralisch. Warum auch? Der ganze Kommunismus war Lüge. Zumindest die letzten 20 Jahre glaubte keiner mehr an den Blödsinn vom besseren Leben der Arbeiterklasse und der Überlegenheit des Sozialismus über den bösen Kapitalismus. Auch nicht die Funktionäre. Trotzdem logen sie weiter, konnten gar nicht mehr anders. Das ganze Leben war ja Lüge. Bloß nicht zugegeben. Lüge – normal geworden. Bis heute. Lüge war wesentlicher Teil des Überlebenskampfes.

Sowjetische Menschen stehlen wie die Raben. Warum auch nicht? Auch das Stehlen war „normal“ im Kommunismus. Der Rindernacken für die Verkäuferin, der Schweineknochen für den Kunden, Ziegelsteine fürs eigene Gartenhäuschen, Obst und Gemüse aus der „Kolchose Zukunft“ für den eigenen Suppentopf .... das Rübenkraut für andere. In der letzten Phase seines Imperiums hatte Breschnjew ganz offiziell die Parole ausgegeben: „Neun Kisten für die Fabrik, eine für die eigene Datscha.“ Klauen – staatlich sanktioniert, abgesegnet. Was regte ich mich eigentlich auf, wenn lettische Politiker es nicht bei 10 Klauerei-Prozent beließen?

Sowjetische Menschen sind krasse Egoisten. Sie mußten es ja sein, um selber überleben zu können. „Anonymes unmenschliches Leben für alte Menschen im Kapitalismus“, ... heißt es. In Lettland bringen sich Jahr für Jahr rund 1000 alte Menschen aus Verzweiflung über die schweren Lebensumstände um. Wer bemerkt die frierende Nachbars-Oma, wenn die eigene „Bude“ keine Heizung, keinen Strom mehr hat?

Allzu schweres Leben formt Egoisten.

Wie oft habe ich es erlebt: Wer selbst Hilfe benötigt, zerschmilzt vor Freundlichkeit. Aber ist dieser Bittsteller auch bereit, anderen zu helfen? Selten habe ich es gespürt.

Die nach-kommunistische Zeit wird alles verändern, macht vieles besser: Straßen, Häuser, Kleider, sogar oft die Natur .... auch Gesichter der Menschen. Aber nur die Gesichter. Nicht Kopf, Gehirn, Herz und Seele. Verbogen und verkorkst im Kommunismus. „10 Jahre Reparaturarbeit“, ... dachte ich. Lange her. „Mehrere Generationen“, sage ich heute ...., denn „wer waren die Lehrer der jetzigen Lehrer und was sagen die jetzigen Lehrer den heutigen Kindern“ und so weiter. Die negativen Folgen der Ost-Erweiterung für die „alte EU“ haben fast alle westlichen Politiker noch nicht begriffen. Sie machten nie intensive Erfahrungen mit „sowjetischen Menschen“. Bulgarien und Rumänien werden phantastische Lehrmeister für unsere „Gutmenschen“ sein, für die immer noch „alle Menschen gleich“ sind.

Zunächst schob ich die Schuld an Korruption, Diebstahl und Lüge auf die jeweilige lettische Regierung allein. Heute weiß ich: Nur ein Teil der Wahrheit. Der sowjetische Bazillus sitzt tief verankert in der gesamten Nation. Ich mach mir nicht den Satz zu eigen: Jedes Volk wählt sich selber die Regierung, die es verdient. Tatsache ist aber, daß eine frei gewählte Regierung **immer** auch eine breite im Volk vorhandene Grundströmung widerspiegelt, die in der gesamten Nation tief verwurzelt ist. In **jedem** Land – auch bei uns Deutschen. Fischer, Schröder & Co. waren kein Naturunglück. Über viele Jahre galt uns Deutschen Fischer doch als „beliebtester deutscher Politiker“. Warum sollte es im kleinen Lettland mit „deren Fischers“ anders sein?

Befriedung der materiellen Grundbedürfnisse, Neu-Verwurzelung im christlichen Glauben. Einen anderen Weg zur Besserung kenne ich nicht. Ich habe in Lettland nur einen Mann getroffen, der es ähnlich sieht und nicht weniger scharf formuliert als ich. Vanags heißt er – Janis Vanags. Sein „Job“: Erzbischof des Landes. Lutheraner.

Im lettischen Wahlkampf druckte ich lettisch-sprachige Plakate mit dem finsteren Gesicht Stalins drauf. Darunter eine von mir erhoffte Aufmunterung und „Schock-Therapie“ für Nichtwähler: **„Wer gar nicht wählt – wählt den!** Vor allem im katholisch, orthodox und russisch geprägten Latgallen an der russischen Grenze. Wie glücklich war ich, als alte Babuschkas vor meinen Plakaten Blumen abstellten, Kerzen anzündeten und sogar kniend beteten. Was ich nicht ahnen konnte: Die russischen Babuschkas konnten kein Wort Lettisch lesen und dachten: „Väterchen Stalin kommt endlich zurück. Jetzt wird alles besser.“

Alle Menschen sind gleich? Ist mir einfach zu dumm, um es Wort für Wort zu widerlegen. Kann ein nur einigermaßen intelligenter Mensch auch gar nicht glauben. Was nicht gesagt wird: Auch Moralbegriffe sind nicht gleich für die Menschen. Für den Muslim gilt eine andere Moral als für den Christen, Hindu oder Buddhisten. Für den sowjetischen Menschen gelten andere Moralbegriffe als für den „westlichen“ Menschen. Stalin war für die russischen Babuschkas in Latgallen nicht das von mir bezeichnete „Monster mit zwei Köpfen“. Es war ihr **Väterchen** Stalin, selbst dann, wenn das milde lächelnde „Väterchen“ die halbe Familie ausgerottet, nach Sibirien oder an den Polarkreis deportiert hatte.

Das haben sie wirklich geschafft, die Sowjets: Die Herzen wurden zu Stein, Seelen zu Wüsten, die Gehirne trockneten ein, und Phantasie wurde vergessen, verlernt. Phantasie im Kommunismus? Gefährlich. Lebensgefährlich. Bravo Marx, Lenin, Stalin und alle Nachfolger. Zumindest da habt ihr nicht gelogen. Den neuen Menschen hattet ihr versprochen. Geschafft. Versprechen gehalten.

Stop – fast von mir vergessen. Der sowjetische Mensch kennt keine Dankbarkeit. Dabei ist gerade das so wichtig für uns Deutsche. Kommt irgendwie bekannt vor – oder? „Zonis“ mit offener Hand, alles nehmen, nichts geben, kein Danke sagen, jammern, wenn es zu wenig gibt – und dann aus Protest wieder PDS wählen. Nur böse Worte von mir, „Volksverhetzung“ gar? Sieht anders aus. Eigentlich ganz einfach. Wenn die Kommunisten etwas gaben, wollten sie auch etwas vom Volk. „Mehr Religionsfreiheit und mehr Brot“ für die Sowjetmenschen mitten im Krieg? Väterchen Stalin war dafür. Gegenleistung: Mehr Blut, mehr Mut, mehr Wut. Auf die „Faschisten“. Mao gab vor der Kulturrevolution scheinheilig die Parole aus: „Laßt 100 000 Blumen blühen.“ Sprich: Alle, auch die Intellektuellen, sollten Phantasie und Kreativität entfalten, offen ihre Meinung sagen. Als sie es taten, waren sie erkannt. Sense raus. Köpfe ab. Wer gibt, gibt nicht ohne Hintergedanken, führt Böses im Schild .... so das Denken sowjetischer Menschen. Es war ja so, sie kannten es nicht anders. Und nehmen, ohne zu danken ...... warum nicht? Die „Westler“ waren doch allesamt verkappte Rockefellers, lebten 50 Jahre im rauschenden Überfluß .... was hatten wir armen Menschen im Kommunismus? Gebt ab, gebt endlich ab, was uns lange zusteht. Wozu danken?
Es ist so. Und wir wissen es alle – trotzdem sagt es keiner. Ist Verschweigen der Wahrheit besser als Lüge?

Wie könnte ich diese Menschen vergessen ....?

Kennen Sie das auch? Es gibt Menschen im Leben .... schnell vergessen. Da war nicht allzu viel, was der Erinnerung wert gewesen wäre. Andere bleiben immer – egal ob sie noch unter uns sind oder nicht. Es gab und gibt großartige Menschen in Lettland, die mich Negatives immer wieder vergessen ließen. Auf Platz 1 ganz klar „meine Fanny“. Fanny Kaplan – Jüdin, Goethe- und Thomas-Mann-verliebt. Beraterin, mütterliche

Freundin, Kummerkasten, belesen wie eine Stadt-Bibliothek, Stalin-Opfer, Sängerin, Klavierspielerin, Poltergeist und Frau, bei der sich alle ausweinen konnten und durften .... und verliebt „ins Fressen“ über beide Ohren.

Da stand sie eines Tages vor mir – in meinem nicht sehr gemütlichen und wenig einladenden Büro in der ersten Etage des Kaufhauses „Labi un leti“ ..... „gut und billig“, auf Deutsch. Erste Etage. Nicht so einfach für Fanny. So an die 100 Kilo brachte sie locker auf die Waage. Stufe für Stufe. Langsam. Schritt für Schritt. „Oijui-jui-jui“, pustete sie, schnappte nach Luft, schleppte sich mühsam Treppe für Treppe nach oben. „Oijui-jui-jui.“ Tag für Tag Wiederholung. Und immer nur mein böser Kommentar: „Friß nicht so viel, Fanny – dann geht's auch besser mit dem Laufen“ .... und wie auf Kommando retour: „Ach Chefchen, ach Chefchen – was sind Sie doch so beeese.“ War ich nicht, wußte sie. Es war halt **„unsere“** Begrüßung. Von der ersten Sekunde an: Fanny war zu 100 Prozent „mein Fall“ – und natürlich bekam sie den gewünschten Posten: Haupt-Buchhalterin.

Fast immer guter Dinge, singend, lustig, lebensfroh. Auch am Polarkreis nicht verlernt. Dorthin war sie als 14jährige mit Schwester Marli, Papa und Mama deportiert worden – schon 1941. Papa, Lachshändler, Feingeist – Mama, streng aber großzügig, spendete für alle, die baten – jüdisch, nicht-jüdisch. Egal. Sie lebten vor dem Krieg ja weitgehend einträchtig beisammen. Zumindest eine ganze Reihe von Jahren in Lettland – egal ob lettisch, russisch, jüdisch, deutsch oder polnisch. Eine gute Zeit – gutes Leben. Die Deutschen sagten mehr bewundernd als neidisch „Lettland – Fettland“. Kompliment für den Wohlstand des baltischen Ländchens – mehr als 700 Jahre im Guten wie im Bösen eng mit Deutschland „verwoben“. Angst hatte Fannys Papa vor allem vor den Bolschewiken, „vor Stalin aus Moskau“. „Wenn die Russen kommen, laßt uns nach Deutschland fliehen“, schlug er der Familie vor ..... nach Deutschland fliehen. Dreißiger und Vierziger

Jahre: Lettische Juden sprachen Deutsch. Natürlich war Deutschland auch „ihr“ Deutschland .... und das „mit Hitler wird von allein verschwinden“. Zum „Fliehen nach Deutschland“ kam es nicht. Bevor Rotarmisten die Wohnungstür eintraten, hatte Papa Kaplan „für die Not“ gesammelte Goldmünzen durch den Toiletten-Abfluß gespült. Angst: „Goldmünzen – Kapitalist. Kapitalist – Sibirien.“ Half trotzdem nicht .... das mit den im Klosett weggespülten Goldmünzen. Viehwaggon. Sibirien. Papa Kaplan starb schnell. Mama wurde „verrückt“. Endstation: Sowjetisches Irrenhaus. Dort „Verrückte“, weniger „Verrückte“, gar nicht „Verrückte“, nur eins: Stalin-Gegner .... oder als solche nur denunziert. Auch Mama Kaplan hielt nicht lange durch. Fanny und die ein Jahr jüngere Marli „reisten“ weiter .... bis an den Polarkreis. In Sibirien gab es Schulen. Nicht für Fanny und Marli. „Kein Platz für Volksschädlinge“, hatte Stalin verordnet. Kleine Mädchen – „Volksschädlinge“. Am Polarkreis gab es keine Schulen. Nur Fischfang für die „Rote Armee“. Und Häuser aus Schnee gebaut, Fenster aus Eis. „Zuerst starben die Russen und Letten, dann die Wolga-Deutschen, zum Schluß die Juden“, ... erinnerte sich Fanny. „Die Juden hielten auch in der Not am besten zusammen.“ Wunsch und verklärte Erinnerung von Fanny? Gab es sie wirklich noch am Polarkreis – diese Unterscheidung: Russen, Letten, Wolga-Deutsche, Juden? Die „Beerdigung“ für alle Toten war gleich. Auf einen Schneehügel gelegt. Mit Eis und Schnee bedeckt. Nachts kamen die Polarfüchse, gruben ...... wurden satt.
Mit 14 Jahren nach Sibirien, dann Polarkreis. Erst 20 Jahre später nach Lettland zurück. Sie hatte überlebt. Auch Schwester Marli. Hin und wieder konnten sie Fische für sich selbst abzweigen, überstanden so den Hunger. Im Polar-Sommer schmolz das Eis ein wenig, schwemmte Baumstämme an. Fanny und andere Mädchen machten „Menschenkette“. Drei oder vier Mädchen hielten sich an den Beinen, an den Händen. Dann abwärts gehalten – Richtung Eiswasser. Im richtigen Moment zupacken,

wenn Wellen die Stämme hochschwemmten – „Hopp – Baumstamm an Land“ und Holz für die Kälte, „Verschalung“ fürs Schneehaus. Schnelles Zupacken und schnelles „hopp“-Hochheben war wichtig. Sonst zerdrückte der Baumstamm den Brustkorb .... erinnerte sich Fanny. Sie war die Kräftigste, hing deswegen meist ganz unten ...... an der Menschenkette, hatte den Bogen am besten raus: „Hopp“ – Baumstamm gepackt. Ab nach oben. Überlebt. Glücklich.
Zurück in Lettland. Brustkrebs. Wer sprach von Schönheit, „sanfter Operation“ bei Brustkrebs? Alles raus. So tief wie möglich. Elfi Damian, meiner Mitarbeiterin, zeigte sie die Narben. „Schrecklich, wie eine Krater-Landschaft“, erfuhr ich von ihr. Für mich nur anderes sichtbar – und ich ermahnte: „Fanny – dein Gummibusen kommt schon wieder aus dem Kleid.“ „Chefchen, Chefchen, was Sie auch alle sehen missen.“ Ein gekonnter Griff. „Gummibusen“ wieder am richtigen Platz. Wer

Jüdisches Familien-Idyll. Die Eltern Kaplan mit den Töchtern Fanny (rechts) und Marli. Nur Jahre später deportierte Stalin sie an den Polarkreis. Die Kinder überlebten.

Sibirien und Polarkreis überlebt hat, nimmt es nicht so genau mit „Nebensächlichkeiten" .... hatte ich längst gelernt, paßte mich an. Dann brach der Krebs neu aus bei Fanny – nach 18 Jahren neu. Dabei war sie so glücklich. Seit der Kindheit wieder richtig glücklich .... und ich vernarrt in Fanny. Alles setzte ich in Bewegung, um ihr die letzten Monate so schön wie möglich zu machen. Operation in Deutschland, Chemo. „Keine Chance", sagten die Ärzte. „Alles Quatsch", ... dachte ich. „Hat Polarkreis überlebt, wird auch Krebs überleben." Ein wenig behielt ich Recht. Die Ärzte hatten Fanny 6 Monate gegeben. Es wurden drei Jahre. Drei noch lebenswerte Jahre. Ein Jahr länger als Schwester Marli. „Gut", sagten wir alle, „sie hätte ohne Fanny nie überleben können." Wochen vor ihrem Tod hatte Fanny vor allem eine Sorge: Meine mit Vorliebe getragenen karierten Hemden störten sie. Störten sie sehr. „Chefchen – wie laufen Sie nur wieder rum?", tadelte sie mich, bat Elfi Damian: „Elfi, wenn ich nicht mehr da bin. Achte drauf, daß der Junge nicht immer nur karierte Hemden trägt. Er ist doch kein schlechter Kerl, hat Marli und mich sogar Israel sehen lassen. Jerusalem. Die Klagemauer, was für eine Reise. Aber muß das sein? Seine karierten Hemden ....." Und außerdem: „Paß auf, daß er nicht sein ganzes Geld verschenkt. Sonst ist er selber bald arm wie eine Kirchenmaus."

Fanny hatte angeordnet, bei der Trauerfeier in einer Friedhofs-Kapelle vor dem Kreuz aufgebahrt zu werden. Die tote jüdische Frau vor dem großen Kreuz. Ich hatte ihre jüdischen Freunde gefragt: „Habt ihr etwas dagegen, wenn ich alles mit Blumen schmücke?" Sie hatten nichts dagegen, obwohl Juden nur Steine auf ein Grab legen, keine Blumen. „Fanny hätte es so gewollt", ... sagten sie, weinten. Ich auch. Um einen der liebsten Menschen, der mir je in meinem Leben begegnet war. Auf dem jüdischen Friedhof in Riga liegt sie. Die zerfallene Friedhofsmauer hatten 10 Jahre zuvor DIE DEUTSCHEN KONSERVATIVEN neu errichten lassen. „Siegerist ist Anti-Semit", heißt es in Israel. Einreiseverbot. Verrückte Welt. Verlogene

Die beiden jüdischen Schwestern Fanny (rechts) und Marli Kaplan. Beide verteidigten den angeblichen „Anti-Semiten“ Siegerist wie Löwinnen ihr Junges. Fanny war einfach grandios. Gibt es jüdische Schutzengel für Christen? Wenn „Ja“ – dann ist Fanny einer meiner Schutzengel. Ich glaube, daß ich mehrere habe.

Fannys 70ster Geburtstag – Uwe Hempen hält die Geburtstagsrede – und Fanny inmitten vieler „Fressalien“, die sie nach den sibirischen Hungerjahren liebte – trotz meiner Mahnung: „Fanny – friß nicht so viel.“

Welt. Ich – und Anti-Semit? Meine Fanny hätte mich nicht „mit dem Hintern angesehen“.

Im Keller der Synagoge

Wo wir schon beim Thema sind. Da war auch noch Mihael Arons. Chef der „Religiösen Jüdischen Gemeinde zu Riga“. Ein deutscher, evangelischer Pfarrer hatte „seine“ Synagoge mit einem Trick vor den Nazis gerettet: „Darf nicht angezündet werden“, hatte er die SS gewarnt ....., „dann brennt auch das Nachbarhaus ab. Das ist meins. Dem Führer wird es nicht gefallen.“
Ich hatte noch gar nicht an Politik in Lettland gedacht. Da besuchte ich die Synagoge in der Rigaer Altstadt. „Besuch aus Deutschland“, empfing mich ein kleiner Mann, herzlich, lieb, richtig glücklich – aussehend wie ein Bilderbuch-Ost-Jude. „Mihael heiße ich“, stellte sich vor als „Vorsitzender der Religiösen Jüdischen Gemeinde“: „Kommen Sie, kommen Sie.“ Ab in den Keller. „Erst einen Schnaps“, lachte er, trommelte den „Vorstand“ zusammen. „Ein Deutscher ist zu Besuch“ ....., und alle freuten sich über den Deutschen, tranken Schnaps mit mir und Mihael. Der sang dazu. Und was für eine grandiose Stimme .... Eine schäbige Bude – damals diese Synagoge, hatte bessere Zeiten gesehen. „Erst die Nazis, dann die Kommunisten, haben uns alle nicht geliebt, obwohl ich in der Roten Armee gedient habe“, erklärte Mihael. Nazis, Kommunisten – einer wie der andere. Wenn du verreckst, verreckst du. Egal ob bei den Nazis oder den Kommunisten. Du verreckst, fragst nicht mehr, ob rot oder braun. Denkst nur ans Verrecken.“ Aus dem Einmal-Besuch wurde „Immer-wieder-Besuch“. Und immer wieder der kleine Synagogen-Keller und immer wieder Schnaps. Wodka. Was sonst? Schließlich Freundschaft. Später: Ich half, wo ich konnte. Mehl für das jüdische Passa-Fest. Ungesäuerter Teig für die Matzen. Renovierung der Synagoge, Medikamente und Geld fürs jüdi-

sche Krankenhaus, Friedhofsmauer neu. Wichtig für Juden. Sehr wichtig. Über Gräber läuft man nicht. Schutz durch eine Mauer. Dann Besuch vom SPIEGEL in der Synagoge. „Nein, Anti-Semit ist er nicht" ...., stellten die dort fest, „wehe, Sie schreiben die Unwahrheit", hatte Mihael gedroht, ließ sich demonstrativ mit mir fotografieren. „Wir mischen uns nicht ein in die Politik", ... erklärte seinen Beitritt zur lettischen „Siegerist-Partei", rief die jüdischen Gemeinde-Mitglieder zur Wahl von Siegerist auf ...... und sie kamen. Demonstrativ. Einige in jüdischen Trachten. Das ZDF wollte „Nazis" sehen, erhobene Arme, Hitler-Gruß, stellte die Kameras aus ....
Der gute Mihael verstand die Welt nicht mehr, als ich in Deutschland als „Anti-Semit und Volksverhetzer" vor Gericht stand, schickte seinen „besten Mann" als Zeuge mit „jüdischer Kippa" (Kopfbedeckung) in den Gerichtssaal, wartete am Flughafen Ben Gurion in Tel Aviv vergeblich auf eine LUFTHANSA-Maschine mit 30 Passagieren der Deutschen Konservativen e.V., die wieder einmal Israel bereisen wollten. Er wartete vergeblich – der gute Mihael. Über Istanbul wurde die LUFTHANSA zur Landung gezwungen. Heinrich Lummer mit an Bord. Ex-Bürgermeister von Berlin, Ehren-Präsident der Konservativen, Pfarrer Winfried Pietrek als religiöser Leiter der Gruppe. Ich nicht – wollte später nachkommen. „Nazis" dürfen nicht nach Israel einreisen", ... war in Tel Aviv ausgegeben worden. Es war der 9. November. Jahrestag der „Reichs-Kristallnacht". Den Termin hatten die Israelis selber vorgegeben, uns vorgeschlagen. „Provokation von Nazis am Jahrestag", titelten israelische Blätter. Dazu eine ganze Batterie erfundener Geschichten. „Schon die Polen hatten Siegerist ausgewiesen, weil er auch dort gehetzt hat." Wen störte es jetzt noch, daß ich zu der Zeit nie in Polen war, weder dort, noch anderswo über Juden gehetzt hatte? Klarer konnte es jetzt gar nicht mehr sein: Siegerist ist Anti-Semit. In ganz Israel fand ich keinen Anwalt, der bereit war, für mich gegen die Verursacher der erfundenen Lügengeschichten zu prozessieren. Frage an den „Mossad":

Seid ihr wirklich noch so gut wie früher? Hätte nicht ein simpler Blick in die Passagierliste genügt – und Gewißheit gebracht? „Nazi“ Siegerist nicht an Bord .... „Nazis“ glauben an die „Überlegenheit“ des Mossad. Mir sind da Zweifel gekommen. Vielleicht Siegerist doch kein „Nazi“? Ist so. Darf aber nicht zugegeben werden. „Außenminister“ Fischer war Arafat-Freund. Ich lehnte eine Übernachtung in einem Hotel von Bethlehem ab, weil mich das Arafat-Porträt in der Rezeption störte. Seltsamer „Nazi“.
Wie hatte Herminchen, die gute Rot-Kreuz-Schwester in Bad Dürrheim aus meiner Kinderzeit gesagt: „In jedem Volk gibt es solche und solche.“ Es gibt sie wirklich überall .... „die solchen und solchen“. Auch in Israel. Weiter im Text .... Ach nein – vielleicht noch einige Worte zu Israel.

Hier bin ich wieder einmal als typischer „Anti-Semit“ zu sehen. Auf einem Podest in der Synagoge in Riga – mit traditioneller „Kippa“ auf dem Kopf, die bei Kopfgröße 61 nur schlecht saß – links von mir – stehend mit Brille – Mihael Arons, damals Chef der Gemeinde, enger und guter Freund von mir.

Der „heilige Joachim“ blinzelte dem „weniger heiligen“ Joachim zu

Es klebt wie ein nicht mehr abzustreifendes, ekelhaftes, auf die Erde gespucktes Kaugummi an meinen Schuhsohlen – das Wort „Anti-Semit“, Totschlage-Wort der deutschen Politik, in Lettland aus „bestimmten“ Gründen wirkungslos. Vermutlich sind das die Gründe: Ich hatte mich eingesetzt für die Freiheit von Hitler-Stellvertreter Rudolf Heß .... was ich nie bereut habe und noch einmal machen würde. Ich habe meine Abneigung gegen den Schnaps-Millionär und Honecker-Freund Bronfmann mehr als nur einmal deutlich formuliert. Der ist aber – Pech für mich – Präsident des „Jüdischen Weltkongresses“ ..... und auch das gebe ich zu: Ich hatte weder für Galinski noch Bubis „herzliche Gefühle“ – und auch Paul Spiegel ist mir nicht in „herzlicher Freundschaft“ verbunden. Casimir Prinz Wittgenstein, alter Mitstreiter in unseren Reihen, „Sohn“ eines jüdischen Stiefvaters, hatte es bei einem Empfang in Tel Aviv seinem Tischnachbarn Shimon Peres so gesagt: „Was habt ihr nur für Leute bei uns in Deutschland an der Spitze? Die schaden Israel, nutzen nicht. Könnt ihr da nicht bessere hinsetzen?“ Shimon Peres sah den Prinzen fragend an, lächelte dann nur.
„In jedem Volk gibt es solche und solche.“ Schade, daß nicht immer die „Solche-Besten“ oben stehen. Wäre besser. Vor allem für Israel. Ändert nichts daran, daß ich in Israel verliebt bin. Jerusalem – ich kann es nicht anders sehen: Für mich die schönste Stadt der Welt. Vom King-David-Hotel Blick auf die Altstadt. Gewirr der Gäßchen. Wie oft bin ich da durchgeschlendert? Spaziergang durch die Bibel, mindestens durch ein altes und immer wieder neues Geschichtsbuch. Ich war oft dort – als ich noch durfte. Auch vor meinem „Zigeuner-Prozeß“. Ich hatte mich darüber aufgeregt, daß rumänische Zigeunerfrauen eigene oder geliehene Kinder verkrüppeln und narkotisieren, um dann mit ihnen auf deutschen Straßen besser betteln zu können – hatte formuliert, wie es Siegerist-Art ist:

Deftig. Beifall bei den eigenen Leuten, Anklage wegen „Volksverhetzung“ von der Justiz. Mehr als fünf lange Prozeß-Jahre. Nicht immer leicht. Politisch erlitt ich keinen Schaden durch das Verfahren. Die Letten standen voll auf meiner Seite, die Freunde der Deutschen Konservativen sowieso. Änderte nichts daran: Ich hatte dämlich formuliert, eindeutig „überzogen“. Das Gericht glaubte mir nicht, daß ich vor dem Versand des entsprechenden „Zigeuner-Briefes“ juristisch beraten worden war.
Springer-Zeitung „Hamburger Abendblatt“ log: Jugendliche Glatzköpfe mit Springer-Stiefeln schieben vor der Siegerist-Wohnung in Hamburg Wache. Ausgerechnet ich .... zusammen mit glatzköpfigen „Skin-Heads in Springer-Stiefeln“ .... Was für eine Mischung. Das Springer-Blatt setzte nach: Tötet Menschen, nicht mit Waffen. Aber seine Worte sind schlimmer als Waffen. „Axel Springer, mein guter alter Chef – der würde euch totschlagen, wenn er lesen könnte, wie ihr über mich berichtet“, ... dachte ich im Stillen, schwieg aber. War besser zu der Zeit.
Warum soll ich heute „den starken Mann“ spielen? Das Verfahren machte mir zu schaffen. Vor allem gesundheitlich. Eine vorher nicht erkannte Wirbelsäulen-Verletzung nach einem Bergunfall verursachte rasende Schmerzen. Anmerken ließ ich mir nichts. „Auf keinen Fall wegen Krankheit vor dem Gericht drücken“ .... ausgeschlossen für mich. „Sitzt ohne Gefühlsregung im Gericht“, meinte das Abendblatt – „starres Gesicht“. Keine Ahnung, daß die kleinste Bewegung wie wahnsinnig schmerzte. Vor dem Verfahren wollte ich „Kraft tanken“, flog wieder einmal nach Israel. Jerusalem.
Kein Stadtplan in der Hand. Ich ging einfach kreuz und quer. Klagemauer, kurzes und mich tief bewegendes Bleiben in der Grabes-Kapelle, die ich für mich nur „Auferstehungs-Kapelle“ nenne, Friseur mit „echt“ deutschem „Meister-Brief“ an der Wand, aber seltsamerweise kein Wort Deutsch verstehend, Krabbeln in den Auslagen der arabischen Basaris, Pilgergruppen betrachten, Kopf-

schütteln über „Bekloppte“, die sich für den auferstandenen Messias halten .... und dann plötzlich ein freundliches, rundes Vollmond-Gesicht in einem Hauseingang. Junger Mann. Vielleicht 20 Jahre. Der winkte mir freundlich zu .... was wohl heißen sollte: „Komm, komm zu mir. Ich zeig dir mein Haus.“ „Palästinensischer Bandit“ .... erster Gedanke in meinem Kopf. Ins Haus, dann einen über den Schädel und ausgeraubt. „Nein – nicht bei dem Gesicht, Vollmondgesicht – aber Engelsgesicht“ ...., sagte ich mir, ging zu ihm. Palästinensischer Christ. „Das hier ist das Geburtshaus der Heiligen Jungfrau Maria“, sagt er. „Du lügst, Mistkerl“, ... in meinem Kopf, „willst mich ausrauben. Drinnen wartet 'ne ganze Bande.“ Kann ein Vollmond mit Engelsgesicht Gedanken lesen? Dieser wohl, ging vor die Tür, zeigte auf eine mit Kreide gemalte Inschrift „Geburtshaus der Heiligen Jungfrau Maria“ .... nur in Englisch. Mißtrauen verflogen. Ich ging rein. Eine runde Wendeltreppe in den Keller hinab. Kleiner Raum, vielleicht 12 Quadratmeter, brennende Kerzen, Ikonen, altes Mosaik auf dem Boden. „Hier wurde Maria geboren“, ... strahlte er mich glücklich an. „Laß mich einen Moment allein“, ... bat ich, nahm Platz auf einem steinernen Bänkchen an der Wand, betete. Betete um notwendige Kraft für den Prozeß und einen guten Ausgang – fühlte mich aber beobachtet. Irgendjemand sah mich unentwegt an. Kennen Sie das Gefühl? Man ist sicher, beobachtet zu werden, sieht aber keinen. Ich sah nur Kerzen und Ikonen – vor allem eine .... und die sah wirklich in meine Richtung, was aber nicht ungewöhnlich ist. Von russischen Ikonenmalern aus Lettland hatte ich erfahren, daß gute Ikonen immer so gemalt sein müssen, daß sie den Betrachter „ansehen“. Kleiner Raum. Feuchte Atemluft vieler Besucher. Die Ikone war geschützt durch eine dünne Plastikfolie. Zwischen Plastikfolie und Ikone Wasserperlen. Ein weißes Taschentuch aus der Tasche gezogen – zum Abwischen der Wasserperlen hinter der welligen Folie. Ganz vorsichtig, ja nichts beschädigen. Dann lese ich den Namen auf der Ikone ....

Joachim. Mein eigener Name: Joachim. Nein, abergläubisch bin ich ganz gewiß nicht. Aber „nur" Zufall? Durch „Zufall" in diesem Gäßchen gelandet, durch „Zufall" dem freundlichen „Mondgesicht" begegnet, durch „Zufall" in den Keller gegangen, durch „Zufall" ausgerechnet **diese** eine Ikone unter vielen aufgefallen, durch „Zufall" der Name Joachim? „Zufall?" Wohl eher ein Wunder, wenn so viel „Zufälle" noch Zufälle sind. Ich sah es als Zeichen zum Mut-Machen und als Signal „Du bist nicht allein, wird gut ausgehen – der Prozeß." Was kam raus? Kraft hatte ich bis zum letzten Moment. Einigermaßen „gut" ging es auch aus. Die Staatsanwaltschaft hatte schon eine Hundertschaft von Polizisten ins Gericht gebracht. „Rechtsextrem" .... natürlich gefährlich, wollte auf jeden Fall „Siegerist hinter Gitter" .... Ein schweres Verbrechen .... Ergebnis: „Volksverhetzung". 18 Monate auf Bewährung, hohe Geldstrafe. Seitdem formuliere ich milder, kein „Rundbrief" ohne vorheriges gründliches – aber schriftliches – juristisches Gutachten. Könnte „strafmildernd" sein. Einstellung geblieben: Ich denke, was ich will, und schreibe, was erlaubt ist .... eigentlich erlaubt sein müßte. Demokratie nach „Gutmenschen"-Art. „Pressefreiheit" in Deutschland ......

Noch einmal das freundliche „Vollmondgesicht"

Wieder einmal Israel – und natürlich Jerusalem. Noch vor dem Einreiseverbot – diesmal nicht allein. Reisegruppe der Deutschen Konservativen. Gemeinsam mit Winfried Pietrek, Freund, katholischer Pfarrer, Mann der ersten Stunde im Verband. Idealer Fremdenführer für Jerusalem nach mehr als 30 Pilgerreisen. Bevor auch er von den Israelis zum „Nazi" erklärt wurde .... besondere Urkunde des israelischen Tourismus-Ministers als „Freund Israels". Ich erzählte Winfried Pietrek von meinem Treffen mit dem palästinensischen „Engels-Mondgesicht" und dem „Geburtshaus Marias". Ein geduldiger Mann, für

mich zumindest ein „halber Heiliger" – **schon jetzt** – aber alles andere als weltfremd. Schriftsteller, Journalist – in jungen Jahren Missionar in Peru und Vietnam, dort in den letzten Kriegstagen vermißt, schließlich zwangsweise ausgeflogen – wollte trotz des Vietkong-Sieges seine Gemeinde nicht im Stich lassen. Überrascht sieht er mich an, fragt nur: „Bist du sicher, Joachim?" Freundlich formuliert – gedacht hat er wohl: „Der spinnt, hat geträumt." „In Jerusalem gibt es kein Geburtshaus von Maria", erklärt er mir .... und wir laufen weiter durch die Gassen.
„Da", sag ich plötzlich, „da ist es wieder – das Mondgesicht." Tatsächlich: Durch Zufall wieder an dem Haus gelandet .... und „Mondgesicht" im Eingang. Wie beim ersten Treffen. Nur ein wenig verändert, etwas weniger „Mondgesicht", schlanker. „Hat abgenommen ...., denke ich. Wir steuern auf ihn zu. Freundliches Lächeln. Aber ich bin fremd für ihn. Er hat mich nie gesehen. Komisch. Vielleicht zu viele Touristen-Gesichter, kann sich nicht jedes merken. Lassen Sie es mich kurz machen. Das „neue Mondgesicht" war der jüngere Bruder des ersten „Mondgesichts", sah sehr ähnlich aus, nur ein wenig schlanker. Und vom „Geburtshaus" Marias hatte ich nicht geträumt. Wir erfahren: Orthodoxe Christen glauben daran, daß es sich bei diesem Haus um das Geburtshaus der Gottesmutter handelt. „Egal", sagt Winfried Pietrek, „egal, ob es beweisbar ist oder nicht. Tatsache: Dieser Platz ist durch die Gebete Tausender geheiligt – und auch das ist großartig." Ich stimme ihm zu – froh, daß es doch mehr war als ein Traum. Und die Joachim-Ikone war auch noch da, sah mich an.

KGB-Priester und Kommunisten-Besuch

Überraschungen täglich bei meinem lettischen Abgeordneten-Abenteuer. Die Freude am „Parlamentariersein" hatte ich schon nach den ersten Sitzungen der SAEIMA verloren. War nicht meine Welt. Was wurde da schon bewegt? Größere Hilfskampagnen für die vielen, vielen Menschen in Not hatte ich mir versprochen. Nicht einmal Lagerräume für Hilfsgüter konnten beschafft werden. Die langatmigen Parlaments-Sitzungen – für mich verlorene Zeit, die ich besser sinn- und wirkungsvoller genutzt hätte. Ich war drauf und dran, mein Abgeordneten-Mandat niederzulegen. Odisejs Kostanda riet mir ab – und den eigenen Gegnern Anlaß zum Jubeln geben .... nein, das auf keinen Fall.

Eine kleine Gruppe von russischen Abgeordneten in der Saeima interessierte mich mehr und mehr. „Alt-Kommunisten" .... so hieß es, und so war es wohl auch. Alfred Rubiks, in der Sowjetzeit Bürgermeister Rigas, war ihr Chef. Gewählter Abgeordneter der Saeima – aber im Gefängnis, in der Revolution von meinem Freund Odisejs Kostanda verhaftet.

Ich kann nicht mehr genau sagen warum: Aber diese Gruppe weckte deswegen meine Neugierde: 1. „Außenseiter" wie ich. 2. Ich wollte von eingefleischten Kommunisten hören, warum sie Kommunisten waren und es geblieben sind. Selbst hören – und auch meine Meinung sagen. Mit meiner „Lettischen Unabhängigkeits-Bewegung LNNK" hatte ich gebrochen, machte das, was ich für richtig hielt. Die paßten mir nicht, weil sie längst ihre Ideale persönlicher Gier untergeordnet hatten – und die waren froh, daß der „Störenfried" nicht mehr bei ihnen war. Odisejs empört: „Schweine. Erst haben sie dich gebraucht, jetzt störst du." Plötzlich waren wir vier Abgeordnete, eigene Gruppe im Parlament, nichts ahnend, daß daraus bald eine große Partei wachsen sollte. Aber zunächst „meine" Kommunisten. Zwei aus der ebenfalls kleinen Parlaments-Gruppe gefielen mir: Eine russische Juristin aus Latgallen und Fraktions-Chef Strogonovs. Also kurzum: Ich marschierte in die Fraktion der Kommunisten .... und wurde freundlich empfangen. Sie hielten mich ohnehin für „links". „Sozial" oder „sozialistisch" ...., so genau wurde das in der lettischen Anfangs-Demokratie nicht gesehen. Ich stand auf der

Seite der Armen, der Kinderreichen, der Rentner. Das „paßte", adelte mich in ihren Augen wohl zu einer Art „Gefolgsmann" der Roten .... wäre da nicht meine Sympathie für die alten „Legionäre" gewesen, einst lettische Soldaten der Waffen-SS. Hitler hatte es so befohlen: Nur dort durften sie dienen. **Nur** dort. Völlig unbefangen erklärte ich den Kommunisten, was ich unter Demokratie und unter „sozial" verstehe – und wie ich mir den Aufbau des Landes und den „sozialen Unterbau" vorstellen würde. Philips Strogonovs klatschte höflich Beifall, die anderen folgten ihm. Zwei politische Welten waren aufeinander getroffen – aber ein „menschlicher Funke" übergesprungen. Meine Schwester entsetzt. 10 Jahre Sibirien – Schuld der Kommunisten. „Und du gehst da hin."
Warum soll ich nicht auch diese Worte sagen? Da gab es Einst-Kommunisten im Parlament, die „über Nacht" Demokraten geworden waren, nun bei katholischen Prozessionen in Latgallen geweihte Fahnen in der ersten Reihe trugen. Da die alten Kommunisten, auch unter Stalin gelitten. Aus welchen Gründen auch immer: Sie glaubten immer noch an „ihren Kommunismus". Eigenartig, daß ausgerechnet ich das sage: Für mich waren sie ehrlicher als die „Über-Nacht-gewordenen-Demokraten" .... und mein Ziel: Es wird mir gelingen, sie davon zu überzeugen, daß der Nation mit „sozialer Marktwirtschaft" mehr gedient ist als mit „ihrem" Kommunismus. Illusion? Es war aber so. Tatsache: Mit Philips Strogonovs verbindet mich noch heute eine menschliche Freundschaft. In seinem Wohnzimmerschrank in der schlichten Plattenbauwohnung im latgallischen Ludza bewahrt er einen hölzernen Kasten auf, den ich ihm aus Israel mitgebracht hatte: Darin ein Kreuz aus Olivenholz, Erde aus Bethlehem, Wasser aus dem Jordan und Blätter eines Olivenbaumes vom Ölberg. „Laß dich von Siegerist nicht umbiegen", warnten ihn seine Genossen.
Weniger freundlich entwickelten sich meine Tastversuche in Richtung russisch-orthodoxe Kirche. Schlimme Er-

fahrungen mit der orthodoxen „Kirche“ Rumäniens während meiner Ceausescu-Recherchen, das Wissen der kommunistisch unterwanderten Kirche Rußlands und ein wenig angenehmes Erlebnis mit der „Orthodoxie“ in Jerusalem hatten eine Abneigung gegen die „Schwarz-Mäntel mit Bart“ in mir wachsen lassen.
Rußland, Rumänien .... von den Kommunisten unterwanderte Kirchen, von der KP eingesetzte „Priester“, die Gläubige ausspionierten und verrieten .... zumindest politisch war das für mich nachvollziehbar, lag in der „Logik“ des Kommunismus und der Schwäche der orthodoxen Kirche, deren beste Leute schlicht und einfach umgebracht worden waren. Jerusalem saß tiefer bei mir. Der in diesem Buch schon häufig erwähnte Pfarrer Winfried Pietrek hatte Geld gesammelt. Eine stattliche Summe, Spenden von Kirchgängern, „kleinen“ Leuten. Geld für einen **sehr** profanen – aber ebenso **guten** Zweck. Neue Toiletten an der Grabes-(Auferstehungs)-Kapelle in Jerusalem. Grund: Rund um diese heilige Stätte wird beißender Urin-Geruch im heißen Sommer nur schwach durch Weihrauch überdeckt. Alte, verfallene Toiletten, ohne ausreichenden Abfluß, ohne Lüftung. Peinlich – darüber überhaupt reden zu müssen. Peinlicher für die Orthodoxen, die in der unter den christlichen Religionen „aufgeteilten“ Grabeskapelle ausgerechnet für die Toiletten zuständig sind. Winfried Pietrek lud mich zu der von ihm geplanten Übergabe des Geldes an den orthodoxen Patriarchen Jerusalems ein. Da saß er an einer langen Tafel – eingerahmt von einer Vielzahl orthodoxer „Schwarzkittel“, die mir aus Rumänien als durch und durch korrupt und verlogen in Erinnerung geblieben waren. Fast hochmütig und herablassend hörte der „Patriarch“ sich das „Anliegen“ meines katholischen Freundes an. Murmeln, Beratung, kein freundliches Gesicht wegen des stattlichen angebotenen Geschenks, eher Ablehnung. Und zum Schluß der schneidende Satz des „Patriarchen“: „Nein – es bleibt beim Status quo.“ Im Klartext: Laßt es an einem der heiligsten Orte der

Christenheit gern weiter stinken wie in einer ungereinigten Bahnhofstoilette. Hauptsache – alles bleibt, „wie es immer war". Status quo ....
„Irgendwann schaff' ich es", ... tröstete Pietrek mich und wohl auch sich selbst. Ich machte ein langes Gesicht. Im wahrsten Sinne des Wortes: Sie „stanken" mir noch mehr, die „Orthodoxen".
Und nun plötzlich luden sie mich ein in Lettland – so um die 50 orthodoxe Priester. „Leg sie ab, deine Vorurteile" .... sagte ich mir, ging hin. Gleiches Bild wie in Jerusalem. Langer Tisch, mit den bärtigen Schwarzgewandeten. Aber nicht unfreundlich. Mir zustimmend in meiner politischen Analyse, schließlich aufstehend, Beifall-klatschend. „Vielleicht sind sie doch anders" ...., ging es mir durch den Kopf. Wenn nicht Tage später das Foto in der Zeitung erschienen wäre mit dem Bericht: Siegerist beim KGB. Unter dem abgedruckten Foto die Namen der Priester – und bei fast allen der Zusatz „Mitarbeiter des KGB".
Orthodoxe Freunde der St.-Anna-Gemeinde in „meinem" Jelgava brachten später die Versöhnung mit den „Schwarzmänteln". Sie zeigten mir die bereits gebohrten Sprenglöcher, mit denen die Kommunisten ihre Kirche in Schutt legen wollten. Aufgebrachte Gläubige, anständige Menschen russisch-orthodoxer Religion, waren dagegen in der Kommunisten-Zeit (!) protestierend vor die Kirche gezogen, retteten so ihr Gotteshaus. Heute? Wir sind Freunde geworden, **echte** Freunde, ohne politischen Hintergrund. Ich schenkte zu Weihnachten Federbetten an die Ärmsten der Gemeinde. Sie revanchierten sich mit einer Ikone, in der ein Holzsplitter aus dem Kreuz Christi eingelassen ist .... so sagen sie. Diese Ikone hängt in einer Kapelle, deren abenteuerliche Geschichte ich auf anderen Seiten dieses Buches beschreibe.

Ein „Präsident", ein Geldkoffer und Menschenkauf

Verstehen Sie mich richtig – hochmütig bin ich nie gewesen, möche auch nicht so klingen. Um die Lage richtig zu schildern, muß ich es aber so formulieren: Der Name Siegerist war „Institution" in Lettland geworden, „Begriff", stand für „frech und unerschrocken, unbestechlich, wohl auch mutig, aber schwach in der lettischen Sprache". Klar auch: „Breite Teile des Volkes stehen hinter dem Deutschen." Was mich störte – neben der Sowjetisierung einer ganzen Nation: Die „gebückte" Haltung der Politiker, auch vieler Menschen. Dienern vor denen „da oben", schnell den Kopf einziehen bei Widerspruch, nicht allzu sehr auffallen, „anpassen". Auch hier wieder: Sowjetischer Mensch. Auf der anderen Seite: Total überdrehter Nationalismus, der sich gegen „den Verkauf unserer heiligen mit Blut der Väter getränkten Erde an reiche ausländische Spekulanten" sperrte und so den notwendigen Wirtschaftsaufschwung unmöglich machte. Die unbeweglichen Nationalisten des Landes schadeten nicht weniger als die „Noch-Kommunisten" – zum Teil mehr, weil der bei den Kommunisten begonnene Lernprozeß bei ihnen noch nicht eingesetzt hatte. Mein Weg war ein anderer. Stolz auf die Nation, Stolz darauf, Lette zu sein, mit Freude und Hand aufs Herz Nationalhymne singen, aber am Christentum orientierte, moralische Grundsätze, Schluß mit Korruption und Diebstahl, weltoffen, ein besseres Leben. Vor allem aber: Soziale Marktwirtschaft. Keinen USA-„Kapitalismus", noch weniger Sozialismus aus der Mottenkiste des Klassenkampfes aus einem vergangenen Jahrhundert – vor allem Eigentum. Wie ein Wanderprediger zog ich durchs Land mit meinem Satz „Eigentum ist Eigentum. Es geht auch nicht ein bißchen schwanger. Ganz oder gar nicht. Aber Eigentum verpflichtet." Es wurde noch nicht verstanden. 10 Jahre zu früh oder mehr. Die Menschen jubelten vor Freude, wenn ich den neu gewählten Präsidenten angriff und seine Luxus-Sucht geißelte ....

Inhalte der Politik .... gelangweilte Gesichter. Konnte ich anderes erwarten? 50 Jahre Kommunismus .... „Gesunder Nationalstolz“ .... für eine kleine, lange unterdrückte Nation ..... für mich extrem wichtig. Die lettische Nationalhymne sang ich ohne deutschen Akzent. Und dann die Idee mit dem 18. November. Lettischer Unabhängigkeitstag, Nationalfeiertag. Fast vergessen, zumindest ein wenig „versandet“ in der Erinnerung der Menschen. War ja verboten – 50 lange Jahre verboten.
„Wir machen am Nationalfeiertag ein Feuerwerk der Freiheit“, schlug ich vor – „und ich will selber zu den Menschen sprechen, aber auf Lettisch“ .... übte und übte meine Rede auf Lettisch .... so gut es eben ging. Dann „mein“ erster 18. November mit Feuerwerk. Am alten Schloß in Jelgava wollte ich es haben – in der Stadt, in der meine Verbindungen zu den Menschen am engsten waren. „Hoffentlich kommen mindestens 5000“, ... hoffte ich. Es waren 100 000, die aus der ganzen Nation anreisten. Siegerist-Rede oder mehr das angekündigte Feuerwerk? Wohl mehr Feuerwerk als Siegerist. „Egal“, dachte ich, „Hauptsache, sie erinnern sich wieder an ihren Nationalfeiertag, den 18. November.“ Und mein Freund Siegfried Sylla aus Hamburg, Feuerwerker erster Klasse, legte ein 30-minütiges Feuerwerk hin, das offene Münder, Jubel und Beifallsstürme auslöste. Dazu Händels Feuerwerksmusik über Riesen-Lautsprecher. Ich mußte mich wehren, um nach meiner Rede nicht auf Schultern aus dem Schloß getragen zu werden, was ich nicht wollte und was mich abstieß. „Er hätte das Geld fürs Feuerwerk besser den Armen geben sollen“, sagten die Gegner. „Aber es war schön“, ... die Menschen. Was war richtig? 1. Mein Freund Sylla hatte das Feuerwerk „spendiert“. 2. Ein Feuerwerk für Menschen, die nur grau in grau kennen, ist wie eine blühende Rose in der Wüste, läßt zumindest für 30 lange Minuten die eigene Not vergessen. 3. Ausgerechnet „der Deutsche“ trug dazu bei, daß sich Lettland wieder auf den 18. November besann. Das sage ich gern: Noch heute bin ich **darauf** stolz.

Ein „Unglück" war für mich der neugewählte Präsident. Er trug zwar den Namen eines Großonkels, den die Menschen liebten, der vor der Sowjetzeit Präsident des Landes gewesen war. Aber es war halt nur der Name. Mehr nicht. Natürlich hatte ich als Abgeordneter im Parlament bei der Präsidentenwahl gegen ihn gestimmt – und das auch offen gesagt. Meine Stimme ging an einen christ-demokratischen Kandidaten, Exil-Lette aus den USA, der mir geeigneter erschien, allerdings den Nachteil hatte, nur dann im Land bleiben zu wollen, wenn er auch wirklich Präsident wird. Störte mich. Trotzdem geeigneter als der Gegenspieler. Und mir war klar: Ein schwacher Präsident war den meisten Abgeordneten lieber als ein starker. So konnten sie weiter ihre **eigenen** „Geschäfte" machen, die **fast allen** wichtiger waren als die Anliegen einer ganzen Nation. Hier korrigiere ich mich noch heute nicht, nehme **nichts** zurück, bedaure keine Schärfe, die in meinen Angriffen lag. Wäre die Nation politisch „reifer" gewesen .... ich hätte noch schärfer formuliert.

Wie läßt sich Siegerist am besten ausschalten? .... sinnierten die Gegner. Aus dem Parlament hatten sie mich ausgeschlossen. „Zu oft bei den Sitzungen gefehlt" ...., sagten sie, logen nicht. Ich hatte die Schnauze voll von diesem „Parlament", war lieber durchs Land gezogen, sprach mit den Menschen – half, hörte mir ihre Sorgen an, um das „Ohr dicht am Volk" zu haben. Schließlich ein reines Anti-Siegerist-Gesetz im Parlament. Abgeordneter kann nur noch der werden, der die lettische Sprachprüfung oberster Stufe besteht. Was heißt: Ich hätte zwei Jahre nichts anderes machen können als nur Lettisch büffeln, sonst nichts. Für Deutsche ist Lettisch nicht so einfach. Meine Schwachstelle. Nachts träumte ich, hörte immer wieder eine Stimme, die mir sagte: „Runa, runa, runa." Auf Deutsch: Rede, rede, rede.

„Vor allem darf der Name Siegerist nie wieder auf dem Stimmzettel auftauchen." Das war die Hauptangst der Gegner, die deswegen das Gesetz gebastelt und durch alle Abstimmungen gebracht hatten. Was sie nicht ver-

standen – nicht verstehen konnten: Mir lag an einem erneuten Parlaments-Mandat nichts. Gar nichts. Es war nur Last für mich, Zeitvergeudung, Zeit, die ich brauchte – um Not zu lindern. Hört sich „hochgestochen" an, war aber so. Zur Beratung am Eibsee in Garmisch an der Zugspitze hatte ich mich zurückgezogen, mit Odisejs Kostanda und einer klugen Exil-Lettin aus den USA. Idee einer neuen Partei. „Für Lettland." Darunter der Name „Siegerist-Partei". Damit noch deutlicher und ganz oben auf dem Stimmzettel: Siegerist. Nicht ein Name unter Hunderten von Kandidaten. Ohne das Anti-Siegerist-Gesetz wäre die Idee nie geboren worden. Wie oft wachsen in der Politik oder im menschlichen Leben aus vermeintlichen und kurzfristigen „Niederlagen" langfristige Siege .... und ein in Lettland nie gesehener Wahlkampf begann.
Es liegt nicht in meiner Natur, die Flinte ins Korn zu werfen. Was im Kopf sitzt, steuer ich an. Selbst wenn es Jahre dauert. Auch wenn es heißt „unrealistisch". Ludek Pachman, früherer Weggefährte, erst Kommunist, dann durch die Gefängnis-Hölle des tschechischen Kommunismus gegangen und „geläutert", regte sich oft darüber auf, wenn von Grünen, Linken, aber auch CDU-Leuten in den Achtziger Jahren die deutsche Wiedervereinigung als „unrealistisch" abgetan wurde: „Auch die Sehnsucht von Millionen Menschen nach Freiheit ist eine Realität. Wer nicht an Wunder glaubt, der ist kein Realist." Ich glaube an Gott, an Engel, an Wunder. Trotzdem: Nicht gewohnte Zusammenarbeit mit „sowjetischen Menschen" in Lettland war für mich eine Qual, ließ „Wunder" vergessen. „Warum tust du dir das an?" Die Frage stellte ich mir mehr als nur einmal. In Deutschland großartige Aufgabe als Vorsitzender der „Konservativen", 12 geschriebene Bücher mit hohen Auflagen hatten mir Wohlstand gebracht, privat ohne Kummer. In Lettland täglich Ärger, meine Finanz-Rücklagen schmolzen ...... keine schöne Zeit. Aufgeben konnte ich nicht, wäre mir vorgekommen wie ein Verräter. Hoffnung geweckt – wieder abgesetzt,

zurück ins bessere Leben, Ideale verraten, nicht durchgehalten, Menschen und neu gewonnene Freunde im Stich gelassen. Dann die mit Spannung erwartete Wahl zur 6. Saeima. Erstmals angetreten als „Siegerist-Partei". Was soll ich lange reden? Ein gewaltiger Wahlerfolg. Auf Anhieb zweitstärkste Partei im Lande. War nicht so gut von mir, verkneifen konnte ich es mir nicht: Am Wahlabend winkte ich mit einem Bund Bananen in die Fernseh-Kameras, wollte mit Bananen zeigen: „Ihr kommunistischen Strolche – schreibt, was ihr wollt. Ich habe es trotzdem geschafft."
In den westlichen Medien wurde die Liste der „Siegerist-Partei" als eine Liste „unterpriviligierter Letten" dargestellt. Das Gegenteil richtig. Vom evangelischen Probst bis zum Wirtschafts-Professor, vom Theater-Direktor und Filmemacher bis hin zum Historiker, Diplom-Landwirt, Uni-Professor .... keine andere Liste im Land konnte fachlich besser qualifizierte Leute aufweisen. In ländlichen Gebieten hatten bis zu 40 % der Wähler für „mich" gestimmt, obwohl ich selber gar nicht auf der Liste stand. Dafür aber der Name „Siegerist-Partei". Koalitions-Verhandlungen: Ich wollte den anderen zuvorkommen, war gegen die Nationalisten und die regierenden Freimaurer-Liberalen, die sich „Lettischer Weg" nannten – aber alles andere als „liberal" waren. Links und rechts. Begriffe, die in Deutschland einigermaßen einzuordnen sind. Weniger in Lettland. Noch in der Wahlnacht Kontakte zu ebenfalls ins Parlament gewählten Gruppen, die „links" von uns standen. Rechnerisch stand die Koalition. Zwei Stimmen Mehrheit. Das Wirtschafts- und Sozialressort strebte ich an, stellvertretender Ministerpräsident. Wirtschaft und Soziales – ich wollte es koppeln. Idee: Eine gute Wirtschaftspolitik ist die beste Sozialpolitik. Es kam anders. „Abgeordnete" wie Huren, verkauften schamlos ihre Stimme, brüsteten sich sogar damit: „75 000 Dollar war meine Stimme wert." „Helmut Kohl nicht unbeteiligt", ... hieß es im Umfeld des lettischen Präsidenten. Angst von CDU-Chef Kohl, daß das lettische Beispiel mit

Siegerist auf Deutschland übergreifen konnte? Stichwort „Konservative Partei, Veränderung der Parteienlandschaft in Deutschland“. Ich glaube, daß es so war. Wie auch immer: Unsere Koalition stürzte zwar noch den Parlaments-Präsidenten der „alten Garde“ .... zur Regierungs-Mehrheit reichte es nicht mehr ganz. Eine Stimme fehlte. Aus der „Traum“. Erst Jahre später begriff ich, daß es gut war. Ich hätte es nicht überlebt, weil ich zu Kompromissen mit Kriminellen nicht bereit war. Etliche lettische Politiker hatten sich schamlos bereichert, gerafft, gehortet .... was auch immer. Mit der von mir anvisierten „Anti-Korruptions-Polizei“ wollte ich diese Sippschaft nach der Regierungsbildung verhaften und einsperren lassen. So lange, bis sie das gestohlene Geld der Menschen wieder rausgerückt hatten. Idealistische Spinnereien eines „Träumers“, der von sauberer Politik ohne Korruption und Diebstahl träumte. Ein Traum – mehr nicht. Ich hätte es wissen müssen, wollte es nicht, hatte die Augen verschlossen, konnte auch nicht nachvollziehen, daß gewählte Parlamentarier ohne Scham Geld annahmen, sich verkauften wie Straßendirnen. „Was sagen die zu Hause ihren Frauen, ihren Kindern?“ fragte ich Egils Ziednis, meine „rechte“ Hand in der Partei. „Joachim, du bist in Lettland“ ...., tröstete Egils.
Eine seltsame „politische Zusammenkunft“ in Daugapils (früher Dünaburg) kam in Erinnerung. Freunde hatten mich gebeten: „Joachim, sprich da vor russischen Geschäftsleuten. Sie wollen den Deutschen sehen, mit ihm sprechen.“ „Politische Versammlung“ in einer finsteren Nachtbar. Zuhörer: Aufgedonnerte, grell geschminkte „Schönheiten“, wenig freundlich blickende Begleiter. Klar auf den ersten Blick: Russische Mafia. „Was soll ich bei diesen Scheiß-Typen?“ fragte ich empört den mich begleitenden und weniger entsetzten Odisejs: „Joachim. Rede einfach. Egal was. Motto: Laß uns leben, dann lassen wir dich leben.“ Ich redete. Menschenleben zählen nicht immer viel im Osten. „Lieber Gott, ich danke dir, daß ich nicht die Regierung stellen konnte.“

Da stand sie nun, die große Partei. Siegerist Parteichef, Odisejs Kostanda Fraktionschef, hätte so viel machen können .... wenn. Menschen können schwach sein. Geld stinkt nicht. Trotzdem immer noch genug, um ein deutliches Wort bei der bald anstehenden Präsidenten-Wahl mitreden zu können. Was für Szenen spielten sich da ab ....
Ich war nach Hamburg geflogen, wollte ein wenig „verschnaufen". 22 Uhr. Klingeln an der Haustür. Ein Blick aus dem Fenster: Parkender silberner Mercedes 600 auf der Straße. Russische Stimmen über den Haus-Lautsprecher. Ich öffne. Zwei Männer. Einer Lette, der andere Russe. Der Russe: Kleiderschrank, silbernen Koffer in der Hand. Der Lette: Unangenehm, „schmierig". Kurze Vorstellung. Bitte um ein „wichtiges" Gespräch, nicke unwirsch, seh' auf die Uhr, aber akzeptiere. Keine langen Umschweife: Silberkoffer aufgemacht. „2 Millionen US-Dollar", sagt der Lette. „Es gehört Ihnen, wenn Sie bei der Präsidentschaftswahl Ihren Kandidaten, Professor Liepa, zurückziehen und für unseren Mann stimmen." Den Namen nenne ich nicht. Jeder in Lettland weiß, wer gemeint ist. Ein kurzes und sehr „deftiges" Gespräch. In diesem Moment hätte ich gern eine ganze Mannschaft von „Leibwächtern" gehabt. Noch in meiner Wohnung wäre der „Besuch" verprügelt und anschließend die Treppe runtergeworfen worden. Vor Journalisten sagte der „Schmierige" später: „Ein dummer Mensch, der Deutsche, versteht unsere Mentalität nicht."
„Das ist normal in Lettland", klärte Odisejs Tage später in Riga auf – kurz bevor mich einer der wichtigsten Minister des Landes zu einem Gespräch ins „Hotel de Rome" eingeladen hatte .... Zentrum der Stadt, gegenüber der Freiheits-Statue. Ein großer, schlanker Mann. So meine Erinnerung. Groß ja – aber plötzlich nicht mehr so schlank. Fragend sah ich meine zwei mitgebrachten Assistenten an ..... auch die ein wenig irritiert. Das Jacket meines Gesprächspartners schien von innen aufgepolstert zu sein, ausgestopft, machte ihn dicker, breiter. Er kam schnell „zur Sache", fragte auf Lettisch: „Herr Siegerist,

was **kostet** bei Ihnen ein Abgeordneter?“ So schlecht war mein Lettisch nun auch wieder nicht. Ich verstand. Zumindest sprachlich. Aber nicht mehr – ließ sicherheitshalber noch einmal übersetzen: „Herr Siegerist, was **kostet** bei Ihnen ein Abgeordneter?“ Dann Kratzen im Inneren des Jackets. „Polsterung“ kam zum Vorschein. Dollars. Hatte mich immer noch nicht dran gewöhnt, blickte wohl ziemlich dämlich aus der Wäsche, bekam die Antwort: „Sie sind hier nicht in Deutschland. Wir leben in Lettland.“ An Verprügeln und Treppe-Runterwerfen dachte ich nicht. Die Hand zum Abschied gab ich nur ungern. Die noch nicht gekauften Abgeordneten „meiner“ Partei stimmten für Professor Liepa, einen hochanständigen und absolut sauberen Mann, dem ich noch heute in Freundschaft verbunden bin.

Ein Eichen-Kreuz, ein Folterkeller, ein Grab

Nein – ein Deutschen-Freund, das war er nicht: Karlis Ulmanis, letzter lettischer Präsident vor der russischen Okkupation des Landes. Und Demokrat? Nach heutigen Maßstäben sicherlich nicht. Trotzdem: Für Lettland war er ein guter und großer Präsident. Daran hatte ich keinen Zweifel. „In die sichere Schweiz“ wollte Stalin ihn bringen .... als russische Panzer in Riga einrollten. Aus der „Schweiz“ wurde Rußland, Sibirien ...., und als die Deutsche Wehrmacht weiter und weiter vorrückte, schließlich Turkmenistan. Amis, Engländer, Franzosen .... sie ließen Stalin gewähren. Politische „Freundschaft“ zu Stalin wichtiger als Protest wegen Ulmanis, England-Freund, Jahre in den USA Landwirtschaft studiert. Kampflos hatte Ulmanis die Rote Armee nach Lettland einmarschieren lassen, wollte Land und Menschen vor der Vernichtung schonen. Richtig? Ich glaube nicht. 50 Jahre Kommunismus zerstörten das Land stärker als ein Krieg. Und Menschen schonen? Stalins Gulag vernichtete Zehntausende von Letten .... und mehr. Aber hinterher ist jeder schlauer. Nur:

Die Finnen waren anders, kämpften gegen die Sowjets, von denen auch sie überfallen worden waren, hatten den Respekt der Welt auf ihrer Seite – und obendrein die Freiheit gerettet.
Karlis Ulmanis war für mich ein lettisches Symbol der Unabhängigkeit und des lettischen Wohlstands. Nie zuvor und nie danach ging es dem kleinen Lettland besser als unter diesem Präsidenten.
So viel wußte ich: In Turkmenistan war er in einem KGB-Keller entkräftet „krepiert", nicht gestorben. Stalins Gegner starben nicht, er ließ sie „krepieren". Schwer krank, abgemagert, wahrscheinlich Lungenentzündung. Einst kräftig, groß, stattlich. Schließlich ein gebrochener Mann. Ein besoffener, russischer Totengräber steckte die Leiche in einen Sack, schleppte sie nachts auf den Friedhof. Eingebuddelt. Aus. Kein Stein, kein Kreuz. Nichts. Ein Präsident oder ein toter Hund. Gab es für Stalin den Unterschied? Ein lettischer Politiker, der außer dem Namen seines Verwandten nichts von ihm an sich hat, ließ in Turkmenistan angeblich nach den Knochen von Karlis Ulmanis suchen. Ohne Erfolg. „Expeditions-Teilnehmer" verrieten mir: „Der hat gesoffen, Weiber-Kontakte gehabt und im Kaspischen Meer gebadet. Aber die Knochen des toten Präsidenten gesucht ......?"
Eine Schande, wie die Nation mit dem Andenken an Karlis Ulmanis umging. Eine große Expedition mit Hilfe der Deutschen Kriegsgräberfürsorge, die in Lettland großartig arbeitet, hätte gute Chancen gehabt, die sterblichen Überreste des toten Präsidenten zu finden. Aber es gab kein **echtes** Bemühen. Rückführung der Knochen des Präsidenten – zu erkennen an der ungewöhnlichen Kopfgröße 61 und Röntgenbilder des Gebisses. Zumindest „gute Chancen" ....., wie mir die Kriegsgräberfürsorge bestätigte. Ich bot an: „Bei der Finanzierung einer neuen Expedition werde ich helfen, deutsche Spender gewinnen." Die Rückführung der sterblichen Überreste dieses großen Mannes in seine lettische Heimat. Wäre damit die ganze Erbärmlichkeit seiner „politischen

Nachfolger“ nicht allzu deutlich geworden – ahnten oder wußten die es nicht auch ......?
Der „Friedhof“, auf dem die Leiche verscharrt worden war ..... nicht unbekannt. Nicht einmal einen simplen Gedenkstein hatten sie dort bei ihrer „Expedition“ aufstellen lassen. Ich schämte mich für sie, wollte es so nicht hinnehmen. Und ausgerechnet „der Deutsche“ schickte ein Voraus-Kommando zur Erkundung nach Turkmenistan, brach Monate später selber auf: Mit Odisejs Kostanda, dem lettischen Studenten Helmut Salnajs und einem lettischen Ex-Offizier der Roten Armee, gedient in Turkmenistan ..... reichlich Kontakte „vor Ort“.
Im Reisegepäck ein schweres Holzkreuz. Etwa zwei Meter hoch. Massive, lettische Eiche. Am Kreuzbalken ein Porträt von Karlis Ulmanis aus Emaille eingelassen. Dazu eine bronzene Gedenktafel. Inschrift lettisch, russisch, deutsch, erhabenes Porträt. Kreuz für den Friedhof, Gedenktafel für das Haus mit einstigem KGB-Keller, heute Postgebäude.
Ein großes, schweres Kreuz beim Zoll am Flughafen in der turkmenischen Hauptstadt Asghabad! Moslemisches Land – transportiert von der LUFTHANSA. „Ein Verkehrsschild“, ließ ich den erstaunt auf's gut verpackte Kreuz sehenden Zoll-Mann wissen. 100 US-Dollar über den Tisch geschoben – und er „glaubte“. Kreuz im Land. Gedenktafel auch. Erstes Ziel erreicht. Ein russischer Ingenieur aus den alten Ölanlagen nahm uns in Empfang: Sascha. Sein Sohn dazu. Großartige Menschen, habe immer noch im Kopf, sie nach Deutschland einzuladen. Den Todeskeller wollte ich sehen – noch vor dem Friedhof. Quietschend wird eine verrostete Eichentür geöffnet. Drinnen gestapelte Bücher. „Die glorreiche Zukunft der sowjetischen Jugend in Turkmenistan“ .... auf einem halb-vergammelten Titel. Muffig. Kleine, dunkle Gänge. Von Zellen nichts mehr zu sehen. „Nicht weiter gehen“, werden wir gewarnt, „Einsturzgefahr.“ Ein schäbiges Kellerloch. Hier ist er gestorben – der Präsident eines kleinen, aber stolzen Landes. Ich hatte es mir ähnlich vorgestellt. Trotzdem: Geschockt und erschüttert.

Diese Gedenktafel für den im Keller „krepierten" Präsidenten Ulmanis ließ ich am Todeshaus anbringen. Lettisch, englisch, deutsch, russisch. Turkmenistan. Eine abenteuerliche Reise.

Der Friedhof erst: Rote Erde, vergammelt, mehr Sowjetsterne als Kreuze auf den „Grabmalen", grell-bunte Plastikblumen als Schmuck. Buddelnde Russen, die Knochen ausgraben, in mitgebrachte Pappkartons und Plastiktüten stecken. „Die Knochen ihrer Lieben", klärt Sascha uns auf. „Wir Russen sind hier nicht mehr gern gesehen, gehen zurück in die Heimat. Aber die Knochen vom Friedhof nehmen wir mit. Sie sollen im Schoße Mütterchen Rußlands ihre letzte Ruhe finden."
Einfache, russische Menschen graben nach den Knochen ihrer Vorfahren, Familien-Mitglieder, bringen sie „nach Hause". Für einen hier ruhenden Staatspräsidenten war nicht ein Spaten Erde bewegt worden .... „Wo liegt er, wo hat der besoffene Totengräber ihn eingebuddelt?" Natürlich wollen wir es wissen. „Vielleicht dort", ... meint eine alte Babuschka, die den Totengräber noch kannte. Wir sind keine Spezialisten, haben auch nicht das Recht zu graben. Was können Laien da schon ausrichten? Aber das können wir – und das war auch das Ziel der Reise: Eine würdige Gedenkstelle schaffen. Die heiße

Sonne Turkmenistans stört uns nicht. Odisejs, Helmut, ich – wir arbeiten Stunde um Stunde. Sascha und Sohn helfen, moslemische Kinder sehen überrascht auf's Kreuz, schleppen Sandeimer heran, Steine. Eine würdige Gedenkstelle für den toten Präsidenten. Auch wenn wir fast allein sind: Ein wenig feierlich soll es schon sein. Auf einem Transistor-Radio spielen wir die lettische Nationalhymne „Gott segne Lettland", halten die lettische Fahne über das „Grab". Als wir abreisen – verbunden in dem Gefühl: Wir haben was Gutes getan, etwas längst Überfälliges.
Da war noch was in Turkmenistan. Gräßlich. „Moslemische" Toiletten. Bretter in der Erde, Loch in der Mitte. Zielwurf. In der Mitte stehen, Ziel anvisieren. Gefiel mir nicht. Ich verdrückte mich lieber in die Sanddünen am Kaspischen Meer. Dort traf ich häufiger auch Odisejs, verzweifelt ein „ruhiges Plätzchen" suchend. Auch das noch: Schwimmen wollte ich im Kaspischen Meer. Zumindest einmal schwimmen. 14 Grad. Kaltes Wasser. Einige Minuten hielt ich aus, aber nur einige. Als ich durchgefroren ans Ufer kam, empfing mich Saschas Sohn: „Keine Schlange im Wasser?" Ernst gemeinte Frage. Ich hatte es nicht gewußt: Es gibt Wasserschlangen im Kaspischen Meer. Reichlich. „Macht nichts", beruhigte mich der junge Russe ....., „wenn sie auf dich zuschwimmen, mußt du ihnen starr in die Augen sehen und im letzten Moment die Hand vorstrecken. Sie schwimmen dann an Menschen vorbei." Ich hatte keine Lust mehr, im Kaspischen Meer zu schwimmen.

Ein Kreuz aus lettischer Eiche – mit dem Porträt des von Stalin deportierten Letten-Präsidenten Karlis Ulmanis auf einem erbärmlichen Friedhof in Turkmenistan. Das Kreuz schmuggelte ich als „Verkehrsschild" ins moslemische Land. Gemeinsam mit Odisejs Kostanda (links) schufen wir eine würdige Gedenkstätte, moslemische Kinder halfen.

Eine russische Babuschka aus Turkmenistan pflegt noch heute das „Grab" des lettischen Präsidenten. Dieses Thema ist kein Ruhmesblatt für lettische Politiker.

Hunde-Prinzessin: Meine „dicke“ Anna

Lieben Sie Tiere? Wenn nicht – bitte, umblättern. Bis zum nächsten Kapitel. Was jetzt folgt, ist nur für „Zuhörer“ gedacht, die am liebsten jeden Köter auf der Straße streicheln, ihm etwas zustecken oder zumindest ein gutes Wort sagen möchten. Seit der Kindheit gehöre ich zu diesen „Verrückten“. Schäferhunde hatte ich, eine Promenadenmischung – sogar ein Riesen-Ungetüm von ausgesetztem Bernhardiner. Geliebt hab ich sie alle – am meisten „meine Anna“, eine Berner Sennhündin, 45 Kilo schwer. Die Kirchen behaupten „Tiere haben keine Seele“. Glaub' ich nicht. Meine Anna hatte – nein ..... sie war eine Seele. Und was für eine. Berner Sennhund-Mädchen, noch anhänglicher und lieber als Rüden gleicher Rasse. Acht Wochen altes Wollknäuel. Teddybär. Schwarz, braun, weiß. Schon der Anblick allein: zum Verlieben. Für meine alt gewordene Mutter hatte ich Anna angeschafft, sollte ihr Gesellschaft leisten, „Wachhund“ spielen. Mehr spielen als sein. Meine Mutter lebte allein in ihrem Bremer Häuschen. Großer Hund schreckt Einbrecher ab. Außerdem: Ich war gegen einen kleinen Hund. Meine Mutter auch. Erstens waren wir große Tiere gewöhnt und außerdem: Kleiner Hund – große Klappe, provoziert die Großen, lockt sie an .... um die Beine verhedderte Leine, Sturz, alte Frau mit gebrochenen Knochen. Das wollte ich nicht. Auf der anderen Seite: Das große Tier mußte „sanft“ sein, nicht an der Leine reißen, gutmütig ...... trotzdem abschreckend. Kein Hund erfüllt diese Voraussetzungen mehr als ein Berner Sennhund.
Das war die „logische“ Begründung für Anna. Die Begründung des Herzens: Ein Tier ist für alte Menschen besser als psychiatrische Behandlung gegen Einsamkeit. Allein, Kinder aus dem Haus. Natürlich sprechen solche Hunde-Besitzer mit ihrem neuen „Lebenspartner“ .... und sind sicher: Er hört zu, versteht mich. Zur Seite gedrehter Kopf, freundlicher oder trauriger Blick .... welcher Hundebesitzer zweifelt daran, daß „mein Hund jedes Wort versteht ....“?

Nach dem Tod meiner Mutter kam Anna zu mir, und wir verstanden uns prächtig. Jeden Morgen die gleiche Prozedur: „Komm, Dicke – wir machen schönes Mädchen." Und Anna kam, setzte sich in den Flur – linke Pfote hoch, rechte Pfote hoch. Gebürstet. Rücken gebürstet, „Bäuchlein" gebürstet, weiß-wuscheliger Brustkorb, zum Schluß der Schwanz mit dem weißen Tupfer der Sennhunde an der Spitze. Dann „Frühstück". Immer zu wenig. Aufgeschleckert, mich von unten schräg angaffend, mit Hundeblick sagend „Will mehr". Aber statt „mehr" nur die Antwort: „Nein, nein" ..... und los ging es .... das laute, tiefe und empörte Gebelle, wahrscheinlich sagen wollend: „Tierquäler, der du bist. Anzeigen sollte man dich beim Tierschutzverein. Läßt mich verhungern." Dann Alster-Spaziergang. Bei guter Hundelaune mit „Festhalten" an der Hand. Was so viel hieß wie: Ich mußte den linken Arm hängen lassen, meine Anna schnappte Mittel- und Zeigefinger, hielt sie zärtlich-fest in der feuchten Hundeschnauze, lief glücklich neben mir her – „Händchen-haltend". Im Büro erst zu Rosa. Buchhalterin. Anna verteilte ihre Sympathien wie Bundeswehrköche die Suppe: Für den einen mehr, den anderen weniger. Je nachdem. Nach Rosa: „Mudder Damian", dann Murat, schließlich Helmut – um Punkt 9.15 Uhr Sameer. Anna hatte eine eingebaute Uhr und wußte: 9.15 Uhr – Sameer muß zum Postamt fahren, Briefe abholen, Post und Pakete abliefern. Pünktlich wie eine Kirchenuhr schlug Anna an, schimpfte laut mit Sameer – ging es nicht schnell genug, Drücken mit der Nase am Bein, notfalls „peng – eins mit der Tatze". Vorher schnell gelbes Post-Halstuch für Anna. Geschenk des Postamtes „Volksdorfer Straße" für „Madam". Halstuchwechsel. Anna trug natürlich Halstücher, kein ledernes Halsband – war ja „kein Hund" – Prinzessin, „Hunde-Prinzessin". Dann blieb sie vor der Tür stehen, „peilte" erst die Lage: „Fährt Sameer mit dem Lieferwagen zur Post oder mit dem Mercedes-Diesel vom Chef? Entschied Sameer sich wegen vieler Pakete für den Lieferwagen .... Anna im Galopp an meinen Schreib-

tisch: „Sieh' was der Mistkerl mit mir vorhat. Ich im Lieferwagen?" Böses und wieder lautes Gekläff. Armer Sameer. Um Anna zu beruhigen, wurden oft Pakete in den dafür nicht vorgesehenen Mercedes geladen .... und „Fräulein" war versöhnt, setzte sich zufrieden und hoheitsvoll auf die Rückbank, beobachtete die Straße durchs leicht geöffnete Autofenster.
In der Post ein Spezialschrank für Annas „Leckerli". Der Tag hatte gut angefangen, sie ihren Willen bekommen .... und ihre „große, weite" Hundewelt war in Ordnung.
Kläffende Hunde nahm Anna nicht zur Kenntnis, sah einfach zur Seite. Ausnahme: Standen wütend bellende Hunde hinter Zäunen, ging sie langsam und schwanzwedelnd drauf zu, freundlicher Blick „Warum bist du so böse? Ich habe dir doch nichts getan." Manchmal war ich sprachlos, weil sich das immer wiederholte – und sie beruhigte tatsächlich jeden Kläffer. Natürlich müssen „Hunde-Prinzessinnen" baden. Alle 6 Wochen einmal. Ein Kampf. Kaum lief Wasser in die Wanne: Klar für Anna – Deckung. Woher sie wußte, daß die Wanne für sie bestimmt war? Keine Ahnung. War das Badewasser für mich, blieb Anna unbeeindruckt. War es für sie – ab hinter die Couch oder unter den Tisch, ganz, ganz klein machen, nicht rühren. „Vielleicht findet er mich nicht." Brachte nichts. Aber 45 Kilo Lebendgewicht in die Wanne heben. 45 strampelnde Kilo Hunde-Lebendgewicht, empört schnaufend .... nicht so einfach. Das lauwarme Wasser gefiel der Dame, das Rausheben und Abrubbeln mit dickem Frottée noch mehr. Mein „Ohhhh, bist du jetzt ein schönes Mädchen" versöhnte sie, schüttelte sich, daß mein Badezimmer – trotz Abrubbeln – immer wieder ein mittelstarkes Hochwasser durchmachen mußte.
Hunde lieben keine Katzen. Meiner Anna waren Katzen „schnuppe". Sie sah dran vorbei. Besuchte ich Schul- und Katzenfreundin Sonja in Achim bei Bremen, saß an einem Ende eines riesigen Kalbsknochens meine Anna, am anderen Ende knabberte Kater Tommy. Störte Anna nicht.

Meine „dicke Anna“ – Berner Sennhunde sind unglaubliche Tiere. Kirchen sagen „Tiere haben keine Seele“. Meine Anna war eine Seele – und was für eine.

Wurde „Tommy" allzu zudringlich, hob Anna drohend die Tatze – was hieß: Katze, mach dich nicht mausig. Sonst gibt's eins gewischt. Ihre Zähne brauchte Anna nur zum Kauen und zum Hand-Fest-Halten. Das war's.
„Stammplätze" hatte Anna. Die gehörten nur ihr ganz allein. Vor allem im Thai-Restaurant „Baan Thai", Gänsemarkt 50, Hamburg. Hinten links an der Bar auf dem Boden. Der Sitz dort mußte frei bleiben ...... für Anna. Kam Anna und saß doch einer da – drückte sie mit dem dicken Schädel einfach ein Stück weiter: Weg hier. Ist mein Platz. Was hast du hier zu suchen?
„Für Hunde verboten", stand erst am Baan-Thai. „Wenn ich meine Anna nicht mitbringen darf, seid ihr mich los als Kunden." Sanfte Erpressung. Aber Erpressung bleibt Erpressung. Guter Kunde – Schild verschwand. Außer Anna blieben andere Hunde trotzdem unerwünscht. Kam Gast mit Hund: „Bitte, nicht. Hund verboten." Fingerzeig Richtung Bar: „Aber da ist auch einer." Freundliches Thai-Lächeln: „Ja – aber das ist Hund von Chef. Darf." Nur das „darf" stimmte. Mehr nicht.
Anna haßte meinen Koffer. Kofferpacken, verreisen, Herrchen nicht zu Hause. Logische Gedankenkette für Anna. Sah sie den Koffer, legte sie sich in aller Breite quer vor die Tür. Hieß: Ich laß dich nicht raus, mußt mich mitnehmen. Meist nahm ich sie mit. Selbst zu Kongressen der Deutschen Konservativen. Wurde dort ein Referent beklatscht, bellte Anna aus Freude mit, gefiel ihr.
Wenn's um den Hund geht, sind Hundebesitzer nicht immer „tolerant". Ich auch nicht. Wer meinen Hund nicht sehen wollte, sah auch mich nicht. Und ich glaub das wirklich: Menschen, die weder Tiere, Kinder noch Blumen lieben – sind arme und bedauernswerte Menschen, gehen an den liebsten und schönsten Schöpfungen unseres Herrgotts vorbei.
Außer Fressen – das waren die Lieblingsbeschäftigungen meiner Anna: Ich mußte mich in Hamburg an der Alster auf den Rasen setzen, sie sofort ganz dicht daneben, eng an mich gedrückt. Am liebsten „Arm-um-Anna-legen".

Kein Hundemädchen auf der Welt war dann glücklicher als sie. Und Autofahren. Anna liebte „ihr" Auto. Störte sie nicht, wenn die Fahrt 10 Stunden dauerte. Es gab ja „Pausen für kleine Mädchen". Kam ich am Ziel an, weigerte sich Anna oft auszusteigen, „weil Autofahren so schön ist" ...., wie sie mir mit Blicken zu verstehen gab. Anna war dickschädelig. Da half kein Überreden, schimpfen, kein Klapps. Zack – da saß sie, klebte mit ihren 45 Kilo auf dem Sessel fest. Langsam an den großen Pfoten rausziehen. Nicht immer einfach und nicht zur Freude meiner Anna. „Versteck-Spielen" .... herrlich für sie. Am schönsten auf Amrum oder Sylt hinter Sanddünen. Ich muß vorgehen, sie bleibt sitzen. Ich such' Deckung, ruf schließlich „Anna". Und Anna tobt los, glücklich, mich in irgendeinem Sandloch hinter Strandgras aufgegabelt zu haben.
Mai 2001 – schwerer Schlaganfall meiner Mutter. Anna im Haus. Spürt: Es stimmt was nicht. Meine Mutter fast bewegungslos am Boden im Wohnzimmer, unfähig Hilfe zu rufen, akzeptierte natürlich nicht den um den Hals zu tragenden von mir angeschafften SOS-Pieper für den Notfall. Anna bellt, bellt, bellt. Keiner kommt. Nachbarn denken nur: Spielt der Hund verrückt? Meine Mutter auf dem kalten Boden – und Sie müssen es mir einfach glauben – es war so: Anna schleppte in den Zähnen eine Decke ran, runtergezogen von der Couch im Wohnzimmer. Zudecken – das konnte sich meine Mutter noch. Anna bellte so lange und ausdauernd, bis nach Stunden endlich Hilfe kam.

Schwer, wenn die Mutter geht

Was ist die höchste Form der Liebe? Ich hab oft drüber nachgedacht – glaube, daß nur diese Antwort richtig ist: Die höchste Form der Liebe ist es, wenn ein Mensch bereit ist, für einen anderen das eigene Leben zu geben. Christus gab sein Leben aus Liebe zu den Menschen. Die meisten

Mütter würden ihr Leben aus Liebe zu den eigenen Kindern geben. Meine Mutter hätte es getan. Sofort – ohne nachzudenken. Sie war nie eine einfache Frau. Hartes Leben macht zumindest äußerlich hart. Außen ist nicht innen. Meine Mutter lebte ausschließlich für ihre Kinder, machte **alles** für uns. Eine Mutter ist immer da, wenn das Kind sie braucht. Auch dann, wenn das Kind längst kein Kind mehr ist. Für die Mutter bleibt man immer „Kind". Ich kannte meine Mutter nur als sehr starke Frau. Unvorstellbar für mich, daß sie nicht immer stark bleiben konnte. Kam ich zu Besuch, lange Spaziergänge im Bremer „Blockland": Wiesengebiet, weite Felder, alte Bauernhäuser, Kanäle, ein Fluß, Flüßchen. Im letzten Lebensjahr hatte sie oft „keine Lust" für einen Spaziergang, blieb demonstrativ sitzen. Konnte ich nicht verstehen, war extra aus Hamburg gekommen – sie hatte „keine Lust" zum Spazieren. Ich kapierte einfach nicht, daß sie nicht mehr konnte – und sie versteckte ihre Schwäche vor mir, wollte nicht zeigen, daß es ohne Hilfe nicht geht. Natürlich merkte ich es irgendwann. Ein mühsamer Kampf, sie davon zu überzeugen, daß eine Hilfskraft im Haus besser wäre – zumindest zwei bis drei Stunden ...... „besser für Anna". Nur Letztes zog. Aber sie fühlte sich trotzdem eingeengt in ihrer Freiheit. Wie viele Frauen „feuerte" sie .... Ich stellte erneut ein, sie „feuerte" wieder. Dann der Schlaganfall. Wenige Tage vor ihrem 84sten Geburtstag, Mai 2001. Krankenhaus St.-Joseph-Stift in Bremen. Wo sonst? Es ging rapide abwärts, der Schlaganfall hatte das Gehirn betroffen, ein Arm gelähmt, ein Bein gelähmt. Aber „Elfriede" schimpfte mit Schwestern und Ärzten: „Wann komm ich endlich nach Hause." „Ihre Mutter kann jeden Tag sterben", sagten die Ärzte. „Dann bei mir zu Hause, nicht hier im Krankenhaus", ... meine Antwort. „Transport auf Ihr Risiko", wurde ich gewarnt. Ich nahm es auf mich – das „Risiko".

Die nächsten Tage in meiner Wohnung waren schrecklich. Meine Mutter wurde schwächer und schwächer – ihr schwerer Atem und das Röcheln der verschleimten Atem-

organe waren grauenvoll für mich. Grauenvoll, weil ich kaum helfen konnte. „Sie müssen loslassen können", ... riet der Hausarzt .... „Ihre Mutter kämpft nur Ihretwegen, könnte sonst in Ruhe einschlafen." Kaum noch ein klarer Gedanke in meinem Kopf. Nachts legte ich mich auf einer Matratze neben das Krankenbett, wollte sie im letzten Moment auf gar keinen Fall allein lassen. Meine Schwester Karin aus Wiesbaden löste mich ab bei der Krankenwache. Mein Bruder Hans Günter – wenn es sein Beruf zuließ – auch. Ein kurzer Spaziergang allein an der Alster. Wie ein Blitz fuhr es in mich: „Du darfst deine Mutter so nicht sterben lassen. Höre nicht auf den Hausarzt." Ich rannte nach Hause. Marien-Krankenhaus angerufen, Oberin Ansgara verlangt, „Lage" geschildert. „Wir schicken sofort einen Wagen" .... die Antwort. „Sie haben Recht – so muß Ihre Mutter nicht sterben."
Mir soll keiner mehr kommen mit dem Argument von der „schlimmen Apparate-Medizin". Meine Mutter bekam einen „Bauchschnitt", künstliche Ernährung direkt in den Magen ...... und jeder sah es: Die alte Frau blühte wieder auf, gewann ihren deftigen Humor zurück, freute sich über die Besuche der Kinder und über die heimlich ins Krankenhaus geschmuggelte Anna. Apparate-Medizin. Meine Mutter hing an Schläuchen, aber sie lebte – und lebte besser als ohne Schläuche, erzählte jedem stolz: „Spätestens Weihnachten bin ich wieder zu Hause. Es war Juni ...., und ich bestärkte sie im Glauben. Akzeptables Pflegeheim – direkt zwischen meiner Hamburger Wohnung und dem Büro. Ideal für mich. Ich wollte meine Mutter nicht ausschließlich der Obhut fremder Menschen überlassen und hatte gemeinsam mit meiner Schwester Karin beschlossen: „Egal wie lange es dauert: Einer ist immer dabei." Und so blieb es auch. Entweder meine Schwester, ich oder eine „geheuerte" liebe Frau, die meiner Mutter vorlas, weil ich davon überzeugt war, daß so der Geist wach blieb und damit auch der Lebenswille. Und ganz allmählich glaubte ich schon selbst daran: Spätestens Weihnachten. Die künstliche Ernährung per

Schlauch direkt in den Magen wurde weiter gegeben, erste Eßversuche – löffelweise – zusätzlich. „Ich werd' zu dick", protestierte meine Mutter .... und immer wieder: „Wie schön, daß ich Weihnachten wieder zu Hause bin." Die natürlich mitgebrachte Anna wedelte freudig mit dem Schwanz, leckte ihre Hand und meine Mutter war glücklich. Jeder sah es.
20. August 2001. Ich war aus dem Büro ins Pflegeheim gekommen, hatte meine Mutter „bettfein" gemacht, lange mit ihr gesprochen. Sie verstand, antwortete logisch – trotz Gehirnschaden und bereits vorhandener Alters-Demenz ...... wie klar diagnostiziert worden war. Dann wurde sie müde, sehr müde – und in der ihr üblichen Art meinte sie nur: „So – jetzt hau' ab. Ich will schlafen", machte die Augen zu. Auf Zehenspitzen ging ich, schloß die Tür leise. Es war kurz nach 19 Uhr. Gegen 21 Uhr wurde ich angerufen „Ihre Mutter ist eingeschlafen." Es dauerte Jahre, bis sich meine tiefe Trauer legte. Meine Geschwister waren damit einverstanden, daß ich sie auf dem alten Friedhof in Wiesbaden-Bierstadt beisetzen ließ. Elfriede Siegerist, geborene Bierbrauer. Geboren in Wiesbaden-Bierstadt. Ihre Kindheit dort war hart und alles andere als schön. Aber ich wollte, daß sie den Weg zurückfand – und ich denke, sie ist damit einverstanden. „Meine Anna" ......, sie war neben all den schönen Erinnerungen das Liebste, was mir von meiner Mutter noch geblieben war. Sie überlebte meine Mutter um drei Jahre. Lungenkrebs. Ich ließ meine Anna in einem Tierkrematorium verbrennen, Asche in eine Urne. Außer meiner Schwester und einem Freund sah niemand, wo ich sie beisetzte – meine „liebe, liebe, dicke Anna".

Kann ein russischer Panzer fliegen?

Haben Sie auf Fotos oder in Fernsehfilmen schon einmal diese riesigen Ungetüme gesehen? Russische Panzer mit Stern drauf. Rollende Festungen. Alte „Ami-Schlitten"

fressen Sprit wie ein Kettenpanzer .... heißt es. Gemeint sind damit amerikanische Straßenkreuzer aus den Fünfzigern .... die verrückten, die bunten, die mit den überdimensionalen Kotflügeln. Da sind sie wieder, die Fünfziger. Welcher junge Deutsche fand diese Kisten damals nicht toll .... und OPEL ahmte ein wenig „Ami-Look“ nach. OPEL Kapitän, OPEL Admiral. Ami-Schlitten in Kleinformat. Alte russische Panzer fressen mehr Sprit als US-Straßenkreuzer. Noch schlimmer als russische Panzer – alte russische Hubschrauber. Und ausgerechnet dafür entschied ich mich. Ein alter russischer Hubschrauber für den wieder anstehenden Wahlkampf in Lettland. Was blieb mir auch übrig? 1. Es gab keine anderen Hubschrauber im Land. 2. Die Mietkosten hielten sich in Grenzen. 3. Nur so konnte ich in wenigen Wochen ganz Lettland bereisen und mir der Aufmerksamkeit der Nation und Presse sicher sein. Landung auf Marktplätzen. Tat mir leid, daß das rotierende Ungetüm so viel Staub aufwirbelte und winkende Menschen von oben wie Sand-gepuderte Zwerge aussehen ließen.
Auf einem vergammelten Militär-Flughafen in der Nähe Rigas hatte ich das Riesen-Vieh erstmals gesehen, bekam Zweifel, fragte den russischen Piloten: „Kann dieser alte Panzer denn fliegen?“ Meine Schwester Rita sorgenvoll: „Hast du dir das auch richtig überlegt, Joachim?“, stieg trotzdem mutig mit ein. Rita, Odisejs Kostanda und ich – alle anderen zogen das Auto vor. „Moment“, brummte der Pilot – „gleich geht's los“, lehnte eine Leiter an den Hubschrauber, stieg hoch bis zu den „Drehblättern“, „kloppte“ mit einem schweren Vorschlaghammer mehrmals kräftig drauf – und tatsächlich: **Ganz** langsam .... aber **ganz** laut: Flapp, flapp, flapp .... die Dinger bewegten sich wirklich. Schon auf halber Strecke ging der Sprit aus. „Macht nichts“, strahlte der Russen-Pilot, landete auf einem verlassenen Militär-„Flugplatz“ aus der Sowjetzeit. Keine Menschenseele da. Und wieder: „Macht nichts“, greifen nach einer Brechstange. Kein Mensch da – aber Tanks waren da, noch gut gefüllt. „Knack“ mit der

Brechstange „sanft“ geöffnet. Hubschrauber-Tanken auf Russisch. „Kloppen“ mit Hammer auf Rotoren – es ging weiter. Wahlkampf in Lettland.
Die mangelnde Phantasie der politischen Gegner spielte mir in die Hände. Die sonnten sich im Glanz des „erworbenen“ Wohlstands, fuhren in westlichen Luxus-Karossen in ihre Wahlveranstaltungen – begleitet von Eskorte mit Blaulicht und Leibwächtern. Ich „schwebte“ per Hubschrauber ein. Die ersten Seiten der Zeitungen waren mir sicher. Trotzdem: Ich hatte die Lust an lettischer Politik verloren. Nicht meine Welt, zu Kompromissen mit dem „homo sowjeticus“, der sich in der Politik besonders wohlfühlt, nicht fähig. Außerdem: Der tägliche Abgeordnetenkauf hatte mich ernüchtert. Es war wie auf dem Wochenmarkt. Keine Scham, keine Skrupel. Mandat – wie Ware. Wer am meisten bietet, kann zugreifen. Ich wollte aussteigen .... aber immer noch Skrupel: „Nicht die Menschen hängen lassen, durchhalten, keine Hoffnung enttäuschen. Wem sollen sie dann noch glauben.....wenn auch du einfach bye, bye sagst .... „aus .... das war's“. Ich hielt durch – aber eine Hintertür offen. Meiner „rechten Hand“ in der Partei, Egils Ziedins, hatte ich anvertraut: „Wenn zum Nationalfeiertag am 18. November weniger als 100 000 Menschen in meine Veranstaltung und zum Feuerwerk kommen, sehe ich das als Signal. Ich werde Odisejs weiter helfen, aber aussteigen. Wenig Leute – das heißt: Die Menschen haben die Schnauze von mir voll.“ Offenbar hatten sie's nicht. Es kamen rund 140 000 – und wieder war ich gefangen. War nichts mit aussteigen. Das Aus kam in der Wahlnacht. Von ganz oben – nach ganz unten. Kaum noch 2 Prozent der Stimmen. Abertausende von Menschen bei meinen Veranstaltungen. Selbst im kleinsten Provinznest brechend volle Säle, begeisterte Stimmung. „Manipuliert – ganz klar manipuliert“ ...., entrüsteten sich lettische Freunde. Ich schwieg. Unglücklich war ich nicht, übernahm die Verantwortung für die Wahlniederlage, die sich „auf

mich allein“ bezog, trat zurück als Parteivorsitzender. Wahlsiege sind einfach zu feiern. Anständig durchhalten in der Niederlage ist schwer. Aber ich hielt durch, trat vor höhnisch und schadenfroh klickende, summende Kameras. Odisejs tauchte ab, soff Wodka. Nur dieses eine Mal stritt und schimpfte ich mit meinem besten Freund in Lettland, diesem unerschrockenen lettischen Schlachtroß. Letzte Sitzung der verbliebenen Fraktion – die Treuesten, die nicht Aufgekauften. Meine gute Janina Kusnere, Schriftsteller Maulins mit seinen abgehobenen Ideen, aber unbestechlich und entwaffnend ehrlich, der blonde Riese Edmunds Grinbergs mit dem freundlichen Kindergesicht, die treuen Sekretärinnen, Assistenten. Ich glaube, daß es für diese guten Menschen schwerer war als für mich, und sie taten mir wahnsinnig leid. Aber sie trösteten mich. „Wahlergebnis überprüfen“ .... immer wieder. Ich hatte längst abgeschlossen, war fast erleichtert. Zentnerlasten plumsten. Drei Tage später: Madeira, Lieblingsziel. Verdiente Pause nach rund 10 ungewohnten, geliebten, gehaßten, kämpferischen, helfenden und lehrreichen Jahren. Bedauert hab ich die Zeit nicht.

Siegerist tauchte ab aus der lettischen Politik. Zwischendurch immer wieder gedrängt: „Kandidiere als Bürgermeister in Jelgava. Die Menschen wählen dich sofort.“ Es gibt Schöneres, als Bürgermeister von Jelgava zu sein. Ich zog Bilanz. Was war geblieben? Will ich mich nur trösten damit – oder war es wirlich so:

1. Ich hatte den Menschen gezeigt, daß „die da oben“ angegriffen werden dürfen. Sowjetzeit, Kritik, Lebensgefahr – vorbei.
2. Ein bißchen mehr Demokratie ins Land gebracht.
3. Stolz auf die Nation geschürt, Schluß mit dem gebogenen Rücken, Nationalfeiertag wachgeküßt, mit Stolz in der Welt sagen: „Ich bin Lette.“
4. Gezeigt, daß Politik mehr sein kann als nur Diebstahl, Selbstbereicherung, Betrug. Da sein für den Menschen. Hauptaufgabe eines Politikers.

5. Ein wunderbares Bauwerk hinterlassen – die Soldaten-Versöhnungs-Kapelle in Jaunsvirlauka. Meine beste Hinterlassenschaft im Land. Sie wird mich und meine Ideen überdauern. Das mit der Kapelle fing so an:

Anfang des Kapellenbaus. Ich auf den Grundmauern eines alten Viehstalls, gab die Losung aus: „Die Sowjets haben aus Kirchen Viehställe gemacht, wir machen aus einem Viehstall eine Kapelle. Auch die erste Kirche der Christenheit war ein Viehstall – Bethlehem."

Richtfest der Kapelle, die heute fast ein Wallfahrtsort geworden ist. Ein riesiges Bernsteinkreuz ziert den Altar. Einmal im Jahr – 15. August – versammeln sich hier einstige deutsche, lettische und russische Soldaten zu einem Versöhnungs-Gottesdienst. Finanziert wurde der Bau durch DIE DEUTSCHEN KONSERVATIVEN e.V. und deren Förderer.

Meine lettische Schwester Rita (links) und meine deutsche Schwester Karin – ich „mittendrin“. Im Hintergrund „das Beste“, was ich in meinem Leben schaffte. Die Soldaten-Versöhnungs-Kapelle in Lettland.

Eine kleine Kapelle und ihre schöne Geschichte

Ja – das war wirklich schrecklich für mich in Lettland – was ich sah. Ich besuchte viele Krankenhäuser, hatte Unmengen von Medikamenten, Geräten, Spritzen, Verbandsmaterial und wer weiß was besorgt. Millionen-Werte. Alles in Deutschland zusammengebettelt – und die Deutschen gaben gern für das deutsch-freundliche Ländchen. Materiell konnte ich helfen. Aber da war er wieder – der sowjetische Mensch. Vor Scham wäre ich manchmal lieber im Erdboden versunken, als weitere Krankenhaus-„Visiten“ mitzumachen. Anklopfen an die Tür des Krankenzimmers? Nicht üblich. Tür aufgerissen, reinmarschiert. Patienten ohne Namen. Nummern. Egal, ob der Kranke gerade gewickelt wurde, auf dem Nachtstuhl saß – egal ob Männlein oder Weiblein. Die sowjetische Degradierung des Menschen zur Nummer und damit das Zerstören seiner Würde ...... manchmal hätte ich meine „lieben Letten“ erdrosseln können, daß sie **das** aus der Sowjetunion übernommen hatten. Ich vermittelte lettischen Ärzten Praktikumsplätze in deutschen Krankenhäusern .... in der Hoffnung, auch innere Einstellungen zu ändern. Konnte in wenigen Wochen gelingen, was in 50 Jahren angenommen und als „normal“ empfunden wurde?
Und dann so viele traurige Kirchen. Kathedralen – jetzt Chemie-Lagerhallen, Auto-Reparatur-Werkstätten. Einst prächtige Gebäude zur Verherrlichung Gottes – jetzt schäbige Viehställe. „Religion – Opium für's Volk.“ Krankenhaus und die Kirchen. Diese Bilder taten weh, schockten zutiefst. Was kann Politik aus Menschen machen?
Durchatmen konnte ich in Jaunsvirlauka, hatte das Erbe meines Vaters angetreten, zerstörte Gebäude neu aufgebaut, alte renoviert. Kohl und Waigel hätten vom kleinen Lettland lernen können. Das von den Sowjets gestohlene Eigentum erhielten die einstigen Besitzer oder deren Nachfahren zurück. Kein Schaden für Lettland. Im Ge-

genteil. Deutsche Schande in einer Demokratie – anders kann ich es nicht nennen, was Ex-Kanzler Kohl und Ex-Finanzminister Waigel mit von Ulbricht gestohlenem Eigentum machten.
Da stand ich auf dem alten Familiengrundstück in Jaunsvirlauka. Neben mir Freund und Weggefährte Uwe Hempen, Vorstandsmitglied bei den Konservativen, Kollege von BILD und HÖRZU aus „vergangenen“ Zeiten. Wir blickten auf die Überreste eines alten Viehstalls auf dem von mir erworbenen Nachbargrundstück. Viel geblieben war da nicht mehr. Nur einige Grundmauern. Schwere und schöne Felssteine. „Joachim – da müssen wir eine Kapelle bauen“....., sah mich an – und meinte: „Ich habe vor einigen Tagen allein hier gestanden. Irgendjemand hat mir eingeflüstert – baut eine Kapelle.“ Ich mußte nicht überzeugt werden. „Die Sowjets haben aus Kirchen Viehställe gemacht. Wir machen aus einem Viehstall eine Kirche.“ Bedenken von anderen wischte ich energisch zur Seite: „Die erste Kirche der Menschheit war auch ein Viehstall in Bethlehem“ ...... und ein kleines, aber wunderschönes Gotteshaus wuchs aus dem Boden.
Einen Begegnungs- und Versöhnungsplatz wollte ich schaffen – in erster Linie für ehemalige Soldaten aus dem Zweiten Weltkrieg. Soldaten der Deutschen Wehrmacht, egal ob Lette oder Deutscher, egal ob Waffen-SS oder andere Einheit ...... egal ob Russe und Rotarmist. Zur Einweihung kamen Hunderte. Letten, Russen, Deutsche, Juden. Einige in Uniform. Alte Kriegsorden. Orden von Stalin, Orden von Hitler. Störte mich nicht. Die alten Soldaten auch nicht. Haß und Krieg .... weit zurück. Ein russisch-orthodoxer Priester weihte das geschaffene Kirchengebäude gemeinsam mit einem evangelisch-lutherischen Pfarrer ein – dazu aus Deutschland Pfarrer Winfried Pietrek, katholisch. 15. August 2000. Maria Himmelfahrt. An den Wänden der Kapelle Hunderte von Gedenktafeln aus Ton. Namen gefallener Soldaten, Namen von Spendern, die beim Bau der Kapelle geholfen

hatten. „Kapelle" untertrieben – „Kirche" zu hoch gegriffen. Ein Mittelding. Sitzplätze für etwa 60 Personen. Reservebänke – wenn es voller wird. Und es sollte oft **sehr** voll werden.

Die Kapelle gebaut aus „lettischem Material": Steinfliesen, viel Holz, schwarzer Granit am Altar. Eine wunderbare Glocke im Glockenraum. Claus von Aderkas, deutsch-baltischer Pfarrer, hatte sie durch Zufall entdeckt – in einem Antiquitätengeschäft in Hannover. **Mich hat gemacht: A. Hetzel. Riga. 1793:** Die erhabene Inschrift. Vermutlich von Deutsch-Balten bei der Aktion „Heim ins Reich" mitgenommen, vor den Sowjets gerettet. Pastor von Aderkas zeigte sie mir stolz im Keller seines Hauses in Bremen. Und natürlich kam es, wie es kommen mußte: „Die gehört zurück nach Lettland, muß in unsere Kirche", bat ich. „Kann ich nicht, hänge dran" ..... die Antwort ...., „vielleicht später." Am nächsten Morgen Claus von Aderkas am Telefon: „Herr Siegerist – ich habe geträumt, daß ich die Glocke Ihnen geben soll. Kommen Sie schnell, bevor ich einen anderen Traum habe." „Mudder Damian, komm sofort" – alles im Büro stehen- und liegenlassen, ab nach Bremen. Als die alte Glocke in meinem Auto lag, war ich glücklich. Noch glücklicher, als im Turmzimmer unserer Kirche die ersten hellen Schläge übers weite Land hallten. „Die haben wir", ... sagte ich, „Mudder Damian" .... „was wir ham' – das ham' wir", lachten, freuten uns gemeinsam. Glücklich auch der alte Aderkas, als er ein Jahr später für die alten Soldaten einen Gottesdienst in der Kirche gab und seine Glocke aus dem Keller des Hauses in Bremen freudig in Lettland schlug. „Soldaten-Versöhnungs-Kapelle" .... dieser Name hatte sich eingebürgert bei den Menschen. „Kapelle zur Heiligen Jungfrau Maria", sagt die Evangelische Landeskirche Lettlands, taufte sie auf diesen Namen, machte die Kirche zur „offiziellen Landeskirche".

Erst nach der Einweihung entdeckte ich durch Zufall in den Außenmauern, für die ich die alten Fundamentsteine genommen hatte, einen Stein mit der Gravur ...... **Mai**

1902. Die Zahl ließ ich vergolden. Gute Akustik, herrliche Bleiglasfenster, eine Fatima-Madonna von Professor Adelgunde Mertensacker aus Deutschland. Sie hatte mich „vorgewarnt“: „Eine Kapelle ist wie ein Lebenswerk. Damit wirst du niemals ganz fertig.“ Kapierte ich erst später. Kleine Orgel möchte ich haben, alten Taufstein, Schornstein abändern, Sakristei verschönern, endlich das lange anvisierte Bronzeportal einbauen lassen ..... ein Lebenswerk. Werde ich damit doch noch fertig? Ich wünsch es mir. Diese Kapelle ist das Beste, was ich in meinem Leben gemacht habe – nur mit Hilfe vieler, vieler Freunde der Deutschen Konservativen war es möglich, die dort einmal im Jahr (immer am 15. August) einen großen Gottesdienst feiern. Schade, daß immer weniger alte Soldaten dabei sind – die mit den Stalin-Orden, die mit den Wehrmachts-Orden. „Wir sind in Lettland, nicht in Deutschland“, ermuntere ich die deutschen Ordensträger, „hier muß niemand seinen Wehrmachtsorden verstecken, Lettland sieht seine Vergangenheit weniger verbogen, weniger ‚politisch korrekt‘ als wir Deutschen.“
Die kleine Tochter meines lettischen Freundes Odisejs – der erste Täufling. Probst Modris Plate goß ihr Taufwasser über die blonden Zöpfe. Für „meine“ Partei hatte er im Lettischen Parlament gesessen, wollte mir aber nur demonstrativ als Kandidat mit seinem Namen helfen – bat schon nach einer Woche „Parlamentarier-Dasein“: „Joachim, sei nicht böse, aber ich möchte wieder in meine Kirche, fühle mich da wohler als in der Saeima.“ Wie gut ich ihn verstand ....
Halt – auch das gehört noch zur Geschichte unserer Kapelle: Liebe Freunde aus Würzburg stifteten für den mit einem riesigen Bernstein-Kreuz geschmückten Altar einen in Bayern geschnitzten Josef. Mit Hobel in der Hand. Josef – Symbol für Kirchenbauten. Josef, der Handwerker. Schön sieht er aus auf dem Altar, der an hohen Feiertagen mit einem gold-durchwebten Seidentuch aus Indien und Kerzen aus Innsbruck geschmückt wird. Das Seiden-Brokat-Tuch von Elisabeth Wundling

aus Nürnberg. Aus Indien mitgebracht, wo sie als junge Frau mit ihrem Mann in den Fünfzigern gelebt hat. Mann: MAN-Ingenieur, der dort ein Werk errichtete. Ein Jahr vor ihrem Tod brachte sie das Tuch selber mit nach Lettland, legte es wortlos auf den Altar, bat nur „Nicht danken dafür. Ich gebe es gern. Wo hätte es einen schöneren Platz." Dann gingen die installierten Scheinwerfer an .... und wir staunten. Der Josef verwandelte sich im hellen Scheinwerferlicht an der weißen, halbrunden Altarwand zu einem Schatten – und der Schatten deutlich sichtbar: Ein segnender Christus. Sicherlich auch wieder „nur ein Zufall" ....

Ganz bestimmt bleibe ich hoffnungslos altmodisch

Stört mich nicht, wenn Sie jetzt lachen – oder zumindest schmunzeln: Nennen Sie es gern altmodisch, unverbesserlich konservativ – von mir aus auch rückwärts-gewandt. Bestimmten Dingen bleibe ich ganz einfach treu. Bin ich auf Madeira, darf es nur ein „ganz bestimmtes" Hotel sein. CARLTON PALMES in Funchal – und im Hotel nur ein „ganz bestimmtes Zimmer": Nr. 817. Natürlich auch nur ein „ganz bestimmter" Tisch. Der erste links – ganz vorn im Restaurant. Blick auf die Insel, den Atlantik, Übersicht im Restaurant. Stört mich, wenn der Platz besetzt ist. Auch Personalwechsel stört mich. Frühstück serviert .... am liebsten von der Kellnerin, die ich seit 1983 kenne .... und die mich kennt – strahlt, wenn ich wieder da bin. „Ganz bestimmte" Schuhe müssen es sein. Nur aus einem „ganz bestimmten" Geschäft in München. Ein klassisch geschnittener, schwarzer Lederschuh, Hirschleder. Gefallen meinen Füßen am besten .... seit sie nach einem schweren Bergunfall auf Madeira ein wenig „lädiert" wurden. Alles geheilt – aber die Schuhe sind geblieben. Sie werden dort auch nur von einem „ganz bestimmten" Schumacher repariert, neu besohlt. Ich trenne mich nicht gern von meinen Schuhen, trage sie

so lange, wie „sie gehen". Bin alles andere als geizig, schenke gern. Aber nicht meine karierten Hemden oder die von CAMEL, auch wenn sie schon leicht ausgefranst sind. Und Socken dürfen nur von ELBEO sein. Baumwolle – von „HARMS Am Wall" in Bremen. Schwarz oder dunkelgrau. Von Hosen trenne ich mich nur, wenn meine Büro-Mitarbeiter mitleidig fragen, ob sie für eine neue Geld sammeln sollen.
Mit meinen Ideen und meinen Freunden ist es wie mit meinen Klamotten. Schon als Jugendlicher war ich konservativ. Ich will es bleiben, sehe keinen Grund, meine politischen Grundsätze aufzugeben. Zu „rechts" für die CDU geworden .... heißt es. Sehe ich anders: CDU zu links geworden. Meine Meinung. **Die** haben sich geändert, nicht **ich.**
DIE DEUTSCHEN KONSERVATIVEN e.V.: Von der ersten Minute in diesen „Club" verliebt, habe ihn zu meinem Lebensinhalt gemacht, betrachte den Verein als „mein Kind" – und weiß, daß ich irgendwann Platz für andere, Jüngere machen werde. Ich liebe unsere jährlichen Studienreisen mit den Konservativen nach Lettland. Ich liebe die von mir geschaffene **Konservative Deutsche Zeitung,** die ich mit dem **DEUTSCHLAND-Magazin** koppeln konnte, ich liebe das gammelige Büro in der Hamburger Beethovenstraße mit seinen verschlissenen Stühlen – und freu' mich täglich auf die bekannten „alten" Gesichter dort. Bestimmte Dinge möchte ich nicht ändern, weil sie nicht geändert werden müssen, in meinen Augen „ganz einfach perfekt" sind. Ich liebe die Zusammenarbeit mit meinem Freund Heinrich Lummer, mit unserem immer aktiven Zeitungs-Chefredakteur Ivan Denes, der auch schon die 70 überschritten hat. Ich liebe das gutmütige Gesicht vom „dicken türkischen Murat", der Büroleiter ist – ärger' und freu' mich täglich über die nervende und schimpfende Buchhalterin Rosa Lendner aus Bremen, sage „Mudder Damian" 1000 Mal im Monat, daß sie nicht schon um 7 Uhr ins Büro kommen soll .... aber sie kommt .... mit ihren 84 Jahren, vermutlich eine der

ältesten Sekretärinnen der Nation. Ich liebe Helmuts aus Lettland und freu' mich, wenn er sich ärgert, daß ich seinen lettischen Nachnamen immer wieder – und ganz bewußt – falsch schreibe. Ich liebe Sameer, der zuständig ist für die Post. Aus Afghanistan vor fanatischen Muslimen geflohener Hindu. Narben von Messerstichen am Körper. „Koran lesen, sonst Messer." Als Hindu-Kind auf dem Weg zur Schule von Moslem-Kindern überfallen worden. Wie stolz ist er jetzt auf seinen deutschen Paß. Der Stolz darauf wird nur durch sein erstes Kind übertroffen, geboren im Spätsommer 2004. Ich liebe unseren „Postbüdel", der jeden Morgen in unserem Büro sein Brötchen „frißt" .... und ansonsten nur Cola säuft. Ich liebe unsere Nachbarn in der Beethovenstraße und die am Büro vorbeigehenden Kinder, die immer noch nach „meiner Anna" fragen, obwohl die längst im „Hunde-Paradies" ist. Die Liebe zu Sparkommissar Uwe Hempen bekommt nur Sprünge, wenn er mich mit seinen Spar-Appellen allzu sehr nervt. Ich liebe den „dicken Michael" und den „dicken Detlef", beide im Vorstand des Verbandes. Einer inzwischen Dr. jur., der andere Chefredakteur. Für mich noch die 16jährigen Jungs, weil ich sie schon so lange kenne und sie schon so lange dabei sind. Und ich liebe Frau Schönewald, die die „Bude sauber hält" und meine karierten Hemden bügelt. Jahrein, jahraus.

Sind wir „Konservative" alle ähnlich? Ich vermute es. Was einmal ins Herz geschlossen wurde .... das bleibt. Freunde haben es gut, werden „gehegt" und „gepflegt". Schwerer Stand für Gegner. Eigene Blessuren im Kampf gegen „ganz bestimmte Typen" schmerzen nicht, werden ignoriert. Karriere nicht so bedeutend. Wichtiger die Idee, umgewandelt in Kampagnen der Deutschen Konservativen, bei denen ich nun schon seit 25 Jahren Vorsitzender sein darf.

Und nach wie vor verliebt in „ganz bestimmte" Dinge im Sozialbereich. Auch da sind Konservative wohl sehr ähnlich, auch wenn es immer wieder heißt, ... „die machen

es ja nur aus politischen Gründen". Stimmt nicht. Ich will den rumänischen Waisenjungen Christian auf die Karriereleiter der Hotellaufbahn bringen, habe ihn mit 14 in einem Ceausescu-Waisenhaus in Rumänien aufgegabelt. Ich will, daß der russische Waisenjunge Deniss aus Lettland Goldschmied wird, die kleine körperbehinderte Anita aus Lettland Ärztin oder Lehrerin, meine beiden Lieblingsnichten Anna und Baiba beruflich wie privat ihr Glück finden .... und ich will vor allem am Ende des Lebens meine „Visage" noch im Spiegel betrachten können. Ich weiß – das hab' ich in diesem Buch schon einmal gesagt. Aber wir Konservativen sagen „ganz bestimmte" Dinge eben 100 000 Mal. Ich sowieso.
Es gibt da **noch** ein Lieblingshotel von mir – auf das sehe ich im Moment, beim Schreiben dieses Buches. Das DUSIT THANI Hotel in Bangkok. Zimmernummer verrate ich nicht. Bin Stammgast. Seit 1974.
Auf dem Nachttisch lasse ich immer einen kleinen Block liegen – mit Bleistift. Nachts kommen mir manchmal Ideen. Im Traum. Wenn ich aufwache, schreib' ich sie ganz schnell auf, damit ich sie nicht vergesse – und versuche weiter zu schlafen.
In einer Nacht im DUSIT THANI Hotel träumte ich von Pilar Just. Spanierin. Ehefrau meines Freundes Josef Just aus den Christlichen Gewerkschaften. Pilar war schön, „einfach", oft zu laut – mehr Herzens- als Schulbildung, Zimmermädchen im Bremer PARK-Hotel. Josef bekam Krebs – und ich alarmierte alle Krebsärzte, überschüttete ihn mit all meiner Freundschaft. Wie glücklich war Pilar, daß „Joachim so zu Josef steht" .... Josef kam über die Runden. Pilar nicht. Plötzlich hatte auch sie Krebs. Vier Wochen später Beisetzung. Josef weinte jahrelang um die größte Liebe seines Lebens. Nur manchmal konnte ich ihn von seiner Trauer ablenken. Sieben Jahre später ging auch er zu seiner Pilar .... für immer.
Und in dieser einen Nacht im DUSIT THANI Hotel kam Pilar im Traum zu mir, fragte mich klar und deutlich: „Joachim, weißt du eigentlich, was die wichtigsten Dinge

im Leben sind?" Meine zögerliche Antwort „Nein – Pilar. Richtig nachgedacht hab' ich noch nicht darüber." Pilar lächelte, sagte diese Worte: „Glaube, Liebe, Hoffnung." Das hohe Lied der Liebe von Apostel Paulus (1 Kor. 13,13). Aus der Traum. Pilar verschwunden. Ich aufgewacht. „Glaube, Liebe, Hoffnung", schrieb ich mit dem kleinen DUSIT-THANI-Bleistift auf den Mini-Schreibblock auf dem Nachttisch, schlief wieder ein, wachte auf, als es hell wurde. „Glaube, Liebe, Hoffnung." Da stand es mit meiner eigenen Schrift. Pilar war eine einfache Frau. Im Leben hätte sie mir diese Botschaft nicht überbringen können. Ein Zimmermädchen aus der spanischen Provinz – vielleicht 4 Schuljahre. Christliche Philosophin? Nein – ich bin sicher: Nur aus einer anderen Welt konnte mir Pilar solch eine Botschaft „zufunken". Aus einer Welt, in der zwischen Zimmermädchen im PARK-Hotel und Staatspräsident nicht mehr unterschieden wird, in der andere Maßstäbe gelten als in **dieser** Welt. „Glaube, Liebe, Hoffnung." Später schrieb ich noch zwei Worte dazu – und nun heißt es **„Glaube, Liebe, Hoffnung, Freiheit, Vaterland".**

Danke für Ihre Geduld. Sie sollten „mich ja nicht lesen". Aber ich bin froh, daß Sie mir zugehört haben.

Personenregister